国家公務員・地方初級
オープンセサミシリーズ

# 3　文章理解
# 国語・文学・芸術

東京アカデミー編

# はじめに

緩やかに或いは急激に、絶えることなく変転するのが時代の流れですが、特に近年は、社会情勢・経済情勢の基調の変化に伴い、私達を取り巻く環境は著しい変貌の最中にあります。よりハイレベルな豊かさを目指す現代にあって、確かな職業選択として諸君が公務員の道を志したことに敬意を表します。

公共のために直接貢献する公務員は国の主柱です。いかなる場面にあっても、その制度・機能は全体がより良くなるために、確固とした役割を担ってきました。1949年1月に、戦後初めての公務員採用試験が実施されて以来、一般職公務員の唯一の登竜門として、いささかの断絶もなく、その魅力と地位を高めつつ運営されてきました。この傾向は今後さらに強まり、採用試験そのものが、青春を賭けるにふさわしい高き門となっています。

本書はこうした状況をふまえて、採用試験にチャレンジする諸君に、より効率よく、より合理的に学習できるよう、長年の受験指導経験を土台に編集されたものです。公務員採用試験は就職試験であることを肝に銘じて下さい。就職試験であるからには、受験者の職務遂行に必要な能力を相対的に判定することが目的です。それ故、単なる高校教科書の復習や受験テクニックだけでは的確な対策はおろか確かな手ごたえで合格を射程圏に捉えることはできません。

公務員の適性とは、“幅広く、バランス良く、正確に、迅速に”業務を遂行する能力がこれにあたります。試験項目のうち、特に重要な教養試験の対策には、この心構えがとりわけ要求されております。本書はこの点も勘案し、繰り返し学習することにより、自ずと合格レベルの実力が身につくよう工夫されております。

どうか採用試験の実施意図を認識した上で、勉強優先の潔いよい日々を送り、栄冠を獲得されることを祈ります。たたけ！されば青春の門は高らかな音と共に開かれよう。

東京アカデミー編集部スタッフ一同

テキストに関する正誤情報等は，右の二次元コード，または下記のURLからご確認いただけます。なお，正誤情報等は随時更新いたします。
https://www.tanetwork.info/ta/seigo/syo.html

# 本書の特色と利用方法

## ◆ 本書のねらい

### ◀文章理解▶

文章理解は，本来であれば一般知能の分野に入るのですが，国家，地方，および職種の別を問わず出題数が多く，合否を握る大きな鍵となっているため，あえて一般知能とは別冊にしました。

内訳は，現代文，古文，英文の３分野からの出題で，最近の傾向としては，現代文，英文が出題の大半を占め，そのほとんどが内容合致・趣旨把握の問題です。そこで本書は，これらの点に留意し，限られた時間の中で，最大の効果をあげられるよう編集しております。

文章理解を苦手とする受験生は多いと思われますが，時間をかけ，理論的な把握に集中すれば，おのずと力がついてくるものと確信しております。そして，練習問題に繰り返しあたることによって，合格へと結びつく自信が得られることでしょう。

### ◀国語▶

公務員試験の国語は，おおよそ，漢字の読み・書き，四字熟語，ことわざ，故事成語，慣用句，敬語の正しい使い方などに限られています。極めて紛らわしいものが出題されますが，この範囲内で，どれほど正確な知識を持っているのかが合否を決定するといえます。つまり，知っていることで確実に得点に結びつけられる科目なのです。他の人は皆できるものと考えて，失点のないよう努力してほしい科目です。

### ◀文学・芸術▶

この分野のように，出題が極めて広範囲に及んでいる科目は，公務員試験突破に必要な事項だけを抽出，掲載した参考書に何度も目を通し，頭にたたき込むことが最善策です。各節の練習問題を解くにあたっては，正答の確認だけでなく，他の選択肢もチェックすることを是非ともおすすめします。

## ◈　本書の特色と使い方

本書は，過去10年間の国家公務員・地方初級公務員の採用試験を研究し，頻出項目と傾向を十分に理解，把握した上で編集・構成されています。

●ひと目でわかるポイント――押さえておくべき事柄を左に配し，その右に説明と関連事項を記載しています。

●太字が示す重要語句――右の説明・関連事項・補足の中で，特に重要な記述や語句については，これらを太字・色字で表記しています。

●各節ごとの練習問題――各節の解説の後に練習問題を配し，理解度を確認できるようにしています。本試験に則った出題形式ですから，繰り返し解いて慣れておくとよいでしょう。また，各問題に難易度を付していますので，自分のレベルを測る目安にしましょう。

★……やや易
★★……本試験レベル
★★★……やや難

＊基準は国家公務員・地方初級の本試験のレベルの平均とする。

# 目　　次

## 第１編　文章理解〈現　代　文〉



## 第２編　文章理解〈古　　　文〉

# 第3編　文章理解〈英　　文〉

# 第4編　国　　　語

## 第5編　文　　学



## 第6編　芸　　術

# ★ 第１編 文章理解〈現代文〉

# 1　総合傾向と文章読解の基礎

## 1　総合傾向

現代文の問題は、国家一般職・地方初級(全国型)のいずれの試験においても３～５問程度出題され、全出題数の約１割を占めている。すなわち、現代文の得点率が合否を握る重要な鍵となっているといえる。暗記科目とは異なり、文章の読解力は一朝一夕に身につくものではない。しかし、いったん身につけば応用が利くだけに、どのような問題が出題されても、ある程度の得点が期待できるという強みがあるので、根気よく取り組んでほしい。

ここでは、まず総合傾向として、出題文のジャンル、内容、出題形式を分類し、それぞれの試験別傾向について説明しておこう。

**出題文のジャンル**

出題文を記述形態から分類すると、下記のようになる。

- 論説文
- 評論文
- 報告文

}論理的な文章

- 随筆
- 小説
- 詩

}文学的な文章

国家一般職では論説文・評論文が圧倒的に多く、文学的な文章は全くと言ってよいほど出題されていない。全体的な傾向として、論理性・客観性の高い文章の出題が主流となっている。

地方初級も同様に論説文・評論文の出題頻度が高いが、中には論理があまり緻密でない文章もあり、国家一般職と比較すると読みやすい文章が少なくない。また、出題頻度は低いものの、随筆からの出題も見られる。

**出題文の内容**

出題文(論理的な文章)を記述内容(テーマ)から分類すると、下記のようになる。

- 哲学
- 文学
- 芸術
- 歴史
- 言語
- 文化　等

}人文科学的な文章

| | |
|---|---|
| ・政治<br>・経済<br>・社会<br>・教育<br>・時事　等 | 社会科学的な文章 |
| ・科学<br>・生物学<br>・医学<br>・数学　等 | 自然科学的な文章 |
| ・その他 | |

このように出題文の内容は多岐にわたるが、国家一般職・地方初級で共通して頻出なのは、哲学(易しい人生論)、文学、芸術、言語、文化、科学(近代科学・文明への反省論)に関する文章である。社会(日本論・日本人論・時代状況論)に関する文章や時事的な話題(環境問題・生命倫理等)の文章も出題されるので、注意しよう。

**出題形式**

出題形式は下記のように大別される。

①趣旨把握・内容合致……提示文の趣旨に則するものや内容と合致するもの、または、筆者の考え(心情)を問う問題。

②文章整序……一連の文章をばらばらに切り離して並べたものを筋道が通るように配列する問題。

③空欄補充……文章中に、抜けている語句や文を挿入する問題。

国家一般職では例年、①が２～３問、②③から１～２問程度出題される。地方初級は年度によって小差はあるが、①が３～４問、②③が１～２問という出題パターンがほぼ定着している。

## ② 文章読解の基礎

現代文の問題を解くには、文脈の把握が絶対の条件となる。いかなる形式の問題であっても、内容のつながり、論理の展開を読みとることが、正答を導く大前提となる。また、問題は全て選択式であり、選択肢を検討することも正答を得る上で重要なポイントとなる。そこで、文章読解の基本事項である指示語・接続語・キーワード、ならびに選択肢の検討の仕方について説明しておこう。

### 指示語

指示語は、文の流れを滑らかにし、簡潔な文章にするために用いられ、その指示内容は特定の語句であったり、一連の内容であったりする。**文章を正しく理解するには、まず指示語が何を指しているかを押さえて読むことが大切である**。また、指示語は文字どおりの働きと同時に、接続する働きも持っている。このことを念頭に置いて読み進めないと、複雑な文章においては迷路に陥る危険があるので留意したい。主な指示語は下記のとおりである。

名詞　前者、後者

代名詞　これ、それ、あれ、どれ（事物）

ここ、そこ、あそこ、どこ（場所）

こちら、そちら、あちら、どちら（方向）

連体詞　この、その、あの、どの

こんな、そんな、あんな、どんな（形容動詞とする説もある）

副詞　こう、そう、ああ、どう

複合語　このような(に)、そのような(に)、あのような(に)、どのような(に)

指示内容のとらえ方としては、**指示語の前述部分にだけ着眼するのではなく、指示語のかかっていく後の部分を押さえた上で、何を指しているかを考える**。例えば、「これは、ある意味で現代を象徴する現象である。」という文であれば、「これ」の指すものは、「現代を象徴する現象」に当てはまるものでなければならない。また、指示語の指す内容は前述部分にある場合がほとんどだが、例外的に後述部分に置かれる場合もあるので注意を要する。

### 接続語

筆者は自己の思想や見解を明確にしつつ論を展開していく。文章の読解とは、この筆者の思考の跡をたどり、その全体像を再構成することである。その際に重要な手掛かりとなるのが接続語である。例えば、文章中に「ところで」という接続語が用いられていれば、そこで話題が転換していることがわかる。また、「しかし」という接続語がある場合には、その語の前後で内容が相反していることになる。このように、接続語は文や段落の連接関係を示す重要な役割を果たしており、**文章の流れを的確に把握するには、接続語に十分注意を払う必要がある**。主な接続語とその働きは下記のとおりである。

| | |
|---|---|
| 順接 | だから、ゆえに、したがって、こうして、かくて、そうすると、そこで　等 |
| 逆接 | しかし、けれども、だが、ところが、でも　等 |
| 限定・補足 | ただ、ただし、もっとも　等 |
| 原因・理由 | なぜなら、というのは　等 |
| 換言 | つまり、すなわち、いわば、換言すれば　等 |
| 例示 | たとえば　等 |
| 転換 | ところで、さて、では、ときに　等 |
| 並列 | また、および、ならびに　等 |
| 添加 | さらに、そのうえ、しかも、かつ、まして、なお　等 |
| 選択 | または、もしくは、あるいは、それとも　等 |

## キーワード

文章中に**何度も繰り返し使われていたり、要所要所で用いられていたりする語句は、キーワード（論旨を支える語、話題の中心となる語）である可能性が高い**。キーワードやその関連語句は、文章の核心部分をつかむ手立てとなるだけでなく、全体の流れや論理の展開を把握する上でも有力な手掛かりとなる。したがって、キーワードを見つけることが、文章読解の近道となる。「この文章のキーワードは何か」を考えながら読み進めるようにしよう。

## 選択肢

出題文をしっかりと読まないまま選択肢を検討しても、いたずらに迷うだけである。自分から出題者のワナに引っ掛からないためにも、出題文の内容をある程度つかんでから、選択肢を読むようにしたい。**選択肢を検討する際には、本文の内容としっかり照らし合わせることが重要である**。本文に書かれている内容かどうかをよく確かめながら読み比べ、確実に誤っていると思う選択肢から消去していこう。

誤肢の作り方にもいくつかのパターンがある。以下に挙げるものは、誤肢として消去してよい。

① 本文の内容と反対のもの、あるいは矛盾するもの。

② 本文の枝葉末節の部分にこだわっているもの。

③ 本文のテーマそのものからずれているもの。本文中では言及されていない内容が中心となっているもの。

④ 本文と関係はあるが、本文中に述べられていない内容が含まれているもの。

⑤ 本文の内容を極端にあるいは拡大して解釈したもの。

⑥ 本文の論理から推測できるが、本文中で言及されていないために内容が不確実なもの。

⑦ 本文中のキーワードを用いているが、本文の内容と合致しないもの、あるいは、意味を変えてしまうような余分な語句がついているもの。

# 2 問題の傾向と対策

## 1 趣旨把握・内容合致

試験の種類に関係なく、現代文の問題では、本文の趣旨や内容の理解力・把握力を試す問題が最も多く出題される。どのような文章にも筆者の訴えたい見解(心情)があり、それを読みとることを主眼とする問題である。試験対策としては、出題頻度から言っても、この出題形式の問題を中心に学習するのが効果的である。趣旨や内容の理解力がつけば、ほかの出題形式の問題を解く力も自ずとついてくるだろう。

### 出題形式と傾向

出題形式は下記のように大別される。

①趣旨・要旨・主題を問う問題

②内容と合致するものを選ぶ問題

③下線部の意味や理由などを問う問題

④題名(表題)を選ぶ問題

⑤筆者や登場人物の心情を問う問題

試験の種類を問わず、この中で最も出題頻度の高い形式は①および②である。地方初級では、「筆者の主張」「筆者が言おうとしていること」「～について言えること」など、設問の文言は様々だが、これらも①の出題形式の範疇に入る。②の内容合致は、国家一般職において顕著に見られる出題形式である。内容合致形式は、問題を解くための思考のあり方、および作業自体は、①の趣旨把握とは大差はないものの、誤肢の作り方が平易で(いわゆる「ひっかけるための肢」が少ない)、正答が絞りやすいのが特徴である。③および④の出題頻度はかなり低く、⑤は、随筆・小説に特徴的に見られる出題形式で、地方初級でごくまれに出題されることがある。

いずれの試験においても、文章内容が難しいものが1問程度出題されることが多い。しかし、消去法でも対処できないような、紛らわしい選択肢が含まれていることはほとんどない。

むしろ、いずれの試験においても現代文は易化傾向にあるといえる。

## 用語の確認

正答を導く大前提として、設問文に用いられる語の意味を正確に知っておく必要がある。頻出される用語のため、わかっていると誤信している人も少なくないので、ここで基本に戻って確認しておこう。趣旨が問われているのに、本文内容と一致している(趣旨ではない)選択肢を安易に選んでしまうことのないように留意したい。

**大意**

文章を全般的にまとめたもの。いわゆる“あらすじ”である。文章の展開に沿って要約・縮小したものがこれである。

**要旨**

書き手の中心思想や主張をまとめたもの。文章の中心点。主に論説文や評論文などの論理的文章に用いる。

**趣旨(主旨)**

書き手が最も言いたいこと、言おうとしている事柄の中心。実質的に要旨と大差はない。

**主題**

実質的には、要旨や趣旨（主旨）と同じものと見てよい。主に小説や詩などの文学的文章に用いる。

**論旨**

論理的な文章について用いられる語で、論理の展開を要約したもの。

**題名(表題)**

見出し。一般的に、何について書いているかというときの「何」に当たるもの。また、筆者の主張や最も言いたいことを題名にする場合もある。

## 中心的思考の位置

趣旨把握・内容合致の問題は、筆者の主張や意見の核心、すなわち「筆者が何を言おうとしているか」をいかに読み取るかにかかっている。これは、何も前述の①の趣旨・要旨・主題を問う問題だけに当てはまることではない。②〜⑤の出題形式の問題においても、筆者の主張を読み解くことが問題を解く前提となるので、ほとんどの出題形式に共通して言えることである。

では、筆者の主張や意見は、文章全体の中でどこに現れるものなのだろうか。それは当然、文章の論法(構成)によって異なるものである。そこで、次に三つの論法を挙げる。これらはあくまで一般的・基本的な型であって、全ての文章に当てはまるわけではないが、一つの参考として知っておいてほしい。

### 頭括型

最初に結論が提示され、その後に説明、事実、例証などが並ぶ型。演繹型ともいう。

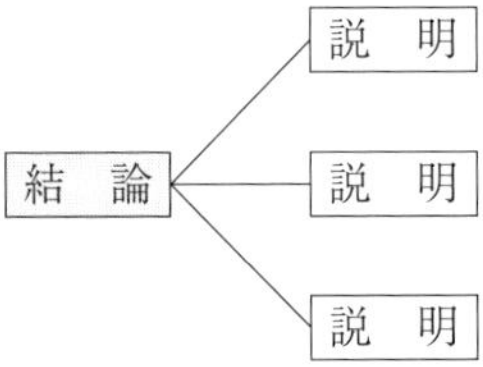


### 尾括型

最初に説明や事実などが列挙され、その締めくくりとして結論が最後に置かれる型。帰納型ともいう。

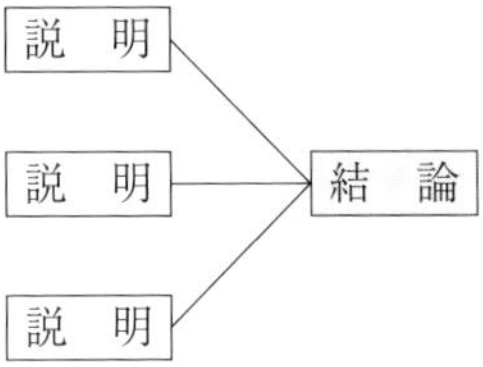

双括型

最初に結論の概略が示され、続いて説明などが述べられ、最後に再び締めくくられる型。

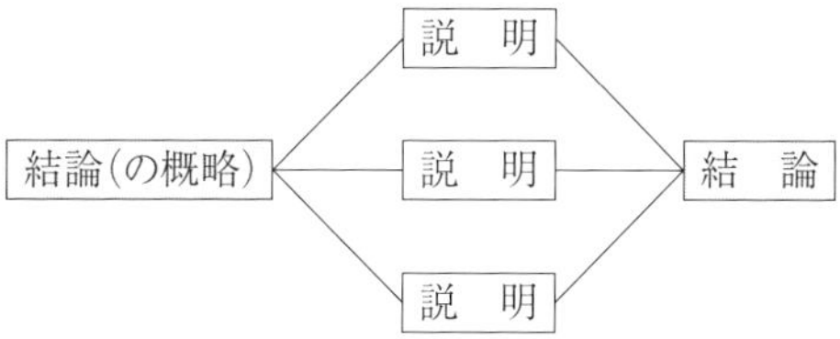


このように、結論は、一般的には本文の冒頭あるいは末尾に現れることが多い。ただし、前述のように、基本的な型には当てはまらない文章、例えば、結論が本文の中段にある文章、結論が数箇所にわたって展開される文章の出題も少なくないので、注意を要する。

**解法のポイント**

① 論理展開の過程で述べられている**事実認識**と、そこから導き出された**筆者の見解・主張**とを読み分ける。

② 具体例や比喩などの**非本質的な部分**と、筆者の主張となる**本質部分**とを読み分ける。

③ 筆者の**肯定**していることと、**否定**していることを読み分ける。

④ 本文中の**言い換え表現**に留意する。一般的に、同じような内容が何度も繰り返し述べられている場合は、それが筆者の最も言いたいこと(主張の核心)と考えることができる。

⑤ 難解で複雑な文章のときは、文章の構成や内容を**図式化**し、整理しながら読む。

⑥ **下線部の意味や理由を問う問題**では、特に**指示語**や**接続語**に留意し、前後の文脈をつかむ。

⑦ **小説や詩の場合**は、描かれている情景を思い浮かべながら、**想像力**や**感覚**を十分働かせる。小説は、登場人物の言葉だけでなく、**行為・動作の形容**にも着眼しながら心情を探る。詩は、言葉を文字どおりに表面的に解釈するのではなく、その言葉に込められている**筆者の思い**や、その言葉が何の**比喩・象徴**となっているかを考える。

⑧ **選択肢**の中には、本文中の語句の**換言表現**や**類義語**を用いているものがある。それらが適切か否かを慎重に判断する。

## 例題 1

次の文で筆者が言おうとしていることとして妥当なのはどれか。

インドで暮らしおおせることは、なかなかでき難いことなのである。インドでの暮らしといってもイギリスが建設したニュー・デリーでの生活が象徴するものではなくて、古代と中世と近代、それから現代と何代もの歴史が重なりあっているオールド・デリーでの生活が象徴するものである。飛行機で旅をするインドの暮らしではなく、自転車で、または汽車で旅をするインドの暮らしである。しかもインドの暮らしというからには、すくなくとも、インド人から他国もの扱いをされなくなるくらい長期間にわたるインドでの暮らしでなければならない。というのは、閉鎖的な心の持ち主であるインド人は、長いつきあいの間に相手をためし、ためしたあげくようやくのこと胸襟を開くという習慣を一般にはもっているからである。つまり、インド人が胸襟を開いて、かれらの社会の一員として迎えてくれるようになるまでは、インド人ならざる外国人は、孤立無援のなかに放りだされたままに、よってたかってもちあげられ、せびられ、いびられ、こづかれ、おどかされるなど、さんざんの目にあわなくてはならないのである。

1　インド人は閉鎖的な心の持ち主といわれるが、いったん胸襟を開くと実にいい人である。

2　インドととことん付き合うには、すべてを容認するという広い度量が必要だ。

3　インドを旅して触れる人たちと、インドで暮らして知る人たちとは極端に違うので驚かされる。

4　インド人は外国人に対する不信感が強いので、まずそれに幻滅を感じてしまう。

5　インド人の仲間入りをする試練の期間を耐えぬくのは容易なことではない。

（地方初級試験より）

## 論旨解説

本文の構成を図式化すると、下記のようになる。

①　冒頭の文＝結論の概略。

インドで暮らしおおせることは難しい、という論点を提示している。

② インドでの暮らしといっても＝「インドでの暮らし」の意味説明。

「インドでの暮らし」を、「オールド・デリーでの生活が象徴するもの」、「自転車で、または汽車で旅をするインドの暮らし」と位置付け、さらには「長期間にわたるインドでの暮らしでなければならない」と説明している。

③ というのは＝②の「長期間にわたるインドでの暮らしでなければならない」の根拠。

「相手をためし、ためしたあげくようやくのこと胸襟を開く」というインド人の一般的習性を挙げている。

④ つまり＝要約＝結論。

インド人が「社会の一員として迎えてくれるようになるまでは」、「さんざんの目にあわなくてはならない」と、①を言い換えている。

このように、本文は双括型の文章であり、筆者の言おうとしていることは、冒頭と末尾の一文にある。

## 設問解法

1 誤り。論点はインド人の性格ではなく、それを根拠とするインドで暮らしおおせることの難しさにある。また、「実にいい人である」といった評価は本文中にはない。

2 誤り。「さんざんの目にあわなくてはならない」とは述べているが、「すべてを容認するという広い度量が必要だ」とまでは言及していない。

3 誤り。「旅して触れる人たち」と「暮らして知る人たち」との比較はなされていない。

4 誤り。本文には「幻滅を感じてしまう」と同趣の表現はない。

5 正しい。「インド人の仲間入りをする」は、末文の「インド人が……社会の一員として迎えてくれる」の言い換え、「試練の期間を耐えぬくのは容易なことではない」は、冒頭文の「……なかなかでき難いことなのである」と、末文の「孤立無援のなかに放りだされたままに……さんざんの目にあわなくてはならない」の言い換えとして妥当である。

正答　5

## Point

① 双括型…文章の冒頭あるいは末尾に結論が述べられる。

② 接続詞に注目。「つまり」はその前までの内容を要約し、結論を表す。

## 例題 2

次の文の内容に合致するものとして妥当なのはどれか。

享楽と実利を追い求める点において西洋は日本の先達だとはいうものの、享楽と実利の過剰を警戒する点においても西洋の先進性は疑うべくもない。享楽と実利の量的な多寡が問題なのではない。それらを低きに位置づけることを可能にするような価値序列の不在が問われなければならないのである。より正確にいえば、その不在にかんする痛覚が、かくも衰えたことの原因が探られなければならないのである。

「偽善と欺瞞にみちた処世術」と先にいったのは享楽と実利に奉仕するような処世術のことである。ストア主義もキリスト教もそうであったように、処世についての真正の規則を含むものでなければなるまい。たとえば、「嘘をついてはならぬ」といったような規則の根拠を明らかにしえぬような幸福論は言葉の遊びに終わる。私たちが幸せを謳歌しつづけているこの島国にあっては、「電車のなかでポルノをひろげてはならぬ」という規則すら存在しないのである。よくできた規則の体系は、生活に型を与えてくれるという意味で、幸せではなく、仕合せを保証する。よくできた生活の型、それが仕合せであり、仕合せの基盤を欠いたような幸せは、しょせん享楽と実利にたいする近視眼的なこだわりのことなのである。

1 日本では生活に型を与えるような規則すらなく、現在謳歌している幸せは表面的なものにすぎない。

2 現在の日本は享楽と実利が過剰であるため、真の幸せに対して無感覚になってしまっている。

3 享楽と実利を追い求めることは真の幸せではなく、単なる仕合せにすぎない。

4 日本では生活上の最低限の規則すら存在せず、そのことが今日の人々が感ずる不幸の原因となっている。

5 享楽と実利追求をやめ、処世の真正な規則を身につけることで西洋に近づくことができる。

## 論旨解説

本文内容を図式化しながら、順を追って見ていこう。

① 第1段落＝問題提起。

日本では、享楽と実利を低く位置づけるような価値序列が存在せず、そのことに関する痛覚が衰えた原因を探らなければならない。

② 第2段落＝①の問題提起に対する見解。

・①の「原因」と「幸福」に関する考え

享楽と実利に奉仕するような処世術は偽善と欺瞞にみちており、処世についての規則がなくてはならない。規則の根拠を明らかにできないような幸福論は、言葉の遊び(表面的なもの)にすぎない。

↓

・日本の現状

私たちが「幸せ」を謳歌しつづけている日本では、規則すら存在しない。

↓

・「規則」と「仕合せ」の関係

よくできた規則の体系が生活に型を与え、よくできた生活の型が「仕合せ」である。

↓

・日本の現状に対する見解

「仕合せ」の基盤(生活に型を与える規則)を欠く「幸せ」は、享楽と実利にたいする近視眼的なこだわりにすぎない。

## 設問解法

1 正しい。筆者は、上記①の「原因」として、日本には生活に型を与えるような規則がないことを挙げ、そのような規則を欠いたまま、目先の享楽や実利による「幸せ」を謳歌している日本の現状を嘆いているのである。

2 誤り。本文に「享楽と実利の量的な多寡が問題なのではない」とあるように、享楽と実利の「過剰」そのものが論点ではない。また、日本人が「無感覚」になっているのは、享楽と実利を低く位置づける価値序列の不在に対してである。

3 誤り。筆者は、「仕合せ」をよくできた生活の型として肯定的にとらえ、「幸せ」を享楽と実利にたいする近視眼的なこだわりとして否定的にとらえている。

4　誤り。今日の人々が「不幸」を感じているという記述はない。

5　誤り。「享楽と実利の過剰を警戒する点」に西洋の先進性があると述べているのであり、享楽と実利追求をやめよと主張しているわけではない。

正答　1

**Point**

①　何度も登場するキーワードに着目する。

②　選択肢は消去法で解き、本文に述べられていない内容から消していくとよい。

## 例題 3

次の文中の下線部「自立的な小宇宙」の意味するものとして妥当なのはどれか。

晴れた日などヨーロッパの空を飛ぶと、眼下には幾何学的に区切られた野や畑や森がひろがり、その自然のひろがりの中に村や町が小さくかたまって散在しているのが美しく見える。それらの中心部には広場があり、そのまわりを教会や役場などの公共建造物がとり囲み、さらにそのまわりには民家が整然とならんでいる。こうして町全体はきわめてコンパクトにまとまっているのである。中世以来の町などでは、まだとり壊されていなければ町を囲む障壁も見出すことができるだろう。町と障壁がつくられたころには、障壁の内部には若干の畑や牧場もあっただろう。それが古代ローマの植民地であれば今から1800年も昔にすでに上下水道が完備し、アパート群は平均五階建てに決められていただろう。このような町は障壁という「よろい」で武装している自立的な小宇宙であった。

1　外部とは異なる独特な法律や規則をもった社会

2　広場を中心として、その周りを惑星のように家々が取り囲む地域

3　宇宙空間のような広大な自然の中に、まばらに点在する人工の空間

4　その内部で生活の需要が満たされる完結した社会

5　自然法則のような統一的な規則に従って形造られた社会

## 論旨解説

下線部の解釈に関する問題は、本問のように、文章全体の核となる語句や文に下線が付されることが多い。基本的には趣旨や内容を問う問題と同様に、本文の論旨をつかむことが鉄則だが、下線部やその前後にある指示語などが手掛かりになることが多いので、特に前後の文脈に注意する必要がある。

ここでは、下線部を含む一文の冒頭にある「このような町は」が、「自立的な小宇宙であった」の主語である。そこで、「このような」の指す内容、すなわち、筆者がヨーロッパの町をどのように説明しているかを見ていくと、以下のような記述がある。

・中心部には広場があり、そのまわりを教会や役場などの公共建造物がとり囲み、さらにそのまわりには民家が整然とならんでいる。
・町全体はきわめてコンパクトにまとまっている。
・町を囲む障壁の内部では、上下水道が完備し、アパート群は平均五階建てに決められていた。

このような町を、筆者は「自立的な小宇宙」とたとえているのである。筆者が説明している町と比喩の語句の意味を照らし合わせると、「自立的な小宇宙」は「自分の力だけで生活を営むことのできる小さな世界」と言えるだろう。

## 設問解法

1　誤り。「法律や規則」については言及されていない。
2　誤り。町を構成する広場や建物の立地のしかたを「小宇宙」にたとえているわけではない。また、「自立的」の意味合いが全く加味されていない。
3　誤り。「自然のひろがり」の中にある「町」自体を「小宇宙」にたとえている。
4　正しい。
5　誤り。「自然法則のような統一的な規則」に照応する記述は本文中にはない。

正答　4

## Point

①　比喩に着目する。例えられたもの（傍線部）のイメージを思い描き、そのものが持ち合わせている属性を考える。
②　前後の文脈・論旨からその比喩が何を例えているのかを考える。

## 練習問題

（78ページより解答・解説）

★
**1**　次の文の内容と合致するものとして妥当なのはどれか。

日本語の社会で最も古く根源的なのは、人々が、近いか遠いかを軸にして人間関係を考えることでした。上か下かの認識を大切にするのは、古墳時代以後の漢字文化の輸入による社会の階層化、家父長制的社会制度の成熟と関係があるようです。現代では、敬語というときに、上下の意識による区別といえば分かりやすい。ところがこの上下関係でとらえる仕方は日本の最古の形ではないと思われます。

近畿地方を中心に西日本では、女性や子供が一人称としてウチを使う。ウチは内《うち》であり、家《うち》であり、自分であるわけで、東京でも自分の家をウチといい、「ウチの学校では」「ウチの会社では」と一般的に使う。相手をウチの人だと思うと急に親しくなり、特別の便宜をはかり、相手をソト者と思うとはっきり別扱いします。それは古い体制の名残なのです。つまり、日本語社会では、人々は相手が自分に近いか遠いかについて鋭い感覚、区別をいつも内心で保っています（これが敬語の基礎の一つです）。

だから、近しい扱いでは、しばしば親密さから、時によると相手を粗略に扱うことになります。「貴様」が相手を高く扱うところから始まりながら、親しさをこめるうちに次第に低い扱いへと移行し、ついに見下す場合に使われるようになったことなどはその例です。

1　日本語の敬語の根源には人間関係のウチ・ソトの区別があり、現代でもその感覚が残っている。

2　日本語社会では、古代からウチの方に下位表現を、ソトの方に上位表現を使い分けてきた。

3　日本語社会では、ウチ・ソトという人間関係に応じた敬語を使わないと、対人関係がうまくいかない。

4　日本では古来から、人間関係を上下関係でとらえるところがあり、この意識が敬語表現を用いる発端となった。

5　現在の敬語は、「貴様」のように、相手を敬うようでいて「ウチ」と区別した古代語を残している。

★
2 次の文の内容と合致するものとして妥当なのはどれか。

科学技術はこれまで自然界の仕組みを単純化し、その骨格だけを法則として取り出すことで技術として利用できるようにしてきた。力強さにあふれる20世紀の科学技術の源泉である。

これが、人間より何万倍も何億倍も高速で情報を処理するコンピューターを生み出し、宇宙探査機を遠い惑星に軟着陸させることを可能にした。

ただ、そんな科学技術も、生命の神秘や脳の働き、気まぐれな天気や地球温暖化現象、政治・経済の動きなど複雑な自然や社会現象を相手にするとたちまち壁に突き当たってしまう。

いずれも、自然の仕組みの骨格以外はそぎ落としてきた従来の科学技術が苦手とするところだ。しかし、様々な要因が互いにもつれ合いせめぎ合う複雑さこそ、世界がいま直面している課題の本質である。

「創造の世紀」に我々に課せられているのは、地球という閉鎖系の中で自然と人間が共に生きる道を探しだすことだ。

脳や複雑さの研究が人間や自然をもう一段深いところから理解することに成功したとき、科学技術とそれが生み出す産業社会は現在とは違う優しい顔を見せるだろう。

その成否は、古い常識にとらわれずどこまで思考を飛躍させられるかにかかっている。

1　世界がいま直面している課題は、これまでの科学技術では理解も解決もできないものであるから、思考を飛躍させるような新しい研究分野を創造する必要がある。

2　我々のなすべきことは、地球という限られた空間の中で、自然と人間が共生できる道を、世界の科学技術者たちと手をとりあって探しだすことである。

3　「創造の世紀」における科学技術の課題は、思考を飛躍させることによって脳や自然の複雑さを解き明かし、地球上で自然と人間が共に生きる道を探ることである。

4　20世紀の科学技術は、自然界の法則を発見し、それを産業社会に利用してきたが、このような方法論は、「創造の世紀」においては通用しなくなりつつある。

5　複雑な要因がからみ合ったこの世界を科学的に理解するために

は、古い常識や思考法にとらわれず、自然界の仕組みを単純化して解き明かすことが求められる。

★
**3** 次の文の内容と合致するものとして妥当なのはどれか。

日本の庶民は、普段、「ありがとう」と感謝の言葉を口にしなかった。感謝の言葉を口にするのは水臭いと思われていたからだ。日本語は「沈黙の言語」だからである。

たとえば、贈り物をもらっても、日本人はいちいちお礼を言わない。お葬式の香典返しも、昔はしないでよかった。というより、してはいけなかったのだ。なぜなら、この次、香典をいただいた家に不幸があった時、同じ金額の香典を供えるのが真の香典返しだからである。贈り物をいただけば、この次、相手の家にお祝い事のあるとき贈り物をする。それが本当のお返しである。すぐにお返しをすれば、あなたとは絶交ですよ……の宣告と受け取られる危険があった。

しかし、現代社会は変わった。大きく変化した。そうすると、日本語も変わらざるを得ない。昔ながらの日本語が通じると思ったら、大まちがいである。

早い話が、この次の機会がないかもしれない。自分も動くし相手も転居する。移動性の高い社会においては、いただいた物にはその場その場で精算をつけねばならない。「ありがとう」の言葉も必要になってくる。若者と老人では、考えていることが違う。黙って俺の気持ちをわかってくれ……と言っても、それは無理だ。

1 昔は「沈黙の言語」によって情報を伝達してきたが、現代社会では言葉よりは行動によって自分の考えを伝達する必要がある。

2 老人と若者とでは考え方が異なるので、老人が自分の気持ちを若者に理解させるためには、若者の言語を理解しなければならない。

3 現代の若者は、言わないでもわかってほしい、あるいは「沈黙」こそが最上の伝達だという考え方を否定し、変革を求めている。

4 現代社会は人々の移動性が高いので、他人から贈り物をもらった場合には、できるだけ早くお返しすることが新しい常識となりつつある。

5　昔の日本人は、考えを伝達する際に沈黙をもってよしとしたが、社会の変容とともに、現在ではそのような価値観は通用しなくなった。

★★
**4**　次の文の内容と合致するものとして妥当なのはどれか。

近代において、自然科学的な世界の理解が確立され、その有効性が明確にされると、人間はそのような目ですべてのことを見ようとした。そのような世界観においては「進歩」ということが重要な価値をもつようになった。社会も「進歩」しなくてはならない。青年たちが「進歩」を旗印として大人を攻撃するとき、近代合理主義は適切な武器として力を発揮した。現在、大人社会の中枢に居る人たちは、青年期の反抗を合理性や科学的という言葉を振りまわして行ったのを覚えているはずである。古い因襲を断ち切るのに、それは相当な力をもっていた。

これも当然のことであり、近代までは宗教が科学の分野を支配していたので、それに対する科学の側からの押し返しが行われたのだ。ところで、科学の力が強すぎて、現代では科学が宗教の領域にまで攻めこんでいるのではなかろうか。科学は人間が世界に操作を加えるときにもっとも有効で強力な世界認識を提供するものであるが、その方法で世界のすべてがわかるとか、それだけが正しいなどと考えるとき、それは科学信仰になっている。われわれは科学と科学信仰を明確に区別して考えねばならない。さもなければ、科学信仰を批判すべきときに、科学の害をあげつらうようなことになってくる。

1　近代社会においては、合理主義を武器として科学が相当な力をもつようになり、その結果、宗教と科学の対立構造が表面化することとなった。

2　現代では科学の方法や有効性が絶対と信仰される面があるが、科学について論じる場合、この科学信仰と科学は分けて考える必要がある。

3　合理性や科学的といった言葉を旗印にしていた時代もあったが、現代では、もはやそれらは価値でも目的でもなくなってしまった。

4　近現代は操作性を原理とする科学主義の時代であったが、今後は非操作性、非合理性を尊ぶ宗教の復権が望まれる。

5　科学と科学への信仰の区別が分かっていないと、科学の方法や成果自体を否定し、自然へ帰れという極端な論議になりかねない。

★★

**5**　次の文の内容と合致するものとして妥当なのはどれか。

ひとはなぜ過去の出来事に関心をよせ、過去を知ろうとするのでしょうか。個別的には、その理由・動機はさまざまで、画一化できないといえるかもしれません。しかし、過去への関心には、共通する「なぜ」があるように思われます。

人間は元来、自分がどんな存在であるのか、帰属する集団、社会、国家、世界をも含めて、理性的に知りたいという願望をもった動物です。過去を知るということは、自分とはなにかを確かめる唯一の方法とはいえないまでも、経験的にみて、そのための最も確実な方法であることは否定できません。自分を確かめるための最も確実な手掛かりを与えるのは、過去の行為であり経験であるからです。過去を見失った人間がたちどころに自分のアイデンティティ（「自分はなにものか」という問いに自分でだす答え）を喪失するという事実が、このことを証明しています。

見方を変えますと、自分の生き方について自信を失わせるような出来事に遭遇したとき、いわゆるアイデンティティ・クライシスにおいて、ひとは、自分の過去をふりかえることで自分のこれまでの生き方を再点検して、失われた自己を取り戻そうとするのです。個人にしても社会にしても、順風満帆の時代には過去への切実な関心は生れにくいでしょう。未来にたいする不安や懐疑がないからです。過去への関心は、未来への関心ないし不安の一面です。

1　人間は過去の出来事に関心を持ち、これを追究しようとするところに、人間の理性的動物たるゆえんがある。

2　人間は現在が幸福であるからといってそれに満足することなく、常に過去の自分を検証し、積極的に自己を改革していくことが必要である。

3　人間は自分の過去を知ってさえいれば、未来に対する不安や疑問を抱くことはない。

4　アイデンティティの危機に陥ったときは、自分が理想とする将来像に向けて、まず現在の自分の生き方を見直すべきである。

5　人間が過去を知りたいと思うのは、自分のアイデンティティを確かめようとするためであり、未来に不安を抱いたときにその傾向が強くなる。

★★
**6**　次の文の内容と合致するものとして妥当なのはどれか。

今日の人々が労働に求める「意味」の内容は広いものだろう。意味として求められているものは、たとえば個人の能力の発揮、興味や関心の充足、ライフワークの追求、さらには他者との協力や他者への奉仕、社会への貢献などにも広がろう。仕事に求められる意味ないし満足は、物質的・経済的な意味・満足にとどまらぬ精神的な意味・満足を含み、かつ個人的領域だけでなく社会的領域にわたっている。

意味ある行為は、まず自分にとって意味ある行為ではあるが、それは社会的に認知・承認されること、つまり社会的に意味ある行為であることによっていっそう充足感を得られるのではないか。意味のある労働というときの「意味」は、個人の次元だけに限られたものではない。それは社会的な意義や道徳的な価値をも含みうる。それゆえ、意味ある労働を求めることは、労働に新しい倫理性を求めることと同じ方向を指しているといえる。

もちろん、現代産業社会の個人主義的で快楽主義的な文化のもとでは、追求される労働の「意味」は個人主義的で快楽主義的な表現を取ることが多いだろう。楽しさやおもしろさがその中心的意味であるだろう。しかし、労働に意味を求める傾向は、個人的な快楽でなく、社会的な意義や道徳的な価値に向かう可能性をもっている。労働についての精神的な要求には、そうした倫理性をともなう可能性が含まれている。

1　個人主義的で快楽主義的な現代文化の中で、労働に道徳的な「意味」や性格を求めるのは時代に逆行している。

2　今日、労働に求められる「意味」は、道徳的・社会的な意味や価値という倫理性を指向している。

3　労働が意味ある行為であるためには、個々人がその仕事に満足し、かつ社会的に承認されることが必要である。

4　今日、人々の労働に求める「意味」は、経済的・物質的・社会的なものから、精神的・個人的なものへと変化している。

5　高度産業社会における意味ある労働とは、個人的にも社会的にも意味があるという、その時代の文化と同じ方向性を示している。

★★
**7**　次の文の内容と合致するものとして妥当なのはどれか。

制度は、われわれの国家生活（国家以外の組織においてもまたそうだが）において、われわれ国民自身が作っていくものであるが、また同時に国民自身を創りかえる作用をするものである。ちょうど繭をつくった蚕が、繭のなかで自分をさなぎにつくり変えていくように、自分のつくった制度によって、また自分がつくられるのである。だから自由に反するような制度ができると、人々はしだいに自由を尊重しない人間になり、また自由のための制度が樹立せられると、人々はしだいに自由を愛し、自由を体得した人間になることができるのである。したがって人間は、はじめから自由をもち、これを体得していたが、権力者が勝手にやるので、自由が失われた、というのではけっしてない。自由のなにものかを知らなかった人間が、やがて自由を知り、これをもとめるようになるのである。そして自由の制度を創造し、これを高めていくことによって、さらに高い自由を知り、これを愛惜するようになったのである。だから人類の原始的な「自然状態」を自由であると考えることはまちがいだし、また「人は生まれながらにして自由である」とする天賦人権主義の思想は、人々を激励して自由のたたかいに立ち上がらせるスローガンとしては、まことに恰好であるが、しかしそれはことの真実を道破した言葉であるとはいえないのである。

1　自由を求めぬ人間というのは、自由の精神を育てる制度を創造していないことになる。

2　望まない制度の中の自由よりも、権力者からたたかいとった自由のほうが高度なものだ。

3　人間が自然状態で所有している自由を制限したときに、真の自由が生まれる。

4　権力の制限と自由のための制度を創造することは、同質である。

5　自由を奪い取るような制度は、かえって人々の自由を得たいという欲望を助長するものだ。

★★★

**8**　次の文の内容と合致するものとして妥当なのはどれか。

私は、小さな私的な主体を抜け出て、より深く大きな流れを作り出している自然や宇宙の根源の力、そういうものに合体したときに本当の詩が生まれるのではないか、とこの頃しみじみ感じます。芭蕉の『笈《おい》の小《こ》文《ぶみ》』の前文に、「見る処《ところ》花にあらずといふ事なし。思ふ所月にあらずといふ事なし」という言葉があります。それは月はあるからそれが美しいとか、花があるからそれは美しいとか、そういうものではなくて、自分の思うところ、見るところ、それが花になり月になる、つまり自分自身の存在そのものが既に花であり月である、そういう究極のあり方をいっているわけでしょう。

花や月は美のシンボルですが、では「美」とは何かといえば、この場合、人間の生命がより高められた姿、状態ではないかと思うのです。生命はもともと、楽しく戯れるような活力だと思います。純粋な喜びに満ち溢れた状態。どんなにおとなげないといわれても、西行なり芭蕉なりの精神は、いつも明るく、強く、輝かしく活動している。たとえ地獄や孤独や不安に苦悩しているときでも、それを「歌ごころ」で包み、「歌」として表してゆこうとする。「美」として受けとろうとしている。

といって、彼らはけっして現実の世の中から美の世界へ逃げて、小さく繭《まゆ》の中に入ったように隠れているわけではなくて、世の中に自分の身を投げ込んでいく。そこに西行なり芭蕉なりの詩人としての凄さ、大きさというものがあったように思います。

1　芸術家自身が、自己の真の存在とは何かを見出したときに、本物の詩が生まれるものである。

2　西行や芭蕉の偉大さは、俗世間に身を投じながらも、普遍的な美の精神を「歌」で顕現しようとしたところにあった。

3　「美」とは、人間の生命が純粋な喜びに満ち溢れた状態のことであり、このような「美」は個々人の内的存在のなかに見出されるものである。

4　究極的な美は、外在する花や月に、自己内面の美的な資質が反映したときに立ち表れてくるものである。

5　西行や芭蕉は、自己の存在が万物の根源と同化することによって高められた生命に「美」を見出し、「歌」として表した。

★★★

**9**　次の文の内容と合致するものとして妥当なのはどれか。

日本の近現代社会はどうも「成り上がり社会」であるという印象がぬぐいがたい。急速に成り上がったもののもつ「不作法」の感じが、われ人ともにつきまとっている。たとえば評論ひとつ取っても、けんか腰の評論が多い。また、読者もけんか評論をよろこぶ。けんか、とまでゆかなくても、腕まくりしたような恰好が目にうかぶ。そんな文章が多い。良くいえば、気負った、とでもいうのだろうか。

明治のはじめに日本に渡ってきた西洋人は、日本の若者が伝統破壊、伝統無視ということを叫びつづけているのにおどろいたという。もちろん西洋にも反伝統主義というのはあるが、年端もゆかぬ若者たちが、いっせいに、反伝統を言うその「社会現象」におどろいたのだ。私たちは、大げさな身振りで、過去を、家を、故郷を、伝統を、風俗を、権威を否定し、そのことで「自我」がたてられると信じてきた。作法というものも、もちろん、その例外ではなく、いや、作法という身振り抑制の型こそ、まっさきにヤリ玉にあげられてしかるべきしろ物であった。

欧化の波の中にあって、国粋を叫ぶ人たちも、あえて「作法」を守ろうとはしなかった。「けんか」はむしろ、理念のレベルで行なわれていたので、国粋派の言論の身振りが、西欧派のそれ以上に不作法であるということも、じつは珍しくなかったのだ。要は勝ち負けだ、ということになると、細かい抑制に価値を見いだす作法など、ほとんどどうでもよいものになってしまう。

1　日本人は、急速な近代化を図った結果として、気負いが目立ち、不作法な感じを与える社会を作ってしまった。

2　日本の若者は、西洋との競争において、作法よりも理念のレベルで優位に立つことのみを重要視してきた。

3　日本人は、古くからあった様々な伝統を捨てた結果、自我の確立ができるようになった。

4　日本が「成り上がり社会」となったのは、国粋派の人が西欧派の人以上に不作法を省みなかったことに起因している。

5　日本の若者の中には、勝ち負けにこだわり、礼儀作法をわきまえないものが増えてきている。

★★★
**10**　次の文の内容と合致するものとして妥当なのはどれか。

日本人の無謬《むびゅう》性主張は、空間的な自己集団の無謬性主張だけでなく、時間的な区切りによる「現在の無謬性主張」という形もとる。戦時中の人間にとっては、現在の自分は無謬であり、その体制になる前の大正期から昭和初期の自分は誤っていた如くに、戦後の人間にとって、現在の自分は無謬であり、戦争中の自分は誤っているのである。従って、反省とか批判とかいった場合、「現在の自分は正しい、その正しい自分から見ると、過去は正しくなかった」という形になり、その反省、批判はすべて、現時点の自己義認の形をとる。そしてその形をとるために、過去を再編成して、現在の自分の無謬性主張の裏づけをすることはあっても、過去と現在を双方共に可謬性のあるものとして、これを対比することはしない。これは、現在の自己および自己所属集団と他を、共に可謬性あるものとして対比できないのと同じである。もちろん、可謬性を認めれば、自己義認はできないから、これは当然の結果であろう。

1　日本人は、そのときどきの自己を正しいと思っており、過去の自己を振り返ることは、まったくない。

2　日本人は、過去の自己が誤っていたことを証明するだけのために、現在の自己の正当性を主張している。

3　日本人は、過去の時代の誤りを冷静に分析し反省することで、自己を徐々に高めてきている。

4　日本人は、その時代ごとの価値観はもっているが、全時代に通用する絶対的な価値観は構築していない。

5　日本人は、現在と過去あるいは自己と他者を相対的に見比べるということはせず、現在の自己だけが正しいと思いがちである。

★★★

**11**　次の文の内容と合致するものとして妥当なのはどれか。

現代の生物学者が知っている限り、これ以下では生命はありえないと考えられる下等な細菌や藻にも染色糸が何本かあるそうである。このような複雑な構造を持ったものが自然発生する例は現在はない。それをパストゥールは実証したわけであるが、その妥当性は今でも少しも変っていないのだ。今では全く不可能で、実験できないことが、数億年前に可能だったというのは科学でない。仮説ですらなかろう。空想である。もっとも一時は、宇宙の彼方から生命のもとが飛んできたという説があったそうだが、その方がまだしも仮説としては筋が通るみたいである。

かりに大譲歩して（本当はこういう譲歩は科学的でないのだが）、全く偶然に地球のどこかに生命体が発生したとしよう。しかしここでも重大な疑問は依然として同じである。そういう偶然が地球の一カ所に生ずるというのはおかしいのだ。偶然に生命体が地球のある個所に発生するぐらいなら、似たような条件の個所は地球に多くあるわけだから、ほかのところにも偶然生命体が生じてもよい。そして方々に生じた生命体が全く同じである必要は全然ない。何しろ偶然なのだから。すると地球の方々にいろんな異なった生命体が発生し、そこから進化が起こったと考えてもよいわけである。何も一つの起源と限ることはない。事実、ヨハンセンのような偉大な生物学者でも、いろんな生物がお互いに関係なく発生したことを承認している。すると一本の木の幹からいろいろな動植物が分かれたという進化論は成り立たない。

1　生命体は宇宙の彼方から飛来したという仮説のほうが、地球に生命体が自然発生したとする説よりも一般的に認められている。

2　進化論の誤りは、生命体が地球外に発生したという事実を認めず、地球に自然発生したという仮説に固執したために生じた。

3　太古の地球は生命体の自然発生に適した環境であったが、現在の地球では生命体の自然発生は不可能である。

4　現在、生命体の自然発生はありえないことが実証されているのに、太古ならそれが可能だとする立場は科学的ではない。

5　地球の方々に自然発生的に生命体が発生し、そこから進化が起こったと考えるのが科学的であり、一カ所のみに発生するというのは非科学的である。

★★★
**12**　次の文の内容と合致するものとして妥当なのはどれか。

自分が「どうも通りのよい、当たり障りのない解釈・読みとり」をしているなと感じたら、文章に誘発された「ステレオタイプの*スキーマ」の魔力を疑ってみて下さい。各人の自己認知、メタ認知の程度によりますが、会話などで自分が「少し調子に乗ったことを言ってるな。具体例をあげろと言われると、ちょっと困るかな」と感じることはありませんか。「ステレオタイプのスキーマ」の魔力とは、あの感覚です。

文章を読んで概略や解釈を述べるときに、「当たり障りのないきれいごと」が出てきたら要注意なのです。そのときは、その「当たり障りのないスキーマ」を意識しながら、それが本当に文章の当該部分に適用できるのかと疑い、記述にあたってみて下さい。

記述の「まとめ」と「例示」は対応しているでしょうか。文中のことがらは、本当に「事例」になっているでしょうか。「当たり障りのないスキーマ」を使って、論の運びを大雑把に捉えていないでしょうか。論の運びの上で大きな隙間《すきま》のあるところを、「当たり障りのないスキーマ」を使って、自分で勝手に埋めていないでしょうか。

これらの意識的な見直しは、「当たり障りのない」読みに対抗するための比較的有効な手だてです。

これら各種の「魔物」によって作られた「わかったつもり」は、大雑把な文脈を用いて、文章の各部分から大雑把な意味を引き出して、全体として整合性がとれている状態です。搦め取る魔力を持った大雑把な文脈を使っているがゆえに、部分が細かく読めていない状態に陥っているのです。

ですから、「わかったつもり」の状態を乗り越えるためには、それぞれの「魔物」に対して、有効な手だてを講じればよいことになります。すなわち「魔物」という大雑把な「文脈」にかえて、もっと「部分」に焦点が当たるような「新たな文脈」を、大胆に導入するのです。

＊スキーマ……外界を認識する際に使われる知識の枠組み

1　文章には、読者を「わかったつもり」にさせる、ある「魔物」が必ず潜んでいる。

2　「当たり障りのないきれいごと」が出てくるのは、魔物に搦め取られた状態であり、正しい解釈ではない。

3　文章を読んで解釈する際には、まず「部分」に焦点を当てて細かな読みに徹するとよい。

4　部分が細かく読めていないとき、「当たり障りのないスキーマ」を使ってわかったつもりになりやすい。

5　読解には、文章の冒頭やまとめ部分に着目するやり方と、各種の事例やできごとが表すことに着目するやり方がある。

**13**★　次の文の要旨として妥当なのはどれか。

すべての生物体は、一生涯を通じて、ただ一つの欲求を持っている。それは自分自身の潜在力を実現したいという欲求である。ドングリはカシの木になり、小犬は成長して猛犬になり、人間も同様に一人前の人間になりたいという欲求である。しかし、自己の本性を実現するという人間の仕事は、ドングリや犬よりもはるかに難しい。人間というのは個人個人が全部異なった可能性を含んでおり、その各自の可能性を伸ばす過程を自己実現と呼ぶのだ。

人間はたえず育っていくものである。「育つ」というと二十歳ぐらいまでの身体の発育を連想する人が多いし、それから先は退化の一途だと勘違いされているが、それは体だけのことであって、人間の精神は死ぬまで育ち続けるのである。人間の心は育っていく能力を秘めているのだ。死ぬまで伸び続ける自分の可能性を十分に開花させる過程が自己実現なのである。

1　自分の可能性を十分に開花させる過程が自己実現であるが、これはドングリや小犬などの成長よりもはるかに難しい仕事である。

2　自分自身の潜在力を実現したいという欲求はすべての生物が持っているが、自己の本性を実現するという能力を秘めているのは人間だけである。

3　人間はたとえ身体が衰えていっても、精神は育ち続けるので、いつかは自己実現ができ、一人前の人間となることができる。

4　人間は個人個人が全部異なった可能性を持っているが、死ぬまで精神を発育させ続けることのできる人だけが、その可能性を開花させることができる。

5　自己実現は難しいものであるが、人間の精神は死ぬまで育ち続けるものであるから、人間は一生を通じてその可能性を持っている。

**14**★ 次の文の趣旨として妥当なのはどれか。　地方初級

暗記は一面において、それが丸暗記であること、すなわち理解を伴わない、意味の分からないままのものであることを意味する。しかしそれはそれでよいのである。実に論語よみの論語知らずでも、よいのではなかろうか。明治頃まで行われていた論語などの漢文素読の学習は、今では全く我々の間には認められていない。確かに文章に対する理解の伴わない単なる棒暗記は無意味に違いない。理解がなくては智恵となるはずがない。しかし暗記を排斥すること、このような素読を否定することと、全き理解が直ちに得られないからといって、最初からそのテキストに親しみこれを採り上げようとしないこととは、全く異なる。論語が難解だから(論語の価値は何人もがある程度これを認めている)、その理解をなし得るまでしばらくこれに着手しなかった暗記排斥論者は、往々にして最後までこれを読むべき機会を持たなかったであろう。

1　評価が高いからといって、難解なテキストを採り上げるのは好ましいことではない。

2　性急に智恵を得ようとする者は、しばしば丸暗記に頼ろうとする。

3　物を覚え込み暗記することは、学問の第一歩であって学問とは切っても切れない関係にある。

4　学問に志す者は、まず暗記するに価する立派なテキストを探さなければならない。

5　丸暗記と棒暗記の違いを理解しない人が多いのは残念なこと

だ。

**15** ★ 次の文の趣旨として妥当なのはどれか。 地方初級

和を尊ぶ日本のビジネス社会では、仕事は一人で進められないことが多い。チームワーク重視もしくは偏重で、集団行動優先である。たしかにそれは仕事である以上、仕方がない。達成の喜びもチームのみんなで喜べばひとしおである。

しかし、プライベートに属する部分にまで自分の時間を捧《ささ》げる必要は毛頭ない。前述したが、アフターファイブも職場の連中と飲みに行くことが多い。昼食にもサンダルばきでゾロリゾロリとみんなで出かけ、くわえ楊枝《ようじ》でだらりだらりと帰ってくる。「おまえ、何にする？」「オレは串カツ定食」「じゃオレも」とメニューまで付和雷同。そのうえ、休日のゴルフも仕事がらみ――。

こんなことが、日本のビジネスマンの常識で習い性になっている。これでは、平日の自分の時間を、といってもほど遠い。

繰り返しになるが、だからせめて仕事以外の場では、許すかぎり集団から離れて一人になり、一人で行動するクセをつけておくことを勧める。

いつもは同僚と会社の近くの定食屋でもよい。だが、週に一度は足をのばして高級レストランへ出向き、「孤独感」のなかで昼食をとってみる。ふところはたしかに痛むが、ふだんはできない勉強がさまざまできる。食事のマナーが身につくし、どんな客層がどんな服装でどんな話をしながら食べているかを観察し、そこから景気の動向が読め、ビジネスのヒントも生まれることだってある。

1　和を尊ぶ日本のビジネス社会においては、仕事は一人で進められないことが多い。

2　チームワークの重視もしくは偏重は、仕事である以上仕方がないが、仕事の達成の喜びは、チームのみんなで喜べばひとしおである。

3　プライベートに属する部分にまで自分の時間を捧げることが、日本のビジネスマンの常識であり、習い性である。

4　せめて仕事以外の場では、許すかぎり集団から離れて一人になり、一人で行動するクセをつけておくことを勧める。

5　週に一度は高級レストランへ出向き、孤独感の中で昼食をとれば、客層を観察できるので、景気の動向が読め、ビジネスのヒントが生まれる。

★★
**16**　次の文の趣旨として妥当なのはどれか。

普通には、愛は感情であって純粋なる知識と区別されねばならぬという。しかし、斯の如き区別は、心理学者が、学問上の便宜の為に作った抽象的概念にすぎない。学理の研究が一種の感情に由って維持せられねばならないように、他を愛するには、一種の直感が基とならねばならぬ。余の考えを以って見ると、普通の知とは、非人格的対象の知識である。たとえ対象が人格的であっても、これを非人格的として見た時の知識である。両者の差は精神作用そのものにあるのではなく、むしろ対象の種類に由るといってよろしい。而《しか》して、古来幾多の学者哲人のいったように、宇宙実存の本体は人格的な物であるとすると、愛は実存の本体を捕捉する力である所の最も深き知識である。分析推論の知識は、物の表面的知識であって実存その物を捕捉することはできぬ。我々は只愛に由りてのみこれに達することができる。愛は、知の極点である。

1　愛とは、対象が人である場合の知識であるのに対し、知とは、対象が物である場合の知識である。

2　愛を積み重ねていけば、最終的には知が形成され、その知は宇宙実存の本体を解明できる力となる。

3　愛および知識の精神現象は、本来別種の物ではなく、感情と直感という同一基盤の上に成り立っている。

4　愛は感情に基づく物であって、普通の知と同質的な物であり、しかも対象が人格的な物である場合の知識である。

5　愛は、表面的な知識にすぎない普通の知とは異なり、宇宙実存の本体を捕捉できる力であり、最も深い知識である。

★★
**17**　次の文の趣旨として妥当なのはどれか。

たとえば、意識的に利己心を動機としてわたしたちが行為をした時、その行為が成功しても失敗しても、わたしたちの中には、そういう自分をいやだと思う気持ちが起こってきます。人込みの電車の中で、老人に先がけて席を占めたにしても、うまくやったと思うと同時に、なにかもじもじするような落ち着かない気持ちがわきます。そして、思い切って席を立って、そういう人に席を譲れば、からだはほねがおれますが、気分は逆に落ち着いてきて楽しくなります。どうしてそうなのかは、説明がむずかしいでしょうが、心にそういう趣のあることは、否定できないようです。こうして見ると、利己心だけでは満足しきれない高次のものが、わたしたちの自我の奥にあると言っていいようです。問題は簡単ではありません。この高次のものの存在を無視したり圧殺したりしては、やはり、わたしたちは部分的な自己把握しかできないわけです。そして、わたしたち自身、それに満足することはできません。

してみると、わたしたちのしたいことは、自分を美化もせず、醜化もせず、ありのままにつかみたいということになると思います。免れがたい利己心を否定しようとし、自分の行為をすべてよく解釈しようとしても、自己欺瞞《ぎまん》に終わりましょう。否定できないものの存在は認めましょう。しかし、別の面での自分をも忘れたくはありません。わたしたちは、その二つの極の間に立って、ずいぶん迷うこともあるとおもいますが、真実の認識の上に立って怠らずくふうし、努めれば、道が開けることはあろうと考えます。

1　利己心を捨てた自己認識ができるようになれば、人は高次の行為を選ぶようになるはずである。

2　人間は、利己心と理性という二つの極の間を常に揺れ動く、不安定な存在である。

3　利己心に打ち勝ち、崇高な動機で行動すれば、道は自ずと開けるものである。

4　自分を美化したり醜化したりせず、ありのままの自己の姿を見つめることが、まず大切である。

5　より高いものを求める心の奥に存在する利己心を否定することは、自己欺瞞である。

★★
**18** 次の文の趣旨として妥当なのはどれか。

どうでしょう、わたしがこれまで話してきた日本の昔の優れた芸術家たちの思考と、古代インドの思考とは、まさに、両々ひびきあっているかのようではありませんか。かれらもまた、所有が人間を制限する、所有欲にとらわれていては、所有の狭い壁に閉じ込められて、精神の門は開かない、と考えていたのです。小さな我執を捨て去って初めて宇宙の光に浴することが可能になることを知っていたのです。松も竹も、花も果物も、山も川も、この地上にあるものすべてに宇宙の原理は顕現していると悟っていたからこそ、小我を捨てて天地と合体する大道を選んだのです。かれらが地上での生をミニマムにまで縮小し、物欲を捨て、清貧を愛したのは、そういう積極的な理由があったからでした。

1　人が物を所有するということは、その人がそれだけ心の狭い人間になりやすいということだ。
2　物に対するあらゆるこだわりや執着を断たないかぎり、所有欲を克服することはできない。
3　万物が宇宙の原理と相対的な関係にあるということを知らなければ、ものを正しく見、理解することはできない。
4　物を所有したいという欲望が強過ぎると、すべてのものが存在することの意義を正しくとらえることができなくなってしまう。
5　洋の東西を問わず、優れた芸術家になるためには、清貧を尊ぶ心を持つことが必要である。

★★
**19** 次の文の趣旨として妥当なのはどれか。

テクノロジーは自律的なものではなく、社会の欲望の関数なのである。反対に、人間の欲望も自律的なものではなく、テクノロジーの関数と言えることもある。しかし、より根源的なのはテクノロジーの方ではなく、社会の方なのである。それゆえ、場合によっては、ある種のテクノロジーは消滅することを鼓舞される。たとえば、ほとんどの軍事テクノロジーがそうであろう。現在もしくは未来にそういったテクノロジーの消滅が期待されるだけではなく、かつての日本は実際ある種の軍事テクノロジーを馴致《じゅんち》することに成功した。徳川時代における鉄砲である。織田信長の時代に日本は鉄砲技術の世界最先進国であったと見なされうる。しかし、ほとんど政治的・軍事的紛争を免れた安定した徳川時代の政体は、一般に鉄砲のような武器を必要としなかった。それでその技術は衰退した。江戸期日本はさらに一般に、第二次産業革命以降の近代資本主義社会のように不断にテクノロジーの革新を追求した政治経済共同体とは異なる社会のモデルを提供してくれる。前近代日本は、その社会形態を無批判的に決して理想化してはならないが、かなり高度な文化をもち、かつテクノロジーをうまく制御していた社会のモデルとして批判的な比較対象の素材として念頭に置かれてしかるべきなのである。社会はテクノロジーによって無分別にリードされるべきではなく、社会が真に必要とするような健全なテクノロジーのみを選択的に備えた、いわば自己意識をもつ成熟した社会に成長しなければならないのである。

1　テクノロジーは社会をリードする自律的なものではなく、社会的要求に左右されるものであり、健全なテクノロジーを自覚的に備える社会こそが望まれる。

2　テクノロジーには、江戸時代の鉄砲技術や現在の軍事技術のように、世の中の需要によって淘汰消滅するものもあるということを、我々は認識すべきである。

3　資本主義や科学技術の発達が行き詰まった今、わが国の江戸時代の社会は、テクノロジーについて自己意識をもつ成熟した社会の理想的なモデルとして扱われるべきである。

4　社会がテクノロジーにリードされないよう、人間の欲望や目標を実現するための手段として、テクノロジーを発展させていく必要がある。

5　現代は、社会の政治的・経済的体制を考慮し、真に必要性の高いテクノロジーのみを発展させていかなければならない時代となった。

★★★
**20**　次の文の趣旨として妥当なのはどれか。

世の中には「ナマに近い事実」はあっても「あらゆる偏見から自由な意見」はありえない。人がどのような知識や情報を、どういう順序や配列にしたがって提供しようとするかという意思決定自体の中に、その情報の価値に対する評価が含まれている。

少なくとも、情報の受け手の中には、その評価と思われるものを、提供される知識や情報そのものの中に、またその選択や配列、つまりその編集の仕方の中に読み取ろうとする場合がある。その際に、情報価値についての評価に基づく編集の仕方を、情報の出し手の意図を示すものと誤解する場合が起こり得る。受け手の行動を観察・論評する第三者でも、そのように判断することもある。

そうだとすれば、ここに二つの基本的な論点が浮かび上がってくる。

第一に、意図や評価なしの知識や情報の提供を、その出し手に要求するのは無意味である。むしろ、出し手の側がそれに主観的に付与している意図や評価そのものについての情報をも、積極的に開示してくれと要求する方が、まだしも意味があるというものである。

第二に、人は、知識や情報の提供に必然的に伴う意図や評価の体系そのものを評価し選択する必要に迫られる。もっと平たく言えば、だれの（どの個人の、どのグループの）出す知識・情報であれば安心して信頼できるかを決める必要に迫られる。

その場合の信頼とは、ひっきょう、出し手の意図や評価それ自体を受け手が通有することにほかならない。つまり、出し手がもっているのと同じ世界観や価値観を、受け手が抱くようになることにほかならない。

1　情報社会において情報の出し手と受け手が信頼関係を結ぶには、情報価値に対する評価を一致させて、同じ世界観・価値観を共有していくことが必要である。

2　現代において情報は、客観的で公平な立場からの事実を目指して提供されるものであるから、情報自体への評価や価値を抱くことは、受け手の主観的な判断に任されている。

3　情報の出し手は情報を出す意図や評価そのものも開示すべきであり、それが、受け手が出し手と同じ世界観や価値観を作り上げるための方策になる。

4　情報の受け手は、出し手に対して意図や評価自体についての情報を明示するよう要求する必要があるし、意図や評価体系を検討し直し、信頼できる情報を選択する必要がある。

5　情報には必ず情報価値に対する評価が含まれており、受け手がその評価に基づく編集方法をも出し手の意図と誤解する場合があるが、本来この二つは区別されなければならない。

★★★
**21** 次の文の趣旨として妥当なのはどれか。

ところで注意しなければならないのは、小説の作者と主人公とが、ほぼ同一人物と見做《みな》される場合でも、それが小説であるかぎり、作中の主人公は決して作者自身ではなくて、虚構化された“私”であり、それは作者から見れば、他人なのだ。つまり、そこには客観的に眺められた“自己”がある。だから、そういう小説の主人公は絶対に作者と同じ顔立ちであってはならない。こういうことは、何も私などがことごとしげに述べるまでもなく、多少文学に関心のある方なら充分に心得ておられることであろう。それを殊更《ことさら》述べたのは、やはり虚構化された“私”と作者とが実際にはしばしば混同される場合があるからだ。そして『蓼喰《たでく》ふ虫』の*小出楢重《ならしげ》の成功の第一の理由は、主人公を作者の谷崎潤一郎から見事に断ち切って創造された別の人物に描き出していることであろう。

私小説にも虚構があるように、画家の肖像画や自画像にも虚構があるだろう。出世作『Ｎの家族』以来、たくさんの自画像や家族の肖像をかいている小出楢重には、とくにそのことがいえるだろう。何度も官展に応募しつづけた小出氏が、はじめて二科展に出品した『Ｎの家族』で入選したとき、「芸術味に乏しく、漫画のようだ」という批評を先輩からうけたらしい。それに対して小出氏は、友人たちに「芸術なんか糞をくらえだ」といったといわれているが、まことにそれはその通りだろう。おそらく先輩のいった「芸術性」とは、何かツルツルに磨き上げられた甘美な抒情性といったものと思われるからである。そんな「芸術性」なんかよりは、「漫画のような」現実性のほうが、本当はどれだけ芸術的であるかわからない。

＊小出楢重……挿絵を描いた。

1　挿絵でも自画像でも、本人と切り離し、虚構上の別の人物として現実味豊かに描いたところに、小出楢重氏の成功があった。

2　現実味をそぎ落とし、洗練された抒情性が漂う芸術作品より、漫画のようであってもリアルな作品の方が芸術的だといえる。

3　私小説であっても、主人公は作者が客観的に眺めた他人であるから、挿絵画家は主人公を決して作者と同じ風貌に描いてはならない。

4　小説の主人公は作者自身の姿であると読者に混同される場合が多いが、芸術作品は全て虚構であり、それと思わせない現実味のある作品が傑作なのである。

5　小出楢重氏は、自画像や肖像画を虚構として見事に描き出したにもかかわらず、「芸術性」の点では評価の分かれる画家であった。

**★★**
**22**　次の文から「嫉妬」について言えることとして妥当なのはどれか。

地方初級

嫉妬は自分よりも高い地位にある者、自分よりも幸福な状態にある者に対して起こる。だが、その差異が絶対的でなく、自分も彼のようになりうると考えられることが必要である。全く異質的でなく、共通なものがなければならぬ。しかも嫉妬は、嫉妬される者の位置に自分を高めようとすることなく、むしろ彼を自分の位置に低めようとするのが普通である。嫉妬がより高いものを目ざしているように見えるのは表面上のことである。それは本質的には平均的なものに向かっているのである。この点、愛がその本性において常により高いものにあこがれるのと異なっている。

1　嫉妬は平等を望む意識の表れであり、必ずしもマイナス面のみとは限らない。

2　嫉妬は優越感の表れであり、自分より下位の者に対しては起こらない。

3　嫉妬は自分にも可能性がある上位者に対して起こり、努力の源泉となりうるものである。

4　嫉妬は気まぐれで一時的な心の動きに過ぎず、あまり深刻に考えることはない。

5　嫉妬は表面上はより高いものを目ざしているように見えるが、実は向上心がないところにその特徴がある。

**★★ 23** 次の文から現代の「やさしさ」について言えることとして妥当なのはどれか。

「やさしさ世代」の「やさしさ」には、自分と相手との埋められない距離、思いのとどかなさといったものはむしろ承認されており、防衛的ではあるが半ば肯定的な意味がもたらされている。それはつまり、これまであった共同体の庇護からいわば裸出し露呈した、その意味での「傷つきやすさ」からの防衛ということであろう。「内面に踏み込まず、傷つけ合わない、一種の社交術」という、新しい「やさしさ」が、そこに登場してきている。

それゆえその「やさしさ」は、確かに、一人一人が放り出されて閉じているように見えるという点では、これまでになかった新しい様相の「やさしさ」ではある。しかし問題は、にもかかわらず、適度な距離をとり、時には演じながらも、その場その場を滑らかにやりすごそうとするというかぎりでは、その「やさしさ」は、決してまったく新しい「やさしさ」というわけではないという点である。

親から小遣いをもらってあげる「やさしさ」や、席を譲らない「やさしさ」、好きでもないのに結婚してやる「やさしさ」等々も、確かに従来にはなかった独特の発想の新しい「やさしさ」ではあるが、しかし考えてみれば、それらも、いわゆる「甘え」の自他関係から自由なわけではない。

それらは、暗黙のうちに「相手の気持をあたかも決めつけてしまうかのように」振舞う「やさしさ」なのであり、そこには、多少しんどくとも思いやるべき・思い測るべき「相手の気持」など存在していない。いうなれば、自他未分の自己意識しか存在していないのである。

1　相手と適度な距離をとって、その場を滑らかにやりすごすのは新しい「やさしさ」ではなく、他者の気持を思い測ることのない自己中心的な意識、甘えにほかならない。

2　現代の「やさしさ」は、自己の傷つきやすさを防衛するための表面的なやりすごしであって、それゆえ社交的な機能を持つが、昔のような真の「やさしさ」ではない。

3　相手の気持を決めつけてしまうのは、甘えの裏返しであって、態度としてはかえって冷酷、残酷な「やさしさ」になっている。

4　人間関係を円滑にする共同体がなくなり、個人主義の時代となったため、現代の若者が他者とつき合うには、自分も他人も傷つけない「やさしさ」が必要になった。
5　各人各様、臨機応変に施す「やさしさ」は昔と同様にある一方、現代では自己意識が強くなったことによって、自己に利益をもたらすエゴイスティックな動機による「やさしさ」が現れた。

**24**★　次の文の内容に最も近いことを述べているのはどれか。［地方初級］

みなさんは学んだ知識なり能力を、人間らしい生活の中に生かすことを考えていただきたい。そして、自分のためだけではなく、地球上のすべての人たちのために生かすことも考えてほしい。そのように生かした時に、初めて、知識なり能力が本当の意味での価値を持ってくることになると思います。

そのために自分の専門的な知識を学ぶだけではなくて、広い教養や知識を学ぶ必要があると思います。その中に専門的な知識を正しく位置付けていく。そして、そういう広い知識、教養に立ちながら、道徳的な善悪を含んだ総合的な判断の力を身につけてほしい。そういう力が、私は英知だと思います。そういう力を持った人間が、英知のある人間であると思います。

1　身につけた知識や能力は、それをどのように使っていくかによってその価値が決まるものである。
2　道徳的な善悪の判断ができれば、学問は必ずしも必要ではない。
3　英知のある人間になるためには、専門的な知識を十分身につけることが先決である。
4　各自の知識や能力は、地球上のすべての人の幸福のために授けられたものである。
5　幅広い教養や知識を学ぶという行為自体に人間としての生きる価値がある。

**25**★　次の文において筆者が感じていることとして妥当なのはどれか。

我々は我々自身をはめこむことのできる我々の人生という運行システムを所有しているが、そのシステムは同時にまた我々自身をも規定している。それはメリー・ゴーラウンドによく似ている。それは定まった場所を定まった速度で巡回しているだけのことなのだ。どこにも行かないし、降りることも乗りかえることもできない。誰をも抜かないし、誰にも抜かれない。しかしそれでも我々はそんな回転木馬の上で仮想の敵に向けて熾《し》烈《れつ》なデッド・ヒートをくりひろげているように見える。

事実というものがある場合に奇妙にそして不自然に映るのは、あるいはそのせいかもしれない。我々が意志と称するある種の内在的な力の圧倒的に多くの部分は、その発生と同時に失われてしまっているのに、我々はそれを認めることができず、その空白が我々の人生の様々な位相に奇妙で不自然な歪《ゆが》みをもたらすのだ。

1　人生を変えるための努力を放棄したので、安堵感を覚える。

2　自分の人生と他人の人生は同じであると気づいたので、安心した気持ちになる。

3　人生を自分の意志どおりにすることはできないので、あきらめの気持ちになる。

4　人生は自分の力で切り開いてゆかねばならぬので、孤独感にさいなまれる。

5　人生には奇妙で予想外のことが起こるので、満足した気持ちになる。

★★

**26**　次の文で筆者は「草木」をどのようなものと述べているか、妥当なものを選べ。

『源氏物語絵巻』をながめているとき、われわれの目に映るのは、天地有情のありさまである。有情は男と女の仲ばかりではない。人と草木のあいだにも成り立ち、それは男女の情にまさるとも劣らぬほどのものだ。『絵巻』のあちこちの場面から洩れる陰の声は、そんなふうに訴えているかに聞こえる。

要するに、有情の草木は画中の人物たちのこころを形にあらわし、目に見えるものに変えるという重大な役割を担っているのであって、草木は点景物でも付帯的装飾でもなく、物語の登場人物と同等の資格をそなえた有情の主体というべきものである。いや、あるいはまたそれ以上のものかもしれない。これが物も言わずに黙りこんでしまったら、絵がたちまち死んでしまうような死活の機微さえ、画中の草木が掌握している。

1　人や天地と調和して場面に風情を添え、雰囲気を盛り立てているもの。

2　草木そのものの心情を人間の言葉で語りかけてくるような、擬人的なもの。

3　物語とは別に、独立した存在感を示してストーリーを作っているもの。

4　人物以上の強烈な主張によって、『絵巻』の中心となっているもの。

5　人物の心情を具現化する働きをし、絵の生命を根幹から支えているもの。

★★
**27**　次の文はある歴史家の言葉であるが、この歴史家が危険であると考えているものとして妥当なのはどれか。　地方初級

「歴史の教訓はもちろん大切なものです。しかし、過去の時代や出来事をあまりに重大に考えすぎることも危険なことです。一つの危機が訪れたときに、すぐに過去の危機をひきあいに出すことがあります。しかし、それは現実に過去という仮面をかぶせてしまって、かえって現在の問題をわからなくしてしまうことにつながりかねないのです。歴史では同じ危機が繰り返されることはなく、危機はいつも違う形でやってくるものです。だから私は、歴史は繰り返すという言葉には『わな』があると言っているのです。」

――なぜ、そう言い切れるのですか。

「それは、人間の感覚というのは時代とともに変わっていくものだからです。人間のものの考え方や感覚が大きく異なっていた過去の時代と現在を同じように比較して論じるのは、とてもおかしいことなのです。」

1　歴史を振り返って、過去の同じような危機の時代に学ぶ態度が薄れていること。

2　ものの感じ方や考え方が変わっているかもしれないのに、歴史の出来事の教訓が今でも通用するように考えること。

3　人間の感覚やものの考え方がなぜ変わったかにこだわって、そ

れを重大に考えすぎること。

4　いま世界に広がる争いや人々の心の不安を、歴史の深刻な危機と考えすぎること。

5　現代の感覚や価値観は過去とはすでに違っており、長い歴史とは無縁のものとしてとらえること。

★★
**28**　次の文の筆者の気持ちを表しているものとして妥当なのはどれか。

人を相手にする生活はずいぶん苦しいことが多い。相手にする人もまた自己と同じように弱い。気の変わりやすい、自己と自然と社会とのすべてについてさまざまの苦悩をつつんでいる人間であることを思うとき、少なくとも相手の心持ちを察してこれを労《いたわ》らなければならぬだけの苦労がある。自分の察しが至らぬために知らず識らずその神経を無視することはあろう。ふざける興味の図に乗ってある程度まで人の神経を玩具にするような粗野な振舞いもまたないとはいえない。しかし大体からいえば、憤怒と憎悪と軽蔑とに燃えてあえてデリカシーを無視する僅少の場合を除けば、人と人との間には相互に*交譲する可憐なる苦労の絶え間もない。交譲はもとより愛の発表である。しかしたとい愛の発表であっても、常に自分を加減し塩梅《あんばい》する不自然と、わがままに自分の全体を露出し得ざるもどかしさと、相手に対する愛の名においてその前に自分のいくぶんを詐《いつわ》っていると意識する心もとなさと、これらの入り乱れた感情が人と人との間に霧のごとく立ち迷って真正に心の底までさらけ出した朗らかな融合を経験することは人の一生に幾度もないであろう。親愛する魂と魂との間においてもすでにそうである。まして複雑なる利害の関係が混入しやすい他人同士の応接ははなはだ厭《いと》わしい場合が多い。

＊交譲……互いに譲り合うこと

1　人は、常に孤独であるが、人と人との間に身を置くことによって孤独から解放されることができる。

2　人は、互いに心底から理解し合うことが難しいので、なるべく自分をさらけ出すよう努める必要がある。

3　人は、互いに相手の心持ちを察する苦労を積み重ねていくことで、複雑な人間関係を円滑にしていくことができる。

4　人は、わがままだと思いつつも、人との交わりを忌避し、自己の殻に閉じこもりがちになるものである。

5　人は、互いに親愛の情を感ずることができる優しさをもっていながら、人の魂と魂とは、容易に根底から一致することができない。

**29**★ 次の文中の下線部のように筆者が感じる理由として妥当なのはどれか。

これまで「○○党が」「××党が」と云うのが常であった政治家たちが、近ごろは、互いに「○○党さんは」「××党さんは」と呼び合うことが多くなりました。世の中、とげとげしくなくなって、同慶の至り。——とよろこんでいいかと云うと、なんとなく白々しく寒々しい感じがいたします。

敬語は、直叙を避ける意識から生まれます。伝達したいことがらをそのまま表現せずに、別の語やちがう文体を用いて「朧化《ろうか》」してしまう。べつに云うと、露骨はいやだよ、はっきり云っては失礼だよ、という気持ちが敬語を使わせる。その善悪はどうでもよろしいし、そんなことをいまさら問うのは野暮の骨頂ですが、とにかくわたしたちには、できるだけ非直接的な表現をしようとする傾きがあるようです。「あなた」は、もともと此方《こなた》の対、「(隔てるものがあって手のとどかない）向うの方」を意味する遠称の代名詞ですが、それを目の前にいる目上を呼ぶのに使ってしまうのですから、たいへんな婉曲表現だと感心してしまいます。たしかに敬語は朧化の芸術です。

しかしその敬語も、尊敬や謙譲や丁寧さをあらわしているうちはいいのですが、度がすぎると、よそよそしくなり、やがて敬遠の意味を持ちはじめます。過剰な敬語を防壁にして、相手を敬遠する。交際《つきあい》にどっさり敬語を持ち込んで、相手との関係に熱が生まれないようにする。相手とつきあう必要はあるが、あまり深間の仲にはなりたくない。「さん」は敬称としてはささやかではありますが、この「あまり深くつきあいたくない」という今の世の中をよく象徴していると思います。「さん」は20世紀末の人びとの薄い鎧《よろい》なのかもしれません。

1　露骨な表現を避けようという敬意のあらわれのようだが、実は、相手との関係を曖昧にしようという意図がうかがえるから。

2　尊敬や丁寧さをあらわしているように聞こえるが、実は、相手とあまり深くつきあいたくないという敬遠の意識のあらわれであるから。

3　敬語を防壁にして相手を敬遠しているように思わせて、相手との深い関係を私たちに悟られないようにしようという考えがみえるから。

4　敬語を使うことによって、相手からの非難をかわし、自分の身を守ろうとする現代人の意識がよく象徴されているから。

5　敬語の使い方の度が過ぎており、本来の敬語の特徴である「朧化」が失われて、逆にとげとげしい印象を受けるから。

**30** ★★　次の文中の下線部「明治の日本人たちは……利口だったのである」は、どのような点からそう言えるのか。妥当なものを選べ。

日本人が長い時間をかけてつくったものと、西欧が更に長い時間をかけてつくったものが激突し、ために多くの血が流れ、多くの者が殺された。ある文化と別の文化がぶつかる時は必ず闘いがあるからであり、切支丹時代とはこの文化と文化の闘いの時代だったからだ。

だが明治の西欧受容には切支丹時代のような闘いはなかった。というより明治の日本人は苦い過去の経験からこの闘いをわざと避けたのである。彼等は本能的に文化と文明とのちがいを感じ、西欧の文明は学ぶが西欧の文化の本質にもろにぶつかることは回避した。西欧文明のつくった技術、制度、組織はすぐ効果があり、すぐ役にたち、すぐ意味があるからそれは受容する。しかし自分たちにとって異質であり距離感のある西欧文化の本質には眼をつぶる。これが切支丹時代とちがった明治の西欧受容の態度だった。彼等は文明を受け入れたが、その文明をつくりだした文化は敬遠したのだ。「すぐに」「手早く」「ただちに」理解でき、役にたち、移植できるものだけが取り入れられた。明治の日本人たちは切支丹時代の日本人より器用で利口だったのである。

明治以後、我々は西欧のすべてを知ったような気持ちと西欧の本当のところがわからないという距離感との二つが心にある。だが我々は実は西欧の文明だけを知り、西欧の文化をそれほど知り尽くしてはいないのではないだろうか。我々が知ったのは西欧の近代以後の表面だけであって、その西欧の近代の背後にあるもの、西欧の近代を生みだした眼に見えぬ母胎はまだまだ我々が捉えていないのではないか。

1　過去の苦い経験から、母胎としての文化を避け、表層的で便利な文明だけを採用した点。
2　西欧のすべてを知ることはできないので、わかりやすい技術、制度、組織などを受容した点。
3　切支丹時代とは違う文明が西欧に発達していることを判別し、それを受け入れた点。
4　切支丹時代に西欧の文化と正面から衝突し、血を流した経験からの反省があったという点。
5　文明を受け入れることに違和感がなく、「すぐに」「手早く」「ただちに」理解できるようになっていた点。

★★
**31**　次の文中の下線部の言っていることとして妥当なのはどれか。

地方初級

G氏の大著は、類い稀な名著である。膨大な資料を収集した上で、厳密な吟味をへて整理し、巧みな構成のもとにまとめている。読み終えた私は、圧倒される思いで、シーボルトが登場する小説を書くことは断念すべきだ、と思った。小説を書く私としては、世に知られていない埋もれた史実を自らの手で探り出し、それを小説の中に活かしたいとねがうので、未知のものを得ることがなければ書く意味はない、と考えたからだ。

専門の研究者は書斎から動くことが少なく、それに比べて、私は腰が軽く、諸所方々を歩きまわる。つまり、専門家のすきをついて史料を探し出す機会が十分にあるわけで、門外漢ながら、そのような素朴な方法で知られざる史料を手に入れ、小説に書いてきた。

しかし、G氏の著書を読んだ私は、史実はすべてこの著書の中に詰めこまれていて、たとえ精力的に歩きまわったとしても、なんの史料の断片すら見出せぬのを感じた。いわば手も足も出ぬという思いで、だからと言って、私は、G氏の著書に盛られた史実をそのまま利用して小説を書く気はさらさらなく、この素材は放棄すべきだと思ったのである。

しかし、読後しばらくしてから、この秀れたシーボルト伝の著者にも、一般の伝記のそれと共通した姿勢があるのを感じた。それは、表題の「シーボルト先生……」の先生という二文字に象徴的に現れている。

1　既存の資料に頼って、自分の足で新たな資料を探そうとしないこと。
2　その人物を美化して、陰の部分に触れようとしないこと。
3　集めた資料を惜しむあまり、取捨選択が不十分であること。
4　公的な面よりも、私的な面を興味をそそるように紹介すること。
5　師弟の関係を殊更強調して書くこと。

**★★ 32**　次の文中の下線部に表れている「ぼく」の心情として妥当なのはどれか。

もの音ひとつしなかった。——ぼくの吐くかすかな息と、とおくの山脈から伝わってくる漠とした感じのほかは。そしてその息や聞こえぬ山の呼び声は、しずかにぼくのまわりにたゆたい、ひそひそとぼくのそばに寄り集まってくるようだった。ふいに、それがぼくになにごとかを囁《ささや》いた。同時にぼくのくちびるから、それと同じの、まったく思いもかけぬ言葉がもれた。

「ママ」

ぼくは自分がなんと呟いたのかわからなかった。もう一度くちびるをうごかしてみて、その意味を知り、その語感を味わってからも、ぼくのこころは徒《いたずら》に戸惑うばかりであった。ながい間使ったことのない、とうに忘れさられていたこの言葉が、どうしてこんなときにひょっこりととびだしてきたのだろう。その言葉はぼくの体内にふかく沁みいり、やがてたとえようもない寂寞感となって戻ってきたようであった。もともと肉親もなく、今まで共に暮らしていた人々とも遠くはなれて、見知らぬ嶮しい山頂にひとりぽつねんと坐っていたためばかりではない。明日をもわからぬ戦局のためばかりではない。人がはじめて突きぬけた孤独を覚え、自分自身に尋ねようとする時期にぼくは達していた。無限にひろがる〈自然〉にとりかこまれながら、陳腐な、だが永久にけっして尽きることのない問いを、自分に課した。このぼくは一体どこから生まれてきたのだろう。

1　無限の〈自然〉の中で自分を見失わないために、自分の存在価値を見出そうとしている。

2　自分がこの世に生まれてきたことは自然の摂理であると認め、それを受け入れようと思っている。

3　肉親のいない自分にも母を求める心があることを気づかせてくれた〈自然〉の偉大さに感動している。

4　雄大な〈自然〉に抱かれて、人間の心の狭さを痛感し、自分の生まれてきた意味をもう一度考え直したいと思っている。

5　無限にひろがる〈自然〉に人間の存在の根源を感じ、それを確かめたいと思っている。

★★★
**33**　次の文中の下線部に表れている筆者の考えとして妥当なのはどれか。　地方初級

愛を語り、善を語る者の多くに私は今まで嘘を観てきた。それを語るほどにその人の善を信じ難かったからだ。

嘘はないか、偽りはないか、私にそれを語るだけの資格はあるかと問われればやはりあるとは言えない。いまも私の心はつねに揺れ動き、思考も行為も清麗なるものへの希求と背徳の繰り返しである。矛盾だらけである。しかし、恥部ばかりを晒して、私は弱い人間ですと開き直りたくもない。

私は強い人間の存在を知らない。誰しも弱さがある。弱さをかかえて呻吟して生きている。だからだろう。ひとはひとの弱さを知ると安心する。晒けだしたひとに寛大になる。晒け出す方もそれで心が安らかになる。だが、私はそこにもやはり嘘を感じる。

1　みずからの恥を晒けだせばだすほど不安は大きくなる。

2　恥とはいっても実際はそれほど恥じていないのだ。

3　みずから許されると考える範囲内での恥を晒している。

4　強い人間まで弱い人間のふりをして恥を晒そうとする。

5　みずからの恥よりも他人の恥をより多く求めようとする。

**34** ★ 次の文の表題として妥当なのはどれか。 地方初級

親と子が話す時に、視線を合わせてはいけない、というルール（？）があった。「見つめ合ってしゃべったんじゃ親子にならない」と教わった。肝心なことは、台詞にしないほうがいい。伝えたいことをストレートにしゃべり合うようでは「親子にならない」といわれた。

その後、テレビの世界に入ってみると、ホームドラマの大勢はおそろしく「近代主義的」で、父と子は平然と目を合わせ「愛子さんはお前を心から愛しているぞ。その気持ちを踏みにじっていいのか？」などとおやじがいったりするので呆然とした。テレビはおくれているというように思い、自分の書くものでは、わざわざト書きに「目を合わせないこと」などと書いたりしてリアリティーを獲得したつもりになっていた。しかし、実はテレビのほうが進んでいたのである。父親と息子の間には、照れて目を合わせないというような微妙な感情はもはや存在しなくなっていたのだ。

1　照れる日本の父親
2　伝達手段としての「視線」
3　積極的に目を合わせよう
4　消え失せてしまった「微妙な感情」
5　ト書きの効用

**35** ★★★ 次の文の表題として妥当なのはどれか。

中世の人々にとっては言葉は少数の人にしか届かないまことに不十分なコミュニケーションの手段に過ぎなかった。それに比べると動作や態度は大勢の人々に理解されるためにより重要なものであった。言葉は個人の意思を示すが、態度や振る舞いはその人の心あるいは魂を現すといわれていたのである。

12世紀に個人の教養が現れて以後西欧各国は新たに生まれた個人に対してどのような関係を結ぶべきかという問題に直面し、それに対する各国の答がそれ以後の各国の近代のあり方を規定することになった。それに対して集団の教養は農業や漁業、手工業の世界でかろうじて生き続けたが、その世界にも文字の教養が浸透しつつあった。集団の教養、つまり文字によらない教養の世界では農民にして

も手工業者にしても仕事がそのまま身体と結びついていた。彼らにとっては身体から切り離された教養はありえなかったのである。しかし個人の教養の世界では例えばサラリーマンの世界では自分の仕事がそのまま身体と結びつくことはなかった。サラリーマンとして定年まで勤めあげたとき、鍛え上げられた身体が生まれているわけではない。美しい身体と勤務は必ずしも両立しないのである。

私たちは今このような問題に直面しているが、それは教養の問題なのである。旧制高校における一面的な教養の理念はドイツのフンボルトなどによるビルドゥングの応用であったが、それらが破綻した現在私たちは教養を個人の教養から解き放ち、文字にのみ限定された狭い教養の理念から視野を広げなければならないのである。

1　個人の教養と集団の教養の違い
2　文字による教育の欠陥とその歴史的推移
3　中世の人間観に学ぶ現代の教養理念
4　美しい身体と充実した勤務
5　身体や心と結びついた教養の必要性

## 2 文章整序

文章整序の問題では、文章の流れや全体像を理解し、再構成する力が試される。国家一般職では出題頻度が高めであるのに対して、地方初級では出題頻度はやや低く、ほぼ2年に1問の割合で出題される。文章整序の問題は、ほかの出題形式の問題よりも、解き方のコツがはっきりしているので、そのコツをいかにつかむかが正答を得るポイントとなる。

**出題形式と傾向**

出題形式は下記のとおりである。

①全文を整序する問題
- **A．全ての順序を問う問題**
- **B．一部の順序を問う問題**

②部分的に整序する問題**（冒頭文・末尾文の片方あるいは両方が提示されている問題）**

試験の種類を問わず、①のAの出題形式が圧倒的に多く、「○番目と○番目に来るものの組合せ」を答えさせる①のB、および②の出題頻度は低い。難易度としては、選択肢によるヒントがない分だけ①のBがやや高いと言えるが、出題形式によって解き方の基本が変わるわけではない。

問題文は、趣旨把握・内容合致と比べると短いものが多く、論理的なつながりを見つけさせることを主眼とした文章が必然的に選ばれることになる。

**解法のポイント**

① まずは問題文をそのままの順序で通読し、**全体的内容（何について述べている文章か）をつかむ**。

② 前後のつながりを考える上で重要な手掛かりとなる**接続語、指示語、共通語句、換言表現などをチェック**する。

a 接続語、指示語が文頭にあるものは、原則として冒頭にくることはない。

b 文頭に接続語を含む文の場合は、その**接続語の働きによってどの文を受けているかを考える**。例えば、逆接の接続語があれば、その文とは相反する内容の文が直前にくることになる。

c **指示語の指示する内容が何かを考える**。通常、指示する事柄を含む文が直前にくる。

d　**複数の文に同じ語句（共通語句）、共通の内容を表す語句（同義語、換言表現）がある場合は、それらの文はつながる可能性が高い**。直接つながらない場合でも、関連があると考えられる。上記①で把握した全体的内容とそれらの語句を手掛かりに、各文をグループ分けしていくと、順序のおおよその見当がつくこともある。

③　問題文によっては、**論理の展開**や**時間的推移**の点から、前後のつながりを考える。

④　手掛かりとなる語句が少なく、全ての順序を特定できない場合は、**確実だと思う一部の組合せを探し、その組合せのない選択肢を消去していく**のも一つの方法である。また、確実な組合せを見つけられない場合でも、例えば「少なくともAは、BやDより前にくる」といった、**前後関係が見出せれば、選択肢を絞ることができる**。特に、「○番目と○番目に来るものの組合せ」を問う問題（出題形式①の**B**）では、この消去法が有効である。

⑤　最後に、正答として選んだ選択肢の順序で読み、**全体の流れがスムーズか、本文内容が矛盾や飛躍なく展開されているか**などを確認する。

## 例題 1

次のA～Fを並べ替えて意味の通った文にするとき、その順序として妥当なのはどれか。

A．しかし、そういったことを心配しながら町を歩いているのが世界の多くの国の実情だそうである。

B．日本人には、そういう話はうそのように聞こえるではないか。

C．が、割れないですんだということは、徳川慶喜がしっかりしていたとか、いろいろな原因があったが、やはり日本人全体が日本語という一つの国語を話すということも大きな支えになったはずだ。

D．まさにこれは当たり前だ。われわれが日本で暮らしていて、どの店でも日本語は通じるものだと信じきっている。

E．日本人は、日本の町を歩いていて、たばこを買いたいと思ったとき、あそこのたばこ屋の店でははたして日本語が通じるだろうかと心配することはない。

F. 明治維新の直前、日本の国があぶなく二つに割れそうになった。イギリスが後押しをする勤皇方とフランスが力を貸そうとする佐幕方との二つに。

1 E—A—F—B—C—D
2 E—D—A—B—F—C
3 E—D—C—A—F—B
4 F—A—B—C—E—D
5 F—B—C—E—D—A

**設問解法**

まず、つながりが明白なものから見ていくと、Cの「が、割れないですんだ」という逆接の接続語を含む表現が、Fの「明治維新の直前、日本の国があぶなく二つに割れそうになった」を受けたものであるから、F—C。

次に、Dの「これ」は、同文の「どの店でも日本語は通じるものだと信じきっている」の文言から、Eの「……日本語が通じるだろうかと心配することはない」ことを指していると判断できる。そして、このE—DとAで、逆接の「しかし」をはさんで、日本とその他の多くの国とを対比している。Bの「そういう話」は、日本人には「うそのように聞こえる」話であるから、他国の実情を述べたAの内容を指す。よって、E—D—A—B。

最後に、Cの「やはり」の語に着眼すると、E—D—A—Bで述べてきた内容をF—Cで具体例を用いながら確認し、まとめていると考えられるので、E—D—A—B—F—Cの順となる。

正答　2

## 例題 2

次の文に続けてA～Fを並べ替えて意味の通った文にするとき、その順序として妥当なのはどれか。

宇宙探査機ボイジャー2号は、たとえていえばコンピューターそのものであり、だれひとり肉眼では見たことのない太陽系の細部を映像で送ってきた。そして、私たちの目や脳の延長として深宇宙へ飛びつつある。

A. その私たちの心のかたち、意識のかたちに一番よく似ているのが文学なのだ。

B．私にはむしろ、コンピューターが一般化することによって、人間の精神性や自由意思といったことが、より鮮烈に意識化されつつあるように思われる。

C．だがコンピューターが人間の脳にとってかわるという幻想は、やがて限界がみえてくるだろう。機能的にどれほど優れていても、意識したり思考することはできないし、人工知能と呼ぶに値するものもできていない。

D．ところが私たちの脳はそこにある世界を眺めながら、未来を予測したり、すでにこの世にいない懐かしい人のことを思い出したりする。そんなふうに時空の重層的な働きを、同時にやってのける。

E．むろん技術的にはこれからも進化していくだろうが、あくまでマシンとして使えばいいと思う。幻想にふり回される必要はない。

F．電子回路も、音楽も、テレビの画像も、時間的には一方向にしか流れない。

1　A—B—E—D—F—C
2　B—A—F—D—C—E
3　B—F—E—C—D—A
4　C—D—E—F—B—A
5　C—E—B—F—D—A

## 設問解法

各文を通読すると、細かい内容はともかくとして、キーワードは「コンピューター」と「人間の脳」であり、両者を比較している文章であることはわかるだろう。

そこで、まずこの二つの対比に重要な役割を果たしている逆接の接続詞「だが」と「ところが」に着眼する。Cの「だが」の前には、「コンピューターが人間の脳にとってかわるという幻想」を抱かせるような内容、すなわち、「コンピューター」を肯定的に述べた文がくるはずである。これに該当するのは、「ボイジャー２号」について述べた提示文しかない。一方、Dの「ところが」の前には、「時空の重層的な働きを、同時にやってのける」という「私たちの脳」の機能と対比的な内容の文がくるはずであり、「電子回路も……時間的には一方向にしか流れない」とするFが、これに該当する。さらに、「文学」に関する記述はAのみであり、本文全体の内容から考えると、Ａを途中にはさむのは唐突である。したがって、提示文―Ｃ、Ｆ―Ｄ、末尾＝Ａの組合せが確定する。この組合せをもつ選択肢は5のみである。

最後に、選択肢5の順で読み、文の流れが適切かどうか確認することを忘れずに。提示文―Ｃから、「幻想」の語を介してＥ―Ｂとすれば、Ｂの「むしろ」の語も生きてくる。さらに、Ｆ―Ｄとの対比を経て、Ｄの内容を「その私たちの心のかたち、意識のかたち」と受けてＡへと続く。この文章全体が、Ａの「文学」という言葉を引き出すための長い前置きであることが納得できる。

正答　5

**Point**

① 話題が転換する接続詞をヒントにしよう。
② 指示語の指すものをたどりながら、文のつながりを考えよう。

## 練　習　問　題

（88ページより解答・解説）

**36**★ 次のA～Eを並べ替えて意味の通った文にするとき、その順序として妥当なのはどれか。 地方初級

A. 町工場のおやじさんたちが、ぼくのデザインを実現するために徹夜で思案し、仕上げてくれる。

B. 作家性の強い仕事なら、なおさら作品にはこだわります。

C. 設置現場の技術者も必死になってくれる。感動しますよ。

D. いい仕事をしたいと思って自分の力を磨き続けることは基本です。

E. でも、自分の作品を制作する過程で、ぼくは多くのプロに出会ったんですね。

1　A－B－C－E－D
2　A－D－C－E－B
3　C－E－B－D－A
4　D－B－E－A－C
5　D－C－B－E－A

**37**★ 次のA～Eを並べ替えて意味の通った文にするとき、その順序として妥当なのはどれか。 地方初級

A. 人々が国境を越えて移動し、文化やものの考え方が市場で交換される。

B. もっと具体的には、人の移動ということもあります。

C. それがこれだけの規模で行われるのはこれまでの歴史にはないことでした。

D. それは、商品だけでなく、ものの考え方や思想をも世界的に流通させるものにしてしまったからです。

E. 現代の進んだ産業社会は多くのものを生み出しましたが、私は最も重要なものは、世界的な市場の実現だと思っています。

1　A－C－E－D－B
2　A－E－C－B－D
3　A－D－C－B－E
4　E－C－B－D－A

5　E－D－B－A－C

**★★**
**38**　次のA～Fを並べ替えて意味の通った文にするとき、その順序として妥当なのはどれか。

A. 極点にも到達し、シベリア北岸までも行くなど、まさに縦横無尽に活躍している。

B. 北極海の研究には砕氷船が不可欠である。

C. これに対し、日本は世界第一級の砕氷船「しらせ」を南極観測船として半年、南極で使うだけである。

D. ドイツの砕氷船は、冬に南極へ行き、春に整備して夏には北極海へ出かけている。

E. ロシアにも原子力砕氷船があるが、民営化されて主に観光用に使われており、期待できない。

F. その沿岸の五分の三を占めるユーラシア大陸の北側で活動している砕氷船は、現在ドイツとスウェーデンの二隻だけである。

1　B－D－A－C－E－F
2　B－E－D－C－F－A
3　B－F－E－D－A－C
4　D－A－E－C－B－F
5　D－C－E－B－A－F

**★★**
**39**　次のA～Gを並べ替えて意味の通った文にするとき、その順序として妥当なのはどれか。

A. そのあたりに三本めの染井吉野が枝を広げている。

B. きのう、東京の街で、感じのいい桜に出会った。

C. 昼休み、少女たちがシートを敷き、花を愛でながらおしゃべりしている。

D. こぢんまりした港区立の乃木公園の中で、その桜は華麗な花を披露している。

E. もう七、八分咲きか。

F. ベンチで、男たちがくつろぐ。

G. 光琳の国宝「紅白梅図屏風」の二本の梅に、イメージがどこか似た、対の染井吉野である。

1　B－G－F－C－A－D－E

2　B－E－G－C－F－D－A

3　B－G－D－E－C－F－A

4　E－B－G－F－C－D－A

5　E－C－F－A－B－G－D

★★
**40**　次のA～Fを並べ替えて意味の通った文にするとき、その順序として妥当なのはどれか。

A. 科学と芸術とちがうところは、他人がその経験によって得た知識を、科学者はそのまま使うことができるが、芸術家には使えないということである。

B. しかし多くの人が多くの経験によって、たとえば薬師寺金堂の三尊はりっぱな彫刻であるという知識をえたとしよう。

C. この他人の経験による知識は、それだけでは私にとって全く意味がない。

D. 沢山の経験の結果、たとえば抗生物質が化膿菌感染に効くという知識がえられたとする。

E. 私は私自身の化膿菌感染症例に抗生物質を使うために、同じ経験を反復する必要はない。他人の経験によって確立された用法に従って投与すれば、ただちに効果があるはずである。

F. そこに意味が生じるのは、私自身が同じ経験を重ね――つまり彫刻なるものをいくらかみて、私自身の「眼」を訓練し、その上で私自身が金堂三尊をよいと感じたときである。

1　A－B－F－D－C－E

2　A－C－D－E－B－F

3　A－D－E－B－C－F

4　D－C－E－A－B－F

5　D－E－A－B－C－F

★★★
**41** 次のA～Fを並べ替えて意味の通った文にするとき、その順序として妥当なのはどれか。 地方初級

A. 初めは哲学を専攻しましたが、そこから他の学問分野へ、

B. 人間の生き死にに関係のないことをやり、社会で試されない死んだ学問ではなく、

C. 研究の対象をアカデミズムの中だけでなく、社会の中から自分の実感と納得でつかみ出したかった。

D. 自分とは何かを考える生きた学問がやりたかった。

E. 学問の府から世間へと、絶えず越境したいという願望に突き動かされてきた。

F. その結果、転々と勤め先を変えることにもなりました。

1 A－B－D－E－F－C

2 A－E－C－B－D－F

3 C－A－B－F－D－E

4 E－A－B－F－C－D

5 E－B－A－D－C－F

★★★
**42** 次のA～Eを並べ替えて意味の通った文にするとき、その順序として妥当なのはどれか。

A. 言葉にも、論理にも、物の考え方にも、こういった違いが現れているのですが、森永氏によりますと、この西洋的絶対はキリスト教によるものであって、こういう「絶対的な座標系を使う考え方」があって初めて近代科学が生み出されたのだ、と森永氏は見ています。

B. 森永氏によれば、その違いは、yes、noの使い方にも現れている。

C. このような特質は、特に西洋の自然観に関連してきわめて顕著に認められるところなのですが、それは日本にはそういう特質がなかったという、主に否定的な形で日本人の自然観を明らかにする役を果たすものとなるのです。

D. 西洋では、それに「つづく文が肯定文ならば必ずyes、否定文ならば必ずnoである」のに対して、日本では、「対者と同意のときがyesで意見が違うときにnoとなる」のです。

E. 森永氏のエッセイでは、彼が体験的に感じ取った西洋と日本の違いを言い表すものとして「西洋的絶対と東洋的相対」あるいは「西洋の絶対的な座標系」という言葉を用いています。

1　D－A－C－E－B
2　D－C－E－B－A
3　E－A－C－B－D
4　E－B－D－A－C
5　E－D－A－C－B

★★★
**43**　次のA～Fは、ある新聞記事を六つに分けて、順不同に並べたものであるが、これらを並べ替えて意味の通った文にするとき、2番目と4番目にくるものの組合せとして妥当なのはどれか。

A. ほとんどがプトレマイオス朝（紀元前305～30年）時代のもので、クレオパトラと恋に落ちたことで知られるローマの戦士アントニウスのための住居とみられる建物跡もあるという。

B. 今年6月から始めた調査には延べ千人以上のダイバーが参加、衛星を利用した全地球的測位システムも駆使したという。

C. 遺跡が見つかったのは、アレクサンドリア東部の海岸近くで、宮殿や寺院の跡、当時の町をしのばせる道や突堤なども確認。花こう岩でできた柱や彫像、ワインつぼなど多数の遺物も見つかった。

D. ゴッディオ氏は「すばらしい発見。われわれはクレオパトラが触れた柱に触れている。」と感激。

E. フランスの海洋考古学者フランク・ゴッディオ氏が発表した。

F. エジプトのプトレマイオス朝最後の女王クレオパトラの人生を見守った約2千年前の宮殿跡がエジプトのアレクサンドリア沖の水深5～6ｍの海中で見つかったことが3日明らかになった。

| | 2番目 | 4番目 |
|---|---|---|
| 1 | A | B |
| 2 | B | D |
| 3 | C | D |
| 4 | E | A |

| | | |
|---|---|---|
| 5 | F | B |

★★★
## 44
次のA～Fを並べ替えて意味の通った文にするとき、２番目と５番目にくるものの組合せとして妥当なのはどれか。

A. 共同体内での協調性こそが優先され、外の人間は一種の風景に過ぎない。

B.「みんな仲良し」という言葉に象徴される共同体的な考え方が、日本の学校、地域、家庭には根強い。

C. 欧米のように、礼節を保ちながら自己を主張する、市民社会における基本的な技量が育てられてはいない。

D. こうした文化の中で育った子どもたちは、常に仲間と同質であることを求められ、自分自身をアピールする技術を持てない。

E. 日本でとりわけ、匿名メディアが普及したのは、独特のコミュニケーション文化の問題によるものだ。

F. 仲間以外に対しては鈍感に、時には残酷にふるまうこともある。

| | ２番目 | ５番目 |
|---|---|---|
| 1 | A | E |
| 2 | B | F |
| 3 | C | D |
| 4 | D | B |
| 5 | E | C |

★★
## 45
次のA～Fを並べ替えて、Ⅰで始まりⅡで終わる意味の通った文にするとき、その順序として妥当なのはどれか。

Ⅰ　二度と繰り返したくない。

A. 未熟、不安定、ごう慢、そしていかんともしがたい性の噴出。

B. にもかかわらず、文学や映画など、登場人物の大半は青年であり、壮年・老年の人が語りはじめる思い出話の大半は青年期のことである。

C. 人が自己の半生をふりかえったとき感ずるもっとも痛切な思いはおそらくこうである。

D. 何が一体人々を青春期に引きつけ、回帰させるのか。

E. とりわけ不安定で生ぐさい青春期など、かりに神が二度繰り返せと命じたにせよ、真っ平ご免こうむりたい、と大多数の人は思うはずである。

F. それらやりきれぬ青春の属性と表裏してある一つの価値――単純、純真、向こうみずといった一連の性質ゆえにこそ、人は青春に執着し、青春を愛惜する。

| Ⅱ　そしてそれらはひとたび失えば永遠に戻らない。 |
|---|

1　A－B－C－E－D－F
2　B－A－F－C－E－D
3　C－E－B－D－A－F
4　C－B－A－E－D－F
5　E－A－C－B－F－D

**★★ 46**　次の文に続くようにA～Eを並べ替えて意味の通った文にするとき、その順序として妥当なのはどれか。

| パリとブエノスアイレス、サルヴァドールとリスボン、ニューヨークと東京、ナイロビとグアダラハラ……。 |
|---|

A. しかもそれは、旅だけの特権ではない。

B. 二つの街を結び付ける神秘的な環《リンク》の謎について考えることは、私の旅での想像力を豊かに増幅した。

C. 自分が住んでいる街を愛し、その空気に自分の身体がしっくりなじんでいると感じつつも、世界のどこかに驚くほど似た双子の兄弟姉妹の街があるはずだ、と想像することも、私たちの「住む」という感覚を豊かに増幅するための秘密の方法になりうる。

D. これらは通常の意味で「似ている」とはとても言い難い、二つの離れた街である。

E. 文化も、言語も、緯度も、歴史も異なる二つの都市が、しかし意識のなかで双子の分身のようにして重なってゆく不思議に、私はあるときからとらえられてしまったのである。

1　B－D－E－C－A
2　B－A－C－D－E

3　D－E－B－A－C
4　D－B－A－C－E
5　D－E－B－C－A

★★★
**47**　次の文が最後にくるようにA～Fを並べ替えて意味の通った文にするとき、その順序として妥当なのはどれか。

| |
|---|
| 人の心は、おそらく愛よりも、少なくともパンよりも、権力を求めているのである。 |

A. いずれの場合でも、聖人政治というものは、怖るべき結果をもたらさざるをえない。

B. しかし、人類の雄々しい権力を根こそぎにするなどとは、狂信化したピューリタンの仕業にも似た悪魔の所業ではないだろうか。

C. たしかにレーニンは聖者であった。彼は聖者のあらゆる特質をそなえていた。

D. 人々の根源的な要求は、権力をおのれの手中に収めることにある。

E. 今日、彼が聖者として崇められているのは、まったく当然である。

F. というのは、人間の本性が元来聖なるものではないからである。

1　C－E－B－A－F－D
2　C－B－F－D－E－A
3　D－C－E－A－F－B
4　D－F－C－B－E－A
5　E－C－B－F－A－D

## 3 空欄補充

空欄補充の問題は、国家一般職・地方初級のどちらの試験においてもそれほど出題率は高くなく、年度によっては出題のない場合もある。この問題では、空欄に入るべき決定的な根拠を押さえることが鉄則である。決定的な根拠は、単に前後の語句や表現には限らず、筆者の一連の主張の場合もある。そういう意味では、文脈を読み取る力のほかに、文章全体の理解力が試される問題と言えよう。

### 出題形式と傾向

出題形式は下記のとおりである。

- ①短い語句を挿入する問題
  - **A．空欄が一つ**
  - **B．空欄が複数（異なった語句を挿入）**
  - **C．空欄が複数（2つの特定の語句を挿入）**
- ②長い語句や文を挿入する問題
  - **A．空欄が一つ**
  - **B．空欄が複数**

国家一般職では②のAの出題形式が比較的多い。地方初級では①と②の問題が相半ばしており、出題形式もバラエティーに富んでいる。国家一般職と地方初級とでは出題形式の傾向は多少異なるものの、両者に共通する近年の特徴は、空欄前後の文脈の把握のみならず、文章全体の理解、趣旨の把握を前提とする問題が増えていることである。

### 解法のポイント

① 全文を通読し、**空欄とその前後の語句をチェック**する。一般的に、空欄の前後に重要な手掛かりがある場合が多いので、それを見落とさないようにしよう。

② **長い語句や文を挿入する問題**では、筆者の主張や本文の趣旨に関連する内容である場合が多い。前後のつながりを見るだけでなく、**文章全体の内容、趣旨を理解**しておく必要がある。

③ **空欄が冒頭や文末にある問題**は、本文の結論である場合が多いので、**論理展開に沿って筆者の考えを的確に把握し、空欄に入る内容を予想・推理**する。その際、筆者が肯定していることと否定していることを読み分けることが重要である。

＊②③の問題は、形式的には空欄補充の問題であっても、実質的には趣旨・内容把握の問題に近い。

④　**複数の空欄がある組合せ式の問題**では、１カ所でも判断を誤ると失点につながるが、逆に、**確実なものが決まりさえすれば、消去法で解ける**という利点も念頭に置いておくことが大切である。

⑤　挿入して文意が通じるからといって、正解とは限らない。最後に全文を通読して、最適なものかどうかを確認すること。

## 例題１

次の文中の空欄A、Bに入る語の組合せとして妥当なのはどれか。

はずかしいという感情は、たとえば、目だった振舞いや失敗をして多くの人の視線を感じたときとか、自分の欠点や醜いとおもっている容姿が指摘されたときにおこるであろう。前者では、その行為によって自分にたいする評価が変わることを恐れるからであり、また後者では、他人との関係において相対的に低下するとき、あるいは低下するかもしれないとき、人ははずかしい思いをするのである。人前であざけられたとき、自分だけがどうしてもできないとき、自分の秘密が人に知られたとき、異性や偉い人に対して失礼になるようなことをしたとき、顔が思わず赤くなるのは、その人に自己自身の評価を保ちたいという欲求があるからである。はずかしさは、その人の（　A　）が対人関係のなかでそこなわれるような状況において生じる。

この意味で、（　B　）とは、世評が悪くなりかけたり、人の笑いものにされかかっているということがわかったりして味わわせられる不快な感情である、と言える。人が自己の行いについて悔やむことがあるとすれば、それは、その行為が正しくなかったからでも、また馬鹿げていたからでもなくて、むしろ周囲の人たちの前にありのままの自己がさらけだされたという単純な事実に基づいている。他人の目による批評は、行為を方向づけるうえで大きな規制力をもつといわなくてはならないだろう。

かくてはずかしいという感情は、人のうわさや嘲笑をおそれるという「恥」の意識に転化される。それは、もはや実際にはずかしい思いをすることではなく、むしろ恥をかかないようにしようとする規範となる。

| | A | B |
|---|---|---|
| 1 | 自意識 | 屈辱感 |
| 2 | 自己評価 | 後悔 |
| 3 | 自立心 | 罪悪感 |
| 4 | 自負心 | 挫折感 |
| 5 | 自尊心 | 羞恥心 |

**設問解法**

空欄Aを含む一文で、前文を要約している。「自己自身の評価を保ちたいという欲求がある」ために顔が赤くなる（はずかしいという感情が生ずる）のであるから、1「自意識」や3「自立心」は論外であり、4「自負心」もニュアンスが異なる。2「自己評価」と5「自尊心」のいずれかに絞られる。

空欄Bは、前後の文脈だけでなく、本文全体の内容・構成から考える必要がある。第1段落で「はずかしいという感情」「はずかしさ」について繰り返し説明し、第2段落冒頭で「この意味で、（　B　）とは……」と、前段落を受けている。そして、第3段落では「かくて（このようにして）はずかしいという感情は……」と、本文全体を総括している。以上のように、本文では一貫して「はずかしいという感情」について述べていることから、5「羞恥心」が最適である。1「屈辱感」では意味が強すぎる。2「後悔」、3「罪悪感」、4「挫折感」は、前段落とのつながりがなく、「この意味で」という条件に当てはまらない。特に2は、次文に「人が自己の行いについて悔やむことがあるとすれば」とあることから、安易に選んでしまいやすいが、「後悔」とは、「世評が悪くなりかけたり、人の笑いものにされかかっているということがわかったりして味わわせられる不快な感情」の後に、そのときの自己の行いを振り返ることで生じる感情である。

正答　5

## 例題2

次の文中の空欄に入るものとして妥当なのはどれか。

「近代化」という理念は、無論西欧から生まれたものだが、西欧の歴史的事情からして、それは必然的に「宗教（この場合はキリスト教）からの解放」を含んでいた。したがって、それが世界に拡大していく際にも、この理念のなかには同じように「社会が宗教的束縛から自由になること」つまりは「世俗化」が含まれていたと言える。

日本社会は、「近代化」という理念を生んだ西欧の基準からすれば、歴史的に「宗教的束縛」の少ない、言い換えれば「世俗的」な社会だったと、私は考えている。日本社会は、その長い歴史のなかで、超越的で、非世俗的な価値のために、その成員が、世俗的な価値を犠牲にして動いた、という例を、あまり多く持たなかったと思われる。近代化の一部に世俗化が必然的に含まれるとすれば、日本社会は、［　　　　　　　　　　　　］とも考えられる。

1　近代化になじまない社会であった
2　非世俗的な価値を受け入れられない社会であった
3　宗教的自由が確立されていた
4　西欧よりも非世俗化された社会を造り上げていた
5　少なくとも世俗化の過程は踏まないで済んだ

（地方初級試験より）

## 論旨解説

第１段落では、筆者の主張の前提として、「近代化」という理念について述べている。文脈をたどると、「近代化」という理念は西欧で生まれたもので、その歴史的事情から必然的に「宗教からの解放」、つまり「世俗化」を含んでいた、と分析している。

これを踏まえて第２段落では、そのような西欧の基準から見た日本社会について述べている。空欄部分は、歴史的に「宗教的束縛」の少ない、言い換えれば「世俗的」な日本社会を、筆者がどのようにとらえているかを述べた部分であり、本文の結論に当たる。直前の「近代化の一部に世俗化が必然的に含まれるとすれば」という前提条件を考慮すると、日本社会はそもそも「近代化」という理念に当てはめて考えることのできない社会であった、という意味合いの内容がくる。

## 解法解説

1　正しい。
2　誤り。直前の前提条件にそぐわない。

3　誤り。「『宗教的束縛』の少ない」ことと「宗教的自由が確立されてい」ることとは、明らかに異なる。

4　誤り。日本社会を「『世俗的』な社会だった」とする筆者の見解に矛盾する。

5　誤り。日本社会は古くから「『世俗的』な社会だった」のである。

正答　1

**Point**

① 空欄補充問題は文脈（ことばのつながり）をたどれば解きやすい。

② 空欄の前後をよく読むことによって、ヒントを得られる。

# 練　習　問　題

（91ページより解答・解説）

**48**★ 次の文中の空欄Ａ～Ｄに入る語句の組合せとして妥当なのはどれか。　地方初級

Ｖ女史によれば、日本人の評価には、世界の他の国民にみることのできない奇怪至極な「しかしまた」の連発が必要であるとされています。

日本人は類例のないくらい礼儀正しい国民であると同時に、しかしまたかれらは（　Ａ　）でもある。日本人は比類なく（　Ｂ　）であるけれども、しかしまたどんな新奇な事柄にも容易に順応することができる。日本人は（　Ｃ　）であるけれども、しかしまた上からの統制には容易に従わない。日本人は真に（　Ｄ　）であるが、しかしまたその臆病さ加減の指摘もできる。

| | A | B | C | D |
|---|---|---|---|---|
| 1 | 勇敢 | 頑固 | 従順 | 不遜で尊大 |
| 2 | 頑固 | 従順 | 勇敢 | 不遜で尊大 |
| 3 | 頑固 | 従順 | 不遜で尊大 | 勇敢 |
| 4 | 不遜で尊大 | 頑固 | 従順 | 勇敢 |
| 5 | 不遜で尊大 | 従順 | 勇敢 | 頑固 |

**49**★ 次の文中の空欄Ａ～Ｆに入る語の組合せとして妥当なのはどれか。　地方初級

読書には幾通りもの楽しみがある。知らないことを知る。興味があることをさらに深く知るという未知なるものへの（　Ａ　）。自己の経験を他者の経験で確認し、分析し、客観化し、納得する（　Ｂ　）。感覚しているだけのものを、他者の論理の助けで発見していく（　Ｃ　）。言葉によって慰撫される（　Ｄ　）。物語で現実を横すべりする（　Ｅ　）。疲れて萎えた気持ちを鼓舞される（　Ｆ　）。さらにもっと、ひとによってさまざまな楽しみがあるだろう。

| | A | B | C | D | E | F |
|---|---|---|---|---|---|---|
| 1 | 期待 | おもしろさ | よろこび | やすらぎ | スリル | 快感 |
| 2 | 快感 | スリル | 期待 | やすらぎ | おもしろさ | よろこび |
| 3 | スリル | 快感 | おもしろさ | よろこび | やすらぎ | 期待 |

| | | | | | | |
|---|---|---|---|---|---|---|
| 4 | 快感 | おもしろさ | 期待 | よろこび | スリル | やすらぎ |
| 5 | 期待 | やすらぎ | スリル | おもしろさ | 快感 | よろこび |

★★
**50** 次の文中の空欄A、Bに入る語句の組合せとして妥当なのはどれか。

寺というものは、古ければよいというものではない。私たちは古寺を歩きながら心の裡に創建当時の姿かたちや色彩を思い出す必要があろう。宇治の平等院へ行った時、その宝物殿のなかに、当初の色の再現のコピーを見たが、それは中近東、インド、中国を経て来たような、赤と青の目も醒める色彩であった。

けれども他方で私たちはいつも「歴史」のすぎて来た姿を思い、そのなかに自らをおきたいと考える。古寺のしっとりとした黒ずんだ色合いや、剝落した壁画や朱塗りに「歴史」を感じ、現在からしばし過去のなかに生きようとする。しかも歳月のなかにまわりの自然と一体化し、村の「歴史」とともに生きてきた寺に、ある（　A　）を覚えずにはいられないものである。

それに遠くの野に仄青くかすむ寺の塔を眺める時、それがかつての巡礼にとって旅の苦難やこの世の辛さに打ちかつはげましとも、あるいは指針とも見えただろう。マルセル・プルーストはこれを「神の指」と呼んでいる。迷っている魂は地上のどこにいても、この塔を見出し、生きる方向と力を見出すものだ。

私はどのような古寺巡礼であれ、ただの美的鑑賞におわってはならず、心の一隅にこのような（　B　）が人を動かすものだということを考えておく必要があるだろうと思う。

| | A | B |
|---|---|---|
| 1 | 落ちつき | 再現する想像力 |
| 2 | ためらい | 回顧的願望 |
| 3 | くつろぎ | 生への志向力 |
| 4 | 安らぎ | 宗教的希求 |
| 5 | 幻想 | 神からの激励 |

★★
**51** 次の文中の空欄A～Dに入る語の組合せとして妥当なのはどれか。

臆病な人が暗い森の道を行けば、おいおいと恐怖の感情がつのる。鳥のはばたきや木の葉の落ちかかる音さえも、彼をとりみださせようとする。それで次の機会にまた暗い森を通らねばならぬ場合、この人は手に武器を持ち、犬を連れて行くであろう。つまり、はじめの恐怖の情緒は、外界に対して（　A　）な反応であり、あとの行為は恐怖の情を起こさせぬために有効である。ところが、沈着な人が暗い森を行くとき、彼はおそれの情緒を起こさない。この人物が持つのは情緒ではなくて、自分を安全に保つため有効な、見通しのきいた（　B　）の意識である。それで彼は次の機会には、武器と犬を携える。それは（　C　）に起こるかも知れぬ（　B　）から身を守るためで、（　D　）な恐怖の情からまぬがれるためではない。

| | A | B | C | D |
|---|---|---|---|---|
| 1 | 適応的 | 危険 | 主観的 | 客観的 |
| 2 | 適応的 | 攻撃 | 無意識的 | 意識的 |
| 3 | 不適応 | 不安 | 無意識的 | 客観的 |
| 4 | 適応的 | 不安 | 主観的 | 主観的 |
| 5 | 不適応 | 危険 | 客観的 | 主観的 |

★★★
**52** 次の文中の空欄A、Bに入る語の組合せとして妥当なのはどれか。

他人の心と自分の心が内実を同じくするとすれば、自分の心に恥じることには他人の心に恥じることがともなってくる。また、言うまでもなく、他人に恥じる姿勢の内に自分の心に恥じる思いがふくまれていることになる。*ベネディクトがいう罪の自覚にもとづいての善行は、絶対者とかかわる、その個人の内奥に響く、自己にのみ聞こえる（　A　）による善行ということになろう。しかし恥には、自己と他者をつつむ場に共通の（　B　）が存在し、自己の目も他者の目も、その（　B　）の実現にそそがれているということになる。恥について考えるべきことは多いが、基本的な問題は、この自己の心と他者の心との一致の理解である。この心は、ベネディクトが罪の意識とのかかわりで、自己の内奥にひびく心とした（　A　）とは質を異にする。自他に通ずる心の内容は、多く仏教・儒教等々の教えの形でとらえられる。恥をしる心は、教えにしたがう心でもあることになる。

＊ベネディクト……文化人類学者。日本文化を研究した著書『菊と刀』で、日本を「恥の文化」、西欧を「罪の文化」と分析した。

| | A | B |
|---|---|---|
| 1 | 良心 | 価値 |
| 2 | 罪悪感 | 認識 |
| 3 | 正義 | 手段 |
| 4 | 意識 | 理想 |
| 5 | 自尊心 | 目的 |

**53**★ 次の文中の空欄A～Eには「大衆」と「貴族」のいずれかが入るが、「大衆」が入る組合せとして妥当なのはどれか。　地方初級

友人の中には“伝統工芸”の（　A　）性に抵抗して、つねにげてなるものを愛している人があるが、わたしはその点、無節操である。いい仕事のものならどちらも好きだ。（　B　）こそ（　C　）的な感覚の持ち主であるはずだという気がしている。（　D　）に繊細な美意識と能力があるからこそ、いれかわりたちかわり、われわれの先祖がこのような伝統を保ちつづけることができたのだ。（　E　）にはなかなか、その感覚を自分の生活の中で満足させるだけの金子《きんす》にも余裕にも恵まれていないから、仕方なく絶縁させられているに過ぎない。あらゆる人びとが、少しでも多く自分の好みを生活のなかでたのしめる社会になるようにならなくては……。伝統は、恵まれた階層の人びとのために存在するのではなく、われわれのひとりひとりが存在させているのだ。いや、いい方をかえれば、われわれ自身が伝統自身なのである。

1　A，C，D
2　B，C，D
3　C，D，E
4　A，B，E
5　B，D，E

**★ 54** 次の文中の空欄A～Eには「治癒」と「延命」のいずれかが入るが、「治癒」が入る組合せとして妥当なのはどれか。 地方初級

近代病院には、四つの働き、すなわち検査、診断、治療、延命がある。入院してきた患者はおびただしい数の検査を受け、その結果と医師の診察の総合判断で診断が決まり、それに基づいて治療を受ける。治療の結果（　A　）が可能な病気の場合、近代病院は実に有力な働きをする。日本の医学の水準は検査、診断、治療に関しては世界のトップレベルにある。しかし、問題なのは、治療をしても（　B　）に導くことができない状態に対してどうするかという点である。この点に関して、日本の近代病院は時間的（　C　）を最優先してきたといわざるを得ない。（　D　）に導くことができなくとも、（　E　）以外にできることが多くある。苦痛の緩和や精神的ケアはその代表的なものである。

1　A，C，E
2　B，C，E
3　A，D，E
4　B，C，D
5　A，B，D

**★ 55** 次の文中の空欄に入るものとして妥当なのはどれか。

アインシュタインの二番目の大義はシオニズムであった。彼は血統上ユダヤ人であったが、聖書の神の観念は拒んでいた。しかしながら、第一次大戦前にも大戦中にもあった反ユダヤ主義にしだいに気づくと、彼は徐々にユダヤ人社会に一体感を抱くようになり、のちにはシオニズムの公然たる支持者となった。この場合にも、世間の不評を気にして、本心を語るのをやめるような彼ではなかった。その結果、彼の理論にも攻撃が加えられ、反アインシュタイン組織さえつくられた。アインシュタイン殺害を教唆したかどで、一人の男が有罪宣告を受けたこともあった（そして、わずか6ドルの罰金を課せられた）。しかし、アインシュタインは動じなかった。『アインシュタインに反対する100人』なる書物が出版されたとき、

［　　　　　　　　　　］

1　彼は落胆してこういった。「私がまちがっていることはよくわ

かったから、科学者らしく自説を引っ込めよう。」
2　彼は自嘲気味にこういった。「そんなに反対する人が多いなら、私の理論が誤っている可能性が強いね。」
3　彼は同意してこういった。「私が、アインシュタインに反対する101人目の人間になろう。」
4　彼はこうとぼけた。「彼らの書いている理屈はもっともだが、私がそんな理論を唱えたおぼえはない。」
5　彼はこうやり返した。「私がまちがっているんだったら、一人で十分じゃないかね。」

★★
**56**　次の文中の空欄に入るものとして妥当なのはどれか。　地方初級

一体彼は「寂寥《りょう》」とか「孤独」とかを口にすることが好きだったけれども、それはその半面に彼の人なつこい性格、いわば孤独に堪え得ざる性格を露呈すると共に、人間に対する関心があまりに痛切熱烈で、いわばあまりに人間臭過ぎる為に、＿＿＿＿＿＿＿＿を示したものとも見られる。孤独を愛するといっても、彼は孤独に長く沈潜することはできなかった。人を訪うたり人を招いたり、手紙をかいたり、特に晩年には病気もあって、いつもいらいらじたばたと人を求めた。

1　彼自身を中心にして周囲の人々があるという過信
2　彼自身の要求がなかなか満たされないという不満
3　人情に流され易いのもしかたがないとする彼なりの自覚
4　孤独を愛する理由が彼の性格にあるという真実
5　孤独を口にするだけでは無意味だとする彼のもどかしい気持ち

★★
**57**　次の文中の空欄に入るものとして妥当なのはどれか。

私が関心をもつのは、環境問題というテーマのなかに生まれている、いくつかの新しい思想の萌芽である。

ひとつにこの議論は近代以降の技術の異常さを問題にしている。技術は発展しつづけたという私たちの常識的な観念に反して、近代以降の技術は、環境を破壊するいびつな技術として発展してきたのではないかという思いが強まり、むしろ近代以前の農民の知恵や暮

らしの知恵の正常な側面が意識されるようになってきた。

第二に経済活動は無限に拡大することはできず、自然環境によってその飽和点を明示されているのだということが次第にわかってきた。そして第三に自然と調和する暮らしを確立するためには、経済活動は多少低下してもかまわないという新しい意識が芽生えてきている。

すなわち環境問題というテーマは、自然と人間の関係をこれからどうするのかという視点から、［　　　　　　］を生みだし、また近代以降こそ人間の輝ける時代であったという、これまでの観念を打ち破りはじめたのである。

1　経済の発展を無条件で受け入れようとしない思想的態度
2　経済活動の限界を打破しようとする新しい思想
3　人間が意識的に主体となって、技術を使いこなすべきだという態度
4　自然を破壊しない科学的技術を開発し、発展させようとする姿勢
5　技術も経済活動も低かった昔の方が正常だったとする懐古思想

★★★
**58**　次の文中の空欄に入るものとして妥当なのはどれか。

自分で考え、判断し、行動する。そうしないことにはだれも自分を守ってくれない。好むと好まざると、そういう時代がやって来る。それは「赤信号をみんなで渡る」ことを続けていると、こわい目、ひどい目に遭いかねない時代でもある。なかでも、いままでは頼りになると思っていた組織や制度が馬脚を顕わにし、当てにならない時代である。［　　　　　　］。

その上で、私たちひとりひとりが何をするか。これまでよりは楽でないかもしれないが、「冒険」の愉悦も待ちかまえているのだと、この試練に立ち向かおうではないか。

1　個と社会との関係を取り戻そう
2　自分の権利は自分で守っていくしかない
3　希望を抱くこと自体が間違っている
4　誰も信用しないほうがよい
5　幻想は捨てたほうがよい

★★★
**59** 次の文中の空欄に入るものとして妥当なのはどれか。 地方初級

[　　　　　　　　　　]。私はその言葉はすばらしいと思うのである。その心構えが自分を生かすものだといえるだろう。今の世の中は他人の評価をうるために、眼も耳も外へ外へと向けられている。少々他人がほめると鬼の首でもとったように喜び、他人から少々悪い評価をうけると、しょげかえる。こうした日本人の姿をストレス時代という言葉でよんでいるのだろう。外からの圧力に負けるというより、外からの圧力ばかり気にしているから、ストレス病になるのだ。

勿論、ひとをみる眼をもつことが容易でないのと同じように、自分をみる眼を養うことも簡単ではない。自分のよさを認め、自分の欠点を正面から受けとめる強さをもたなくてはならない。人間はとかく自分には寛大で、他人にきびしい。他人の欠点はよくみえるが、自分の欠点はみえない。このあたりのことがよくいわれながら、自分に限って、正しい認識をもっていると思うのである。

1　自分を正しく評価してくれるのが真の友人だ
2　ストレスから自由になろう
3　他人に寛大であれ
4　自分の評価は結局は自らが行うものである
5　自分にはいくら厳しくても、厳しすぎることはない

★★★
**60** 次の文中の空欄に入るものとして妥当なのはどれか。

未来を予測して、効果を期待しながら制御するというのは、人工の論理に属する。自然の論理はそうではない。人間は気候を制御することもできない。若者はもう少し無鉄砲でもよいと思わぬでもないが、成人は人工の論理に支配されざるをえない。それゆえにかえって、ゆとりが説かれるのでもあるが、老人はゆとりのエキスパート、むしろ自然として存在している。

高齢者問題では、いつも老人が処置対象になっているが、社会へメッセージする主体として老人を考えるなら、「年をとるのはええもんよ」と、自然として身体表現することよりあるまい。若者だって、自分のなかに老人の心を棲まわせたほうが、世界がひろがる。そして、[　　　　　　　　　　]。

ゆとりはなにより、人工の論理の支配のなかで自然の論理を維持することだと思っている。自然環境が話題になっているが、人間の心にこそ自然がほしい。たとえ、コンクリート・ジャングルで暮らしていようと。

1　心が人工の論理に捕われてしまう人間は、自然環境を破壊してしまう
2　心に自然の論理を失った老人には、身体の老いが早く訪れる
3　心に老人を棲まわせた若者は、心に若者を棲まわせた老人になれる
4　心の世界がひろい老人ほど、若者のような向こう見ずの冒険心を抱くことができる
5　心のゆとりがある若者ほど、客観的に未来を予測し、自己を冷静に制御できる

# 解答と解説

# 文章理解〈現　代　文〉

**1**　（出典）大野晋『日本語練習帳』

日本語社会の根源には、相手が自分に近い「ウチ」か、遠い「ソト」かの感覚が鋭敏にはたらいており、上下の意識による区別は、漢字文化の輸入以後のことである。現代でも、その「ウチ・ソト」の感覚は残っており、それが敬語の基礎の一つとなっている、と述べた文章。「ウチ・ソト」と「上下」は別の要素として述べていることから、2は誤り。3のような、対人関係の円滑さと敬語との関係については言及されていない。4は、「上下関係でとらえる仕方は日本の最古の形ではない」とする本文内容に反する。5の「貴様」は、当初、相手を高く扱う言葉であったが、親密さをこめるうちに相手を見下す言葉になった例である。

正答　1

**2**　（出典）日本経済新聞掲載文

第1・第2段落では20世紀の科学技術の成果、第3・第4段落ではその限界と今後の課題、第5～第7段落では課題の克服の仕方を述べており、第5段落以下が結論に当たる。21世紀の科学技術の課題は、地球という閉鎖系の中で自然と人間が共に生きる道を探しだすことであり、それには柔軟に思考を飛躍させることによって、人間や自然をより深く理解することが重要だと結論づけている。本文はあくまで科学技術の分野での課題をテーマとした文章であるから、「新しい研究分野を創造する必要がある」とする1は誤り。2は「世界の科学技術者たちと手をとりあって」の部分が本文にはない内容である。4は「『創造の世紀』においては通用しなくなりつつある」という記述が、本文の論旨から飛躍している。5の「自然界の仕組みを単純化」するのは、これまでの科学のやり方である。

正答　3

**3**　第1・第2段落で、日本語は「沈黙の言語」であることを具体例を挙げながら説明し、第3段落で「しかし、現代社会は変わった」として、これに伴い「日本語も変わらざるを得ない」状況を第4段落で具体的に説明している。日本語は「沈黙の言語」であるが、社会の変化に伴い、日本語も変わらざるを得ない状況にある、というのが筆者の主張の骨子である。伝達手段が「言葉」から「行動」に変わったとは述べていないので、1は誤り。老人が若者の言語を理解する必要性を説いた文章ではないから、2も誤り。4の「贈り物をもらった場合」は、本論に至るまでの具体例にすぎず、また、「新しい常識となりつつある」という記述も飛躍している。3の「……考え方を否定し、変革を求めている」といった記述は本文にはない。

正答　5

**4**　（出典）河合隼雄『日本人の心のゆくえ』

主張文を見つけることがポイント。自然科学的な世界観の有効性が明確にされた近代では、「進歩」のための合理主義や科学の操作性が大きな力をもっていた。さらに現代では、科学がかつての宗教の領域にまで攻め込んでおり、科学や科学の方法だけが正しいと考える「科学信仰」の状況を呈している。このような現状に対して、筆者は「科学と科学信仰を明確に区別して考えねばならない」と主張している。そうしなければ、科学信仰を批判すべきときに、科学そのものを批判するといった事態に陥りかねないからである。1は「宗教と科学の対立構造が表面化することとなった」という記述が飛躍している。3は「価値でも目的でもなくなってしまった」が誤り。4の「宗教の復権」を望む主張は見られない。5の「自然へ帰れ」とまでは述べられていない。

正答　2

**5**　冒頭文で「ひとはなぜ……過去を知ろうとするのでしょうか」と、疑問を投げかける形で論題を明示し、その疑問に対する答えを第2・第3段落で述べている。第2段落では、過去を知るということは、自分とは何か（アイデンティティ）を確かめるための最も確実な方法であるとしている。第3段落では、このことを「見方を変え」て述べており、最後の「過去への関心は、未来への関心ないし不安の一面です」が、この段落の内容をまとめる文である。1はキーワードをもっともらしく並べただけであり、提示文の内容とは整合しない。本文は、2のような積極的自己改革を訴えた文章ではない。3は原因と結果が逆転している。4のように「現在の自分の生き方を見直すべきである」といった主張は見られない。

正答　5

**6**　（出典）杉村芳美『「良い仕事」の思想』

第1段落では、今日の人々が労働に求める「意味」が、物質的・経済的な意味や個人的な領域だけでなく、精神的な意味や社会的な領域にわたっていることを述べ、第2段落ではさらに、意味ある労働を求めることは、労働に新しい倫理性を求めることと同じ方向を指していると述べている。第3段落では、現代社会の文化状況を取り上げながら、労働の求められる「意味」の方向性について繰り返している。1の「時代に逆行している」といった論じ方はされていない。3のように「社会的に承認されることが必要である」とまでは述べていない。人々の労働に求める「意味」が、「社会的なもの」から「個人的なもの」へと変化しているとする4は、本文内容に反する。5は「その時代の文化と同じ方向性」が誤り。

正答　2

**7**　（出典）岡本清一『自由の問題』

冒頭で「制度」の作用を述べ、これを受けて「自由」のための制度について論じている。制度は「国民自身を創りかえる作用をするもの」という考えが、筆者の主張の根本にあることを念頭に置いた上で、以下の三点を押さえること。①自由に反する制度は、人々を、自由を尊重しない人間にすること。②逆に、自由のための制度ができると、人々は自由を愛し、自由を体得した人間になり、より高い自由を求めるようになること。③人間は、はじめから自由をもっていたわけではないこと。1は上記②の裏返しである。2は「高度なものだ」、4は「同質である」が誤り。3の前半の記述は上記③に反し、5は上記①に反する。　正答　1

**8**　（出典）辻邦生『風雅集』

本当の詩とは、小さな主体を抜け出して、大きな自然や宇宙の根源の力に合体したときに生まれるものであって、それは、自己の存在そのものが自然（月や花）や宇宙であるというあり方を表す。自然や宇宙に合体することによって、人間の生命はより高められ、純粋な喜びに満ち溢れた状態となる。そのような状態こそが「美」であり、西行や芭蕉はそれを「歌」として表した。以上が論旨である。1は「自己の真の存在」、2は「普遍的な美の精神」、3は「『美』は個々人の内的存在のなかに見出される」、4は「自己内面の美的な資質が反映したとき」が本文の内容に合わない。　正答　5

**9**　まず第1段落では、日本の近現代社会には、急速に成り上がったもののもつ「不作法」の感じ、「気負い」とでもいうべきものが見られると述べ、第2段落以降でその原因について考察している。明治のはじめに欧化の波が押し寄せると、日本ではいっせいに反伝統を叫び、作法がまっさきにヤリ玉にあげられた。欧化の波の中にあって、要は勝ち負けだということになると、細かい抑制に価値を見いだす作法など、どうでもよいものになってしまった。つまり、日本は欧化が急速に進行する中で、「作法」を軽んじたために「不作法」な感じを与える社会へと変容していったのである。日本の若者が西洋と競争したわけではないから、2は誤り。3は「自我の確立ができるようになった」が誤り。国粋派や西欧派の不作法が日本を「成り上がり社会」にしたのではないから、4も誤り。5のような若者の不作法をテーマとする文章ではない。　正答　1

**10**　本文は頭括型の文章である。「空間的な自己集団の無謬性主張」を説明しているのは、「現在の自己および自己所属集団と他を、共に可謬性あるものとして対比できない」の箇所であり、「時間的な区切りによる『現在の無謬性主張』という形もとる」を説明しているのは、「反省、批判はすべて、現時点の自己義認の形をとる。……過去と現在を双方共に可謬性のあるものとして、これを対比することはしない」の箇所である。このように、筆者は日本人の無謬性主張を否定的・批判的にとらえているので、3は消去できる。1は「過去の自己を振り返ることは、まったくない」、2は「過去の自己が誤っていたことを証明するだけのために」が誤り。4の「価値観」についでは一切述べられていない。　正答　5

11　第1段落の内容を第2段落で論証している点を押さえるのがポイント。第1段落では、生命体が自然発生することはないという見解は現在実証済みであるのに、数億年前には可能だったと考えるのは科学的ではないことを述べている。第2段落では、「かりに大譲歩して」とあるように、生命体の自然発生があると仮定したとき、どのような矛盾が生じるかを指摘し、進化論とは食い違う結論に達することを述べている。したがって、そもそも筆者は進化論を「誤り」と考えているわけではなく、また、その誤りが生じた理由を述べているのでもないので2は不適。「生命体は宇宙の彼方から飛来したという仮説」の方が「仮説としては筋が通る（科学的である）」と述べているにすぎず、「一般的に認められている」わけではないから、1も誤り。本文は、3のように、生命体の自然発生の有無を太古と現在の「環境」の相違から述べた文章ではない。筆者が「非科学的」としているのは、現在ありえないとされる生命体の自然発生が太古に可能であったとする考えであるから、5も誤り。　正答　4

12　（出典）西林克彦『わかったつもり』

「わかったつもり」でまとめられたきれいごとは、全体として整合性がとれているが、大雑把な文脈を使っているために部分が細かく読めていない状態である。読者を搦め取る「魔物」に対抗する方法として、部分を細かく読み、大雑把な文脈にかえて「新たな文脈」を導入すべき、と述べている。1は「各種の」「それぞれの」とあるように、「魔物」は一つではないので「ある」は不適。また、「必ず」とも述べていない。2の「当たり障りのないきれいごと」は、すべて正しい解釈ではないとは述べておらず、記述にあたってよく確認すべきと述べている。3は「当たり障りのないきれいごと」が出てきたら要注意なのであって、初めから細部を読めとは言っていない。5は本文にない内容。　正答　4

13　（出典）小林司『「生きがい」とは何か』

第1段落では、人間は他の生物とは違って、個人個人が異なった可能性を含んでおり、その可能性を伸ばす過程を自己実現と呼ぶことを説明している。これを受けて第2段落では、人間の精神は死ぬまで育ち続けるものであるから、自分の可能性を十分に開花させる過程、つまり自己実現も死ぬまでなし得ることを述べており、本文の主眼はここにある。誰しも死ぬまで自己実現のチャンスがあるというのが筆者の言いたいことであるから、3や4は誤り。1の自己実現の難しさが論点ではない。「自己の本性を実現する」という能力はすべての生物が持っているので、2も誤り。　正答　5

**14** まず、筆者が「暗記」を「理解を伴わない、意味の分からないままのもの」としながらも、「それはそれでよい」と肯定していることを押さえる。その上で、「暗記」のどのような点を肯定しているかを読みとることがポイントである。「暗記」を排斥することは、論語などのテキストを読む機会を奪うことになると述べているのであるから、そのような学習の機会を持つことになるという点で、筆者は「暗記」を肯定しているのである。テーマの「暗記」から逸れている1は論外。「丸暗記」は「理解を伴わない」ことを意味し、「理解がなくては智恵となるはずがない」と述べているのであるから、2は本文内容と矛盾する。「暗記」の効用が本文の主眼であるから、4は誤り。「丸暗記」と「棒暗記」は本文では同義に用いられているので、5も誤り。　正答　3

**15** 日本のビジネス社会について述べた文章だが、各段落が現況を述べた箇所か、具体例を述べた箇所か、筆者の意見や提案を述べた箇所かを見極めることが、問題を解く鍵になる。第2段落で「しかし、プライベートに属する部分にまで自分の時間を捧げる必要は毛頭ない」と意見を述べ、これを踏まえて、「せめて仕事以外の場では……一人で行動するクセをつけておくことを勧める」と提案している第4段落が、本文の主眼である。1・2・3は、日本のビジネスマンが置かれている現状の説明にすぎない。5は筆者の提案に関する一つの具体例である。正答　4

**16** 「愛」と「普通の知」との違いを述べた文章。筆者の中心的見解は、「余の考えを以って見ると」以下に記されている。両者の違いを「対象の種類に由る」と述べているが、これをさらに掘り下げた見解（「而して」以下）が筆者の最も言いたいことである。「愛は実存の本体を捕捉する力である所の最も深き知識である」のに対して、「分析推論の知識（普通の知）は、物の表面的知識」にすぎないのである。2は「愛の極点は知」ということになり、「愛は、知の極点」とする筆者の見解に明らかに反する。　正答　5

**17** （出典）手塚富雄『自己の認識について』

第1段落では、電車の中での行動を具体例に挙げながら、人間の心の中には「利己心」と、これと対照的な「高次のもの」が存在し、この二つの存在を認めなければ、私たちは満足することはできないと述べている。これを受けて、第2段落の冒頭で「自分を美化もせず、醜化もせず、ありのままにつかみたいということになる」と述べ、結びでも「真実の認識（＝ありのままの自分を認識すること）の上に立って……努めれば、道が開ける」と、同趣の内容を繰り返している。筆者は「利己心」の存在を否定しているわけではないので、1と3は誤り。2は結論ではなく、その根拠に近い。「自己欺瞞」に終わらせないためにどうしたらよいかが本文の主眼であるので、5も誤り。

正答　4

18　「日本の昔の優れた芸術家たちの思考」と「古代インドの思考」の共通点として、「所有（欲）」に対する考え方を取り上げている。「所有が人間を制限する、所有欲にとらわれていては……精神の門は開かない」とし、「小さな我執を捨て去って初めて宇宙の光に浴することが可能になる」と述べている。「宇宙の光に浴する」とは、「宇宙の原理」が「顕現」すること、すなわち、万物の存在意義を見出すことを意味する。「所有の狭い壁に閉じ込められて、精神の門は開かない」とは、1の「心の狭い人間」になることを意味するのではなく、「小さな我執」にとらわれて、見えるものや理解できるものが狭められることを意味する。2は、物に対する「こだわりや執着」こそが「所有欲」であるから、明らかにおかしい。3は、テーマの「所有（欲）」に触れられていない。優れた芸術家になるために必要なことを述べた文章ではないので、5も誤り。　正答　4

19　（出典）佐々木力『学問論』

テクノロジーは自律的なものではなく、社会や人間の欲望によって変わり、消滅することもあるものである。たとえば、江戸期日本の鉄砲技術のように、必要とされないテクノロジーは衰退した。したがって、社会はテクノロジーに無分別にリードされるべきではなく、真に必要とする健全なテクノロジーを備えた社会へと成熟していかなければならない、というのが論旨。2は本文内容に合致するが、結論の内容を欠く。筆者は江戸社会について、「批判的な比較対象の素材」として扱われるべきではあるが、「理想化してはならない」と述べているので、3も誤り。本文では、4のような「手段」としてのテクノロジーの発展の必要性を述べてはいないし、5のような「体制」の「考慮」にも言及していない。

正答　1

20　（出典）公文俊平「情報社会の価値観」（読売新聞「論点」より）

情報の出し手が、情報の種類や提供の順序を決定すること自体に、その情報の価値に対する評価が含まれている。そして、受け手がその評価を読み取ろうとする場合、情報の出し手の評価に基づく編集の仕方を、彼らの意図を示すものと誤解することがある。そこで、そのような誤解を生じさせないために、筆者は次の二つの必要性を主張している。①意図や評価なしの情報提供を要求するのではなく、むしろ出し手に意図や評価を積極的に開示するように求めること。②出し手の意図や評価体系そのものを評価し、信頼できる情報を選択すること（出し手の意図や評価を通有すること）。以上の二点を押さえている選択肢を選ぶ。

正答　4

21　（出典）安岡章太郎『でこぼこの名月』

私小説の主人公でも自画像や肖像画でも、虚構化された別の人物として描き出されるべきという筆者の見解がポイント。ただし、『蓼喰ふ虫』の挿絵だけでなく、『Nの家族』で二科展入選を果たしたことも小出楢重の成功を物語っており、本文の主眼はあくまで彼の成功にある。2と3は本文内容に沿うが、2は「虚構性」と小出氏の成功に全く触れていない点で不適切。挿絵画家の小説における主人公の描き方が主眼ではないので3も誤り。4のような「傑作」の条件を述べた文章ではない。筆者は先輩の言った「芸術性」自体を否定していることから、5も誤り。

正答　1

22　（出典）三木清『人生論ノート』

「嫉妬」を定義する語句が頻出しているが、それらを整理する際に、一つの基点となるのが最後の「愛」についての一文である。「愛」は常に高いものにあこがれる。これに対し、「嫉妬」は表面上は高いものを目ざしているように見えるが、相手を自分の位置に低めようとするものだと述べている。筆者は「愛」を肯定的、「嫉妬」を否定的にとらえているので、1・3は消去できる。「自分よりも高い地位にある者」に起こる「嫉妬」が「優越感の表れ」というのは矛盾するので、2も誤り。また、4の「気まぐれで一時的な心の動き……深刻に考えることはない」に対応する記述は本文にはない。

正答　5

23　（出典）竹内整一『日本人は「やさしい」のか』

現代の「やさしさ」は、個人を守っていた共同体がなくなり、個人が裸出したという社会的要因による「傷つきやすさ」からの防衛として肯定的に捉えられ、その意味では新しい「やさしさ」のように見える。しかし、相手と適度な距離をとり、滑らかにやりすごそうというかぎりでは、新しい「やさしさ」ではない。なぜなら、そのような「やさしさ」は、「甘え」の自他関係から脱していないからである。そこには、多少しんどくても思いやるべき相手の気持は存在せず、「自他未分の自己意識」、すなわち、自己中心的な意識しか存在していないのである。昔の「やさしさ」を真の「やさしさ」と位置付ける記述はないので、2は誤り。3は「冷酷、残酷な」の部分が、4は「人間関係を円滑にする共同体」「個人主義の時代となった」が本文にはない内容。「自己に利益をもたらす」とまでは言えないので、5も誤り。正答　1

24　第1段落の第1・第2文で、読者に知識や能力を生かすことを考えてほしいと、繰り返し呼びかけ、第3文では、「そのように生かした時に……知識なり能力が本当の意味での価値を持ってくる」と、読者に呼びかけたことの根拠を明らかにしている。そして第2段落では、「そのために」はどのような知識、どのような力を必要とするかを説明している。本文のキーワードである「生かす」を「どのように使っていくか」に言い換えながら、第1段落の内容をまとめている1が、本文の内容に最も近い。2は、「広い知識、教養に立ちながら、道徳的な善悪を含んだ総合的な判断の力を身につけてほしい」とする筆者の見解に反する。3も、「専門的な知識を学ぶだけでなく、広い教養や知識を学ぶ必要がある」とする本文の内容に反する。知識や能力は、4のように「授けられたもの」という受け身のものではなく、自ら学び身につけるべきものであり、それを「生かすこと」を主張した文章である。5は、本文の主要論点である「生かす」という点に言及されていない。

正答　1

25　我々自身は人生によって規定されており、人生を意志によって変えることはほとんどできない、というのが本文の趣旨である。筆者の感じ方としては、「どこにも行かないし、降りることも乗りかえることもできない」、「奇妙で不自然な歪み」などの表現から、ネガティブ(否定的・消極的・悲観的)であることが読みとれる。したがって、ポジティブ(肯定的・積極的・楽観的)な1・2・5は、「安堵感」「安心」「満足した気持ち」という記述から容易に消去できる。4は、「人生は自分の力で切り開いてゆかねばならぬ」という記述が本文の趣旨に反する。

正答　3

26　(出典) 杉本秀太郎『人の心と自然環境』

主要箇所は第2段落の「要するに」以下である。これを言い換えると次のようになる。

・草木の存在が人物のこころを具現化するという重大な役割を担っている。
・草木は単なる背景や付け添えの飾りではなく、(人物と同等かあるいはそれ以上に) こころをもった主体として描かれている。
・草木が絵の生命の鍵を握っている。

1のような「付帯的装飾」ではない。草木は「画中の人物たちのこころを形にあらわ」すのであり、2のように「草木そのものの心情」を語りかけてくるわけではない。3は本文とはむしろ逆。筆者が「人物以上」と言っているのは、「有情の主体」としての草木の存在であって、強烈な主張をしているわけでも、『絵巻』の中心となっているわけでもないので、4も誤り。

正答　5

27　本文前半では何が危険かを述べ、後半でその理由を明らかにしている。「人間の感覚というのは時代とともに変わっていくものだから」、「過去の時代や出来事をあまりに重大に考えすぎること」は危険である。これが歴史家の発言の骨子である。そして、この「重大に考えすぎること」とは、「危機はいつも違う形でやってくるもの」であるのに、「過去の危機をひきあいに出」して、「現在を同じように比較して論じる」こと、すなわち、過去の教訓を現在に当てはめようとすることを意味する。

正答　2

**28**　問われているのは「筆者の気持ち」であるが、趣旨を考えるのが近道である。本文では、冒頭で「人を相手にする生活はずいぶん苦しいことが多い」、後半で「真正に心の底までさらけ出した朗らかな融合を経験することは人の一生に幾度もないであろう」、「親愛する魂と魂との間においても……まして複雑なる利害の関係が混入しやすい他人同士の応接ははなはだ厭わしい場合が多い」など、類似する内容が繰り返し述べられている。これらに共通するのは、「人間同士の真の心の融合の難しさ」であり、これが本文の趣旨である。したがって、人づきあいの方法や手立てを述べている２・３は誤り。１と４は、本文には全くない内容である。

正答　5

**29**　（出典）井上ひさし『日本語相談』

敬語は本来、はっきり言っては失礼だという気持ちから、伝達したいことがらを「朧化」して、非直接的に表現するために用いられる。しかし現在は、相手を敬遠するために過剰な敬語を防壁として用いている。政治家が「○○党さん」「××党さん」と呼び合うことも、一見相手に敬意をあらわしているように受け取れるが、実は相手を敬遠する意識のあらわれにほかならない。だから、筆者は「白々しく寒々しい感じ」がするのである。１は、「相手との関係を曖昧に」するために敬語を用いているのではない。５は、「とげとげしい」のではなく、相手との間に「防壁」をつくっていることがわかるから、「白々しく寒々しい」のである。

正答　2

**30**　（出典）遠藤周作『縁の糸』

西欧受容の態度について、切支丹時代の日本人と明治の日本人との違いを読み分けること。ポイントは次の二つ。①切支丹時代には文化と文化が激突して多くの血が流れたため、明治にはその苦い経験から、受容における闘いをわざと避けたこと。②西欧文明のつくった技術、制度、組織など、すぐに効果があり、役に立ち、意味のあるものだけを受容したこと。つまり、明治の日本人は、文化（本質・母胎）を敬遠し、文明（表面）だけを取り入れた点が「器用で利口だった」のである。

正答　1

**31**　筆者はＧ氏の著書を、資料の収集、吟味、整理、構成という点で「類い稀な名著」であるとして、シーボルトが登場する小説を書くことを断念すべきだと思った。なぜなら、筆者は専門家のすきをついて知られていない史料を手に入れ、小説を書いてきたが、Ｇ氏の著書には史実がすべて詰めこまれており、いくら精力的に歩きまわっても史料の断片すら見出せないと感じたからである。したがって、１と３は消去できる。また、下線部の姿勢が「表題の『シーボルト先生……』の先生という二文字に象徴的に現れている」のであるから、４も消去できる。２か５に絞られるが、５の「師弟の関係」よりも２の「人物を美化」の方が、「一般

の伝記」に共通する姿勢として妥当である。　正答　2

**32**　（出典）北杜夫『幽霊』

無限にひろがる〈自然〉にとりかこまれたとき、「ぼく」が呟いた言葉は「ママ」（＝自分の母体、生命の源）であった。これは、もともと肉親もない「ぼく」が自分の生（存在）の根源を〈自然〉に感じたことを暗示している。そして「ぼく」は、「陳腐な、だが永久にけっして尽きることのない問い」を自分自身に課すのである。その問いは、人がはじめて突きぬけた孤独を覚えたとき、誰もが自分自身に尋ねようとするもの、つまり、人間がその存在の根源を確かめようとする問いである。　正答　5

**33**　下線部の「そこにもやはり」の語に着眼することがポイントである。まず筆者は、「善を語る者」に「嘘を観てきた」と言い、その理由を「それを語るほどにその人の善を信じ難かったから」と述べている。第2段落は、「善を語る」から「恥を晒す」への単なる移行部分と見なしてよいだろう。また、第3段落の「恥」と「ひとの弱さ」と「安心」との関係についての記述も、答えを導き出す上では重要でない。設問の意図は、筆者が「恥を晒け出す」ことに「嘘を感じる」のはなぜかであるから、第1段落の「善を語る」のところに、「恥を晒け出す」を代入すればよい。「恥を晒すほどにその人の恥を信じ難かったから」が、筆者の考えていたことになる。　正答　2

**34**　視線を合わせ、伝えたいことをストレートにしゃべり合うようでは、「親子にならない」と筆者は思っていた。しかし、テレビの世界では、そのような親子が大勢を占めていて、筆者は呆然とする。当初は、テレビはおくれていると思っていたのだが、実はテレビのほうが進んでいたのであり、親子の間には「微妙な感情はもはや存在しなくなっていたのだ」と、筆者は慨嘆する。筆者が考える親子のあるべき姿が失われてしまったことを嘆く最後の一文こそが、筆者の言いたいことである。　正答　4

**35**　（出典）阿部謹也「教養について」（『文芸春秋』掲載文）

第1・第2段落で述べられている「個人の教養」と「集団の教養」の相違を整理すると、以下のようになる。

「個人の教養」

・言葉＝個人の意思を示す

「集団の教養」

・動作、態度＝心や魂を現す

・身体と結びついている

最終段落の「このような問題」とは、個人の教養の世界では、仕事と身体が両立しないことを指し、ゆえに、文字（言葉）に限定された狭い教養の理念を変える必要がある、と結論づけている。1と4は結論となる主張内容を欠く。本文では「集団の教養」と比較しているので、2の「教育」は不適切であるし、「その（＝教育の）歴史的推移」

は述べられていない。３は「人間観」が誤り。　正答　5

36　Ｂの「なおさら」は、「作家性の強い仕事なら」なおさらこだわるということであり、前文には、仕事に対する姿勢を述べたＤがくると判断できる。よってＤ－Ｂ。Ｅの「でも……」は、仕事にこだわる自分以外の「プロ」に出会ったことを示している。よって、作品へのこだわりを述べたＤ－Ｂの後に置くことができ、Ｄ－Ｂ－Ｅ。自分以外の「プロ」とは、Ａの「町工場のおやじさんたち」や、Ｃの「設置現場の技術者」のことであり、Ｃの「技術者も」の表現に着眼すれば、Ａ－Ｃの順になると判断できる。よって、Ｄ－Ｂ－Ｅ－Ａ－Ｃ。　正答　4

37　選択肢により冒頭はＡかＥであるが、Ａの「人々が国境を越えて移動し……交換される」はＢの「人の移動」に伴う状況についての記述であるので、Ｂ－Ａとなり、冒頭はＥであると判断できる。Ｄは理由の記述であり、Ｅに示されている筆者の考えの根拠を説明するものである。よってＥ－Ｄ。Ｂ－Ａは、Ｄの「ものの考え方や思想をも世界的に流通させる」ことを具体的に説明した内容であるので、Ｄ－Ｂ－Ａ。Ｃの「それ」が指すのは、実際に「これだけの規模で行われ」ているものであるので、Ｄ～Ａの内容を指し、Ｃが最後にくることになる。よって、Ｅ－Ｄ－Ｂ－Ａ－Ｃ。　正答　5

38　（出典）太田昌秀　朝日新聞「論壇」
　Ｆの「その沿岸」はＢの「北極海」の沿岸を指しており、Ｂ－Ｆ。「砕氷船」の話題を提示しているＢが導入の役割を果たしているので、Ｂ－Ｆが他の記述に先行し、冒頭にくると判断できる。続いて、Ｆの「二隻だけ」を受けて、北極海・ユーラシア大陸に大きな位置を占めるロシアの事情を述べたＥがくる。よってＦ－Ｅ。そして、活躍しているドイツの砕氷船の話がＤ－Ａとつながり、「これに対し」、あまり活躍していない日本の砕氷船「しらせ」の記述であるＣが続く。よって、Ｂ－Ｆ－Ｅ－Ｄ－Ａ－Ｃ。　正答　3

39　（出典）朝日新聞「天声人語」
　Ｇの「対の染井吉野」から、話の中心が二本の桜であることに着目する。Ｂの「感じのいい桜」の雰囲気がＧの「『紅白梅図屏風』の二本の梅」に似ているのであるから、Ｂ－Ｇ。このことから、「三本めの染井吉野」の登場するＡは当然、Ｂ－Ｇよりも後にくる。Ｄの「華麗な花を披露」している「その桜」は、二本の桜のことだと考えるのが自然であるので、Ｂ－Ｇ－Ｄ。Ｆの記述は、筆者が見たＣの「昼休み」と同じ時間帯の桜のまわりの様子を表していると判断でき、Ｃ－Ｆ。Ａの「そのあたり」とは、「少女たち」や「男たち」がいる場所であると考えられるのでＣ－Ｆ－Ａ。よって、Ｂ－Ｇ－Ｄ－Ｅ－Ｃ－Ｆ－Ａ。　正答　3

40　Ａに筆者の主張があり、科学と芸

術の違いを具体例を挙げて説明した文章であることがうかがえる。各記述がそれぞれ、科学と芸術のどちらの具体例であるかを見分けることが重要である。まず、Aの「他人がその経験によって得た知識を、科学者はそのまま使うことができる」ことについての記述はDとEであり、Dの「たとえば」という例示の語からD－E。一方、「芸術家には使えない」ことについての記述はBとFで、やはりBの「たとえば」という例示の語からBが先にくると判断できるが、Cの「この」がBの記述を指していること、Fの「そこに意味が生じるのは」がCの「それだけでは私にとって全く意味がない」を受けていることから、B－C－Fとなる。Bの「しかし」は、D－Eに対する逆接の意を表しているので、A－D－E－B－C－F。　正答　3

41　手掛かりとなるのは、「～から～へ」や「～で(は)なく～」という言い回しを多用している点で、同趣旨の内容を言葉を換えて繰り返し説明している文章であることが分かる。まず、Bの「死んだ学問」とDの「生きた学問」という語の対比からB－D。次に、どのような視点で同趣旨の説明を繰り返しているかを見ていくと、A「初めは哲学……そこから、他の学問分野へ」→E「学問の府から世間へと」＝C「アカデミズムの中だけでなく、社会の中から」＝B－D「死んだ学問ではなく、……生きた学問」という、具体的な説明から抽象的な説明へと展開していることが分かる。Fの「その結果」は、これら一連の内容を指しているので、末文にふさわしい。よって、A－E－C－B－D－F。　正答　2

42　（出典）渡辺正雄『日本人の自然観』

指示語の対応、共通する熟語をヒントにして前後関係をつくっていくとよい。まず、「この西洋的絶対」、「こういう『絶対的な座標系を使う考え方』」としているAは、「西洋的絶対と東洋的相対」、「西洋の絶対的な座標系」と指示語を用いないEより後にくるはずである。次に、「yes、no」という共通語が含まれているBとDでは、DがBの説明文となっており、さらにBの「その違い」は「西洋」と「日本」における違いであって、Eの内容を指すと特定できるので、E－B－D。そして「yes、no」という言葉を中心とするB－Dの次には、「言葉にも」で始まるAがふさわしい。Cはまとめの記述として結びとなる。よって、E－B－D－A－C。　正答　4

43　新聞記事では、伝えるべき事実内容のうち、いつ、どこで、だれが、何を、どうしたのかという必要最小限の情報を冒頭に置き、その後に補足説明をするのが原則である。

・いつ→3日
・どこで→エジプトのアレクサンドリア沖の水深5～6mの海中で
・だれが→海洋考古学者フランク・ゴッディオ氏が

・何を→約２千年前の宮殿跡が見つかったことを
・どうした→発表した

以上の必要最小限の情報はＥとＦにすべて含まれており、「見つかった」ことを「発表した」という文の流れの方が自然であるのでＦ－Ｅ。これの補足として「何を」をより詳しく説明しているのがＣ、Ｃの「多数の遺物」を「ほとんどが……」で受けているのがＡである。よってＦ－Ｅ－Ｃ－Ａ。Ｄの「クレオパトラが触れた柱」はＡの「クレオパトラ……建物跡」に対応してることから、Ａ－Ｄ。Ｂは、話題が調査方法へと転じているので、Ｆ～Ｄに付加する形で最後に持ってくるのが妥当である。よって、Ｆ－Ｅ－Ｃ－Ａ－Ｄ－Ｂ。

正答　4

**44**　（出典）宮台真司　読売新聞掲載文

Ｄの「こうした文化」が指すのは、Ａの「共同体内での協調性こそが優先され」、Ｂの「『みんな仲良し』という……共同体的な考え方が……根強い」が直接的でありふさわしい。Ｂの内容を抽象化したのがＡの前半「共同体内での……優先され」であり、Ａの後半の「外」の観点はＢには見られない。したがって、両者に共通する内容から考えると、Ｂ－Ａとするのが文脈上自然である。よってＢ－Ａ－Ｄ。次に、Ｄの「仲間と同質であることを求められ」の裏返しがＦの「仲間以外に対しては鈍感」であるので、Ｄ－Ｆ。欧米と対比的に述べているＣは、Ｂ～Ｆのまとめの記述として後にくるのがふさわしい。Ｅは「匿名メディア」という、他の記述とは異なる要素を含んでおり、途中に置くのは唐突である。よって冒頭か末尾になるが、選択肢により冒頭となる。よって、Ｅ－Ｂ－Ａ－Ｄ－Ｆ－Ｃ。

正答　2

**45**　（出典）高橋和巳『わが青春論』

まず、Ｃの「こう」が指すものから考える。「人が自己の半生をふりかえったとき感ずるもっとも痛切な思い」としてふさわしいのはＩの「二度と繰り返したくない」であり、また、ＥはＣの「半生」の中でも「とりわけ……青春期」について述べているので、Ｉ－Ｃ－Ｅ。これに対しＢは、文学や映画や年配の人の話で語られるのは大半が「青年期」であることを述べているので、「にもかかわらず」が受けるのは、「青春期（＝青年期）」を二度と繰り返したくないと「大多数の人は思う」とするＥの内容である。このＥ－Ｂの内容を受けているのが、Ｄの疑問である。よって、Ｉ－Ｃ－Ｅ－Ｂ－Ｄ。次に、Ｆの「それらやりきれぬ青春の属性」と照応するのは、Ａの「未熟、不安定……性の噴出」であるので、Ａ－Ｆ。Ⅱの「ひとたび失えば永遠に戻らない」ものとは、Ｆの「単純、純真、向こうみず」という青春の性質以外にないので、Ｆ－Ⅱ。よって、Ｉ－Ｃ－Ｅ－Ｂ－Ｄ－Ａ－Ｆ－Ⅱ。

正答　3

**46**　（出典）今福龍太『21世紀に伝えたいこと』

Dの「これら」が提示文で列挙されている具体的な街の名を指しているのは明らかである。そして、D「二つの離れた街」→E「二つの都市が……双子の分身のようにして重なってゆく不思議」→B「神秘的な環の謎」と文脈を追うことができるので、提示文－D－E－B。Aの「それ」はBの「想像力を豊かに増幅」することを指すのでB－A。また、Aの「旅だけの特権ではない」に、Cの「……と想像することも」が呼応しているのでB－A－C。よって、提示文－D－E－B－A－C。

正答　3

47　(出典) 中村雄二郎『悪の哲学ノート』

Eの「彼」はCの「レーニン」を指し、さらにCの「聖者のあらゆる特質をそなえていた」ことがEの「まったく当然」という判断材料になっているので、C－E。Bに「しかし……悪魔の所業ではないだろうか」とあることから、前文には対義の「聖者」を主体とする記述がくると判断できるので、C－E－B。Aの「いずれの場合でも」は、C－Eの「レーニン」やBの「狂信化したピューリタン」に対する表現であると考えられるのでC－E－B－A。FはAの「怖るべき結果をもたらさざるをえない」ことの理由に該当し、また、提示文はDの言い換えであるので、A－F－D－提示文。よって、C－E－B－A－F－D－提示文。

正答　1

48　「日本人の評価には……『しかしまた』の連発が必要である」と述べた後、具体的な日本人の評価を接続語「しかし（逆接）＋また（並立）」を用いて説明している。よって、「しかしまた」の前と後は、正反対の評価を述べていると判断できる。

A　「礼儀正しい」→（不遜で尊大）
B　（頑固）→「容易に順応」
C　（従順）→「容易に従わない」
D　（勇敢）→「臆病」

以上のような「しかしまた」の連発が必要な性向であるというのが、V女史による日本人の評価なのである。

正答　4

49　補充する語が多い場合は消去法を活用するのが能率的である。

A　「未知なるものへの」とあることから「快感」と「スリル」は不適。
B　「確認」「分析」「客観化」「納得」という語との対応から考えて、「スリル」と「やすらぎ」は不適。
C　「発見していく」との対応から「期待」と「スリル」は不適。
D　「慰撫される」のであるから「おもしろさ」は不適。
E　「現実を横すべりする」のであるから「やすらぎ」は不適。
F　「気持ちを鼓舞される」のであるから「期待」と「やすらぎ」は不適。

正答　1

50　Aは、「しっとりとした……『歴史』を感じ」、「まわりの自然と一体化し……ともに生きてきた」などの表現から、「落ちつき」や「くつろぎ」ではもの足りず、「安らぎ」が適切である。Bの直前の「このような」とは、第3段落の内容、つまり、古寺を眺めることによって人々が生きる方向や力を見出したり、はげまされたりすることを指している。このような心の救いが人を動かす（人々を巡礼へと導く）のであるから、Bには救いを求める心、つまり、「宗教的希求」が入る。　正答　4

**51**　まず、森の道で起こりうる「鳥のはばたきや木の葉の落ちかかる音」に対しても、「臆病な人」は「恐怖」のあまりとりみだすのであるから、彼は外界に対して適応していないと言える。よってAには「不適応」が入る。次にDに入る語を考えると、「恐怖」とは、「感情」や「情緒」という語で表されているように主観のものであるので、Dには「主観的」が入ることが分かる。これに対し、「沈着な人」がもっているのは、「情緒ではなくて」とあるように、客観的な視点である。「不安」は「恐怖」と同様に主観の情緒であるから、Bには不適。また、Bに「攻撃」を入れると、一つめの空欄は自分からの攻撃、二つめの空欄は他者（外界）からの攻撃ということになり、矛盾する。以上から、Bには、「危険」が、Cには「客観的」が入る。
正答　5

**52**　（出典）相良享『一語の辞典――こころ――』
Aは、「（ A ）による善行」とあるように、善行を促すものであり、「罪の意識とのかかわりで、自己の内奥にひびく心」である。よって、「良心」が妥当である。Bは、「自分の心に恥じることには他人の心に恥じることがともなってくる」という場合に、自己と他者とに共通して存在するものである。善行の判断のもととなるものであるとともに、「仏教・儒教等々の教えの形でとらえられる」ものであるから、「価値」が妥当である。　正答　1

**53**　「（ A ）性に抵抗して、つねにげてなるもの（下手物＝大衆向けの安価なもの）を愛している」のであるから、Aには「貴族」が入る。またEには、「自分の生活の中で満足させるだけの金子にも余裕にも恵まれていない」のであるから「大衆」が入る。次に、「（ B ）こそ（ C ）的な感覚の持ち主」、「（ D ）に繊細な美意識と能力があるからこそ……伝統を保ちつづけることができたのだ」とあることから、B＝D、（ C ）的な感覚＝「繊細な美意識と能力」であると判断できる。そして、最後の二文「伝統は、恵まれた階層の人びと（＝貴族）のためにに存在するのではなく……われわれ（＝大衆）自身が伝統自身なのである」の記述との対応から考えると、Dには「大衆」が入り、よって、Bには「大衆」が、Cには「貴族」が入ることが分かる。　正答　5

**54**　医療における「治癒」と「延命」の意味を念頭において考えることが重要である。「治癒」とは病気やけがを治して元の状態に戻すこと、「延命」

は治癒の見込みのない患者の生命を少しでも長く保てるように技術を施すことである。よって、「治療」の目的は「治癒」であるので、A、B、Dには「治癒」が入る。そして、C、Eは「治癒」に導くことができない場合に行ってきたことであるので、「延命」が入る。 正答 5

55 アインシュタインはシオニズム（ユダヤ民族運動）の公然たる支持者となっても、「世間の不評を気にして、本心を語るのをやめ」なかったのであり、また彼の理論に対する攻撃にも反対組織にも「動じなかった」のだから、「『アインシュタインに反対する100人』なる書物が出版されたとき」にも、当然、彼は自説を曲げたり引っ込めたりすることはなかったはずである。自説に対して否定的でない肢は5のみである。 正答 5

56 最後の一文「人を訪うたり人を招いたり……いらいらじたばたと人を求めた」とあるが、なぜ「彼」がそうしたのかを「彼」の性格から考えよう。

「彼」は「人なつこい性格」、「孤独に堪え得ざる性格」で、「人間に対する関心があまりに痛切熱烈で」「人間臭過ぎる」ために「人を求めた」のであるが、この要求がいつも満たされるはずはなく、その不満が「孤独」を「口にする」という自家撞着となって表れたのである。そして、そのような「孤独」を愛するかのような態度が、かえって「彼」の性格を露呈することとなったのである。 正答 2

57 （出典）内山節『戦後思想の旅から』

空欄を含む文の冒頭に「すなわち」とあることから、最終段落は、環境問題というテーマのなかに生まれている思想の萌芽について述べている第2・第3段落をまとめる内容がくると判断できる。環境を破壊する技術を退け、農民や暮らしの知恵を見直す意識（第2段落の内容）は、空欄の後で「近代以降こそ人間の輝ける時代であったという、これまでの観念を打ち破りはじめた」とまとめられている。したがって空欄には、自然環境との調和のために、経済活動の限界を認識し、その低下を受け入れる意識（第3段落の内容）をまとめる記述が入る。 正答 1

58 （出典）筑紫哲也『この「くに」の冒険』

「馬脚を顕わにする」とは、ごまかしていたことが露見するという意である。つまり、組織や制度が「頼りになる」と思っていたのは、幻想に過ぎないのである。だから、そんなものを当てにせず、捨てた上で、「私たちひとりひとりが何をするか」を「自分で考え、判断し、行動する」ことが大切だと筆者は説いているのである。

正答 5

59 「自分を生かす」心構えとは、「自分のよさを認め、自分の欠点を正面から受けとめる強さ」をもつことである。筆者は、「他人の評価をうるために、眼も耳も外へ外へと向けられている」今の世の中を疑問視し、「ひとをみる眼（＝他人を評価すること）」ではなく、「自分をみる眼（＝自分を評価すること）を養う」ことの必要性を説いている。

正答　4

**60**　（出典）森毅「老」（『文芸春秋』掲載）

「未来を予測して、効果を期待しながら制御する」という「人工の論理」に支配される「若者」と、「ゆとりのエキスパート、むしろ自然として存在」している「老人」との対比を捉えよう。筆者は「人工の論理」を否定しているのではなく、「人工の論理（＝若者の心）の支配のなかで自然の論理（＝老人の心）を維持することだ」と、二つの心の共存を説いているのである。

正答　3

# ★ 第2編 文章理解〈古文〉

# 1　総合傾向と文章読解の基礎

## 1　総合傾向

古文の問題は、国家一般職・地方初級試験(全国型)において、毎年1問ずつ出題されることが多い。古文に苦手意識をもっている人は多いと思われるが、例年それほど難解な問題は出題されていないので、基本をマスターすれば、むしろ得点しやすい科目と言えるだろう。

ここでは、まず出題文のジャンルと試験別の総合傾向について説明しておこう。

**出題文のジャンル**

出題作品の主なジャンルは下記のとおりである。

・歌物語（『伊勢物語』『大和物語』等）
・日記（『土佐日記』『更級日記』『蜻蛉日記』等）
・随筆（『徒然草』『玉勝間』等）
・説話集（『十訓抄』等）
・仮名草子（『浮世物語』等）
・歌集（『万葉集』等）
・俳諧紀行（『奥の細道』等）
・論説（『文明論之概略』等）

出題作品のジャンルは多岐にわたり、時代も奈良時代～明治時代初期と実に幅広い。ジャンルを問わず、作品の時代が現代に近づくほど、文体が口語に近くなるので、近世・近代の作品のほうが比較的文意がつかみやすいと言えるだろう。

国家一般職では、平安時代～鎌倉時代のいわゆる有名作品から、室町時代～明治時代初期のなじみの薄い作品まで、出題の範囲は幅広い。地方初級では大半が有名作品からの出題で、中でも平安・鎌倉時代の作品が頻出している。また、国家一般職に比べると、和歌を含む作品が多いことも特徴の一つである。

難易度については、国家一般職・地方初級とも、ほぼ同程度と考えてよいだろう。

## ② 文章読解の基礎

古文を読んで、「書いてあることが100％理解できる」という人は少ないだろう。そこで、わからない箇所は、わかる箇所をもとに「推理・想像」していくことが必要になる。わかる箇所が多ければ多いほど、当然「推理・想像」の確実性は高くなるわけで、そのために必要となるのが古語と文法の知識である。これらはある程度は暗記することも必要だが、丸暗記しただけの断片的な知識では応用が利かないので、文章の中でどのように使われているかを確認しながら覚えるようにしたい。

以下に、主な重要古語（100語）と助動詞・助詞の一覧表、それぞれの学習のポイントを挙げておく。

### ●重要古語

古語は、特に現代と意味が異なる語を押さえることが重要である。古語は一般に、現代語と比べて意味の範囲が広いという特性がある。そうした**意味の広がりを理解する上でポイントとなるのが、語源やその語の根本的意義**である。

たとえば、「ののしる」は、現代語では「悪口を言い立てる」という意味だが、この意が一般化するのは中世末期以後である。原義は「大声で騒ぐ」で、古くはよい意味にも悪い意味にも用いられた。「評判が高くなる」「威勢がよい」という意味も、「（世間が）騒ぎ立てる」というところからきている。

このように、**語の本質を把握していれば、文脈に応じて適切に訳すことができる**。原義や語の成立に関する説明は古語辞典に載っているので、古語を覚えるときは、面倒でも辞書をひく習慣を身につけたい。それが、結果的に古語の知識を着実に習得する近道となるのである。また、**古語は漢字で書いたほうが、意味が自然に頭に入ってくる**ものが多い。以上の二点が古語を覚えるときのコツである。

**名詞**

| | |
|---|---|
| あした | 〈朝〉 ①朝・早朝 ②翌朝 |
| いそぎ | 〈急ぎ〉 ①急用 ②支度 |
| かたち | 〈形・容〉 ①姿 ②顔立ち ③様子 |
| きは | 〈際〉 ①境目 ②身分・家柄 |
| けしき | 〈気色〉 ①様子・ありさま ②顔色 ③情趣 |

ことはり　〈理〉　①道理　②わけ・理由
ざえ　〈才〉　①学問・漢学　②技能
しな　〈階・品・科〉　①身分・家柄　②人柄・品位
しるし　〈験〉　①ききめ　②御利益
せうそこ　〈消息〉　①手紙・知らせ　②面会を申し込むこと
たより　〈頼り〉　①つて　②機会　③縁故
ちぎり　〈契り〉　①約束　②宿縁　②男女の逢瀬
つとめて　①翌朝　②早朝
としごろ　〈年頃〉　長年・数年来
ほい　〈本意〉　①本来の意志・目的　②宿願
よ　〈世〉　①社会・世の中　②生涯・運命　③男女の仲
よし　〈由〉　①理由　②由緒　③方法　④趣　⑤事情
れい　〈例〉　①先例　②習慣　③一般　④普段

## 動詞

あく　〈飽く〉　①十分に満足する　②あきる
あそぶ　〈遊ぶ〉　管弦の催しをする
あふ　〈逢ふ〉　結婚する・男女が契る
ありく　〈歩く〉　歩き回る
いぬ　〈往ぬ・去ぬ〉　①行く　②時が過ぎる
〈寝ぬ〉　寝る
うつろふ　〈移ろふ〉　①色あせる　②（心が他へ）移る
おこす　〈遣こす〉　寄こす・こちらへ～する
おこたる　〈怠る〉　①病気が治る　②油断する　③怠ける
おこなふ　〈行ふ〉　①仏道修行する　②する・処理する
おどろく　〈驚く〉　①目が覚める　②はっと気づく
おはす・おはします　〈御座す・御座します〉　①いらっしゃる（「あり」「をり」の尊敬語）　②～しておられる（尊敬の補助動詞）
おぼす・おぼしめす　〈思す・思し召す〉　お思いになる（「思ふ」の尊敬語）
おほとのごもる　〈大殿籠る〉　おやすみになる（「寝ぬ」の尊敬語）
おぼゆ　〈覚ゆ〉　①感じる・思われる　②思い出される　③似る
きこゆ　〈聞こゆ〉　①聞こえる　②評判される
③申し上げる（「言ふ」の謙譲語）
さぶらふ　〈侍ふ・候ふ〉　①お仕え申し上げる（「仕ふ」の謙譲語）
②あります・ございます（「あり」の丁寧語）
しのぶ　〈忍ぶ〉　①我慢する　②秘密にする
〈偲ぶ〉　懐かしく思い出す
そうす　〈奏す〉　①（天皇・院に)申し上げる（謙譲語）

②音楽を演奏する

たてまつる　〈奉る〉　①差し上げる（「与ふ」の謙譲語）
②「食ふ」「飲む」「着る」「乗る」の尊敬語
③お～申し上げる（謙譲の補助動詞）

たまふ　〈給ふ・賜ふ〉　①お与えになる・くださる（「与ふ」の尊敬語）　②いただく（「飲む」「食ふ」の謙譲語）　③お～なさる（尊敬の補助動詞）

ながむ　〈眺む〉　もの思いにふけってぼんやりする

にほふ　〈匂ふ〉　①美しく映える　②香る

ねんず　〈念ず〉　①我慢する　②祈る

のたまふ　〈宣ふ〉　おっしゃる（「言ふ」の尊敬語）

ののしる　〈罵る〉　①大声で騒ぐ　②評判が高くなる　③威勢がよい　④悪様に言う

はべり　〈侍り〉　①そばに控える
②あります・おります（「あり」「をり」の丁寧語）
③～ます（丁寧の補助動詞）

まうづ　〈参づ・詣づ〉　①参る・伺う（「行く」「来」の謙譲語）
②参詣する

まもる　〈守る〉　①じっと見つめる　②世話をする　③守護する

まゐらす　〈参らす〉　①差し上げる（「与ふ」の謙譲語）
②お～申し上げる（謙譲の補助動詞）

まゐる　〈参る〉　①参上する（「行く」「来」の謙譲語）
②参拝する　③差し上げる（「与ふ」の謙譲語）
④召し上がる（「食ふ」「飲む」の尊敬語）

めづ　〈愛づ〉　①ほめる・愛する　②心が引かれる

ものす　〈物す〉　～する（種々の動詞のかわりに用いる）

わぶ　〈侘ぶ〉　思い悩む・悲観する

ゐる　〈率る〉　引き連れる・伴う
〈居る〉　座る・じっとしている

## 形容詞

あさまし　〈浅まし〉　①意外だ・驚きあきれるほどだ　②ひどい・あまりのことだ（よい意味にも悪い意味にも用いる）

あやし　〈奇し・異し・怪し〉　①不思議だ・奇妙だ　②異常だ・並々でない
〈賤し〉　①見苦しい・粗末だ　②身分が低い

ありがたし　〈有り難し〉　①めったにない・珍しい　②立派だ
③困難だ　④生きていくのが難しい

いとほし　①気の毒だ・かわいそうだ　②かわいい

いまめかし　〈今めかし〉　①現代風だ　②華やかだ

いみじ　①たいそう　②すばらしい　③大変だ・ひどい（よい意味にも悪い意味にも用い、程度がはなはだしいさまを表す）

うつくし　〈愛し〉　かわいらしい・いとしい

〈美し〉　①美しい　②立派だ・見事だ

おとなし　〈大人し〉　①大人びている　②思慮分別がある　③おもだっている

おぼつかなし　①はっきりしない　②頼りない　③気掛かりだ

かしこし　〈畏し·恐し〉　①恐れ多い　②ありがたい

〈賢し〉　①利口である・思慮深い　②すぐれている

かたはらいたし　〈傍ら痛し〉　①苦々しい　②気の毒だ　③きまりが悪い

かなし　〈愛し〉　いとしい・かわいい

〈悲し〉　かわいそうだ・痛ましい

さうざうし　①何となくもの足りない　②心寂しい

すさまじ　〈凄じ〉　①面白くない・興ざめだ　②もの寂しい・殺風景だ

つきづきし　〈付き付きし〉　ふさわしい・似つかわしい

はしたなし　〈端なし〉　①中途半端だ　②体裁が悪い

はづかし　〈恥づかし〉　①（こちらが気が引けるほど）立派だ　②恥ずかしい

やむごとなし　〈止む事無し〉　①捨てておけない　②並々でない　③格別だ

ゆかし　①見たい・聞きたい・知りたい・読みたい（好奇心で、心が引きつけられる状態を表す）　②懐かしい

ゆゆし　①恐れ多い　②不吉だ　③はなはだしい　④すばらしい

をかし　①趣がある　②面白い　③賞すべきである・すぐれている　④かわいらしい

## 形容動詞

あからさまなり　①ちょっと・しばらく　②急に

あてなり　〈貴なり〉　①身分が高い　②上品だ

あはれなり　①しみじみとした情趣がある　②やさしく優美だ　③かわいい　④気の毒だ

いたづらなり　〈徒らなり〉　①無益だ　②むなしい・はかない　③退屈だ

おぼろげなり　〈朧げなり〉　①並ひととおりのさま・普通　②並ひととおりでないさま・格別

おろかなり　〈疎かなり・愚かなり〉　①いいかげん·なおざり

| | |
|---|---|
| | ②十分でない　③愚鈍だ・未熟だ |
| さらなり | 〈更なり〉　言うまでもない・もちろんだ |
| すずろなり | 〈漫ろなり〉　①むやみに　②何となく　③思いがけない |
| つれづれなり | 〈徒然なり〉　①することがなく退屈だ |
| | ②しんみりと寂しい |
| まめなり | 〈忠実なり〉　①実直だ・真面目だ　②実用的だ |

### 副詞

| | |
|---|---|
| いかで | 〈何如で〉　①どうにかして　②どうして（疑問・反語） |
| いつしか | 〈何時しか〉　①いつの間にか　②早く |
| いと | ①たいそう・非常に（下にある語を強める） |
| | ②大して・それほど（下に否定語を伴った場合） |
| え | ①～できる（下に肯定の表現を伴った場合） |
| | ②～できない（下に否定語を伴った場合） |
| おほかた | 〈大方〉　①大体・一般に |
| | ②全然・少しも（下に否定語を伴った場合） |
| げに | 〈実に〉　①現実に・実際に　②本当に |
| さながら | ①そのまま　②全て |
| すなはち | 〈即ち・及ち・則ち〉　すぐに・たちまち |
| つと | ①じっと　②急に |
| つゆ | 〈露〉　少しも・全く（下に否定語を伴う） |
| とく | 〈疾く〉　すぐに・すみやかに |
| な～そ | ～するな（禁止を示す） |
| なかなか | ①なまじっか　②かえって・むしろ |
| やうやう | 〈漸う〉　①しだいに・だんだんと　②やっと・かろうじて |
| やがて | ①すぐに　②そのまま |

### その他

| | |
|---|---|
| がり | 〈許〉（～の）もとに・（～の）いる所へ |
| さるべき | ①ふさわしい・相応な　②そうなるはずの　③立派な |

### ●助動詞

助動詞は**意味・活用・接続をきちんと覚えることが基本**だが、多くの文章に触れ、古文のリズムに慣れれば、いちいち「これは連用形接続だから、完了の助動詞」といった判断をしなくても、無意識のうちに意味はとれるようになるものである。古文に慣れ親しみ、口語の文章を読むときと同様に、文法をあまり意識しなくても理解できるようになることを目標にしたい。

|  |  |  |  |  |  |  |  |  |  |  |  |
|---|---|---|---|---|---|---|---|---|---|---|---|
| 終止形 | 推量 | べし | 推量（…ダロウ）<br>意志（…ウ、…ツモリダ）<br>適当・勧誘・命令（…ノガヨイ、…ヨウ、…セヨ）<br>当然・義務（…ハズダ、…ベキダ）<br>可能（…コトガデキル） | べく<br>べから | べく<br>べかり | べし | べき<br>べかる | べけれ | ○ | 形容詞型 | 活用語の終止形（ラ変型には連体形につく）<br>※ラ変型―形容詞（カリ活用）・形容動詞・ラ変型活用の助動詞 |
|  |  | らし | 推定（…ラシイ、…ニチガイナイ） | ○ | ○ | らし | らし<br>（らしき） | らし | ○ | 不変化型 |  |
|  |  | らむ〈らん〉 | 現在推量（今ゴロハ…シテイルダロウ）<br>現在の原因推量（ナゼ…ノダロウカ、…ダカラ…ノダロウ）<br>現在の伝聞（…ソウダ）<br>現在の婉曲（…シテイルヨウナ） | ○ | ○ | らむ<br>〈らん〉 | らむ<br>〈らん〉 | らめ | ○ | 四段型 |  |
|  |  | めり | 婉曲・推量（…ヨウダ） | ○ | （めり） | めり | める | めれ | ○ | ラ変型 |  |
|  | 伝聞・推定 | なり | 伝聞（…トイウ、…ソウダ）<br>推定（…ラシイ、…ヨウダ） | ○ | なり | なり | なる | なれ | ○ | ラ変型 |  |
|  | 打消推量 | まじ | 打消推量（…ナイダロウ）<br>打消意志（…ナイツモリダ）<br>打消当然・禁止（…ハズガナイ、…テハイケナイ）<br>不可能（…デキソウニナイ） | まじく<br>（まじから） | まじく<br>まじかり | まじ | まじき<br>まじかる | まじけれ | ○ | 形容詞型 |  |
| 体言連体形 | 断定 | なり | 断定（…ダ、…デアル） | なら | なり<br>に | なり | なる | なれ | （なれ） | 形容動詞型 | 体言と活用語の連体形 |
| 体言 |  | たり |  | たら | たり<br>と | たり | たる | たれ | （たれ） |  | 体言 |
| その他 | 完了 | り | 完了（…タ、…テシマッタ）<br>存続（…テイル、…テアル） | ら | り | り | る | れ | （れ） | ラ変型 | 動詞サ変の未然形・四段の已然形（サ変・四段の命令形に接続するという説もある） |
|  | 比況 | ごとし | 比況（…ノヨウダ）<br>例示（…ノヨウダ、…ナド） | ごとく | ごとく | ごとし | ごとき | ○ | ○ | 形容詞型 | 体言・用言の連体形・助詞（が・の） |

| 接続 | 助動詞の種類 | 助動詞 | 主な意味 | 未然形 | 連用形 | 終止形 | 連体形 | 已然形 | 命令形 | 活用の型 | 接続 |
|---|---|---|---|---|---|---|---|---|---|---|---|
| 未然形 | 受身・尊敬 | る | 受身(…レル、…ラレル)<br>尊敬(オ…ニナル、…レル) | れ | れ | る | るる | るれ | れよ | 下二段型 | 四段・ナ変・ラ変の未然形 |
| | | らる | | られ | られ | らる | らるる | らるれ | られよ | | 右以外の動詞の未然形 |
| | 可能・自発 | る | 可能(…デキル、…レル)<br>自発(自然ニ…ト思ワレル) | れ | れ | る | るる | るれ | ○ | | 四段・ナ変・ラ変の未然形 |
| | | らる | | られ | られ | らる | らるる | らるれ | ○ | | 右以外の動詞の未然形 |
| | 使役・尊敬 | す | 使役(…セル、…サセル)<br>尊敬(オ…ニナル、…レル) | せ | せ | す | する | すれ | せよ | | 四段・ナ変・ラ変の未然形 |
| | | さす | | させ | させ | さす | さする | さすれ | させよ | | 右以外の動詞の未然形 |
| | | しむ | | しめ | しめ | しむ | しむる | しむれ | しめよ | | 用言の未然形 |
| | 打消 | ず | 打消(…ナイ) | ず<br>ざら | ず<br>ざり | ず | ぬ<br>ざる | ね<br>ざれ | ざれ | 特殊型 | 活用語の未然形 |
| | 打消推量 | じ | 打消推量(…ナイダロウ)<br>打消意志(…ナイツモリダ) | ○ | ○ | じ | (じ) | (じ) | ○ | 不変化型 | |
| | 推量 | む〈ん〉 | 推量(…ウ、…ダロウ)<br>意志・希望(…ウ、…タイ)<br>適当・勧誘(…ノガヨイ、…シマセンカ)<br>仮定・婉曲(…トシタラ、…ノヨウナ) | (ま) | ○ | む〈ん〉 | む〈ん〉 | め | ○ | 四段型 | |
| | | むず〈んず〉 | | ○ | ○ | むず<br>〈んず〉 | むずる<br>〈んずる〉 | むずれ<br>〈んずれ〉 | ○ | サ変型 | |
| | | まし | 反実仮想(モシ…トシタラ…ダロウ)<br>推量(…ウ、…ダロウ)<br>意志・希望(…カシラ、デキルナラ…タイ) | ましか<br>(ませ) | ○ | まし | まし | ましか | ○ | 特殊型 | |
| | 希望 | まほし | 希望(…タイ) | まほしく<br>まほしから | まほしく<br>まほしかり | まほし | まほしき<br>まほしかる | まほしけれ | ○ | 形容詞型 | 動詞と助動詞(す・さす・ぬ)の未然形 |
| 連用形 | 過去 | き | 過去(…タ) | (せ) | ○ | き | し | しか | ○ | 特殊型 | 活用語の連用形(カ変・サ変には未然形にもつく) |
| | | けり | 過去(…タ、…タソウダ)<br>詠嘆(…タナア、…コトヨ) | (けら) | ○ | けり | ける | けれ | ○ | ラ変型 | 活用語の連用形 |
| | 完了 | つ | 完了(…タ、…シマウ)<br>強意(キット……、タシカニ……) | て | て | つ | つる | つれ | てよ | 下二段型 | |
| | | ぬ | | な | に | ぬ | ぬる | ぬれ | ね | ナ変型 | |
| | | たり | 完了(…タ)存続(…テイル) | たら | たり | たり | たる | たれ | (たれ) | ラ変型 | |
| | 推量 | けむ〈けん〉 | 過去推量(…タダロウ)<br>過去の原因推量(ナゼ…タノダロウ)<br>過去の伝聞(…タソウダ)<br>過去の婉曲(…タヨウナ) | ○ | ○ | けむ<br>〈けん〉 | けむ<br>〈けん〉 | けめ | ○ | 四段型 | |
| | 希望 | たし | 希望(…タイ) | たく<br>たから | たく<br>たかり | たし | たき | たけれ | ○ | 形容詞型 | 動詞と助動詞(る・らる・す・さす)の連用形 |

## ●助詞

文語の助詞も、口語の助詞と同様に、主に自立語に付いてその語と他の語との関係を示したり、一定の意味を添えたりする。したがって、**どういう語につき（接続）、どういう働きをし（用法）、どういう意味を添えるか（意味）を理解することが重要である**。特に、口語にはない語、口語にもあるが意味・用法の異なる語をしっかりと覚えること。助動詞とともに、紛らわしい語の識別ができるようになれば十分だろう。

### 1 格助詞

| 語 | 主な意味・用法 | 接続 |
| --- | --- | --- |
| **が** | 主格（…ガ）連体修飾格（…ノ）修飾する体言を省略（…ノモノ、…ノコト） | 体言<br>連体形 |
| **の** | 主格（…ガ）連体修飾格（…ノ）修飾する体言を省略（…ノモノ、…ノコト）同格（デ、…デアッテ）比喩（…ノヨウニ） | |
| **を** | 動作の対象（…ヲ）経過する場所（…ヲ、…ヲ通ッテ）動作の起点（…カラ） | |
| **に** | 時間・場所・帰着点（…ニ、…時ニ、…デ）動作の目的（…ニ、…ノタメニ）動作の原因（…ノタメニ）受身・使役の対象（…ニ） | |
| **へ** | 方向（…ヘ） | 体言 |
| **と** | 並列（…ト）動作を共にする相手（…ト）変化の結果（…ト）引用句を受ける（…ト） | 体言<br>引用句 |
| **より** | 動作の起点（…カラ）比較の基準（…ヨリ）経由する場所（…カラ、…ヲ通ッテ）方法・手段（…デ、…ニヨッテ）即時（…スルトスグニ） | 体言<br>連体形 |
| **にて** | 場所・時間（…デ）手段・材料（…デ）原因・理由（…デ、…ノタメニ、…ニヨッテ） | |
| **して** | 手段・方法（…デ、…ヲ使ッテ）動作を共にする相手（…ト、…デ）使役の相手（…ヲ使ッテ、…ニ命ジテ） | |

### 2 接続助詞

| 語 | 主な意味・用法 | 接続 |
| --- | --- | --- |
| **ば** | 順接の仮定条件（モシ…ナラバ） | 未然形 |
| | 原因・理由（…ノデ、…カラ）偶然条件（…トコロ）恒時条件（…トイツモ） | 已然形 |
| **とも** | 逆接の仮定条件（…トシテモ） | 終止形 |
| **ど・ども** | 逆接の確定条件（…ガ、…ノニ、…ケレドモ） | 已然形 |
| **ものを（ものの・ものから）** | 逆接の確定条件（…ガ、…ノニ、…ケレドモ） | 連体形 |
| **して** | 単純接続（…テ、…デ） | 連用形 |
| **で** | 打消接続（…ナイデ） | 未然形 |
| **つつ** | 動作の繰り返し・継続（…テハ、…シ続ケテ）二つの動作の同時進行（…ナガラ） | 連用形 |
| **をにが** | 順接の確定条件〈「が」は除く〉（…ノデ、…カラ）逆接の確定条件（…ガ、…ケレドモ、…ノニ）単純接続（…ト、…トコロ） | 連体形 |
| **て** | 原因・理由（…ノデ、…カラ）逆接（…ガ、…ケレドモ）単純接続（…テ） | 連用形 |
| **ながら** | 逆接（…ガ、…ケレドモ）単純接続（…ナガラ） | |

## 3 副助詞

| 語 | 主な意味・用法 | 接続 |
|---|---|---|
| だに | 程度の軽いものを示してより程度の重いものを類推させる(…サエ)最小限の限定(セメテ…ダケデモ) | 種々の語 |
| すら | 程度の軽いものを示してより程度の重いものを類推させる(…サエ) | 種々の語 |
| さへ | 添加(…マデモ) | 種々の語 |
| のみ | 限定(…ダケ)強意(ヒドク…、特ニ…) | 種々の語 |
| ばかり | 限定(…ダケ、…バカリ)およその程度(…クライ、…ホド) | 種々の語 |
| まで | 動作や物事の限界(…マデ)動作や物事の程度(…マデ、…ホド) | 種々の語 |
| など | 一例をあげて、同様のものが他にあることを示す(…ナド)引用句を受ける(…ナドト)遠まわしに言う(…ナド) | 種々の語 |
| し | 強意・語調を整える | 種々の語 |

## 4 係助詞

| 語 | 主な意味・用法 | 接続 |
|---|---|---|
| ぞ<br>なむ<br>こそ | 強意 | 種々の語 |
| や(やは)<br>か(かは) | 疑問(…カ)反語(…デアロウカ、イヤ…デハナイ) | 種々の語 |
| は | 一つの事柄を他と区別する(…ハ) | 種々の語 |
| も | 並列(…モ)強意(…モ) | 種々の語 |

## 5 終助詞

| 語 | 主な意味・用法 | 接続 |
|---|---|---|
| な | 禁止(…ナ) | 終止形 |
| (な)…そ | 禁止(…ナ) | 連用形 |
| ばや | 自己の動作に対する願望(…タイ) | 未然形 |
| なむ | 他の動作に対する願望(…テホシイ) | 未然形 |
| てしが<br>てしがな<br>(てしか・てしかな) | 自己の動作に対する願望(…タイ) | 連用形 |
| もがな<br>(もが・もがも・がな) | 状態に対する願望(…テホシイ) | 体言<br>連用形<br>助詞 |
| な | 詠嘆(…コトヨ、…ダネ、…ナア) | 文末 |
| かな(か)<br>かも | 詠嘆(…コトヨ、…ダネ、…ナア) | 体言<br>連体形 |
| は<br>も | 詠嘆(…コトヨ、…ダネ、…ナア) | 種々の語 |
| よ | 詠嘆(…ヨ、コトヨ、…ナア)呼びかけ(…ヨ) | 種々の語 |
| かし | 念を押す(…ヨ、…ゾ) | 文末 |

## 6 間投助詞

| 語 | 主な意味・用法 | 接続 |
|---|---|---|
| や | 詠嘆(…コトヨ、…ナア) | 種々の語 |
| を | 整調・詠嘆(…ネ、…ナア) | 種々の語 |

## 2　問題の傾向と対策

古文の問題は、現代文で言えば**1 趣旨把握・内容合致**の範疇に入るものが出題される。選択肢の作り方のパターンも、現代文の問題の場合と基本的には変わらない（P.6を参照）。前述したように、高度な読解力を要する難問はほとんど出題されておらず、全文の口語訳がある程度できれば、それで解ける問題が大半を占める。

### 出題形式と傾向

出題形式は下記のように大別される。

①趣旨・要旨を問う問題
②内容と合致するものを選ぶ問題
　（大意・あらすじの把握を要する問題）
③下線部の解釈を問う問題
④筆者や登場人物の心情を問う問題

国家一般職では上記①と②の出題形式が多く見られ、これに③が続く。地方初級（全国型）では、②および④の出題形式が大半を占める。「作者の感想として妥当なもの」「筆者は何に感心しているか」など、設問の仕方はまちまちだが、これらは②の範疇に入る出題形式と考えられる。④については、和歌を含む作品の出題が多いことと関連していると言えよう。

このように、全体的な出題傾向を見ると、①・②・④の出題頻度が高く、部分的な解釈よりも、全体的な内容の把握力を試す問題が主流になりつつある。特に近年の傾向としては、話の展開や本文に描かれている状況を読みとらせることを主眼とした問題が増えている。

### 解法のポイント

①　どのような問題であっても、**「大きく読む」→「小さく読む」が基本**である。まずは口語訳をしながら全文を通読し、本文の話題や場面、概要をある程度とらえる。次に、一つ一つの言葉に気をつけながら、細かくじっくり読む。その際、わからない箇所は、選択肢の記述がヒントになることもあるので、それを参考にしながら読むのも一つの方法である。

②　**出題文がストーリー性のある作品の場合**は、「主語は誰か」「受け手は誰か」を考えながら読み、**「誰が誰に何をして、どうなったか」という話の展開を意識しながら**

**読む**ことが大切である。主語や受け手は、敬語の使い分け（尊敬語・謙譲語・丁寧語）によって判断できる場合があるので、**敬語に着眼する**とよい。

③　**和歌が含まれている作品**では、**和歌に筆者や登場人物の心情が込められている**ことが多い。和歌が詠まれた背景・経緯を踏まえた上で、どのような気持ちを和歌に託しているかを読みとる。

④　**筆者の考えを述べた論説的な文章の場合**は、現代文の場合と同じく、筆者が**肯定**していることと**否定**していること、筆者の主張となる**本質部分**と**非本質部分**とを読み分ける。

⑤　**下線部解釈（部分解釈）の問題**では、下線部だけにとらわれず、**本文全体の内容や前後の文脈から考える**。

⑥　選択肢の中には、本文中の古語の誤った解釈、不適切な解釈が部分的に含まれている場合もあるので、**選択肢の表現を慎重に検討する**。

## 例題 1

次の文の趣旨として妥当なのはどれか。

同じ人の説の、こゝとかしことゆきちがひて、ひとしからざるは、いづれによるべきぞと、まどはしくて、大かた其の人の説、すべてうきたるこゝちのせらるゝ、そは一わたりはさることなれども、なほさしもあらず。はじめより終はりまで、説のかはれることなきは、中々におかしからぬかたもあるぞかし。はじめに定めおきつる事の、ほどへて後に、又ことなるよき考への出来るは、つねにある事なれば、はじめとかはれることあるこそよけれ。年をへてがくもむすゝみゆけば、説は必ずかはらでかなはず。又おのがはじめの誤りを、後にしりながらは、つゝみかくさで、きよく改めたるも、いとよき事なり。

1　同じ書物の前後で著者の説が食い違っていることがあるが、このような自分の説の食い違いを率直に認めない学者は一流ではない。

2　いろいろと思いつきで学説を唱える学者は、よく考えていないために、自分の学説の中で矛盾を起こしていることが多い。

3　同じ人なのに書いた時期により学説が異なっているのはよいこ

とではなく、月日がたっても一貫している必要がある。

4　同じ人の学説が月日がたつうちに違ってくることがあるが、学問が進めば意見が変わることはあり、改めていくことはよいことである。

5　学問が進んでいくと定説というものも変わってくるので、学問をするものは古い学説にこだわらず、新しい考えを吸収していくべきである。

## 解説

（出典）本居宣長『玉勝間』

近世（江戸時代）に書かれた文章なので、中古・中世に書かれた文章に比べれば、より口語に近い。難解な古語もないので、一文ずつ丁寧に読めば大意はつかめるはずである。

本文で論題となっているのは、「同じ人の説」が「ほどへて後」に変わることであり、これに対する筆者の主張は、「……こそよけれ」「……いとよき事なり」と記された部分に表れている。

1　誤り。「同じ書物の前後」のことを述べた文章ではない。また、「いとよき事なり」と言っているのであり、「一流」か否かという判断はしていない。

2　誤り。「思いつき」を非難している文章ではない。

3　誤り。本文の趣旨と正反対である。

4　正しい。

5　誤り。本文は、学説を学ぶ立場の人ではなく、学説を唱える立場の人について書かれた文章である。

正答　4

## 口語訳

同じ人の説が、ここことあそことでは食い違っていて、同じでない場合は、どちらを信頼すべきかと疑わしく、一般にその人の学説は全てがいい加減な感じがする。それは、一応その通りであるのだが、やはりそうでもない。最初から最後まで説の変わることがないほうが、かえって賞すべきことではない、ということもあるものだ。初めに決めておいたことが、時を経た後に、また別のよい考えに取って代わられるのは、よくあることだから、最初と違っていることがあるほうがよいくらいだ。月日が経って学問が進めば、説は必ず変わらないわけにはいかない。また、自分の初めの頃の誤りを後になって気づいたら、包み隠そうとはせずに潔く改めたりするのも、大変よいことである。

## 例題2

次の文中の「うまの頭なる翁」の心情として妥当なのはどれか。

むかし、水無瀬《みなせ》にかよひ給ひし惟喬《これたか》の親王《みこ》、例の狩しにおはします供に、うまの頭《かみ》なる翁つかうまつれり。日ごろへて、宮にかへり給うけり。御送りして、とくいなむとおもふに、大御酒《おおみき》たまひ、禄《ろく》たまはむとて、つかはさざりけり。このうまの頭心もとながりて、

枕とて草ひき結ぶこともせじ秋の夜とだにたのまれなくに

とよみける。時はやよひのつごもりなりけり。親王、おほとのごもらであかし給うてけり。かくしつつまうでつかうまつりけるを、思ひのほかに、御髪《ぐし》おろし給うてけり。正月《むつき》におがみたてまつらむとて、小野にまうでたるに、比叡《ひえ》の山の麓なれば、雪いと高し。しひて御室《みむろ》にまうでておがみたてまつるに、つれづれといと物がなしくておはしましければ、やや久しくさぶらひて、いにしへのことなど思い出で聞えけり。さても侍ひてしがなと思へど、公事どもありければ、え侍はで、夕暮にかへるとて、

忘れては夢かとぞ思ふ思ひきや雪ふみわけて君を見むとは

とてなむ泣く泣く来にける。

1　主人があまりに冷淡なので悲哀を感じている。
2　主人を慕うあまり自分の公務をなおざりにしても悔いはない。
3　主人を気づかうあまり自分の仕事を替えることを考えている。
4　主人の過度の愛情にへき易している。
5　主人をこころから慕い、かつその境遇を気づかっている。

（地方初級試験より）

### 解説

（出典）『伊勢物語』第83段

翁は狩りのお供をするなど、親王に親しく仕えていたが、親王は思いがけなく出家してしまった。そして、その親王を訪ねた翁が見たものは、雪深い地で暮らす親王の悲しげな様子であった。以前とは違う親王の境遇を気づかって詠んだのが最後の和歌であり、そこに翁の心情が込められている。このほか、「さても侍ひてしがなと思へど」「泣く泣く来にける」などにも、翁の親王を慕う気持ちが表れている。

1　誤り。親王の「冷淡」な様子は描かれていない。

2　誤り。翁は「自分の公務をなおざりに」しようとはしていない。このまま親王のそばにお仕えしたいが、公務があるからそうもいかないと、泣く泣く都に帰ってきたのである。

3　誤り。2と同様に「自分の仕事を替えること」を考えてはいない。

4　誤り。最初の和歌は、なかなか退出を許してくれない親王に対して、引き留めないで早く帰してほしいという気持ちを婉曲的に伝えたものであり、「へき易している」といった強い感情は読みとれず、「過度の愛情」も言い過ぎである。そもそも本文の要所は、親王の出家後を描いた後半部分にある。

5　正しい。親王の出家後に、深い雪を踏み分けてわざわざ親王に会いに行っていることにも、親王への思慕の念がうかがえる。

正答　5

## 口語訳

　昔、水無瀬の離宮にお通いになった惟喬親王が、いつものように鷹狩をしにおいでになるお供に、馬の頭である翁がお仕え申し上げた。数日経って、（親王は）京の宮殿にお帰りになった。（翁は宮殿まで）お送りして早く退出しようと思うのに、（親王が）お酒をくださり、褒美をくださろうと言って、放してくださらなかった。この馬の頭はじれったく思って、

　（今夜はおそばにいて）枕として草を引き寄せて結んで旅寝もいたしますまい。（短夜の春ですから）秋のようにせめて夜長をたのみにして、ゆっくりとすることさえもできません。

と詠んだ。時節は三月の末であった。親王はおやすみにならず、夜をお明かしになった。このようにしては参上しお仕え申し上げたのに、思いがけなく（親王は）出家なさってしまった。正月に拝賀し申し上げようとして、小野に参上したところ、（そこは）比叡の山の麓なので、雪がたいそう高く積もっている。何とかして御庵室に参上して拝顔し申し上げると、（親王は）なさることもなくぼんやりとして、たいそう悲しげなご様子でいらっしゃったので、やや長い時間おそばにお仕えし、昔のことなどを思い出してお話し申し上げた。そのままおそばにいたいものだと思うが、朝廷のお勤めなどもあったので、おそばにいることもできず、夕方に帰ろうとして、

　（今のお姿を拝見していますと）ふと現実を忘れて夢ではないかという思いがします。深い雪を踏み分けて、このような所であなたのお姿を拝見しようとは、思ってもみませんでした。

と詠んで、泣く泣く都に帰ってきたのであった。

# 練習問題

（126ページより解答・解説）

★
**1** 次の文の趣旨として妥当なのはどれか。

「うすものの表紙は、とく損ずるがわびしき」と人の言ひしに、頓阿が、「羅《うすもの》は上下はつれ、螺鈿《らでん》の軸は貝落ちて後こそいみじけれ」と申し侍りしこそ、心まさりて覚えしか。一部と有る草子などの、おなじやうにもあらぬを見にくしといへど、弘融僧都《そうづ》が、「物を必ず一具にととのへんとするは、つたなきもののする事なり。不具なるこそよけれ」と言ひしも、いみじく覚えしなり。

「すべて何も皆、ことのととのほりたるはあしき事なり。し残したるを、さてうち置きたるは、面白く、いきのぶるわざなり。内裏造らるるにも、必ず作り果てぬ所を残す事なり」と、或人申し侍りしなり。先賢のつくれる内外《ないげ》の文にも、章段の欠けたる事のみこそ侍れ。

1　物が壊れてしまったら、嘆くよりあきらめることが肝要である。
2　およそ何事も、完全ではないほうが趣があってよいものである。
3　物は古くなれば古くなるほど、味わいが出てくるものである。
4　手に入れたい物が全部揃わないことほど、もどかしいものはない。
5　物の価値は中身にあるので、外見に惑わされてはならない。

★
**2** 次の文の趣旨として妥当なのはどれか。

世の下るに従ひ平凡宗匠平凡歌人のみ多く現はるゝは罪其人に在りとはいへ一は和歌又は俳句其物の区域の狭隘《きょうあい》なるによらずんばあらざるなり。人問ふて云ふ。さらば和歌俳句の運命は何れの時にか窮まると。対《こた》へて云ふ。其窮り尽すの時は固《もと》より之を知るべからずといへども概言すれば俳句は已《すで》に尽きたりと思ふなり。よし未だ尽きずとするも明治年間に尽きんこと期して待つべきなり。和歌は其字数俳句よりも更に多きを以て数理上より算出したる定数も亦遥かに俳句の上にありといへども実際和歌に用ふる所の言語は雅言のみにして其数甚だ少なき故に其区域も俳句に比して更に狭隘なり。故に和歌は明治已前に於て略《ほ》ぼ尽きたらんかと思惟するなり。

1　和歌も俳句も、その領域は決して狭くはないが、概言すると、和歌のほうが俳句より先に頂点を極めている。
2　平凡な師匠や歌人ばかりが多いので、明治時代のうちに、俳句や和歌の運命が尽きることを待つばかりだ。

3　俳句は領域が狭いから、少なくとも明治時代に運命は尽きるだろうし、和歌は俳句よりさらに狭く、明治以前に衰えてしまっている。

4　和歌は字数が多いうえ、雅言によって詠む範囲が限られてくるので、俳句に比べて明治時代には不向きである。

5　明治以前の俳句や和歌は平凡なものばかりだったが、もっと思惟した作品をつくるように努めれば、運命が尽きることはないだろう。

★**3**　次の文の内容に合致するものとして妥当なのはどれか。

*この殿、いづれの御時とは覚えはべらず、思ふに、延喜・朱雀院の御ほどにこそは侍りけめ、宣旨うけたまはらせたまひて、おこなひに陣座ざまにおはします道に、南殿の御帳のうしろのほど通らせたまふに、もののけはひして、御太刀のいしづきをとらへたりければ、いとあやしくてさぐらせたまふに、毛はむくむくとおひたる手の、爪ながくて刀の刃のやうなるに、鬼なりけりと、いとおそろしくおぼえけれど、臆したるさま見えじと念ぜさせたまひて、「おほやけの勅宣うけたまはりて、*定《さだめ》にまゐる人とらふるは何者ぞ。ゆるさずは、あしかりなむ」とて、御太刀をひき抜きて、かれが手をとらへさせたまへりければ、まどひてうち放ちてこそ、丑寅の隅ざまにまかりにけれ。

＊この殿……貞信公、藤原忠平。

＊定……評定。

1　鬼は貞信公の体をつかまえたが、公が一心に念仏を唱えたため、おじけづいて逃げて行ってしまった。

2　宣旨を執り行う一陣の前に鬼が現れ、貞信公めがけて襲ってきたが、公が「やめないと罰が当たる」と言ったところ、鬼は去って行った。

3　貞信公をつかんだ鬼が臆病そうに見えたので、公は勇気を奮い起こして「許してやろう」と言ったところ、鬼は去って行った。

4　貞信公は鬼に太刀をつかまれたが、「勅命を執行する者を放さないと、お前に悪いことが起こる」と言ったので、鬼は退散した。

5　南殿の隅で鬼に出くわした貞信公は、鬼に太刀を奪われそうになったが、逆に鬼の手をつかみ、太刀で切って難を逃れた。

★★
**4** 次の文の内容に合致するものとして妥当なのはどれか。

師宋阿や昔武江の石町なる鐘楼の高く臨めるほとりに、あやしき舎りして市中に閑をあまなひ、霜夜の鐘におどろきて、老のねざめのうき中にも、予とともに俳諧をかたりて、世の上のさかごとなどまじらへきこゆれば、耳つぶしておろかなるさまにも見えおはして、いといと高き翁にてぞありける。ある夜危坐して予にしめして曰く「夫《それ》俳諧のみちや、かならず師の句法に泥《なづ》むべからず。時に変じ時に化し、忽焉《こつえん》として前後相《あひ》かへりみざるがごとく有るべし」とぞ。予、此一棒下に頓悟して、やゝ俳諧の自在を知れり。されば今我門にしめすところは、師宋阿の磊落《らいらく》なる語勢にならはず、もはら蕉翁のさび・しをりをしたひ、いにしへにかへさんことをおもふ。

1 「俳諧というものは、決して師匠の作風にこだわってはならない。」という師の言葉によって芭蕉翁の作風に従うことにした。

2 「時代によって移り変わる俳諧の作風に惑わされることなく、自分の作風を守ることが大切である。」という師の言葉を模範とした。

3 「俳諧というものは、昔の芭蕉翁の作風にこだわらず、その時代の作風に従うほうがよい。」という師の言葉に従うことにした。

4 俳諧というものは、芭蕉翁の作風のみならず、自分の師匠の作風を学ばなければならない。

5 昔の俳諧の作風にもよいものがあり、当世流行の芭蕉翁の作風を追い求める必要はない。

★★
**5** 次の文の趣旨として妥当なのはどれか。

支那日本等に於ては、君臣の倫を以て人の天性と称し、人に君臣の倫あるは猶《なほ》夫婦親子の倫あるが如く、君臣の分は人の生前に先づ定《さだま》りたるものゝやうに思込み、孔子の如きも此の惑溺を脱すること能はず、生涯の心事は周の天子を助けて政を行ふ歟《か》、又は窮迫の余りには、諸侯にても地方官にても、己を用ひんとする者あれば之れに仕へ、兎《と》にも角にも土地人民を支配する君主に依頼して事を成さんとするより外に策略あることなし。畢竟《ひっきょう》孔子も未だ人の天性を究むるの道を知らず、唯其の時代に行はるゝ事物の有様に眼を遮《さえぎ》られ、其の時代に生々する人民の気風に心を奪はれ、知らず識らず其の中に籠絡《ろうらく》せられて、国を立つるには君臣の外に手段なきものと臆断して教を遺したるものゝみ。

1　君臣関係は先天的なもののように考えられ、孔子もそう思っていたようだが、そうした考え方は正しくない。

2　君臣関係は先天的なもののように考えられがちだが、孔子の教えが示しているように、そうした考え方は正しくない。

3　本当に大切なことは君になるとか臣になるとかということではなく、自分の能力を最大限に活用してくれる人を捜し出すことだ。

4　自分の理想を実現するためには、たとえ相手がだれであっても、まずは権力のある人間に仕えることが大切である。

5　孔子ですら結局は天子になれなかったことから分かるように、君臣の別というのは能力によるのではなく、先天的に定められたものだ。

★★

**6**　次の文の内容に合致するものとして妥当なのはどれか。

人の稼ぎは早川の水車のごとく、常住油断する事なかれ。瀬々の流れも昼夜七十五里につもり、水の行末さへかぎりあるなれば、人間一生、長うおもうて短し。ほどなく老いの浪立つ淀の里に、与三右衛門といへる人、はじめはわづかの家業なりしが、自然の仕合せ見えしは、ある時、降りつづきたる五月雨の頃、長堤《ながつづみ》も高浪越して、里人太鼓をひびかせ、人足を集めこの水をふせぐに、小橋はつねさへ淵なるに、今日のけしきのすさまじく、阿波の鳴門を目前に、渦のさかまくその中より、小山程なる黒き物ひつと浮き出で、行く水につれて流れしを、見る人、「鳥羽の車牛ならん」と指さしけるに、牛には大きすぎたるに心を付け、これを跡よりしたひ行くに、渚の岸根なる松にかかりて留りけるを、立ちより見れば、年々四十八川の谷々より流れかたまりし漆《うるし》なり。これ天のあたへとよろこび、くだきて上荷舟《うはにぶね》にて取りよせ、ひそかに売りける程に、このひとつのかたまり千貫目にあまり、この里の長者とはなりぬ。これらは才覚の分限にはあらず、天性の仕合せなり。おのづと金がかねまうけして、その名を世上にふれける。

或は親よりのゆづりをうけ、又は博奕業《ばくちわざ》にて勝を得たり、似せ物商《ものあきなひ》、後家を見立てて入聟《いりむこ》、高野山の銀をまはし、手前のよろしきは嬉しからず。常にて分限になる人こそまことなれ。

1　人の一生は長いようで短いので、与三右衛門のように才覚をはたらかせ、商機を逃さずに商売することが大切である。

2　与三右衛門は大洪水に遭って家が流されたが、漆で商売をして家業を盛り返した殊勝な人物である。

3　与三右衛門のようにいつも人の気づかないところに目をつけて商売をするのが、金持ちになる秘訣である。

4　与三右衛門は偶然の恵みから金持ちになったが、本当の長者は、地道に生業に励んでなるものである。

5　ばくちや偽物でもうけるのは本当の長者ではないが、まともなやり方で金持ちになる人もまれである。

★★
**7**　次の文の趣旨として妥当なのはどれか。

古にいふ管鮑の交といへども、このふたりおなじ徳、おなじ心なりしにもあらじかし。よの中に同じこゝろの人といふものは、いとまれなる事なるべし。たゞわが好めるかたに引きいれんとするもうるさし。このひとこのところは長じぬれど、こゝはいとみじかし、そのみじかきところを引きのべんとするはいとくるし。さ思ふわれも、またそのみじかきところあるものを、ことに思ふことみないさめものせんとするを、かの信と思ふはたがへりけり。交るがうちにも、知己のひとはいとまれなるものなり。それらよくことばを求めなば、もとよりいふべし。されどしばしばすべきにはあらずかし。浅き契りの友なりとても、友といふうちならば、そのひとのうへの存亡にかゝはる計《ばかり》のことならばいふべし。すべてしひてかくせん、かくすくひてんとまげてもと思ふは、みな中道には背けりといはん。たゞその所長を友とすれば、まじはりがたき人もなく、われに益なき友もあらじ。かの友によりてわがかたのみだれんとするは、皆その短を友とする故なり。

1　友人の欠点を直そうとするより、長所を見て交際したほうがよい。

2　全く同じ心を持つ人はいないから、親友になれるような人はできないものだ。

3　自己にとって利益をもたらす友を選ぶべきである。

4　友人の長所にも短所にもこだわらない付き合い方がよい。

5　友人であるなら、欠点を改めるよう互いに忠告しあうべきだ。

★★
**8**　次の文の趣旨として妥当なのはどれか。

吾が邦に元来辞書少し。近き頃やゝ体裁を具へたるものも出でぬにはあらざれど、要するに「書物より造りし書物」に過ぎず。源氏狭衣《さごろも》の中に死語を索《もと》めなば直ちに得んも、日常用ひ居れる語は或は洩れたり。例へば、乗合の京の奴、かきたつより顔さし出し、と近松の書きたる其かきたつとは如何なる義か、飛騨の匠《たくみ》が細工は貫孔《ぬきあな》内芤《うちふくら》に致す故堅固、と徂徠《そらい》の書きたる此の内芤とは如何なる義ぞと、*言海などに就きて其語を索むるに、其語の影だにあること無し。もとより普通辞書にして専門語辞書ならねば、此の類の事をもて責むべくもあらねど、卒然として今の謂はゆる辞書に臨む時は、如何に著者等が古文学乃至《ないし》本草学等に忠実なるに比しては、如何に工業農業等に対して冷淡不信実なることよと感ぜざるを得ず。これ全く辞書の作者の罪にはあらず、古来の風潮のこれをして然らしめしのみにはあれど、如何にも口惜しきことにはあらずや。今の辞書を以て日本を観んには、恰《あたか》も日本には工業商業農業等は殆《ほと》んど無かりしものと云ふを得べきなり。

＊言海……明治22年発行の最初の近代的国語辞典。

1　今の辞書は言葉の分野が偏っており、日常語や工業商業農業などの広い範囲の語を載せていないのが残念である。

2　日本では、工業農業商業などの分野が学問としてなかったのだから、これらの用語が辞書にないのは著者の責任ではない。

3　普通の辞書は、文学や本草学から言葉を拾って定義したものだから、それ以外の専門用語が入っていないのはやむを得ない。

4　辞書作りにおいては、死語となった語は減らしてよい一方で、あらゆる学問分野の研究者が参加することが望ましい。

5　辞書には、書物に用いられている語だけではなく、新しく日常生活で使うようになった語や外来語も、積極的に入れるべきだ。

★★★
**9** 宮(敦道親王)と女(筆者である和泉式部)との出来事を記した次の文の内容と合致するものとして妥当なのはどれか。

晦日《つごもり》がたにぞ御文ある。日ごろのおぼつかなさなど言ひて、宮「あやしきことなれど、日ごろもの言ひつる人なむ遠く行くなるを、あはれと言ひつべからむことなむ一つ言はむと思ふに、それよりのたまふことのみなむさはおぼゆるを、一つのたまへ」とあり。あなしたり顔と思へど、「さはえ聞こゆまじ」と聞こえむも、いとさかしければ、女「のたまはせたるごとはいかでか」とばかりにて、

女「惜しまるる涙にかげはとまらなむ心も知らず秋は行くとも

まめやかにはかたはらいたきことにもはべるかな」とて、端《はし》に、「さても、

女君をおきていづち行くらむわれだにも憂き世の中にしひてこそふれ」

とあれば、宮「思ふやうなりと聞こえむも、見知り顔なり。あまりぞおしはかり過ぐいたまふ、憂き世の中とはべるは。

宮うち捨てて旅行く人はさもあらばあれまたなきものと君し思はば

ありぬべくなむ」とのたまへり。

1　筆者が詠んだのは、宮が思っていた女性への嫉妬心を露骨に表した歌であったため、宮は困惑しつつも、筆者の気持ちを慰める歌を返した。

2　旅立っていく女性が送ってきた和歌以上に、筆者の和歌がすばらしかったので、宮は感心し、筆者への尊敬の念を深めた。

3　筆者は宮に代わってある女性への別離の情を詠みながらも、それに自分の宮への気持ちも書き添えたため、二人の気持ちは相寄った。

4　和歌に自信のあった筆者は、去っていく女性への情を過不足なく詠み表したため、宮の歓心を買い、筆者も自尊心を満足させた。

5　宮に歌の代作を頼まれた筆者は、複雑な思いで女性への別れの歌を二首詠んだのに、宮はその気持ちを察するどころか、筆者の歌を批判する歌を返した。

★★★

**10**　次の文の趣旨として妥当なのはどれか。

吾これを聞けり。句に千歳不易のすがたあり。一時流行のすがたあり。これを両端におしへたまへども、その本一なり。一なるはともに風雅のまことをとればなり。不易の句をしらざれば本たちがたく、流行の句をまなびざれば風あらたまらず。よく不易を知る人は往々にしてうつらずと云ふことなし。たまたま一時の流行に秀でたるものは、ただおのれが口質のときに逢ふのみにて、他日流行の場にいたりて、一歩もあゆむことあたはずと。

1　不易と流行とは俳諧の両極をなすものであるので、流行にばかり心を注いでも、風雅のまことを知ることはできない。

2　不易の本質をよく知る人は、一時の流行に心を奪われて作風をむやみに変えるようなことはしない。

3　不易と流行の本質は同じであるので、不易によって俳諧の本質を知り、流行を学べば、新しい作風を生み出すことができる。

4　不易に固執せず、流行を学んで自分の作風に取り入れようとする姿勢こそ、風雅のまことを重んじる精神といえる。

5　流行に乗って俳諧を始めた者は、基本である不易を学ばなければ少しも進歩しないことをいずれは悟るであろう。

★★

**11**　次の文に書かれている情景として妥当なのはどれか。　［地方初級］

いまはとて出で立つ日、わたりて見る。装束ひとくだりばかり、はかなきものなど、硯箱ひとよろひに入れて、いみじうさわがしうのゝしりみちたれど、われも、ゆく人も、目も見あはせず、たゞむかひゐて、なみだをせきかねつゝ、みな人は「など」、「ねむぜさせ給へ」、「いみじう忌むなり」などぞいふ。されば、車に乗りはてむを見むは、いみじからむと思ふに、家より、「とくわたりね。こゝにものしたり」とあれば、車よせさせて乗るほどに、ゆく人はふたゐの小袿なり、とまるはたゞ薄物の赤朽葉を着たるを、ぬぎかへてわかれぬ。九月十よ日のほどなり。家に来ても、「などかくまがまがしく」ととがむるまで、いみじう泣かる。

1　紅葉狩に出かける朝の騒々しい情景

2　親しい人の死を嘆き悲しんでいる情景

3　娘が嫁ぐ直前のあわただしい情景

4　旅にある人を思い、その帰りを待つ情景

5　遠くへ旅立つ人との悲しい別れの情景

**★★ 12**　次の文の主題として妥当なのはどれか。

昔、男ありけり。童よりつかうまつりける君、御髪おろし給うてけり。睦月にはかならずまうでけり。おほやけの宮仕へしければ、常にはえまうでず。されど、もとの心うしなはでまうでけるになむありける。

昔つかうまつりし人、俗なる、禅師なる、あまたまゐり集まりて、睦月なれば事だつとて、大御酒たまひけり。雪こぼすがごとく降りて、ひねもすにやまず。みな人酔ひて「雪に降りこめられたり」といふを題にて、歌ありけり。

　思へども身をし分けねば目離《か》れせぬ雪のつもるぞわが心なる

とよめりければ、親王《みこ》、いといたうあはれがり給うて、御衣《おんぞ》ぬぎてたまへりけり。

1　時を超えた友情
2　主従の心の絆
3　歌会の心得
4　出家遁世の心
5　雪の宴の風流

**★ 13**　次の文が表す筆者の心情として妥当なのはどれか。

弥生も末の七日、あけぼのゝ空朧々として、月は有明にて光をさまれるものから、不二の峰幽《かす》かに見えて、上野・谷中の花の梢《こずゑ》、またいつかはと心ぼそし。むつまじきかぎりは宵よりつどひて、舟に乗りて送る。

千住《せんじゅ》といふ所にて舟をあがれば、前途三千里のおもひ胸にふさがりて、幻のちまたに離別の泪をそゝぐ。

　行く春や鳥啼き魚の目は泪

これを矢立の初めとして、行く道なほ進まず。人々は途中に立ちならびて、後かげの見ゆるまではと見送るなるべし。

1　親しい人々との別れを悲しみ、いつ江戸に帰って来られるのか不安に感じている。
2　旅の前途の厳しさに気も沈みがちで、この先どうしたらよいか途方に暮れている。

3　江戸から遠く離れる旅の不安を振り切り、自分を奮い立たせようとしている。

4　親しい人々が自分のためにわざわざ集まり、見送ってくれることに感動している。

5　親しい人々との別離がつらく、旅を断念したいという思いにかられている。

★★
**14**　次の文は、常陸介《ひたちのすけ》として赴任した父と残された子(筆者)とのやりとりの場面である。筆者の心情として妥当なのはどれか。

あづまより人来たり。

「*神拝といふわざして国のうちありきしに、水をかしく流れたる野の、はるばるとあるに、木むらのある、をかしき所かな、見せでとまづ思ひ出でて、『ここはいづことかいふ』と問へば、『子しのびの森となむ申す』と答へたりしが、身によそへられていみじく悲しかりしかば、馬よりおりて、そこにふた時なむながめられし、

とどめおきてわがごと物や思ひけむ見るにかなしき子しのびの森

となむおぼえし」

とあるを見るここち、いへばさらなり。かへりごとに、

子しのびを聞くにつけてもとどめ置きしちちぶの山のつらきあづま路

＊神拝……新任の国司が領内の神社を参拝して回ること。

1　都に残した私を忍び、悲しんでばかりいず、つらい任務にも励んで欲しいと父に願う気持ち。

2　「子しのび」と聞き、自分を残していった父をますますつれなく思う気持ち。

3　置き残されたことを恨みつつも、父に会いに行きたいと恋い焦がれる気持ち。

4　遠い赴任地でのつらさに耐えるためにも、私のことを思い続けて欲しいと思う気持ち。

5　「子しのびの森」で悲嘆に暮れる父に同情し、自分も東国へ行って慰めてやりたいと思う気持ち。

★★

**15** 次の文が表す筆者の心情として妥当なのはどれか。 地方初級

春暮れてのち夏になり、夏はてて秋のくるにはあらず。春はやがて夏の気をもよほし、夏より既に秋はかよひ、秋は則ち寒くなり、十月は小春の天気、草も青くなり。梅もつぼみぬ。木の葉の落つるも、まづ落ちてめぐむにはあらず。下よりきざしつはるに堪へずして落つるなり。むかふる気、下にまうけたる故に、まちとるついで甚だはやし。生老病死の移り来る事、又是に過ぎたり。四季はなほ定まれるついであり。死期はついでを待たず。死は前よりしもきたらず。かねてうしろにせまれり。人、皆死ある事を知りて、まつこともしかも急ならざるに、覚えずして来る。おきのひがた遙なれども、磯よりしほのみつるが如し。

1 厭世感
2 焦燥感
3 無常感
4 不安感
5 倦怠感

★★★

**16** 次の文が表す筆者の心情として妥当なのはどれか。

いかにも今は、言忌し侍らじ。人、といふとも、かくいふとも、ただ阿弥陀仏にたゆみなく経をならひ侍らむ。世の厭はしき事は、すべて露ばかり心もとまらずなりにて侍れば、聖にならむに懈怠すべうも侍らず。唯ひたみちに背きても、雲にのぼらぬ程のたゆたふべきやうなむ侍るべかなる。それにやすらひ侍るなり。年もはた、よき程になりもてまかる。いたうこれより老いぼれて、はた、めづらにぞ経読まず、心もいとどたゆさまさり侍らむものを、心深き人真似の様に侍れど、今はただ、かかる方の事をぞ思ひ給ふる。それ罪深き人は、またかならずしもかなひ侍らじ。前の世しらるることのみ多う侍れば、よろずにつけてぞ悲しく侍る。

1 この世の煩わしさから解放された今こそ仏道に専念したいが、罪深い自分は出家の志を遂げられないかもしれない。
2 自分はたとえ出家したとしても俗事に気がひかれることが多いので、修行を怠らずに全うできるか心配である。
3 年老いて、修行に専念する気力も衰えた今となっては、出家の志もむなしく、この世のすべてのことがただ悲しいばかりである。

4　自分が出家の志を遂げられずに年老いていくのは、前世の悪業の報いによるものであり、どうすることもできないのが悲しい。

5　出家した今は、他人をはばかって言動を慎んだり、世の中のいやなことに心を痛めたりすることがなくなり、心穏やかである。

★★★
**17**　次の文は、筆者が初めて宮仕えをした頃の中宮とのやりとりの場面である。空欄に入る筆者の返歌として妥当なのはどれか。

物など仰せられて、「われをば思ふや」と問はせたまふ。御いらへに、「いかにかは」と啓するに合はせて、*台盤所《だいばんどころ》の方に、鼻をいと高くひたれば、「あな心憂。そら言するなりけり。よしよし」とて入らせたまひぬ。「いかでかそら言にはあらむ。よろしうだに思ひきこえさすべき事かは。鼻こそはそら言しけれ」とおぼゆ。「さてもたれかくにくきわざしつらむ」と、「おほかた心づきなし」とおぼゆれば、わがさるをりも、押しひしぎ返してあるを、ましてにくしと思へど、まだうひうひしければ、ともかくもえ啓しなほさで、明けぬればおりたるすなはち、浅緑の薄様に、艶なる文を持て来たり。見れば、

「いかにしていかに知らましいつはりを空にただすの神なかりせば」となむ、御けしきは」とあるに、めでたくも、くちをしうも思ひ乱るるに、なほ昨夜《よべ》の人ぞ、たづねも聞かまほしき。

「　　　　　　　　　　」

なほこればかりは啓しなほさせたまへ。*式の神もおのづから。いとかしこし」

＊台盤所……清涼殿にある女房の詰所。

＊式の神……人の行動を監視する鬼神。

1　思ひつつぬればや人の見えつらむ夢としりせばさめざらましを

2　浅緑花もひとつに霞みつつおぼろに見ゆる春の夜の月

3　いかにいかがかぞへやるべき八千歳のあまり久しき君が御代をば

4　君がため惜しからざりし命さへ長くもがなと思ひけるかな

5　薄さ濃さそれにもよらぬはなゆゑに憂き身のほどを知るぞわびしき

## ★ 18

次の文の下線部の意味として妥当なのはどれか。

今はむかし、ここかしこの中間・小者あまた一所に集りて、おのれおのれが主君のあしき事どもを、たがひに語り出だしてそしる。その家の小者、わが主君のあしき事を語り出ださんと思ひて、「これの御屋形ほどなはどこにもあるまい。もはや人ではない」。畜生ぢやといはんとして、うしろ方を見ければ、御屋形殿うしろに立ちておはしけるを見つけて、「人ではない」といひ直して、「仏ぢや」と語りし。まことにをかしき事ながら、人の後言《かげごと》をばすべていふまじき事なり。孟子のいはく、「人の不善をいはば、まさに後の患へをいかがすべき」といへり。隠してひそかにはかる事だにも、天の聞くこと雷のごとく、神の見る事稲光のごとし。景行録にいはく、「言をすくなうして交りをえらぶ時は、もつて悔みをしむ事なかるべく、もつて憂へと辱とをまぬかるべし」と侍り。

1　他人に対する悪口を慎み、人が集まるような場所への出入りにさえ気を付けていくなら、悔やんだり、自分が辱めを受けたりすることにはならない。

2　話をするときは、なるべく要を得た簡潔なものとし、人が集まる場所では悪口を言わないように心掛ければ、悔やんだり、憂えたりする羽目には陥らない。

3　表面的な言葉に惑わされずに、友人を選んでいけば、悔やんだり、人から恥をかかされたりするようなことにはならない。

4　言葉を控え目にして交際する人物を選んでいくなら、後悔することもなく、憂えたり恥をかくこともない。

5　大げさなことを言わずに、発言する場所柄にも気を配れば、後で悔やんだり、憂えたりすることにはならない。

## ★★ 19

次の文の下線部「さればこそ」の後に省略されている内容として妥当なのはどれか。

これも今は昔、丹後守保昌《やすまさ》、国へ下りける時、与佐の山に、白髪の武士一騎あひたり。路の傍なる木の下に、うち入りて立てたりけるを、国司の郎等ども、「この翁、など馬よりおりざるぞ。奇怪なり。咎《とが》めおろすべし」といふ。ここに国司の曰く、「一人当千の馬の立てやうなり。ただにはあらぬ人ぞ。咎むべからず」と制してうち過ぐる程に、三町ばかり行きて、大矢の左衛門尉《さゑもんのじょう》致経《むねつね》、数多《あまた》の兵を具してあへり。国司会釈する間、致経が曰く、「ここに老者一人あひ奉りて候ひつらん。致経が父*平五大夫《へいごのたいふ》に候。堅固の田舎人にて、子細を知らず、無礼《むらい》を現し候ひつらん」といふ。致経過ぎて後、「されぱこそ」とぞいひけるとか。

＊平五大夫……平致頼。保昌とともに武者四天王の一人。

1　致経のように、とがめられる前に親の無礼をわびると、許してやることもあるものだ。

2　保昌、致経の父、致経と、つわもの同士は偶然にでも出会うものだ。

3　保昌のように、人を第一印象で判断するのはよくないことだ。

4　この保昌が、馬の立て方ひとつで器量を見抜き、とがめなかったのはよかったのだ。

5　あの致経親子のように、親が立派であるなら、子もそれ以上に礼節を守る立派な武士になることができるだろう。

★★★

**20**　次の文中の下線部の解釈として妥当なのはどれか。

つれづれわぶる人は、いかなる心ならん。まぎるるかたなく、ただ独りあるのみこそよけれ。世にしたがへば、心、外の塵に奪はれて惑ひ易く、人に交はれば、言葉よその聞きに随ひて、さながら心にあらず。人に戯れ物に争ひ、一度は恨み、一度は喜ぶ。その事定まれる事なし。分別みだりに起りて得失やむ時なし。惑の上に酔へり。酔の中に夢をなす。走りて急がはしく、ほれて忘れたる事、人皆かくの如し。いまだ誠の道を知らずとも、縁を離れて身を閑にし、事にあづからずして心をやすくせんこそ、暫く楽しぶともいひつべけれ。

1　喜怒哀楽のなかにこそ人生の醍醐味がある。

2　世俗との交わりを断ち、孤独に生きることが人生の夢である。

3　現実から逃避し、ひとり空想の世界にひたっている。

4　俗世間に惑わされて自己を見失い、それに気づかない。

5　俗事に戸惑いながらも、自分の夢を実現する。

# 解答と解説

# 文章理解〈古　　文〉

1　（出典）吉田兼好『徒然草』第82段。

頓阿や弘融僧都に共感する筆者の美的価値観を表した文章である。読解においてポイントとなるのは、「いみじ」の解釈であろう。この語は、よい意味にも悪い意味にも用いられるが、本文では「すばらしい、優れている」の意で用いられている。　正答　2

〔口語訳〕

「薄い織物で張った表紙は、すぐに傷みがきてやりきれない思いがする」とある人が言ったところ、頓阿が、「薄物の表紙は上下の部分がすり切れて、青貝をちりばめた巻物の軸は貝が落ちた後が、特にすばらしいのである」と申しましたのこそ、見上げたものだと感心したことである。何冊かで一まとめになっている書物などが、同じ体裁でなくまちまちになっているのを、（世間では）みっともないと言うが、弘融僧都が、「物を必ず一揃いに整えようとするのは、つまらない人のすることである。不揃いなのがよいのだ」と言ったのも、すばらしく思われたことである。

「およそ何事もすべて、完全に整っていてでき上がっているのは悪いことである。そのまま放っておいたのは興趣があって、（将来の完成のために）命の延長を感じさせるやり方である。皇居を造られる折にも、必ず造り終えない所を残しておくものである」と、ある人が申しましたことです。昔の賢人が著した内典（仏典）や外典（儒教の書）にも、章や段落の欠けていることがあるものです。

2　（出典）正岡子規『子規全集第４巻』

和歌と俳句の衰退について述べた文章。筆者の生きた明治時代において、平凡な俳人や歌人ばかりが多い理由を俳句や和歌の領域の狭さにあるとし、これによって俳句は明治をもって尽き、和歌にいたっては明治以前にすでに尽きていると説いている。　正答　3

〔口語訳〕

時代が下るにつれて平凡な俳句の師匠や歌人ばかりが多く現れるのは、罪はその人自身にあるとは言え、ひとつに、和歌や俳句そのものの領域が狭いことによる。人は（私に）問うて言う。では、それらの運命はいつ終わるのかと。（私は）答える。尽きる時をもとより知ることはできないが、おおまかに言うと、俳句はすでに尽きてしまったと思うのである。たとえいまだに尽きていないにしても、明治年間には尽きるだろうと予期して待つのが適当である。和歌は俳句より字数が多く、数理上から見ても俳句以上に数多い作品があるが、実際に和歌に用いられるのは雅語ばかりで、その数も大変少ないため、俳句より領域はさらに狭い。よって、和歌は明治以前にその運命はほぼ尽きているのではないかと思われるのである。

3　（出典）『大鏡』

貞信公が、勅命を執行するため陣座へ行こうとしたところ、南殿で鬼に太刀の先をつかまれたが、豪胆にも王威を説いて追い払ったという話である。「どこで・誰が・何を・どうした」に留意して、文意を正しく読み取ろう。

正答　4

〔口語訳〕

この貞信公が、どの天皇の御代とははっきり記憶いたしませんが、思うに、醍醐天皇か朱雀天皇かどちらかの御代でございましたでしょう、宣旨をお受けになられて、そのことを執り行うために陣の座のほうへいらっしゃる途中、南殿（紫宸殿《ししんでん》）の御帳台《みちょうだい》のうしろのあたりをお通りになられますと、何者かがいるような気配がして、御太刀《たち》の鐺《こじり》（鞘《さや》の末端）をつかまえますので、まことに奇妙なことだと思い、探ってごらんになりますと、毛むくじゃらの手で、爪は長く刀の刃のようでしたので、「さては、鬼だな」とたいそう恐ろしくお思いになられましたが、おじけた様子を見られまいと我慢なさり、「天皇の勅命をいただき、その公事《くじ》の評定のためにまいる者をつかまえるとは何者だ。（その手を）放さぬと、（身のために）悪かろうぞ」とおっしゃって、御太刀を引き抜き、その者の手をおつかまえになりましたので、鬼はうろたえてその手を放して、鬼門《きもん》の東北の隅のほうへ逃げて行ってしまいました。

4　（出典）与謝蕪村『昔を今の序』

師の宋阿が説く俳諧の道に従い、自らの作風を見出そうとする筆者の思いがつづられている。師の「かならず師の句法に泥むべからず」という言葉を受けて、筆者は「もはら蕉翁のさび・しをりをしたひ、いにしへにかへさん」としたのである。

正答　1

〔口語訳〕

師の宋阿《そうあ》はその昔、武蔵国江戸の日本橋石町《こくちょう》にあった鐘楼が高く立っていた付近で、貧しい家に住み、市中の閑居生活に満足し、霜夜の鐘の音に目ざめ、老の寝ざめの憂いがおさえがたいなかでも、私とともに俳諧を語って、世上の道理にあわないことなどとりまぜて（宋阿翁に）申しあげると、（翁は）聞こえないふりをして気にもとめない様子に見えなさったが、たいそう立派な翁ではあったことだ。ある夜、翁が端座して私に示して言われるのに、「そもそも俳諧の道は、決して師匠の作風にこだわってはならない。時々刻々と作風に変化をとげて、突如として（新風をうち出して）前後を顧みないようであるのがよい」とのことであった。私はこの一棒の下ににわかに悟って、ようやく俳諧の心のままなる世界を知った。そこで今私が門下に示すところは、宋阿翁の万事にこだわらない作風に習わず、もっぱら芭蕉翁のさび・しおりを慕って、昔の作風に戻そうと思う、ということである。

**5**　（出典）福沢諭吉『文明論之概略』

孔子の教えに異論を唱えた文章。孔子ですら君臣関係の本分は先天的に決まっていると思い込んでいたようだが、人の本質をつかむ方法を知っていれば、国をつくるのに君臣関係は必要ではないと説いている。　正答　1

〔口語訳〕

中国や日本などでは、君臣関係の倫《みち》を人の天性（天から受けたもの）と言って、人に君臣関係の倫《みち》があるのは、ちょうど夫婦親子関係の倫《みち》があるように、君臣関係の本分は先天的にまず定まっていることのように思い込み、孔子のような人でもこの惑溺《わくでき》から脱することができず、生涯心の中で思っていたことは周の君主を助けて政治を行うことなのか、また、さし迫って困っているときには、諸侯であっても地方官であっても、自分を任用しようとする人があればこれに仕えて、とにかく土地人民を支配する君主を頼りにして事を成しとげようとするほかは策略がない。結局、孔子もいまだに人の天性を究める（本質をつかむ）方法を知らず、ただその時代に行われるものごとの様子に目を遮られ、その時代に生きる人民の気風に心を奪われ、知らないうちにその中にまるめこまれて、国をつくるには君臣関係のほかに手段はないと憶測・判断して教えを残しただけである。

**6**　（出典）井原西鶴『日本永代蔵』巻6の4

人は家業に励み、常に油断してはならない。与三右衛門は、大水のおかげで漆を手に入れ、金が金を生んで分限（金持ち）になったという、天の恵みによる幸せ者だが、悪いもうけ方をせず、常に（生業に）励んで金持ちになるのがまともだ、という内容である。　正答　4

〔口語訳〕

人の家業は急流にかけた水車のように（励み）、常に油断してはならない。瀬々の流れ（の早さ）も一昼夜に七十五里と見積もられ、その水の行く末さえ限りがあるものなのだから、人間の一生など長いようでも短く、ほどなく顔に老いの波が立ってしまうものだ。その波が立つ淀の里に住む与三右衛門という人は、初めはささやかな家業を営んでいたが、自然と好運がむいてきたのは、（こんなことからだった。）ある時、降り続く五月雨《さみだれ》の頃、淀の長堤も高波が越えたので、里人は太鼓を鳴らして人足を集め、この水を防いでいたが、小橋のあたりは普段でさえ淵をなしているのだから、今日の景色はすさまじく、阿波の鳴門を目の前で見るように渦が逆巻いていた。すると、その中から小山ほどの黒い物がびゅっと浮かび出し、行く水につれて流れていったが、見る人々は「鳥羽の車牛だろう」と指さしていた。与三右衛門は、牛にしては大きすぎることに注目して、この後を追いかけて行くと、渚の岸の松に引っかかって止まったので、立ち寄って見ると、年々多くの川の谷々から流れ出して固まった漆だった。これは天の与えと喜び、砕いて上荷船で取り寄せ、ひそかに売ってみたところ、この一つのかたまりが千貫目以上になり、(与三右衛門は) この里の長者となった。これなどは才覚でなった金持ちとは言えず、天然自然の好運にめぐりあわせただけだ。が、おのずと金が金儲けをして、その名を世間に広めたのだった。

あるいは親から財産を譲り受けたり、または博奕で勝って儲けたり、偽物を売ったり、金持ちの後家を捜して入婿《いりむこ》したり、高野山の (祠堂銀《しどうぎん》と称して) 銀《かね》貸しをしたりして、暮らしが豊かなのは嬉しいことではない。まともに働いて金持ちになる人こそ本当の町人だ。

7　(出典) 松平定信『花月草子』

友達付き合いについて述べた文章。「同じ心の人はまれである。友の短所を引き伸ばそうとするのは難しく、それはまた『信』とは違う。ただその人の存亡に関わることなら忠告すべきだ」と述べ、最後に、「友を救おうとか変えようとか思うことは中庸の道に背く。長所を友と思って交際したほうがよい」と主張している。なお、「管鮑の交」とは、友人同士の親密な交際のことである。　正答　1

〔口語訳〕

故事にいう「管鮑の交わり」といっても、この二人は、同じ徳や同じ心であったわけではないだろうよ。世の中で、同じ心の人というものは、非常にまれなことであるだろう。ただただ自分の好む方面に引きこもうとすることも面倒である。この人は、このところは長所だけれども、この点はひどい短所である、その短所を引き伸ばそうとするのはたいそう困難だ。そのように思う私自身も、またそうした短所があるのに、違うと思うことをすべて意見してよくしようとすることを、例の「信」と思うのは間違っているのだ。交際する者のうちにも、「知己の友 (親友)」は非常にまれなものである。それらの人が詳しく助言を求めたならば、もちろん忠告してやるのはよい。けれども、(そういうことは) しばしばするべきことではないのだよ。浅い交わりの友であるといっても、友人という範囲の者であるならば、その人の身の上の存亡に関するほどの事柄であれば、当然忠告しなければならない。総じて、無理にこうしよう、このように救ってしまおうと、道理を曲げてでもそうしようと思うことは、すべて中庸の道に背いているといってよい。ただその長所を友とすれば、交際しにくい人もないし、自分にとって利益のない友もいないだろう。その友のために自分自身のほうが乱れるようなことがあるのは、すべて、その短所を友とするためである。

8　(出典) 幸田露伴『話苑』

明治時代の辞書の状況について述べた文章。前半では、古典にしか使われないような死語は掲載してあるのに、日常的な語は漏れていることを、後半では、古典文学や本草学などの語は探すことはできても、工業・農業などの用語は見つからないことを説明し、分野によって偏りがあることを指摘している。正答　1

〔口語訳〕

我が国にはもともと辞書が少ない。最近では多少体裁をそなえたものもないではないが、要は「書物から作った書物」に過ぎない。源氏物語や狭衣物語に死語を求めたなら直ちに探すことができるが、日頃使っている語はあるときは漏れている。例えば、「乗り合いの京の奴、かきたつより顔さし出し」と近松門左衛門が書いた「かきたつ」とはどんな意味か、「飛驒の匠が細工は貫孔内芤に致す故堅固」と荻生徂徠が書いた「内芤」とはどんな意味かと、『言海』などで探しても、その語の影さえない。もとより普通の辞書であって専門語の辞書ではないので、こういったことで責められはしないのだが、にわかに今のいわゆる辞書を使うとき、著者が古典文学や本草学（薬用となる植物・動物・鉱物について研究する学問）などにはなんと忠実熱心なのに比べて、工業農業などについてはなんと冷淡不信実であるか感じざるを得ない。これはまったく辞書の作者の罪ではなく、古来の風潮がそうさせているだけではあるが、いかにも残念なことではないか。現在の辞書で日本を観ると、まるで日本には工業商業農業などはほとんどなかったと言うことができるのである。

9　（出典）和泉式部『和泉式部日記』

宮から代詠を頼まれた筆者は、「いかでか（すばらしい歌は詠めません）」と遠慮しながらも、「惜しまるる……」と詠んだ端に、自己の気持ちを「われだにも憂き（私でさえ辛い）」と添えたため、宮は「またなきものと君し思はば（あなただけを思っています）」と返した。二人の気持ちが歌のやりとりを通して相寄っていることを読み取ろう。

正答　3

〔口語訳〕

月末近くに宮からお手紙がある。日頃の御無沙汰などを書いたあと、「妙なお願いですが、日頃から語り合う仲であった人が遠くへ旅立つそうなのです。『ああ』と感動しそうな（別れの）歌を一首詠もうと思うのですが、あなたからの歌ばかりが私には心にしみますので、（その調子で）一首詠んで下さい」とある。（女は）まあ、得意顔でずうずうしいとは思ったが、「そんな代作はできません」と申し上げるのも生意気そうなので、「おっしゃるような和歌がどうして私に詠めましょう」とだけ書いて、

「あなたの旅立ちを惜しむ私の涙に面影だけでもとどめてほしいものです。私の心も知らず二人の仲に飽きて、あなたがこの秋旅立って行くとしても

本当は、気がひけることです」と書いて、手紙の端に、「それにしても、

あなたを置いていったいその人はどこへ行くのでしょうか。このような私でさえ、つらい宮との仲をあえて続けておりますのに」

と書いてさしあげると、「思いどおりの満足な歌だとおほめするのも、わけ知り顔でしょう。（あなたは）あまりに私の（その人への）気持ちを深くよみとりすぎていらっしゃる。（それにしても、）『憂き世の中』とおっしゃるとは（あんまりです）。

私を見捨てて遠くへ旅立つ人などはどうでもいいのです。私のこと

をかけがえのない者だとあなたさえ思ってくださるなら
(あなたがそう思ってくだされば、このつらい世の中に) 生き続けていくことができるでしょう」との御返事があった。

10　(出典) 向井去来『俳諧問答青根が峯』

松尾芭蕉の没後、彼の門下であった筆者が同門下の榎本其角に送った書の一節である。不易(永久に変わらない)の句と流行の句は両極をなし、相入れないもののようであるが、その本質は一つであり、いずれも大切にして学ばなければ、俳諧の本質もわからず、新しい作風は生まれてこないとする師(芭蕉) の教えを記している。正答　3

〔口語訳〕

私は (先生から) このように聞いている。句には永久に変わらない姿のものと、一時だけ流行する姿のものとがある。この不易と流行は両極であると(先生は) お教えになったが、その本質はただ一つである。一つというのは、どちらも風雅のまことを (根本に) もっているからである。不易の句を知らなければ (俳諧の) 本質は成り立たず、流行の句を学ばなければ (自分の) 作風を改めることができない。よく不易を知っている人は、往々にして新しい作風を生み出すものである。たまたま一時の流行に乗って優れていると言われているものは、ただ自分の詠みぶりが流行に一致して (もてはやされて) いるだけで、ほかの流行になったときには、全く進歩することができないと。

11　(出典) 藤原道綱母『蜻蛉日記』

「いまはとて出で立つ日」、「われも、ゆく人も……なみだをせきかねつゝ」とあることから、出立の日、筆者も出て行く人も泣いている情景がうかがえる。さらに、「ゆく人はふたゐの小袿(＝女性の礼服) なり……ぬぎかへてわかれぬ」から、「ゆく人」も筆者も女性であり、着ていた小袿を交換して別れたことが読み取れる。よって、選択肢は3か5に絞られるが、人が「とがむる(＝いぶかしく思う、非難する)」ほど泣いている様子は、「娘が嫁ぐ」という晴れやかな場面にはふさわしくなく、旅立つ人との別れの情景と捉えるのが妥当である。正答　5

〔口語訳〕

いよいよ出立という日、(姉の家に) 行って会う。装束一組ばかりと、ちょっとした品などを硯箱《すずりばこ》一そろいに入れて、(餞別として持ってゆくと、家じゅう) ひどくごたごたと騒ぎたっていたが、私も旅立つ姉も、互いに目も見合わせず、ただ対座したまま、涙をこらえかねていると、まわりの人たちは、みな「どうして (そんなにまでお泣きあそばすのですか)」「我慢なさいませ」「(旅立ちに涙は) はなはだ不吉とか申します」などと言う。こんなふうでは、車に乗ってしまうのを見とどけるのは、どんなにかつらいことだろうと思っていると、私の家から、「早くお帰りなさい。こちらへ来ている」と、(あの人の言葉を) 伝えてきたので、車を寄せさせて乗る時に、旅立つ姉は二藍《ふたあい》の小袿《こうちき》を着ており、あとに残る私は薄物の赤朽《あかくち》葉《ば》色《いろ》の小袿を着ていたが、それを互いに脱いでとりかえて別れた。それは、九月十日過ぎのことである。家に帰ってきても、「どうしてこんなにまで（お泣きなの）、縁起でもなく」といぶかしがるほど、ひどく泣けてならなかった。

**12**　（出典）『伊勢物語』第85段

前半の「男」の心情「もとの心うしなはでまうでけるになむありける」を踏まえて、歌意を読み取るのがカギである。「童よりつかうまつりける君（＝親王）」に対する「男」の思いと、その思いを託した歌を「いといたうあはれがり給う」親王の話である。

正答　2

〔口語訳〕

昔、男がいた。子どものときからお仕え申し上げていたお方（親王）が、出家なさってしまった。（その後も）正月には必ず（親王のもとに）参上していた。（男は）朝廷にお仕えしていたので、普段は参上することができない。けれども、昔お仕えしていたときの気持ちを失わないで、参上していたのであった。

昔お仕え申し上げていた人々、俗世の人も、僧侶である人も、大勢参上して集まって、正月であるから特別ということで、（親王が）御酒をくださった。雪が（水を）こぼすようにひどく降って、一日中やまない。人々はみな酔って、「雪に降りこめられてしまった」というのを題にして、歌を詠んだ。

　　いつもおそばにと思いますが、身を二つに分けるわけにもまいりませんので、（宮仕えの私にはそれがかないません。）親王と私の間を隔てぬようにと、降りしきるこの雪が積もって帰れなくなるのは、（帰りたくないと思う）私の心にかなうことなのです。

と詠んだので、親王はたいそう感動なさって、御衣を脱いでごほうびにくださった。

**13**　（出典）松尾芭蕉『奥の細道』

早朝、江戸を旅立とうとする筆者の、いつ帰れるかわからない不安と、親しい人たちとの別れの悲しさが入りまじった気持ちが描かれている。正答　1

〔口語訳〕

三月も終りの二十七日、明け方の空はぼんやりとかすんで、月は有明なので光はなくなっているものの（まだ空にあり）、富士の峰がかすかに見えていて、（今日江戸を去ると）上野や谷中の桜の花の咲く枝々を今度はいつ（見られるのだろう）かと心細い気がする。親しい人達は（昨日の）夕刻から集まってくれて、（今朝はいっしょに）舟に乗って送ってくれた。千住という所で舟から上がると、これからの旅路のはるか遠いことを考えて胸がいっぱいになり、幻の（ようにはかない）この世ではあるが、離別の（悲しみに耐えられなくなって）涙を流す。

　　春も去ろうとする時である。（人々と別れて旅立つ自分には、）鳥の声も悲しげで魚も目は涙でうるんでいるようだ。

これを（旅行記の）筆の使い初めとして（記したが）、道はいっこうにはかどらない。人々は途中に立ち並んで、

（こちらの）後ろ姿が見える間はと思って（別れを惜しんで）見送っているのであろう。

**14**　（出典）菅原孝標女『更級日記』

任国の父から「子しのびの森」の話に重ねた和歌を送られた筆者の心情は、和歌の中の「とどめ置きしちちぶの山のつらき（ちちぶの山に父を掛けている）」に強く表れている。私をとどめ置いた父が「つらい（＝つれない、恨めしい）」のである。　正答　2

〔口語訳〕

東国から使いがやってきた。

（父の手紙に、）「神拝《しんはい》ということをして領内を歩き回ったところ、水の趣深く流れている野原がはるばるとひらけて、そこにひとむらの木立がありました。すばらしい所だなあ、見せてやれないで（残念だ）と、まずあなたのことを思い出して、『ここはなんという所か』と尋ねると、『子しのびの森と申します』と人の答えたのが、今のわが身になぞらえられてとても悲しくなったので、馬から下りて、そこで長い間、あたりの景色を眺めながら感慨にふけったことでした。そして、

　子どもをよそに残して、私のようにせつない物思いを重ねたのであろうか。聞くにつけて悲しい子しのびの森よ。

と存じた次第です」

と書いてあるのを見た私の悲しさは、いうまでもない。返事には、こうしたためた。

　子しのびの森のことを伺うにつけても、私を都に残してお出になった父ではないが、秩父の山がつれなく思われる東国であることよ。

**15**　（出典）吉田兼好『徒然草』第156段

四季とは、たとえば、春の間じゅう「春」という状態が常に続いているのではなく、春の中に夏の気をもよおすように、新しい季節を迎える用意をして変化してゆくものである。そこに人間の一生を重ね合わせつつ、人間の一生は四季の変化よりも速く、しかも、死期は順序なく突然に訪れるものであることを説いている。つまり、人間の一生は変化が速く、思いの外はかないものだと筆者は感じているのである。

正答　3

〔口語訳〕

春が過ぎてから夏になり、夏が終わって秋が来るのではない。春はすでに夏の気をもよおし、夏のうちからすでに秋の気配は通っており、秋はすぐに寒くなり、十月は小春日和の天気で、（冬ながらも）草も青くなる。梅もつぼみをつける。木の葉の落ちるのも、まず葉が落ちてそれから芽ぐむものでない。内部から新しい芽がふくらみ、その力に堪えられないで（古葉が）落ちるのである。（新しいものを）迎える気合いが、内部にちゃんと用意してあるから、それを待ち、移っていく順序は極めて速い。（人間の）生老病死がめぐってくることは、また四季の変化以上に速やかである。四季の変化は、それでもやはり定まっている順序がある。死期は順序を待っていない。死は前から来るとは限らない。知らぬ間に背後に迫ってくる。人は誰でも死のあ

ることを知っていて、しかもそれを待つ心が性急でないのに、（死は）思いがけず突然にやってくる。ちょうど、沖の干潟はずっと遠（くて、なかなか潮が満ちてきそうにもな）いけれども、いつのまにか磯のほうから潮が満ちてきているようなものである。

**16**　（出典）紫式部『紫式部日記』

出家に際しての筆者の心境を語った文章である。俗世間に何の未練もなく今こそ出家の時であることを述べた後、自分のような罪深い人間は出家を遂げられないかもしれないと悲観している様子が述べられている。「年もはた、よき程になりもてまかる。いたうこれより老いぼれて………」とあるように、筆者は、年齢的にも出家によい頃合いで、今より年をとるとまともに修行できなくなると言っているのであるから、4は不適。　正答　1

〔口語訳〕

いずれにしても今は、不吉な言葉を慎しむこともございますまい。他人が何と言おうとも、ただ阿弥陀仏に一心に経を習いましょう。世間の煩わしいことはもう少しも気にならなくなりましたので、出家しても仏道修行を怠るようなこともございません。ただひたすら出家の道に入ったとしても、死んで煙となるまでは、この世への執着を断ち切ることはなかなかできないようです。それで、これまで（出家を）ためらっていたのです。（しかし、）年齢的にもちょうどよい頃になりました。もっと年をとったら、めったに読経もせず、修行の心も鈍ってくるでしょうから、思慮深い人の真似ごとのようではございますが、今はただ、出家のことばかりを考えています。（しかし）一体（私のような）罪深い人間は必ずしも出家の志がかなうとは限らないでしょう。前世の悪業が思い知らされることばかりが多うございますので、何事につけても悲しく思われます。

**17**　（出典）清少納言『枕草子』第182段

筆者が中宮への愛情（忠誠）を誓っていたとき、隣の部屋からくしゃみ（不吉の前兆とされていた）が聞こえてきたため、「うそだ」と中宮にからかわれ、席を立たれてしまう。返歌は、「うそかどうかただすことができないので、本心は知りようがない」という中宮からの歌に対するもので、筆者の必死の弁解を詠んだものである。各肢の歌意は次のとおり。

1　誤り。あの人を思いながら寝たから夢に見えたのであろうか。もし夢だと知っていたならば、醒めなければよかったものを。

2　誤り。薄緑色の空も桜の花の色も、区別がつかず、一様に霞んでいて、おぼろに見える春の夜の月よ。

3　誤り。どうして、どのようにして数え上げることができましょうか。幾千年にも余るあまりにも久しい若宮の御代を。

4　誤り。あなたのためには死んでも惜しくはないと思っていた私の命までが、お会いした今は、いつまでも長く続いて欲しいと思ったことです。

正答　5

〔口語訳〕

何かお話しあそばされたついでに、中宮さまが、「私を思うか」とお尋ねになる。御返事として、「どうして(お思い申し上げないことがありましょうか)」と申し上げると同時に、台盤所の方で、誰かが音高くくしゃみをしたので、(中宮さまは)「ああ、いやなこと。嘘をついたのだったね。まあよい」とおっしゃって、奥へお入りになってしまった。「どうして嘘であろうか。並大抵にさえお思い申し上げてよいことであろうか(ありはしないのだ)。くしゃみこそ嘘をついたのだった」と感じられる。「それにしても、いったい誰がこんな憎らしいことをしているのであろう」と、「おおよそ気にくわない」と感じられるので、自分がくしゃみの出そうな折も、我慢して押しつぶして引っ込ませているのを、(こんな大事な折にするなんて)まして憎らしいと思うけれど、まだ(宮仕えはじめで)物馴れないから、どうこうも弁解申し上げることができないで、夜が明けてしまったので、局へ下がるとすぐに、薄緑色の薄紙に書かれた美しい手紙を、使いが持って来ている。見ると、

> 「どういう方法によって(そなたのそら言を)どう知ったろうか、知ることはできなかったろうに、もし天にあって偽りを証拠なしに判断する糺《ただす》の神がいらっしゃらないのだったら

というふうに、中宮さまの御心持ちは(あられるようです)。」とあるので、すばらしいとも、残念だとも、心乱れて思うのにつけて、やはり昨夜の(くしゃみをした)人をこそ、探し出して聞きたいものだ。

> 「花なら、色の薄さ濃さ、そうしたことに(美しさは)よるでしょうが、これは『花』ならぬ『鼻』なのですから、中宮さまをお思い申し上げる心の薄さ、濃さ、そうしたことに、くしゃみは左右されません。それなのにそのくしゃみゆえに、つらい身となってしまっている私の立場を知るのは、気がめいることでございます。

やはりこれだけでは、よしなに正して申し上げてくださいまし。式の神もおのずと見てくれているでしょう。たいへん恐ろしいことです」

**18**　(出典)浅井了意『浮世物語』

筆者は、前半の召使いの悪口の話を題材に、「人の後言をばすべていふまじき事なり」と主張している。そして、その主張の裏付けとして孟子の言葉と景行録の文言を引用している。正答は1と4で迷うが、1の「人が集まるような場所への出入りにさえ気を付けていくなら」は、前半の話の瑣末《さまつ》な部分に影響された解釈であり、主人の悪口を言い合うような人たちとの交際を絶つべきという意を含む4の「交際する人物を選んでいくなら」のほうが、前半の内容の主要部分を受けた解釈として妥当である。　　正答　4

〔口語訳〕

今となっては昔のことだが、あちこちの中間男や召使いがたくさん一箇所

に集まって、各々の主人の悪いところを、互いに話し出して悪口を言う。その家の召使いが自分の主人の悪いところを言い出そうと思って、「私の主人ほどの評判はどこにもないだろう。もはや人ではない。」畜生じゃと言おうとして後ろを見ると、ご主人が後ろに立っていらっしゃるのを見つけて、「人ではない」と言い直して「仏じゃ」と言った。まことに滑稽なことだけれども、人の悪口は総じて言うべきではない。孟子は「人のよくないことを言ったなら、一体、後の心配をどうしたらよいというのか」と言った。隠してひそかに計画したことでさえ、雷のように天には聞こえ、稲光のように神には見えている。景行録には、「言葉を慎み交際(相手)を選んでいれば、後で悔やむこともなく、憂えたり恥をかくこともない」とございます。

19　(出典)『宇治拾遺物語』巻11の11

出会った老武者の姿を、「一人当千の馬の立てやうなり。ただにはあらぬ人ぞ」と判断した保昌は、致経の言葉からその判断に間違いがなかったことを知って、「さればこそ」(やはりそうか。平五大夫ならではの武者姿。とがめずによかったであろう)と、家来たちに語ったのである。　正答　4

〔口語訳〕

これも今となっては昔のこと、丹後守(藤原)保昌が任国に下った時、与佐の山で白髪の武士一騎と会った。道のかたわらの木の下に入って、馬を立てていたが、国司(保昌)の家来たちが、「この翁はどうして馬から降りぬのか。けしからん。責めただして降ろせ」と言った。この時、国司が「一騎当千の勇者の馬の立て方である。ただ人ではないぞ。責めだてしてはならぬ」と言って、押えて通り過ぎるうちに、三町ほど行って、大矢の左衛門尉(平)致経が多数の軍兵を連れて来るのに出会った。国司が挨拶すると、致経が、「そこで老人一人にお会いになったでしょう。致経の父の平五大夫です。まるっきりの田舎者で、事情を知らず、さぞかし無礼をいたしたことでしょう」と言うのであった。致経が通り過ぎてのち、(国司保昌は)「やはりそうか」と言ったとかいうことである。

20　(出典)吉田兼好『徒然草』第75段

「つれづれ」の人生的意義を説いている文章。下線部の直訳は「(俗事に)惑っている上に(さらに)それに酔い、酔っている中に夢を見ている」であるが、これは、「世にしたがへば、心、外の塵に奪はれて……、人に交はれば、言葉よその聞きに随ひて、さながら心にあらず……」という状態を比喩的に言い換えたものである。すなわち、俗世間のことに従うと、心が俗悪なものに汚されたり、他人の気持ちに引きずられたりして、本来の自分の心を見失ってしまうことを言っているのである。　正答　4

〔口語訳〕

何することもない所在なさをつらがる人は、一体どういう気持ちなのであろう。他に気を取られることもなく、ただ一人だけでいるという状態は実によい。世間に順応して行動すれば、心が外界の俗悪なものに汚されてとかく惑いがちになり、人と交際すれば、言う言葉が相手の気持ちに引きずられ順応して、まるで心にもないことを言ってしまう。人と冗談を言っているかと思うと、すぐ何かで争ったり、恨んでいるかと思うと、すぐもう喜んだりという具合いで、喜怒哀楽の心の動きが定まっている時がない。つまらぬ考えがやたらに起って、利害に心がはせてやむ時がない。（俗事に）惑っている上にさらに酔い、酔っている中に夢を見ているようなものである。ある時は忙しく走りまわり、ある時は物事に心を奪われて本来の意識を忘れていることは、世の中の人がみなそうである。（しかし、）まだ真実の道（仏道）は悟らないにしても、世俗とのかかわりを離れて、身を静かにし、俗事に関係しないで心を安らかにすることこそ、かりそめではあるが真に楽しむことだというべきであろう。

# 第3編　文章理解〈英文〉

# 1　総合傾向と文章読解の基礎

## 1 総合傾向

英文の問題は、国家一般職・地方初級において、２～４問程度出題されている。長文というほどの長い文章が出題されるわけではなく、10行前後の比較的平易なものが多い。とは言っても、全体の訳がある程度できなければ、正解肢を選ぶことはできない。単語やイディオム、構文、文法などの基本的な知識を習得するのはもちろんのこと、平素から英文を読む習慣をつけて、着実に読解力を養うことが必要である。

**出題形式**

英文の出題形式は次のように大別できる。

①趣旨・内容把握……趣旨や内容、標題、筆者や登場人物の考え（心情）を問う問題。

②空欄補充……文章中に抜けている語句や文を挿入する問題。

③文章整序……一連の文章をばらばらに切り離して並べたものを筋道が通るように配列する問題。

どの試験においても、全問①であることが圧倒的に多いが､年によっては②が１問入ることもある。③については、地方初級の全国型では出ていないが、地区によっては、１問出題されるところがある。

## 2 文章読解の基礎

### （1）　英文の文構造

一つの文について見た場合、英語と日本語ではその文の構造はきわめて異なっており、この点に留意した上で、文章読解の方法を理解してほしい。

**文構造の違い**

次の英文を訳し､英文と和訳文の語順を比較してみよう。

①While ②his father and the visitors ③were holding deep consultation ④about public affairs, ⑤Ben ⑥would sit on his stool in a corner, ⑦listening with great interest, ⑧as if he understood every word.

↓

②父と客たちが ④政治的な話題で ③こみいった相談をし

ている①あいだ、⑤ベンは⑥隅の椅子に腰をおろして、⑧みんなわかっているといった顔つきで、⑦興味津々耳をかたむけたものだった。

英　文　①　②　③　④　⑤　⑥　⑦　⑧
和訳文　②　④　③　①　⑤　⑥　⑧　⑦

これは英文と和文の文構造の相違によるもので、英文を和訳するためには行きつもどりつしなければならないのがわかると思う。つまり英文を読むことと訳すことは全く別の行為なのである。多くの人は英語を日本語で読む、日本語に訳しながら読むという愚をおかしている傾向がある。**英文を読むには訳す必要は全くない**。語順そのままに内容だけ理解してゆけばよいわけである。要するに英語を英語として読むということがポイントである。

一つの文でこれだけ行きつもどりつするわけだから、長くなればそれだけ余分な時間もかかろうというものだ。フレーズなりセンテンス単位で内容を読みとってゆき、その総合が内容把握となるようにすればよい。この例文でいうと以下のようになろう。

①While his father and visitors were holding deep consultation ②about public affairs, ③Ben would sit on a stool in a corner, ④listening with great interest, ⑤as if he understood every word.

①、②、③、④、⑤のセンテンスやフレーズを全体的に内容を読みとり、この順序でそのまま読み進んでゆく。これが「**訳読ではなく速読を**」ということであり、「英語を読む」ということなのである。

## （2）　基礎構文の把握

英語の読解力を養うためには、何といっても基礎構文を把握することが大切である。ここでは、文法の力の充実をはかるため、頻出構文をはじめ、慣用表現として是非覚えておきたいものを取り上げてみた。

毎日少しずつ学習し、また繰り返し学習することで、英文読解の基礎を身につけよう。

### ①　It で始まる重要構文

**例文**

1　It is hard for an old man to change his way of living.
2　It was careless of me to leave my camera in the train.
3　It is important that you should come to class on time.
4　It is not until we lose our health that we realize its value.
5　How long does it take to go to London by plane ?
6　It is three years since we parted there.
7　It will not be long before they stop quarreling and make up.
8　It seems that he has gone abroad.

**意味**

1　老人にとって自分の生活様式を変えることは難しい。
2　電車にカメラを忘れるなんて私の不注意だった。
3　時間どおりに授業に来るのは大切なことだ。
4　私たちは失ってみて初めて、健康の大切さを知る。
5　飛行機でロンドンまで行くのにどれくらい時間がかかりますか。
6　そこで私たちが別れてから３年になる。
7　まもなく彼らはけんかをやめて仲直りするだろう。
8　彼は外国へ行ったらしい。

**It is ～ for A to ＋原形**
**It is ～ of A to ＋原形**

1．It is natural for her to get angry with you.
　彼女があなたに腹をたてるのも当然だ。
2．It is very kind of you to say so.
　あなたがそのように言うことは、とても親切だ。

　“It is ～ for A to＋原形”や“It is ～ of A to＋原形”は「A が…することは～である」と訳す。It は「to＋原形」をうける形式主語であり、真主語は「to＋原形」の部分である。A は目的格で「to＋原形」の意味上の主語になっている。一般に意味上の主語は「for＋目的格」の形で表すが、2.のように人の性質・気持ちを表す形容詞の後に続く場合は「of＋目的格」となる。

**It is ～ that+S+V**

3．It is strange that you should disagree with me.
君が私に賛同しないとは奇妙だ。

“It is ～ that＋S＋V” は普通、驚きや意外さを表すときは「S が…するとは（するなんて）～である」と訳し、良い悪いの判断を表すときは「S が…することは～である」と訳す。

It は “that” 以下の節をうける形式主語で、It is の次にくる strange のような、感情的価値判断を表す時は、特に意味のない should を入れる。その他の感情的価値判断を表す語句には、natural, surprising, wrong, odd, queer, necessary などがある。

**It is ～ that …**

4．It was Jane that (who) spoke first.〈強調構文〉
最初に口を切ったのはジェーンだった。

5．It was a book that (which) I bought yesterday.
私がきのう買ったのは本だった。

“It is ～ that …” は「…するのは～である」と訳す。“It is” と “that” の間にある語句（名詞・代名詞・副詞）の意味を強調する構文である。見分け方として、強調される語が「名詞」の場合、その語が that 以下の文中で主語、目的語、補語のいずれかであれば、強調構文である。強められる語が「人」の場合は “who”、「物」の場合は “which” が用いられることもある。通常、名詞（代名詞）・副詞は強調できるが、動詞などは強調できない。

**It is not until ～ that …**

6．It was not until yesterday that I heard the news.
きのうになって初めて私はその知らせを聞いた。

“It is not until (till) ～ that …” は「～してはじめて…する」と訳す。“not … until (till) ～” という文の強調である。

この構文は訳す方向が正反対である（前者は前から後ろへ、後者は後ろから前へ訳す）ことに注意。

また、～の部分に S＋V が来ると、主節（…の部分）や主節の中の動詞を修飾する副詞節である。

**It is said that ～**

7．It is said that he is ill.
彼は病気だそうだ。

"It is said that 〜" は「〜だそうだ」「〜と言われている」と訳す。

"It" は形式主語で、受動態の述語動詞をとり、that 以下は名詞節である。

この構文にしばしば用いられている動詞は believe, expect, think など、かなり多い。

**It takes＋人＋時間＋to 〜**

8．It takes me about an hour to go to school by train.〈時間がかかる場合〉

私は電車で学校まで行くのに約1時間かかる。

**It costs＋人＋金額＋to 〜**

9．It cost me a lot of money to buy this car.〈お金がかかる場合〉

私はこの車を買うのに多くのお金がかかった。

"It takes＋人＋時間（労力）＋to 〜" は「(人) が〜するのに（時間または労力）がかかる」と訳し、"It costs＋人＋金額＋to 〜" は「人が〜するのに（金額）がかかる」と訳す。"It" は to 不定詞をうける形式主語である。

**It is 〜 years since＋S＋過去形**

10. It is five years since he died.

彼が死んでから5年になる。

"It is 〜 years since＋S＋過去形" は「S が…してから〜年になる」と訳す。"It" は漠然と時間を表すものなので、特に意味はない。

**It will be＋時間＋before 〜**

11. It will not be long before it begins to rain.〈＝soon〉

まもなく雨が降り出すだろう。

"It will be＋時間＋before 〜" は「〜するまでには（時間）がかかるだろう」と訳す。この構文はある行為が行われるまでの経過時間を述べるものである。これも "It" は漠然と時間を表すもので "before" 以下は時を表す副詞節になるので、現在時制を用いる。

**It seems that＋S＋V**

12. It seems that he is ill.

彼は病気らしい。

"It seems that＋S＋V" は「S は〜するらしい」「S は〜するように思われる」と訳す。これも "It" は that 以下の名詞節をうける形式主語である。

## ② 形式目的語

**例文**

1 He makes it a rule to take a walk before breakfast.
2 I took it for granted that he would stand by me.
3 I find it difficult to read this book in two days.

**意味**

1 彼は朝食の前に散歩することにしている。
2 彼が私を援助するのは当然だと思った。
3 この本を2日で読むのは難しい。

**make it a rule to ～**

1．I **make it a rule to** get up early.
私は早起き**することにしている**。

"make it a rule to ～" は「～することにしている」「～する習慣である」と訳す。"It" は形式目的で to 不定詞以下が真の目的語である。

"a rule" が目的格補語である。

**take it for granted that ～**

2．We **take it for granted that** we should try our best.
我々が最善を尽くす**のは当然だと思う**。

"take it for granted that ～" は「～をもちろんのことと思う」「当然～すると思う」と訳す。これは、"It" は "that" 以下の節をうける形式目的語である。"take" には "consider (考える)"、"for" には "as (～として)" の意味がある。

**find it ～ to＋原形**

3．I **found it** impossible **to** do so.
そう**することが**不可能であると**わかった**。

"find it ～ to＋原形" は「…することが～とわかる」と訳す。

"It" は to 不定詞をうける形式目的語であり、"～" の部分には目的格補語がくる。したがって "to do so" が真の目的語である。形式目的語は第5文型 (S＋V＋O＋C) で目的語が to 不定詞や that 節のように句や節になった場合に用いる。

## ③　知覚・使役動詞と目的格補語

### 例文

1　I had my purse stolen in the crowded bus.
2　What makes you think so ?
3　I have never heard him sing a song.
4　I saw him writing a letter.
5　We heard someone crying for help.

### 意味

1　私は混んだバスの中で財布を盗まれた。
2　どうしてあなたはそう考えるのか。
3　私は彼が歌を歌うのを一度も聞いたことがない。
4　私は彼が手紙を書いているのを見た。
5　私たちは誰かが助けをもとめて叫んでいるのを聞いた。

**have＋O＋過去分詞**

1．I **had** my hair **cut**.
私は髪を切ってもらった。

“have (get) + O + 過去分詞” は「O を～してもらう、O を～させる」(使役的) という意味と「O を～される」(受動的) という意味の二つがある。この構文は、目的語が動作をうける対象となる。

**make＋O＋原形**

2．I **made** the girl **go** there in my place.〈強制的な意味をもつ〉
私は私のかわりに彼女をそこへ行かせた。

“make + O + 原形” は「O に～させる」と訳す。“make” は使役動詞で受動態に変えるときは、目的格補語である原形不定詞を to 不定詞に変えなければならない。

**知覚動詞＋O＋原形**

3．I **saw** him **dance**.
私は彼が踊るのを見た。

**知覚動詞＋O＋現在分詞**

4．I **saw** her **trying** to open the window.
私は彼女が窓を開けようとしているのを見た。

**知覚動詞＋O＋過去分詞**

5．I **heard** a song **sung** by her.
私は彼女によって歌が歌われるのを聞いた。

“知覚動詞 (see, hear, feel など) + O + 原形” は「O が～するのを (見る・聞く・感じる)」、“知覚動詞 + O + 現在分詞” は「O が～しているのを (見る・聞く・感じる)」、

“知覚動詞＋O＋過去分詞”は「Oが～されるのを（見る・聞く・感じる）」と訳す。この知覚動詞は目的語と補語をとる不完全他動詞としての用法が多く、目的格補語としては原形、現在分詞、過去分詞のいずれかとなる。訳し方も目的語を「Oが」と訳し、5.のように目的格補語が過去分詞の場合は「～される、～された」と受動態の意味になる。

## ④　代名詞

**例文**

1　The cost of oil is less than that of coal.
2　Here are two flowers. One is a lily, and the other is a poppy.
3　Some believed his story, and others didn’t.

**意味**

1　石油の値段は石炭より安い。
2　ここに花が２本ある。１本はユリでもう１本はポピーである。
3　彼の話を信じたものもいれば、信じなかったものもいた。

**that of ～**

1．The climate of Japan is milder than **that of** Africa.
日本の気候はアフリカ**のそれ**(気候)より温和だ。

文中に“that (those) of ～”というのがあれば「～のそれ（それら）」という意味で、これはその文の前の部分の“the＋名詞＋of ～”をうける代名詞なので、その「名詞」が具体的に何であるかを見つけなければならない。その「名詞」が単数ならば“that of ～”、複数ならば“those of ～”を用いる。

**one … the other**

2．He has two sons. **One** is a doctor, and **the other** is an engineer.
彼には息子が2人いる。**１人は**医者で、**もう１人は**技師である。

“one … the other”は２つあるもののうちどちらとも決めずに「一方は…もう一方は」、「ひとつは…もうひとつは」と訳す。
残り全部の場合は“the”をつける。

**Some＋(A)～ others …**

3．**Some** students are good, but **others** are bad.
いい生徒**もいれば**、悪い生徒**もいる**。

"Some＋名詞(A) ～ others …" は「～する A もあれば…する A もある」と訳す。これは、ある範囲の中から任意にいくつかを取り出す表現である。

**A is one thing, and B is another**

4．To know **is one thing, and** to teach **is another.**
知っていること**と**教えること**は別だ。**

"A is one thing, and B is another [thing]" は「A と B は別である」「A と B は違う」と訳す。another の後ろの "thing" はしばしば省略される。

## ⑤ 関係詞

### 例文

1 A planet is a star which moves round the sun.
2 The lady [whom] you saw at the party is my sister.
3 They are looking after the children whose parents are employed in factories.
4 Are you doing what you think is right?
5 There is no mother but loves her own children.
6 The paint on the seat on which you are sitting is still wet.
7 This is the park where I used to go while young.
8 Wait till Monday, when I will tell you everything.
9 I'll employ whomever you recommend.

### 意味

1 惑星は、太陽のまわりを回る星である。
2 きみがパーティーであった女性は私の妹だ。
3 彼らは、両親が工場で働いている子ども達の面倒を見ている。
4 あなたは自分で正しいと思うことをやっているのか。
5 自分の子を愛さない母親はいない。
6 きみが座っている腰かけのペンキはまだ塗りたてだよ。
7 これは私が若い頃よく行った公園だ。
8 月曜まで待ちなさい、その時すべてを話してあげよう。
9 あなたが推薦する人なら誰でも雇おう。

**物＋which**

1．The book [**which**] I enjoyed was written by an American.
私がおもしろく読んだ本は、アメリカ人が書いたものです。

**人＋who(m)**

2．He is not the boy who came here this morning.

彼は今朝ここに来た少年ではない。

**人・物＋whose**

3．The building whose roof you see beyond the bank is our school.

土手の向こうに屋根の見える建物が私達の学校です。

**人・物＋that**

4．She is the fastest runner that I have ever seen.

彼女ほど速い走者は見たことがない。

関係代名詞は、接続詞と代名詞を兼ねた働きをし、2つの文を結びつける。関係代名詞節によって修飾される名詞・代名詞を「先行詞」と呼び、その種類と関係代名詞節中で用いられる格に応じて、以下のように使い分ける。

先行詞が最上級や all、every、any などの語を伴う場合、that が好んで用いられる。なお、目的格の関係代名詞はしばしば省略される。

what は唯一、先行詞を含む関係代名詞なので、the thing which と置き換え、「～する（ところの）物・事」と訳す。

| 先行詞＼格 | 主格(は、が) | 所有格(の) | 目的格(を、に) |
|---|---|---|---|
| 人 | who | whose | (whom) |
| 物・動物 | which | of which, whose | (which) |
| 人・物・動物 | that | — | (that) |
| 先行詞を含む | what | — | what |

5．Go first to those who you are sure will help you.

きっと助けてくれると思う人のところへまず行きなさい。

関係代名詞の次に、I know, you think, he says, you are sure などが挿入される場合がある。

また those who(m) は those people who(m) と考える。

**what の慣用表現**

6．He is not what he was.

彼は昔の彼とは違う。

7．She is what we call a genius.

彼女はいわゆる天才である。

8．Reading is to the mind what food is to the body.

読書と精神の関係は、食べ物と身体の関係と同じである。

9．I didn't do my homework, and what was worse, I was late for school.

私は宿題をやらなかった。そしてさらに悪いことに遅刻した。

10. He gave what little money he had to the beggar.

彼は少ないながら持っているお金の全部をそのこじきに与えた。

**否定語＋先行詞＋but**

11. There is no rule but has some exceptions.

例外のない規則はない。

“否定語＋先行詞＋but 〜”は「〜しないような…はない」と訳す。この“but”は“that 〜 not”のような否定の意味の関係代名詞である。

**前置詞＋関係代名詞**

12. I would like to introduce to you the gentleman [whom] I spoke of the other day.

この前お話しした男性をあなたに紹介したいと思います。

関係代名詞 whom, which は、前置詞の目的語として前置詞の後に置くこともできれば、前置詞だけ切り離して後置することもできる。後者の形では、that を用いることも、関係代名詞を省略することも可能である。

**関係副詞**

13. We all know the reason why he failed.

我々は皆、彼が失敗した理由を知っている。

関係副詞は、接続語と副語を兼ねた働きをし、2文を1つに結びつける。関係副詞には、where, when, why, how の4種があり、それぞれ先行詞に場所、時、理由、方法を表す名詞がくる。where, when, why については、先行詞か関係副詞のいずれか一方を省略することもできる。how だけは、先行詞の the way か、how のいずれか一方を用い、the way how としてはならない。

関係副詞は、どれも前置詞＋which の関係代名詞を用いた文に書き換えられる。

**継続用法**

14. He lent me two books, neither of which I have read as yet.

彼は私に本を2冊貸してくれたが、まだどちらも読んでいない。

15. He returned to his native village, where he spent the last few years of life.

彼は故郷の村に帰って、そこで最後の数年を過した。

関係詞には、前の先行詞を修飾・限定する制限用法と、先行詞について挿入的または付加的に説明する継続用法がある。後者は関係詞の前にコンマを置いて区別し、前文に続けて関係詞節を訳していく。

, which には、前文全体もしくは一部を先行詞とする用法もあるので注意を要する。

なお、関係代名詞の that には継続用法はない。

**複合関係詞**

16. Whatever is worth doing is worth doing well.

する価値のあることなら何でも、立派にするだけの価値がある。

17. I will follow you wherever you go.

私はあなたの行くところどこへでもついて行きます。

関係詞に ever のついたものを複合関係詞と呼び、自らの内に先行詞を含む。“whoever ～” は「～する人は誰でも」、“whichever ～” は「～するものはどちらでも」、“whatever ～” は「～するものは何でも」と訳す複合関係代名詞である。

“whoever” (主格) は、所有格 “whosever”、目的格 “whomever” というように、格によって語形変化する。

複合関係副詞 “wherever ～”、“whenever ～” は、「～する所はどこでも」、「～する時はいつでも」と訳す。

なお、複合関係詞には、上記以外に「たとえ～しても」と訳す譲歩の副詞節の用法もある。(⑫の7.《P165》参照)。

## ⑥ 助動詞

### 例文

1 You may as well save your money.
2 I would rather stay at home than go to such a place.
3 He looks sleepy. He may have sat up late last night.
4 She must have cleaned yesterday.
5 He should have arrived in Tokyo by this time.
6 You need not have kept silent.

### 意味

1 お金は節約したほうがよい。
2 そんな所に行くくらいなら家にいたほうがよい。
3 彼は眠そうな顔をしている。昨夜夜ふかしをしたのかもしれない。
4 彼女は昨日そうじしたにちがいない。
5 彼は今ごろは東京へ着いているはずだったのに。
6 あなたは沈黙を守る必要はなかったのに。

**may well ～
(might well ～)**

1．You **may well** say so.
君がそう言う**のももっともだ**。

“may well ～” は「～するのも当然である」「～するのももっともだ」と訳す。この “may” は「～してもさしつかえない」という認容を表し、“well” は「十分な理由があって」という意味をもっている。

“might well ～” は表現をよりやわらげたものである。また、意味を強めるために “Well＋S＋may ～” または “Well may＋S ～” という倒置が行われることがある。

**may as well ～
(might as well ～)**

2．You **may as well** go to bed at once.
君はすぐに寝**たほうがよい**。

“may as well ～” は「～したほうがよい」と訳す。命令に近い “had better ～” より意味の弱い表現。文末に as not が入ることもあり、これは「しないよりは～するほうがよい」という意味である。

**might as well ～
as …**

3．You **might as well** throw your money away **as** lend it to him.
彼に金を貸す**くらいなら**捨てた**ほうがましだ**。

“might as well ～ as …” は「…するくらいなら～したほうがましだ」「…するのは～するようなものだ」と訳す。これは “may as well ～ as …” の仮定法の形で、“as …” の部分に条件が含まれていて、否定的見解を述べている。

**would rather ～
than …**

4．I **would rather** die **than** disgrace myself.
恥をかく**くらいなら**死んだ**ほうがよい**。

“would rather ～ than …” は「…するよりはむしろ～したい」「…するくらいなら～したほうがましだ」と訳す。これは “would” が仮定法で “than …” の部分に条件が含まれており、選択を表している。場合によっては “than ～” を省略することもある。

**may have
＋過去分詞**

5．She **may have** been a beauty in her youth.
彼女は若い頃は美人**だったかもしれない**。

**must have
＋過去分詞**

6．She **must have** told a lie.
彼女はうそをつい**たにちがいない**。

**cannot have
＋過去分詞**

7．The rumor **cannot have** been true.
そのうわさは、本当**であったはずがない**。

“may have＋過去分詞” は「～だったかもしれない」と訳し、これは過去の推量を表している。“must have＋過去分詞”は「～だったにちがいない」と訳し、過去の肯定的推量を表す。また“cannot have＋過去分詞”は「～であったはずがない」と訳し、過去の否定的推量を表している。これらの構文は単に過去の事実を述べるものとして覚えておくとよい。

**should have ＋過去分詞**

8．You should have come to the party.
パーティに来ればよかったのに。

**ought to have ＋過去分詞**

9．You ought not to have told the fact to him.
あなたは事実を彼に言うべきでなかったのに。

**need not have ＋過去分詞**

10. We need not have done it.
我々はそれをやらなくてもよかったのに。

“should have＋過去分詞”と“ought to have＋過去分詞”はいずれも「～すればよかったのに」と訳す。“need not have＋過去分詞”は「～しなくてもよかったのに」と訳す。これらの構文は過去において実現しなかった行為を表すものである。「助動詞＋have＋過去分詞」という完了形で過去の意味を表すものの中には、5.6.7.のような過去の事実を述べるものと、8.9.10.のような過去において実現しなかったことを述べるものとに区別して覚えておくとよい。

## ⑦　動名詞

### 例文

1　Please come to my house and enjoy the dishes of my wife's own cooking.
2　This novel is worth reading again and again.
3　I don't feel like going out for a walk now.
4　On leaving school, he went into business.
5　I cannot help thinking that he is still alive.
6　It is no use trying to persuade him.
7　There is no telling what may happen.

### 意味

1　どうぞ、うちにいらして妻の手料理を召し上がってください。
2　この小説は何度も何度も読むだけの価値がある。
3　今は散歩に行く気がしない。

4　学校を出るとすぐに、彼は仕事についた。
5　私はまだ彼が生きていると考えざるを得ない。
6　彼を説得しようとしても無駄だ。
7　何が起こるかはわからない。

**of one's own ～ing**

1．Teaching is a profession of her own choosing.
教職は彼女自身が選んだ職業だ。

“of one's own ～ing” は「自分で～した」と訳す。“～ing”（動名詞）の代わりに抽象名詞も用いられる。“of one's own ～ing” の前の名詞を修飾したり、これ自体が補語になることもある。

**S is worth ～ing**

2．Nara is worth visiting.
奈良は訪れる価値がある。

**feel like ～ing**

3．I feel like drinking coffee tonight.
今夜はコーヒーを飲みたい気がする。

“S is worth ～ing” は「S は～する価値がある」、“feel like ～ing” は「～したいような気がする」と訳す。
これらの文中の “～ing” が動名詞である。また、動名詞だけでなく、名詞・代名詞と結合することもある。
I don't **feel like a walk** just now.（今は散歩したくない）

**on ～ing**

4．On seeing a policeman, they ran away.
警官を見るとすぐ、彼らは逃げた。

“on ～ing” は「～するやいなや」という意味と「～した時に」という意味がある。“as soon as ～” という構文を使って書き換えることができる。As soon as they saw a policeman, they ran away.
なお、動名詞の代わりに抽象名詞が使われることもある。

**cannot help ～ing**

5．I could not help laughing at the sight.
その光景を笑わずにはいられなかった。

“cannot help ～ing” は「～せざるを得ない」「～しないわけにはいかない」と訳す。この場合の help は「～を避ける」「～を押さえる」という意味で、laughing は動名詞。
同構文は “cannot but＋原形” の形でも書き換えることができる。I could not but laugh at the sight. この “but” は「～以外には」という意味を表し、両者を足した “cannot help but＋原形” を同義で用いることがある。

It is no use 〜ing

6．It is no use crying over spilt milk.
こぼれたミルクを嘆いてもしかたがない。（覆水盆に返らず）

“It is no use (good) 〜ing” は「〜してもむだである」「〜してもしかたがない」と訳す。この構文の“It”は“〜ing”（動名詞）以下の句を受ける形式主語である。

There is no 〜ing

7．There is no accounting for tastes.
人の好みは説明できない。（たで食う虫も好きずき）

“There is no 〜ing (動名詞)” は「〜することはできない」と訳す。“It is impossible to 〜” の不定詞を用いた表現にも書き換えられる。

## ⑧ 時間に関する構文

### 例文

1 As soon as he heard the news, he turned pale.
2 No sooner had he come home than he went to sleep.
3 Scarcely had he seen me before he ran away.
4 I'll not forget your kindness as long as I live.
5 It had not got dark when I came home.
6 Come to see me whenever you are free.
7 Once you fall ill, you must obey the doctor.

### 意味

1 彼はその知らせを聞くやいなや青ざめた。
2 彼は家に着くやいなや眠りこんだ。
3 彼は私を見るやいなや逃げ出した。
4 私は生きている限りあなたの親切を忘れません。
5 あまり暗くならないうちに家へ帰った。
6 ひまな時はいつでも遊びにいらっしゃい。
7 病気になったら医者の言う通りにしなければならない。

as soon as +S+V

1．As soon as he returned home, he went to sleep.
彼は家に帰るやいなや眠りについた。

“as soon as＋S＋V” は「〜するやいなや」「〜したとたんに」と訳す。同じような言い方では “the moment＋S＋V”、“the instant ＋S＋V” や “directly＋S＋V”、 "immediately＋S＋V"、"instantly＋S＋V" という構文があるが、これらの中では "the moment"、"the instant" や "directly"、"immediately"、"instantly" は接続詞として用いられている。

なお、同構文は on ～ing の動名詞を使っても言い表せる（⑦の 4.《P153》参照）。

**S＋had no sooner ＋過去分詞～ than …**

2．The game **had no sooner** started **than** it began to rain.
試合が始まる**やいなや**雨が降り出した。

**S＋had hardly ＋過去分詞～when …**

3．I **had hardly** left home **when** it began to rain.
家を出る**やいなや**雨が降り出した。

"S＋had no sooner＋過去分詞～ than …" や "S＋had hardly (scarcely)＋過去分詞～ when (before) …" は「Sが～するやいなや」「Sが～するかしないうちに」と訳す。いずれも文章の主節に過去完了形、従属節に過去形を用いるが、主節に be 動詞が含まれている場合は過去完了形にする必要はない。なお、強意のために no sooner や hardly (scarcely) を文頭に出し、倒置が生じることが多い（疑問文と同じ語順になる）。

**as long as ～**

4．You may stay with us **as long as** you like.
好きな**だけ**私達と一緒にいていいです。

"as long as ～" は「～する間は」と訳す。これは "while" と同じ意味で時間を表す場合に用いる。また、時間の長さを強調して「～も」と訳すこともある。

**S＋had not ＋過去分詞～when …**

5．I **had not** gone so far **when** it began to rain.
あまり遠くへ行**かないうちに**雨が降り出した。

"S＋had not＋過去分詞～ when (before) …" は「Sが～しないうちに…」と訳す。普通、"when" や "before" のような従位接続詞はその後ろから訳すが、この構文の場合は前から訳したほうが自然である。

**whenever ～**

6．**Whenever** you are in need, please call me.
困ったら**いつでも**電話してくれ。

"whenever ～" は「～する時はいつでも」と訳し、先行詞を含む複合関係副詞の一つ。"at any time when ～" や "every time S＋V ～" の構文にも書き換えられる。

なお "whenever" には「いつ～しても」と訳す譲歩の構文もあるので注意する（⑫の 7.《P165》参照）。

once ～

7．Once you have made a promise, you must keep it.
いったん約束をしたら守らなければならない。

now [that] ～

8．Now [that] you are ill, you must obey the doctor.
病気になったからには医者の言う通りにしなさい。

“once ～”は「いったん～すれば」と訳す接続詞で、「時と条件」の意味を含む。“now [that] ～”は「今はもう～だから」と訳し、「時と理由」の意味を表す。

## ⑨ 注意すべき否定構文

### 例文

1 He was too tired to go on working.
2 It is not the time but the will that is wanting.
3 Baseball is popular not only in America but also in Japan.
4 I am not always at home on Sunday.
5 He can speak neither French nor German.
6 She is far from beautiful.
7 He is the last person to tell lies.
8 I cannot see him without thinking of his brother.
9 You cannot be too careful in driving a car.

### 意味

1 彼は働き続けるには疲れすぎた。
2 足りないのは時間ではなくて意志だ。
3 野球はアメリカだけでなく日本でも人気がある。
4 私は日曜日にはいつもうちにいるとは限らない。
5 彼はフランス語もドイツ語も話せない。
6 彼女が美しいなんてとんでもない。
7 彼は嘘をつくような人ではない。
8 私は彼に会うといつも彼の兄のことを思う。
9 車の運転にはいくら注意してもしすぎることはない。

too ～ to …

1．She is too young to get married.
彼女は結婚するには若すぎる。

“too ～ to …”は「…するにはあまりに～すぎる」「非常に～なので…ない」と訳し、程度や結果を含む構文であるが、to 以下の部分が否定されることに注意する。

この構文は“so ～ that＋否定文”の複文に書き換えられる。

**not A but B**

2．He is **not** a scholar **but** a journalist.
彼は学者ではなくてジャーナリストだ。

“not A but B”は「A でなくて B」と訳す。この“but”を「しかし」と訳さないよう注意すること。だが、例外的に「しかし」の意味のある場合もあるので、前後関係で判断する。

**not only A but also B**

3．**Not only** I **but also** my parents were surprised.
私だけでなく親も驚いた。

“not only A but also B”は「A だけでなく B も」と訳し、A も B も両方、という意味になる。よって、“both A and B”や“B as well as A”の文に書き換えができる。

この構文では、しばしば“but”もしくは“also”が省略されることがある。A と B は同じはたらきをする品詞・句・節であること、この構文が主語の場合、動詞の人称や数は B のほうに合わせることに注意する。

**not always ～**

4．The rich are **not always** happy.
お金持ちの人々が必ずしも幸福とは限らない。

“not always ～”は「必ずしも～ない」「いつも～とは限らない」と訳す**部分否定**である。always と同様の意味で用いられる副詞に necessarily があり、その他 quite、entirely、altogether なども、否定文中に用いられると「まったく～というわけではない」という意味になる。

また、同様の部分否定表現には“not all ～”“not every ～”（「全部が全部～というわけではない」）や、“not both ～”（「両方ともが～とは限らない」）などがある。

**neither A nor B**

5．**Neither** you **nor** I am wrong.
あなたも私も間違っていない。

“neither A nor B”は「A も B も～ない」と訳し、A と B の両方を否定する。

片方だけを論ずる場合は“either A or B”（「A か B のいずれか」）を用い、これらの構文では動詞は共に B の人称・数に一致させる。

**far from ～**

6．He is **far from** a gentleman.
彼は決して紳士ではない。

"far from ～" は「決して～ではない」「～どころではない」と訳し、～には名詞・動名詞・形容詞がくるが、being はしばしば省略される。

この強い否定表現は、"anything but ～" "by no means ～" "not in the least ～" などを用いても表せる。

the last＋名詞＋that 節

7. He is the last man that accepts a bribe.

彼は決してわいろを受け取るような男ではない。

"the last＋名詞＋to ～（または関係代名詞節）" は「決して～しない」と訳して名詞（もしくは先行詞）にかける。この場合の "last" は「もっとも～しそうにない」という意味である。

never ～ without …ing

8. They never meet without quarreling.

彼らは会えばいつでもけんかする。

"never (cannot) ～ without …ing" は「～すれば必ず…する」と訳す。動名詞を用いた二重否定の構文である。

cannot ～ too…

9. You cannot thank him too much.

彼には感謝してもしすぎることはない。

"cannot ～ too＋形容詞（副詞）" は「いくら～しても十分とはいえない」「いくら～してもし足りない」と訳す。これは否定形であっても、強い肯定の内容を表す。

not ～ because …

10. You should not despise a man simply because he is poor.

ただ貧しいからといって人を軽蔑してはならない。

"not ～ because …" は「…だからといって～ない」と訳す。この場合、"because" の前にコンマがないのが普通である。この構文の見分け方は、始めに "because" を「なぜなら～だからである」と訳してみて、変な日本語になる時は「…だからといって～ない」と訳すようにする。

## ⑩ 比較構文

例文

1 She is not so much a singer as a comedian.
2 He was as respectable a gentleman as I ever met.
3 Nothing is more valuable than health.
4 I am no more young than you are.
5 He was no less brave than his ancestors.

6 He can speak French, much more English.
8 The better I got to know him, the more I liked him.
7 I will help you all the more because I know your father.

## 意味

1 彼女は歌手というよりはコメディアンだ。
2 彼は今まで私が会ったうちでも、この上なく尊敬に値する紳士だった。
3 健康ほど価値のあるものはない。
4 私はあなたと同様、若くはない。
5 彼は先祖たちに劣らず勇敢だった。
6 彼はフランス語が話せる。英語はなおさらだ。
8 彼を知れば知るほど、私は彼が好きになった。
7 私はあなたのお父様を存じ上げておりますから、より一層あなたのお力になりましょう。

**as＋原級＋as one can**

1．Run as fast as you can.
できるだけ速く走りなさい。

“as＋原級＋as one can”は「できるだけ～」と訳す。“can”は時制の一致をうけるため、過去時制の中においては“could”になる。
なお、“as＋原級＋as possible”も同様の意味をとる。

**～ times as＋原級＋as A**

2．That bridge is three times as long as this one.
あの橋はこの橋の3倍の長さだ。

“～ times as＋原級（＋名詞）＋as A”は「Aの～倍の…」と訳す。
ただし、この構文は3倍以上の場合に用いる。「2倍」は“twice”、「半分」の場合は“half”を用いる。なお、数量の比較で、原級の直後に名詞を伴う場合、原級に用いる形容詞は後ろにくる名詞が「数えられる名詞」であれば“many”を、「数えられない名詞」であれば“much”を用いる。

**not so＋原級＋as A**

3．He is not so young as he looks.
彼は見かけほど若くない。

“not so (as)＋原級＋as A”は「Aほど～でない」と訳す。これは原級を用いて比較級の内容を表すもので、“not as＋原級＋as A”のほうが口語的である。

not so much A as B

4．He is not so much a scholar as a journalist.
彼は学者というよりはむしろジャーナリストだ。

“not so much A as B”は「A というよりはむしろ B」と訳す。
また“B rather than A”の形に書き換えることもできる。

as＋原級＋as ever＋動詞

5．He is as honest a man as ever lived.
彼はこの上なく正直な人だ。

“as＋原級＋a (an)＋名詞 (先行詞)＋as ever＋過去の動詞”は「これまでに例のなかったほど～」と訳す。これは原級を用いて最上級の内容を表すもので、“as＋原級＋as any that ever＋過去の動詞”と同じ意味である。なお、“as＋原級＋as ever”には「あいかわらず～」という意味があるので注意する。

比較級＋than any other＋単数名詞

6．Mt. Fuji is higher than any other mountain in Japan.
〈最上級表現〉
富士山は日本の他のどの山よりも高い。

“比較級＋than any other＋単数名詞 (A)”は「他のいかなる A よりも～」と訳す。これは比較級を用いて最上級の内容を表すもので、“any other ～”の代わりに“any ～ else”が用いられることもある。

Nothing ～ 比較級＋than A

7．Nothing is more important than time.〈最上級表現〉
時間ほど大切なものはない。

“Nothing (No＋名詞)＋V＋比較級＋than A”は「A ほど～なものはない」と訳す。これは比較級を用いて最上級の内容を表すもので、他に“Nothing (No [other]＋名詞)＋V＋so＋原級＋as A”という表現もある。

no more ～ than …

8．A whale is no more a fish than a horse [is].
鯨は馬(がそうでないの)と同様に魚ではない。

not ～ any more than …

9．A whale is not a fish any more than a horse [is].
鯨は馬(がそうでないの)と同様に魚ではない。

“no more ～ than …”や“not ～ any more than …”は「…しないのと同様に～しない」と訳す。“than”をはさんで前後のものを否定する意味であるが、常に“than”の後ろは肯定形で明らかに事実性のない内容がくる。

no less ～ than …

10．She is no less beautiful than her sister.
彼女は姉と同様に美しい。

"no less ～ than …" は「…と同様に～だ」と訳し、"just as＋原級＋as …" の形に書き換えることができる。
なお、"not less ～ than …" は「…にまさるとも劣らず～」と訳し、"probably more ～ than …" と同義となる。

**no more than ～**

11. He earns **no more than** 100,000 yen a month.
彼は月に10万円**しか**収入がない。

"no more than ～" は「～しか」「わずか～だけ」と訳す。これは数量が少ないことを強調する表現で、"only" と同じ意味をもつ。

**no less than ～**

12. He earns **no less than** 500,000 yen a month.
彼は月に50万円**も**収入がある。

"no less than ～" は「～も」「ちょうど～だけ」と訳す。これは数量を強める表現で、同様の意味に数を表す場合に用いる "as many as ～" や、量や程度を表す場合に用いる "as much as ～" がある。
なお、"no less than ～" は「～にほかならない」「～も同然」という意味に用いられる場合もある。

**much more ～**

13. Everyone has a right to enjoy his liberty, **much more** his life.
誰にもみな生存の権利**はもちろん**、自由を享有する権利がある。

**much less ～**

14. He cannot speak English, **much less** French.
彼は英語が話せない、フランス語は**なおさら**話せ**ない**。

"much (still) more ～" は「まして～」「～言うまでもない」と訳し、肯定文に続けて用い、肯定の意を強調して表す。
"much (still) less ～" は「まして～ない」と訳し、否定文に続けて用い、否定の意を強調して表す。
どちらもその構文の後ろにくる節には、省略されている文があるので注意が必要である。

**The＋比較級, the＋比較級**

15. **The higher** we go up the mountain, **the cooler** it becomes.
山に**登れば登るほど**、**寒くなってくる**。

"The＋比較級＋S＋V ～, the＋比較級＋S'＋V' …" は「S が～すればするほど、ますます S' は…する」と訳す。この構文では、主語や動詞、もしくは双方が省略されたり、後の節内で倒置が行われたりすることもある。

**all the＋比較級＋for ～**

16. I love him **all the more for** his faults.

彼に欠点がある**から**、私は**ますます**彼が好きなのです。

"all the＋比較級＋for (because あるいは on account of) ～" は「～のためにかえっていっそう…」と訳す。この構文の中の "all" は強調のためのもので、省略することもできる。また "for" や "on account of" の次には名詞（代名詞）およびそれに相当する語(句)、because の後ろには節がくる。

## ⑪　条件構文

**例文**

1　Get up early, and you will catch the first train.
2　You can stay here so long as you keep quiet.
3　In case I forget, please remind me of the promise.
4　If it were not for your help, I would fail.
5　But for the sun, all living things on earth would die.
6　She looks as if she had seen a ghost.

**意味**

1　早起きしなさい、そうすれば始発電車に乗れるでしょう。
2　静かにしているのなら、ここにいてもよろしい。
3　もし私が忘れた場合には、約束を思い出させてください。
4　あなたの助けがなければ、私はくじけてしまうだろう。
5　太陽がなければ、地球上の生き物はすべて死ぬだろう。
6　彼女はまるでお化けでも見たかのようだ。

**命令文, and…**

1. **Study hard, and** you will pass the examination.

一生懸命勉強**しなさい。そうすれば**試験に通るでしょう。

**命令文, or…**

2. **Study hard, or** you will fail in the examination.

一生懸命勉強**しなさい。さもないと**試験に落ちるでしょう。

"命令文, and …" は「～しなさい、そうすれば…」と訳す。この構文は "If you ～, …" という形に書き換えることができる。

"命令文, or …" は「～しなさい、さもないと…」と訳す。これは "If you don't ～, …" または "Unless you ～, …" という形に書き換えられる。

so long as ～

3．Any book will do so long as it is interesting.

おもしろくさえあればどんな本でもよろしい。

“so (as) long as”は「～する限り」「～しさえすれば」と訳す接続詞で、“if only ～”と同義である。

as far as ～

4．As far as I see, there is nothing but sands and the sky.

見渡す限り、砂浜と空のほかに何もない。

“as (so) far as ～”は「～する限りでは」「～の及ぶ範囲では」と訳し、範囲・条件・限界を表す接続詞である。“as far as＋地名”であるならば、「～まで」という意味を表す構文となる。

In case ～

5．In case you are in trouble, please feel free to call me.

困った場合には、遠慮なく私に電話してください。

“in case ～”は「もし～した場合には」と訳す。この“in case ～”は条件を表す副詞節で、“if ～”に書き換えができる。

If it were not for ～

6．If it were not for the sun, nothing could live.

〈仮定法〉

もし太陽がなければ、何も生きられないだろう。

If it had not been for ～

7．If it had not been for your advice, I could not have done it.

〈仮定法〉

もしあなたの忠告がなかったならば、私はそれをすることができなかったでしょう。

“If it were not for ～”と“If it had not been for ～”はいずれも「もし～がなかったら」と訳し、前者は仮定法過去に、後者は仮定法過去完了に用いられる。ともに“But for ～”や“Without ～”に書き換えられる。

But for ～

8．But for your help, I would have failed in the examination.

〈仮定法〉

あなたの助けがなければ、私は試験に落ちていただろう。

Without ～

9．Without your help, I could not finish the work.

〈仮定法〉

あなたの助けがなければ、私は仕事を終えられないだろう。

“But for ～”や“Without ～”は、「もし～がなかったら」と訳し、“if”を用いずに前置詞句が条件を表すものである。仮定法過去、仮定法過去完了のいずれにも用いられる。ただし、この場合は必ず単文となる。仮定法の文中に"if" が見つからない場合は、どの部分が条件を表すのかを考えてみることが大切である。

as if ～

10. He talks as if he knew everything. 〈仮定法〉
彼はあたかもすべてを知っているかのように話す。

I wish ～

11. I wish I had listened to your advice. 〈仮定法〉
あなたの忠告を聞いておけばよかったのだが。

"as if (as though) ～" "I wish ～" の構文は、ともに仮定法過去、仮定法過去完了の文を伴い、それぞれ「まるで～かのように」「～ならいいのに」と訳す。仮定法過去では、be 動詞は原則として "were" になることに注意する。

## ⑫ 譲歩構文

### 例文

1 Young as he is, he is equal to the task.
2 It is true that she is rich, but she is not generous to us.
3 In spite of the railway accident, he came to school.
4 For all my repeated warnings, he parked his car on the street.
5 Even if it takes me ten years, I am determined to accomplish the job.
6 He is always cheerful whether he is sick or well.
7 Whoever may say so, it is not true.
8 No matter how rich one may be, one should not live an idle life.

### 意味

1 彼は若いが、その仕事をすることができる。
2 なるほど彼女は金持ちだが、私たちには気前が悪い。
3 列車事故にもかかわらず、彼は学校へ来た。
4 私が何度も注意したにもかかわらず、彼は通りに車を停めた。
5 たとえ10年かかっても、僕はこの仕事をやり遂げる決心だ。
6 彼は病気であろうと健康であろうと、いつも陽気だ。
7 誰がそのように言おうとも、それは真実ではない。
8 どんなに金持ちでも、遊んでいてはならない。

**～ as S+V,**

1．Child **as** he is**,** he is thoughtful.
彼は子ども**だが**、思慮深い。

この接続詞“as”は、「～けれども」「～だが」と訳し、倒置構文をとる。形容詞、副詞、名詞が文頭に出るが、可算名詞でも冠詞はつかない。Though he is a child, he is thoughtful. と書き換えられる。

なお、この形の“as”は普通は「譲歩」を表すが、文脈により「理由」を表すこともある。

**It is ture [that] ～, but…**

2．**It is true that** he is young**, but** he is brave.
**なるほど**彼は若い**が**勇敢だ。

“It is true [that] ～, but …”は譲歩を表す構文で「なるほど～だが…」と訳す。“It is true”は必ずしも文頭にくるとは限らない。

“Indeed ～, but …”や“To be sure, ～, but …”も同じ意味である。“but”の代わりに“yet”が用いられることもある。

**in spite of ～**

3．**In spite of** the heavy snow, he walked to school.
大雪**にもかかわらず**、彼は学校まで歩いていった。

**for all ～**

4．**For all** his riches, he is not happy.
お金持ちである**にもかかわらず**、彼は幸福ではない。

“in spite of ～”“for (with) all ～”は「～にもかかわらず」と訳す。これらは群前置詞とよばれ、2つ以上の語が結合して1つの前置詞のはたらきをするものである。

2・3・4のいずれも、接続詞 though を用いて書き換えることができる。

**even if ～**

5．**Even if** you are not to blame, you should apologize.
**たとえ**君が悪くなく**ても**、謝るべきだ。

“even if (though) ～”は「たとえ～でも」と訳す譲歩の構文である。“if”もしくは“though”だけでも「たとえ～でも」の意を表すことができるので、文脈に応じて「もし」(＝if)や「～けれども」(＝though)と訳し分ける必要がある。

**whether ～ or …**

6．You must do it, **whether** you like it **or not**.
好き**であろうとなかろうと**、君はそれをしなければならない。

“whether ～ or …”は「～であろうと…であろうと」「～しようと…しようと」と訳す。ただし、“whether ～ or …”が譲歩を表す副詞節となる場合である。名詞節となる場合は「～か…か」と訳す。

なお、“whether ～ or not.”や“whether or not ～”という形が譲歩を表すことも多いが、この場合は「～であろうとなかろうと」「～しようとしまいと」と訳す。

whatever～
(no matter what ～)

7．Whatever you may try, you must do your best.
何をするにせよ、ベストを尽くさなければならない。

8．No matter where you may go, you will not find a better place than your home.
どこへ行こうと、自分の家庭ほどよいところはない。

“whoever (no matter who) ～”、“whatever (no matter what) ～”、“whichever (no matter which) ～”は「だれが～しても」、「何が～しても」、「どちらが～しても」と訳す。これらは複合関係代名詞を用いた譲歩構文である。この他に複合関係副詞を用いて“however (no matter how)＋形容詞(副詞) ～”、“whenever (no matter when) ～”、“wherever (no matter where) ～”という構文があり、「いくら～しても」、「いつ～しても」、「どこで～しても」と訳す。なお、譲歩を表す副詞節の中では、譲歩の意味を強めるために“may”を用いることが多いが、口語ではあまり用いられない。また、口語では“no matter ～”のほうが好まれる。

## ⑬ 目的構文

**例文**

1 He works hard in order to support his family.
2 She went to Italy with a view to studying music.
3 He is going to London so that he may find a job.
4 I kept it a secret lest I should hurt his feelings.

**意味**

1 彼は家族を養うために一生懸命働く。
2 彼女は音楽を勉強するためにイタリアに行った。
3 彼は仕事を見つけるためにロンドンへ行こうとしている。
4 私は彼の気持ちを傷つけないように、その事は秘密にした。

in order to ～

1．He left early in order not to be late.
彼は遅れないように早く出発した。

“in order to 〜” は「〜するために」という熟語で、目的を表す副詞的用法の to 不定詞や “so as to 〜” よりも堅い表現。不定詞を否定させる時には、not を不定詞の直前に置いて表す。

with a view to 〜ing

2. He went to France with a view to becoming a painter.

彼は画家になるためにフランスへ行った。

“with a view to 〜ing” は「〜するために」「〜する目的で」と訳す。また “for (with) the purpose of 〜 ing” も同様の意味をもつ表現である。

so [that] + S + may 〜

3. Let’s get up early so that we may see the sunrise.

日の出を見るために早起きしよう。

“so [that] + S + may (can あるいは will) 〜” は「S が〜するために」と訳す。この構文は目的を表している。また “that” はしばしば省略されることがある。なお “so” の代わりに “in order” を用いることがある。

lest + S + should 〜

4. He is studying hard lest he should fail in the examination.

彼は試験に失敗しないように、一生懸命勉強している。

“lest + S + should (might あるいは may) 〜” は「S が〜しないように」「S が〜するといけないから」と訳す。“so that + S + may (can あるいは will) not 〜” “in case (that) + S + should 〜”、“for fear (that) + S + should〜” の形に書き換えることができる。

また、“lest + S + should 〜” は文語体で、口語ではそれ以外の表現を使うことが多い。なお、アメリカ英語では “lest” が導く節の中で仮定法現在、つまり原形を用いるのが普通である。

## ⑭ 結果構文

### 例文

1 He was foolish enough to believe what she said.
2 He tried so hard as to win the race.
3 He opened the door, only to find the room empty.
4 She worked so hard that she fell ill.
5 She was in such a hurry that she fell on the steps.

6　To my regret, I could not go to the party.

## 意味

1　彼は愚かにも彼女の言うことを信じた。

2　彼はがんばったのでレースに勝った。

3　彼はドアを開けたが、部屋はからっぽだった。

4　彼女はあまりに一生懸命働いたので、病気になった。

5　彼女はとても急いでいたので、階段で転んだ。

6　悔しいことに、私はパーティーに行けなかった。

**形容詞(副詞)**
**+enough to ～**
**so+形容詞(副詞)**
**+as to ～**

1．He was kind enough to lend me some money.
　彼は親切にもお金を貸してくれた。

2．I left home so late as to miss the train.
　遅れて家を出たので電車に乗り遅れた。

　“形容詞（副詞）+enough to ～”や“so+形容詞（副詞）+as to ～”の“to ～”はそれぞれの副詞の enough または as を修飾する副詞的用法であるが、程度を表すものであれば「～するほど…」、結果を表すものであれば「非常に…なので～する」と訳す。なお“to ～”の意味上の主語は主文の主語と一致する。また、否定の場合の“not+形容詞（副詞）+enough to ～”や“not so+形容詞（副詞）+as to ～”は「～するほど…でない」というように必ず後ろから訳す。

**～, only to …**

3．He studied very hard, only to fail in the examination.
　彼は一生懸命勉強したが、試験に失敗した。

　“～, only to …”は「～だが、結局…するにすぎない」と訳す。この構文は結果を表す副詞的用法の不定詞である。一般的には“only to ～”の前にコンマがあり、その部分が文末に置かれている。コンマがない場合は「ただ～するために」という意味で、目的を表す可能性もあるので、注意が必要である。

**so+形容詞(副詞)**
**+that ～**
**such a+名詞**
**+that ～**

4．He spoke so quickly that I could not understand him.
　彼はとてもはやく話したので、わからなかった。

5．He is such an honest man that he is loved by everybody.
　彼はとても正直な人なので、皆から好かれている。

　“so+形容詞（副詞）+that ～”や“such a+名詞+that

〜”は程度を表すものであれば「〜するほど…」、結果を表すものであれば「非常に…なので〜」と訳す。また、口語ではしばしば“that”を省略する。否定の場合の“not so＋形容詞（副詞）＋that 〜”や“not such a＋名詞＋that 〜”は、「〜するほど…でない」というように、必ず後ろから訳し、程度を表す。

**to one's＋感情を表す名詞**

6．**To my joy**, he is alive.
**うれしいことに**、彼は生きている。

“to one's＋感情を表す名詞”は「〜したことに」と訳す。これは結果を表す副詞句である。

## （3） Key Sentence による要旨の把握

key sentence によって要旨や筆者の主張をつかむやり方も、はやく読むためのポイントになる。全体の中で重要な文とそうでない文とを区別し、重要な文のみを拾って要旨を把握するわけである。

①The society in which class distinction is least developed offers man more opportunities for free competition on the road to success than class or caste societies. In general, ②in Japan a man's personal ability and actual achievements count for much more than family background. Whether an individual was born into a reputable or rich family or into a poor peasant family matters little after he has once gained admission to a successful group or has been given the chance of being linked with a successful or promising man. ③A man is classified primarily according to the group to which he belongs (or the individual to whom he is attached) ; assessment is in terms of his current activities, rather than the background of his birth. After admission to the group, provided that his ability and achievements are not below standard, it is almost certain he will be able to climb the vertical ladder of the internal hierarchy. Certainly, as he goes higher in the hierarchy he will face more intense competition with his colleagues, but the range of success and failure in such a limited field is not wide, however intense both his own and his peers' feelings within the group. ④ Hence the decisive factor in success is the opportunity for entry to a particular group.

from 'Japanese Society' Chie Nakane

この文例では、重要と思われる文に下線を引いてみた。その部分の意味をとってみると次のようになる。

①階級差の少ない社会では、それがある社会に比べて自由競争による成功の機会が多い。
②日本の社会では個人の能力や業績がその出身より重要である。
③人は所属する社会集団によって区分けされる。
④成功するかしないかは特定集団に所属するか否かによって決まる。

これでほぼ筆者の主張や要旨は拾えているはずである。

このように、思いきって重要でない文をどんどん捨て、必要な文だけを拾うことが大切である。この場合も、文単位で意味をすくっていくわけだが、和訳するのではなく、あくまでも英文として読むことが必要である。意味内容をつかみながら読み進み、自分なりに重要な部分をチェックしていけばよい。

# 2 問題の傾向と対策

## 1 趣旨・内容把握

英文の問題では、趣旨や内容の理解力・把握力を試すものが最も多く出題される。つまり、その文章において筆者が「何を言おうとしているのか」を読み取ることを主眼とする問題である。出題頻度から考えても、この形式を中心に学習すべきであろう。そして、内容の理解力がつけば、他形式の問題にも対応できるはずである。

### 例題 1

次の文の内容に一致するものとして妥当なのはどれか。

When I talk to schoolboys and schoolgirls about poetry, they often ask 'What is inspiration ?' or 'Do poets have to be inspired before they can write a poem ?' or, *point-blank, 'Are you inspired ?' These are difficult questions to answer (especially the third one !). But I'm going to try and answer them now——to give you some idea of what goes on in a poet's mind when he is composing a poem.

First, you must realize that a great deal of the creating of a poem has already taken place before the poet reaches for his pen and starts writing anything down : and I don't mean by this that he makes up most of the poem 'in his head', though some poets do. A poem is created by three stages.

＊ point-blank ……単刀直入に

1 私が学生諸君に詩の話をすると、彼らは「詩人は、霊感を受けなくても詩を作れるのではないか」としばしば質問してくる。

2 学生諸君が詩を作る時に詩人の心に到達する方法を私が教えよう。

3 詩人がペンに手を伸ばし、何か書き始めようとする前に、詩作という作業の大半は既に行われているということを知るべきである。

4 詩人は皆、詩の大半を頭の中で作っている。

5 詩の内容は、三つの段落に分けて作られる。

（地方初級試験より）

## イディオム

＊は頻出

① go on = (事が) 起こる、行われる (happen)

② a great deal of 〜 = 〜のうちの大部分 (much of) ＊

③ take place = 起こる、生ずる、行われる＊

④ reach for 〜 = (〜を求めて) 手を伸ばす

⑤ write 〜 down = 〜を書き留める

⑥ make up 〜 = 〜を組み立てる、〜を作る (compose)

## 構文

some idea =「ある考え」

some＋可算名詞・単数形の some は a (an) とほとんど同じで、「ある、何らかの」の意。

starts writing =「書き始める」
V O

writing は動名詞。

mean by this that 〜 =「このことによって〜を意味する」
V O

this は前文の a great deal 〜 anything down の内容を受ける。

some poets do =「そうする詩人もいる」

do は make up most of the poem 'in his head' を指す代動詞。

## 解説

詩の創作をテーマにした話の導入部と思われる一文。インスピレーションと詩の関係から話題提起をし、詩は頭の中で作るものではないことを説明しようとしている。

さて、問題は内容一致の形式であるから、順次どの部分の訳であるか、本文と比較検討して矛盾点を見つけ出し、消去法で選択肢を絞っていく。

1　誤り。本文2行目、「霊感を受ける必要があるのか」と尋ねてくるのであるから、誤り。

2　誤り。詩人の心に到達する方法についての記述は本文にない。

3　正しい。本文8〜10行目の内容と一致する。

4　誤り。本文10〜11行目、「詩の大半を頭の中で作っているのではない」と主張している。

5　誤り。本文末の“by three stages”の訳は「3段階で（を経て）」が正しく、「3段落に分ける」のではない。

このように、内容合致の問題の選択肢は、本文を部分的に抜き出してつくられていることが多いので、「この肢はどの部分と照応するか」をすばやく的確に見つけることが、問題を解く鍵となる。

内容面では、詩や小説、読書や言語など文学教養的題材は好んで出題される傾向にあるようだ。

正答　3

## 全訳

私が詩について男子学生や女子学生に話すとき、彼らは「霊感とは何？」とか「詩人は詩を書く前に霊感を受けなければならないのか？」とか、単刀直入に「あなたは霊感を受けているのか？」としばしば尋ねる。これらは答えるのに難しい質問である（特に3番目のは！）。しかし私は頑張って彼らに答えるつもりである——詩人が詩を作っているとき、心の中で何が起こっているかについてヒントが与えられるように。

まず、あなたは詩人がペンに手を伸ばし、どんなことでも書き始める前には、詩作の大部分が既に行われていることを理解しなければならない。と言っても私は、詩人は詩のほとんどを「頭のなか」で作ると言っているのではない。中にはそうする詩人もいるが。詩は3段階で作られるのである。

## 例題 2

次の文の内容と合致するものとして妥当なのはどれか。

I took out my English-Japanese dictionary and started to look for all the words I needed to tell the doctor that I had a fever and could not breathe through my nose. He understood the first part very well. “Oh ! I see. Your head is hot.” But when I told him the second part, he looked very surprised. I repeated the same sentence three more times. He still looked very surprised. He put his finger to his lips to tell me not to talk any more.

The doctor went into a back room and brought a big medical

book and started to read. Half an hour passed. He also made a couple of phone calls. I was getting a little bit frightened. "Is it serious ?" I asked. The doctor looked at me. Then he read a few more chapters from the book. At last he said something like, "I can't help you. I did not know that foreigners were so different. The doctors at the university hospital in Tokyo would like to see you. Go there right now !"

Now I was really afraid. All this just for a little cold ! I asked why. The doctor said, "I have never in my life heard of a person who can breathe through his ears. You must be very special." I could not have been more surprised. Then I realized my mistake. When I was looking for the words in my English-Japanese dictionary, I had said "mimi" instead of "hana". It took me another half hour to make the doctor believe that I was normal.

1　患者は、自分の前で医学書を読む不勉強な医者に対して不信感をもった。

2　医者は、病状の重さに驚き、東京の大学病院でも治らないとさじを投げた。

3　患者は、重病だと悟ったが、医者の診断にかすかな望みをつないだ。

4　医者は、耳で呼吸をする外国人の患者に出会ったと誤解して、とても驚いた。

5　患者は、医者に対して言葉が通じず、病状が話せないので自暴自棄になった。

## イディオム

＊は頻出

① take out ～ = ～を取り出す、持ち出す

② look for ～ = ～を探す

③ put A to B = A を B にあてる

④ not ～ any more = もうこれ以上～しない＊

⑤ make a (phone) call = 電話をかける＊

⑥ a couple of = 数本の

⑦ a [little] bit = 少し、ちょっと

⑧ look at ～ = ～を見る＊

⑨ At last = とうとう、ついに＊

⑩ would like to = (want to の丁寧形) ～したい＊

⑪ right now = 今すぐ

⑫ hear of ～ ＝ ～のことを聞く
⑬ instead of ～ ＝ ～の代わりに＊

## 構文

all the words [that] I needed ＝「私が必要としたすべての単語」

words と I の間には目的格の関係代名詞 that が省略されている。

tell the doctor that ～ ＝「医者に～のことを言う」
V　O　O

look surprised ＝「驚いた様子だ」
V　C

to tell me not to talk ＝「私に話をしないようにと」
V　O　C

to tell は目的を表す副詞的用法、not to talk は目的格補語になる名詞的用法の不定詞

get frightened ＝「恐くなる」
V　C

All this just for a little cold !
＝「ちょっとした風邪のためにこんな大ごととは！」

I could not have been more surprised.
＝「これ以上驚いたことはなかった」

文末に than this が省略された not～more～than の最上級構文→「一番驚いた」の意。couldn't have been surprised は「(たとえ驚いたことがあったとしても、これ以上）驚いたことはなかっただろう」という意味を表す仮定法過去完了・帰結文の形。

It takes（人）＋（時間）＋ to ～
＝「～のことをするのに（人）に（時間）かかる」

make the doctor believe that ～
V　O　C(V')　(O')
＝「～のことを医者に信じさせる」

## 解説

外国人が日本人医師の診察を受けた時のエピソードである。日本語が通じず四苦八苦する様子を、簡単な英文にまとめている。誤解を生んだ原因が、「鼻」を「耳」と言い誤ったためであることが分かるのは、最後から2行目においてであるが、軽い風邪のはずがなぜ前代未聞の

奇病と診察されるにいたったかを考えながら、選択肢をチェックしていこう。

1　誤り。第2段落3行目。「医者に対して不信感を持った」のではなく、自分が不安になってきたのである。

2　誤り。第2段落7行目。「東京の大学病院で診てもらうように」と言っているのである。

3　誤り。「医者の診断にかすかな望みをつないだ」という記述は本文に見当らない。

4　正しい。

5　誤り。病状が正しく伝わらず苛立ち、不安になっている患者の様子は伺えるが、「自暴自棄」にはなっていない。

内容合致の問題では、5の記述のように、文章全体から読み取れる態度（雰囲気、様子）を誤って解釈した誤肢が含まれていることが多い。いわゆる“ひっかけ肢”である。このような誤肢にひっかからないためには、内容を正確に理解し、誤肢の言葉のニュアンスの違いに気付くことが肝心だ。

例題のような「異文化コミュニケーション」を扱った話は、笑い話で済むものから深刻な誤解を生む可能性のあるものまで、話題に事欠かず、出題されるケースも多い。色々な例に触れておくのが得策であろう。

正答　4

## 全訳

私は英和辞典を取り出して、熱があって鼻で息ができないことを医者に伝えるために必要なすべての単語を調べ始めた。医者は最初の部分はよく理解してくれた。「ああ、わかりました。頭が熱いのですね。」しかし、私が次の部分を言うと、彼はとても驚いた様子だった。私は同じ文をもう3回繰り返した。彼はまだとても驚いている様子だった。彼はもうこれ以上何も話さないようにと指を唇にあてた。

医者は奥の部屋に入り、分厚い医学書を持ってきて読み始めた。30分がたった。彼は2～3回電話もした。私は少し恐くなってきて、「深刻なんでしょうか？」と尋ねた。彼は私を見て、それから本をもう2～3章分読んでから、とうとうこんなようなことを言った。「私ではダメだ。外国人がこんなに違うとは知らなかった。東京の大学病院の先生方があなたを診察したがっているので、すぐにそちらに行きなさい！」

今度は本当に恐くなった。たかが風邪のことなのに！私は理由を尋ねた。医者は言った。「私は今までの生涯で、耳で呼吸ができる人のことなど聞いたことがない。あなたはきっと特別なんです。」私はこれ以上ない程に驚いた。そして自分の間違いに気付いた。私が英和辞典で単語を探していた時、『鼻』と言わずに『耳』と言ってしまったのだ。医者に私が正常だと信じてもらうのに、さらに30分かかった。

## 例題 3

次の文の趣旨として妥当なのはどれか。

To the average Westerner, the East has always been the land of mystery, and though modern means of communication and modern methods of transmitting information, especially the camera and the cinema, are making him familiar with the external features of Oriental civilization, its inward spirit still remains strange and remote.

1　情報伝達の機会やシステムが密になれば、普通の西洋人にも東洋の神秘的文化がもっと理解できるようになる。

2　カメラや映画に代表される情報伝達手段によっては、東洋文明の外面的特徴を理解することさえむずかしい。

3　普通の西洋人は、「東洋は神秘の土地」という固定観念をもっているために、東洋の文化への興味が浅いままである。

4　東洋の神秘というものは、そもそも伝達できないものであり、西洋人に理解できるような明確な概念ではない。

5　普通の西洋人にとって、東洋の精神面は今でも不思議で縁遠いものとされている。

（地方初級試験より）

## イディオム

＊は頻出

① means of communication = 通信手段 means = ways ＊

② be familiar with（物・事） = 〜をよく知っている＊

cf. be familiar to（人）

## 構文

though modern means of communication and modern methods of transmitting information〜Oriental civilization, =「特にカメラや映画などの近代的な通信手段や情報伝達の方法によって、東洋文明の外面的特徴は知られるようになってきたが」

though から始まるこの譲歩の副詞節は、modern means 〜 the cinema までが主語、especially the camera and the cinema の挿入句は、前部分の具体例で前部と同格関係にある。

make him familiar =「彼がよく知るようになる」
V O C

make を用いた無生物主語の構文。him = the average Westerner を指す。

remains strange and remote =「不思議で縁遠いままである」
V $C_1$ $C_2$

## 解説

西洋人の目から見た東洋文明について、外的現象的側面と内的精神的側面の二面に分けて論じた文である。このような文明論や英米文化論は、英語に限らず、社会や現代文の問題としても比較的採用され易いテーマである。受験者は、日頃から社会や文化の問題について基礎的な知識を得るように心掛けてほしい。新聞のコラムや著名人の社会文化論に目を通しておくと、内容理解の一助となるであろう。

この例題は、長い一文で構成されているが、“though 〜 Oriental civilization” までは譲歩の挿入節であり、要旨は文頭と文末に集約されている。つまり、「東洋文明について外面的知識は増えたが、その精神面は今だに神秘のままである」と述べていることから、5 が正答であるのは明らかである。

論文形式の文章では、本文の冒頭および末尾に筆者の主張（趣旨）が現れることが多いことを覚えておくとよい。

正答　5

## 全訳

普通の西洋人にとって、東洋は常に神秘の土地であり、特にカメラや映画などの近代的な通信手段や情報伝達の方法によって、東洋文明の外面的特徴はなじみのあるものになってきているが、東洋の精神面は今だに不思議で縁遠いものである。

## 例題 4

次の文の標題として妥当なのはどれか。

Its towers are the resting place of the sun. Its avenues are so full of pleasure that its lanes are like roads of paradise. That's how the historian Chandar Bhan Brahman described Delhi in the 17 th century. He wouldn't recognize the Indian city today. Its towers are more often the resting place of corpses and its avenues so full of pollution and traffic that they are like roads of *respiratory illness and fatal accidents. Overcrowding, disease, litter, power outages and water shortages have all played a part lately in turning Brahman's sunlit paradise into a choking hell.

＊ respiratory : of or for breathing air

1　The Decline of Delhi
2　The Paradise in the World
3　The Hell Lost
4　The Historian Chandar Bhan Brahman
5　Delhi in the 17th Century

## イディオム

① be full of ～ ＝ ～でいっぱいだ
② play a part in ～ ＝ ～で役割を演じる
③ turn A into B ＝ A を B に変える

## 構文

＊は頻出

so full of pleasure that ～ ＝「とても喜びで満ちあふれているので」＊

so＋(形容詞・副詞)＋that の結果構文

That's how～ ＝「そんな風に～」

how は関係副詞で、先行詞 the way が省略されている。

He wouldn't recognize ～ today.

＝「彼が（今日のデリーを見ても）同じ都市とは分かりはしないだろう」＊

このwouldn't は仮定法で、if he saw Dclhi today といった仮定条件節が省かれていると考えられる。

## 解説

標題を選ぶ問題であるが、正答を得るためには、この文章が「何について書いてあるのか」、つまり要旨を読み取ることがまず求められる。

例題では、第3文と第4文を境に、前半が“paradise (天国)”のような17世紀のデリー、後半が“hell（地獄）”というにふさわしい現在のデリー（インドの都市）を比較描写している。デリーの衰退ぶりを語っていることを理解できれば、選択肢の中から正答を導き出すのは容易である。

1　正しい。「デリーの衰退」

2　誤り。「この世の楽園」

3　誤り。「失われた地獄」

4　誤り。「歴史家 Chandar Bhan Brahman」

5　誤り。「17世紀のデリー」

標題としては、2，5のように文章を部分的に取り上げているものは不適。文章全体から言えること、つまり主旨を簡潔化したものが標題としてふさわしい。勿論、選択肢が日本語の場合も多く、その場合は日本語のニュアンスにも配慮して選ぶべきである。

正答　1

## 全訳

塔は太陽の休憩場所である。通りは喜びで満ちあふれ、小道は楽園の道のようだ。歴史家 Chandar Bhan Brahman は、17世紀のデリーをこう描写している。彼が今日のデリーを見たとしても、きっと同じインドの都市とは思わないだろう。塔はしばしば死体置場と化し、街路は汚染と交通で満ちあふれ、まるで呼吸疾患や死亡事故を招く通りのようである。過密・病気・ごみ・停電・水不足などの問題が、全て最近では、Brahman が描写した日のさす楽園を、息苦しい地獄へと変えていったのだ。

## ② 空欄補充

2番目に多い出題形式である。いわゆる“穴埋め”であるが、構文や熟語の一部分を補うといったものよりも、むしろ、内容を理解した上で、文章の要旨に絡む単語および短文を挿入するという問題が多い。つまりは、最頻出形式の趣旨・内容把握と同様に、文章全体の理解力が必要なのである。

### 例題 5

次の文は、アメリカ人（A）と日本人（J）との会話である。文中の空欄に入る言葉として妥当なのはどれか。

A : I'm still afraid of missing a lot of what's going on because Japanese people don't say what they mean.

J : You mean we say 'yes' when we really mean 'no,' but we sometimes mean 'yes' when we say 'yes' and 'no' when we mean 'no,' so you never know the truth.

A : Yes, that's exactly what I mean. And some people say "Please have another cup of tea," when they really mean it's time to go home, and "Please come again," when they really mean "I never want to see your face again." And "You are looking well," when they really mean "Boy, you've gotten fat lately."

J : It's a kind of buffer zone.

A : What?

J : Those phrases. They help to soften the impact of the truth. It's what we call □, and it's a really good idea to try and master the art of using it in Japan.

1 *reigi*

2 *tatemae*

3 *oseji*

4　*nemawashi*
5　*tomawashi*

## イディオム

＊は頻出

① be afraid of ～ ing = ～するのを恐れる、心配する＊
② a lot [of～] = much [of～] ～の多くを＊
③ look well = 元気そうに見える＊
④ get fat = 太る
⑤ a kind of = 一種の＊
⑥ buffer zone = 緩衝地帯
⑦ what we call = what is called　いわゆる

## 構文

what's going on = 「(現在) 起こっている事、でき事」
　この what も次行の what they mean の what も関係代名詞
we say 'yes' when we really mean 'no',
= 「本当は『ノー』なのに『イエス』と言う」
　この when は (al) though と同義で「～なのに」と訳し、主文と相反する内容の副詞節を導いている。
another cup of tea = 「もう一杯のお茶」
it's a really good idea to try ～
= 「～しようとするのは本当にいい考えだ」
　it は to 以下の不定詞を受ける形式主語の構文。

## 解説

　例題は、会話形式で構成された日本人論であり、日本人とアメリカ人が論じている“テーマ”が何であるのかを問う問題である。よって、空欄補充の形を採ってはいるが、実は主題を把握する問題なのである。文章全体がある物(事)の説明になっており、その物(事)は何かを答えるクイズ形式の問題は、空欄補充という形で出されるひとつのパターンである。
　例題では、日本人に固有な言い回し、一見嘘をついているとも取れる表現が、実は本当のことを言って相手の期待を裏切ったり、相手に気まずい、不愉快な思いをさせたくないという配慮の上でのコミュニケーション術である、と説明している。この真実の与える衝撃を弱める役割を果たすものとは何かを考えればよい。**5**の「遠回し」は、本当のことを相手にそれとなくわからせようと、事実を婉曲に表現する方法であるから不適。ここで語られているのは、日本人特有の性質「本音（真実）と建前」論である。

このような会話形式の出題は頻出傾向にあるので、日頃から会話体に慣れておいてほしい。また、外国人からみた日本人像は類型的なものが多く、よく出題される話題である。政治・経済・歴史・生活などの観点から日本という国、および日本人に対する評価を知っておくとよいだろう。

空欄補充問題としてはこのほかに、前後の文脈を判断した上での語いの挿入、もしくは文法項目からの出題であるが、多くは複数の穴埋め形式で出されることが多く、これについては**例題6**を参照してもらいたい。

正答　2

## 全訳

アメリカ人：日本人は言いたいことをはっきり言わないから、私はまだできごとの多くを把握できていないのではないだろうか。

日本人：本当は「ノー」なのに「イエス」と言ったり、かと思うと「イエス」の時に「イエス」、「ノー」の時に「ノー」と言ったりして、どれが本当かわからない、ということを言っているんですね。

ア：そう、その通りだ。それに、もう帰ってほしい時間なのに「もう一杯お茶でも」と言ったり、「二度と顔も見たくない」と思っているのに「また、おいで下さい」、おまけに「何だ、最近太ったな」と思っているのに「お元気そうですね」という具合だ。

日：それは一種のクッションみたいなものです。

ア：何が？

日：あなたが今言った日本人のセリフですよ。それらのセリフは真実が与える衝撃を弱めるのに役立っています。いわゆるタテマエというやつで、日本のタテマエの使い方のこつをマスターするように努力してみることは、いい考えですよ。

## 例題 6

次の文中の空欄 A～E に入る語の組合せとして妥当なのはどれか。

Mr. Wada : Good morning ! Osaka Trading Company. May I help you ?
Mr. Brown: Yes, please, I'd like to [ A ] to Mr. Okamoto.
Mr. Wada : May I have your name please?
Mr. Brown: This is Charles Brown.
(A few seconds later)
Mr. Wada : I'm sorry, but he is out now.
Mr. Brown: May I ask when he is coming back ?
Mr. Wada : He will be back in the afternoon. May I [ B ] your message ?
Mr. Brown: Yes. Please tell him to call me [ C ] as soon as he gets back.
Mr. Wada : Certainly, I will. May I [ D ] your phone number, please ?
Mr. Brown: The number is 06-999-9999.
Mr. Wada : Thank you for [ E ].

| | A | B | C | D | E |
|---|---|---|---|---|---|
| 1 | tell | ask | back | have | phone |
| 2 | tell | take | later | get | phone |
| 3 | speak | take | back | have | calling |
| 4 | tell | take | later | have | phone |
| 5 | speak | ask | later | get | calling |

（地方初級試験より）

### イディオム

＊は頻出
① May (Can) I help you ? = どういったご用件でしょうか＊
② would like to = (want to の丁寧形) ～したい＊
③ speak to (人) = (人) と話をする＊

④ May I have(ask) your name [please]? = Could you tell me your name, [please]?
　=お名前をお願いできますか、どちら様でしょうか
⑤ This is ～ = こちら（話している人）は～です
　電話口では話し手はI am を用いない。
⑥ be out = 外出中
⑦ take a message = 伝言を伺う
⑧ call back（人）/ call（人）back = （人）に電話をかけ直す＊
⑨ as soon as ～ = ～するとすぐ＊
⑩ get back = 戻る

## 構文

when he is coming back =「いつお戻りになるか」
S V

　ask の目的語になる間接疑問文。(S, V の語順に注意)
is coming = will come で近未来を表す。
tell him to 不定詞 = 「彼に～するように伝える」＊
V O C

## 解説

　会話形式を用いた空欄補充の問題である。ある貿易会社にかかってきた電話での会話、という設定条件であるが、空欄を埋めていくには、イディオムの項目に説明を加えたような電話口での言い回しを、内容の展開に応じて当てはめていける応用力が必要である。

　とはいっても、選択肢が示されているのだから、内容と文法から考えて容易に入れられる箇所から埋めていけば正答を導き出せる可能性もある。たとえば、A には、後に“to”があることから自動詞の“speak”が、D には、4 行目と同一表現であるから“have”が、E には、“phone”という名詞の前には“your”が必要だから、“calling”の動名詞が入るはずだ、というように。

　また、内容を見ていくと、この電話はブラウン氏からオカモトさん宛であったのだが、オカモトさんが不在であったため、戻ったら電話をするようにと、電話を取ったワダさんに依頼するというものである。take a message や call me back, Thank you for calling / your (phone) call

といった表現を順次拾っていける読解力は培っておこう。

この例題のように複数の穴埋め問題では、そのうちの数箇所の答えが分かれば、自ずと正答に行きつくようにつくられている。確実なところから埋めていくことがはやく解く鍵である。

正答　3

**全訳**

ワダ　　：おはようございます。大阪貿易会社でございます。どういったご用件でしょうか？
ブラウン：オカモトさんをお願いしたいのですが。
ワダ　　：お名前をお願いできますか？
ブラウン：チャールズ＝ブラウンです。
（しばらくして）
ワダ　　：申し訳ございません。オカモトはただ今外出しております。
ブラウン：いつお戻りになりますか？
ワダ　　：午後には戻る予定です。伝言をお伝えいたしましょうか？
ブラウン：ええ。お戻りになり次第お電話下さるようお伝えください。
ワダ　　：かしこまりました。電話番号をお願いできますか？
ブラウン：06-999-9999です。
ワダ　　：お電話ありがとうございました。

## 3　文章整序

文章全体の内容を把握し、再構成する力が試される。まずは問題文を通読して何について書かれている文章かをつかみ、前後のつながりを考える上で重要な手掛かりとなるkey wordをチェックする。これが、問題を解く上で最も大切なポイントである。key wordをたよりに文をつないでいけば、自ずと文脈が見えてくるはずである。

## 例題 7

次のア～オを意味が通るように並べ替えたものとして妥当なのはどれか。

ア　I know few French words. Neither of us spoke during the travel.
イ　I am an English engineer. I had an amusing experience last year.
ウ　I had nearly reached the town, when the young man suddenly said, very slowly, “Do you speak English ?” Soon I found he was English himself.
エ　I stopped and he asked me for a lift. As soon as he got into the car, I said good morning to him in French, and he answered in the same language.
オ　After I had left a small village in the south of France, I drove on to the next town. On the way, a young man waved to me.

1　イ－ア－ウ－オ－エ
2　イ－ウ－ア－オ－エ
3　イ－オ－エ－ア－ウ
4　オ－ウ－ア－エ－イ
5　オ－エ－ウ－ア－イ

（地方初級試験より）

### イディオム

＊は頻出

① ask（人）for a lift ＝（人）に乗せてくれと頼む
② as soon as ～ ＝～するやいなや、～するとすぐ＊
③ get into ～ ＝～に乗り込む
④ in the south of ～ ＝～の南（部）の
⑤ drive on to ～ ＝～へと車を走らせ続ける
⑥ on the way ＝途中で＊
⑦ wave to（人）＝（人）に手を振って合図する

### 構文

few French words ＝「ほとんどフランス語を～しない」
　few に a がつかなければ否定語になることに注意。
neither of us ＝「私たち２人とも～しない」

neither は2つの物（人）に用いて全面否定を表す。
S＋V＋…, when S'＋V'＋… ＝「SがVした時、S'がV'した」
, when は関係副詞の継続用法。先行詞は前文（の時間帯）と考えられ、「その時に」と前文に続けて訳す。
he was English himself ＝「彼自身がイギリス人だった」
再帰代名詞 himself は主語 he を強調している。

**解説**

笑い話ともいえるあるでき事を書いた文章の並べ替え問題である。ア～エを通読し、どんな事件があったのかを推察した上で、時間の流れに沿って並べ替えていく。

まず、場所はフランス、主人公はイギリス人、彼がドライブ中にヒッチハイカーを乗せた時の話であるというおおまかな場面設定を読み取ろう。その上で、実際に並べ替えていくわけだが、選択肢より冒頭はイかオである。話を切り出すのにふさわしいのは、自己紹介をし、「あるおもしろい事があったのですよ」と述べているイであると判断できる。そして、その「おもしろい事」を順を追い具体的に説明していくには、その発端を語るオ「南フランスを運転中、一人のヒッチハイカー（a young man）に出会った」がくるはずだ。ここから登場人物は2人となり、時間の推移も併せて考えていくと、エ「そこで彼（he）を車に乗せてやり、フランス語で挨拶を交わした」→ア、その後は「私がフランス語が苦手なため、2人とも（neither of us）話をしなかった」→ウ、ところが「目的地に着く直前に、その若者（the young man）が『英語を話しますか』と聞いたことから、彼もイギリス人だと言うことが分かった」の順に、話の一部始終が明らかになる。

このように、並べ替え問題では、まず文脈を通すということが肝心だ。そのためには、現代文での解法と同様、接続語、指示語、代名詞、冠詞に注目し、関連するものをつなぎ合せ、全体としてひとつの話に組み立てる構成力が必要となる。

公務員試験のように選択肢が与えられている場合、（**例題7**では、最初のイ→オを選択した時点で正答が得られるように）配列順の一部の確認だけで解答が導き出される場合も多いので、その点も上手に活用したい。

正答　3

## 全訳

イ　私はイギリス人の技師である。私は去年面白い体験をした。

オ　南フランスの小さな村を出発した後、私は次の町へ向かってドライブを続けた。途中で一人の若者が私に手を振った。

エ　私が止まると、彼は私に車に乗せてほしいと頼んだ。彼が車に乗り込むとすぐに、私はフランス語で彼におはようと言い、彼もフランス語でそれに答えた。

ア　私はフランス語をほとんど知らない。道中はどちらも話をしなかった。

ウ　もう間もなく町に着こうという時、若者が突然、とてもゆっくりこう言った。「あなたは英語を話せますか？」私はすぐに彼自身もイギリス人であることがわかった。

# 練　習　問　題

（214ページより解答・解説）

★
**1**　次の文の趣旨として妥当なのはどれか。

One day in the 21st century, there probably will be the following conversation somewhere: "The cars of the previous century apparently were monsters which made loud noise." "It must have been terrible for the people living alongside the streets." "On top of that, they were polluting the air with gases." "I can't believe it." By then it should be the standard that cars are quiet and do not emit exhaust gases.

1　21世紀には、科学技術の発達に伴い、公害問題がさらに深刻な問題となるだろう。
2　21世紀には、公害問題への反省から、よりシンプルで自然回帰の生活を実践していることだろう。
3　21世紀には、公害問題の一因となる現在の車は改良されて、快適な暮らしをしているだろう。
4　20世紀は、科学技術の飛躍的な発展はあったものの、騒音公害と大気汚染に悩まされた不幸な時代だった。
5　20世紀は、急速な科学技術の発達によって、性能の良い車が次々と量産された時代だった。

★
**2**　次の英文の標題として妥当なのはどれか。　地方初級

One day an old man was looking for something on the street. He picked up something and put it into his pocket. Then he picked up another and put it into his pocket again. So he went on.

A policeman came up to him and asked him what he was doing. The old man took a broken piece of glass out of his pocket and showed it to the policeman.

The old man pointed to the children who were playing a little way off and said with a smile, "Look at the children. They are all playing without shoes and stockings. I do not want them to hurt their feet."

1　老人の隠れた善行
2　老人の拾いもの

3　警官にとがめられた老人
4　老人の失敗
5　老人とよい子どもたち

★
**3**　次の文の内容に合致するものとして妥当なのはどれか。

Coast Guard helicopters went into action today after a yacht capsized in Coolidge Sound. Despite rain and high seas, the helicopters were able to rescue all but one of those aboard. Two men and two women were pulled to safety, but one of the men was dead on arrival despite the rescue team's efforts. The other three are in satisfactory condition. The fifth passenger, a woman, was not found. Although the Coast Guard continue their search, she is presumed drowned.

1　ヨットに乗っていた7人のうち、1人がいまだに行方不明である。
2　ヨットに乗っていた6人のうち、4人が救助され、1人の溺死が確認された。
3　ヨットに乗っていた9人のうち、8人が救助され、5歳の女の子が溺死した。
4　ヨットに乗っていた5人のうち、3人が生存し、1人が死亡、1人が行方不明である。
5　ヨットに乗っていた6人のうち、男女それぞれ2人が無事救助され、男女それぞれ1人が溺死した。

★★
**4**　次の文の内容に合致するものとして妥当なのはどれか。

As we stepped through the door to the seventh floor, I saw a wide room full of desks. My desk was by the door, and it was so small that I could hardly fit under it.

Someone gave me some paper, a ball point pen, and an eraser. I was ready to work. But what should I do ? Five minutes later a young man came to my desk and said something I did not understand, and left. He must have said something very important, because 30 seconds later the same guy pushed me and my chair into a little room. Everyone was sitting around a big table. It was meeting !

One manager was saying something in difficult Japanese. Half of the people listening had their eyes closed. Were they sleeping ? The other people were playing with their ball point pens. Only Takenaka-san, sitting beside me with his eyes wide open, seemed to be listening. By the end of the meeting I had managed to understand exactly ten words. I asked Takenaka to explain what it was all about. “I don’t know,” he said. “But you were listening the whole time,” I replied. “Well, to tell you the truth,” he said, “I have learned how to sleep with my eyes open.”

1　案内された広い部屋は机でぎっしりだったので、自分用の机を置くのは困難であった。

2　日本語でなされた上司からの指示の意味が理解できないので、何もしないでいたら、その上司に注意された。

3　会議に出席してみると、目を閉じている人がいたので、その理由を聞いてみると、「考えているからだ」と教えられた。

4　会議中、タケナカさんだけは、他の人とは異なりパッチリと目を開いて議論に参加していた。

5　会議の内容がほとんど分からなかったので、タケナカさんに尋ねてみたが、会議の内容を全く知ることができなかった。

★★

**5**　次の文の内容と合致するものとして妥当なのはどれか。

Biologically, there is only one quality which distinguishes us from animals : the ability to laugh. In a universe which appears to be utterly devoid of humour, we enjoy this supreme luxury. And it is a luxury, for unlike any other bodily process, laughter does not seem to serve a biologically useful purpose. In a divided world, laughter is a unifying force. Human beings oppose each other on a great many issues. Nations may disagree about systems of government and human relations may be plagued by ideological factions and political camps, but we all share the ability to laugh. And laughter, in turn, depends on that most complex and subtle of all human qualities : a sense of humour.

1　動物と人間を区別する唯一の生物学的特質は笑う能力であり、笑いはユーモアの感覚に依存している。

2　笑いは生物学的にみても役に立つはたらきを有しており、人間の諸機能の中でも最高にぜいたくな特質といえる。

3　何かと対立の多いこの人間社会では、ユーモアの感覚に基づく笑いをもってしても解決できない諸問題がある。

4　人間のみに備わった笑う能力は、動物と区別する生物学的特質だが、実際には無用の長物である。

5　笑う能力とユーモア感覚という人間に固有の特質を活用して、人は動物を支配している。

★★

**6**　次の文の内容と合致するものとして妥当なのはどれか。

On a quiet Monday morning, when the museum was closed, the small 77×53－centimeter “Mona Lisa” was lifted from its place. Despite the fact that several restorers were working not far away, no one noticed the theft. The frame was found abandoned in a different place. The “Mona Lisa” stayed underground for more than two years, during which an intensive search was conducted.

Suspects at the time included the poet, Guillaume Apollinaire (1880-1918), still a young man, and Pablo Picasso (1881-1973). Picasso had once bought an ancient stone sculpture from an old friend of Apollinaire, who it turned out had stolen the piece from the Louvre. The real thief in the “Mona Lisa” case turned out to be an Italian artisan who had frequently worked at the museum. He had removed the painting from the wall while the exhibit room was empty, hid the painting in his clothes and walked out. The initial investigations were not strict, so it took some time for culprit to be arrested.

1　誰もいない休館日にルーブル美術館に侵入した犯人は、ゆうゆうと「モナ・リザ」を運び去った。

2　ルーブル美術館から盗まれた「モナ・リザ」は、必死の捜査の甲斐あって、まもなく発見された。

3　アポリネールの友人がルーブル美術館から盗んできた品を買い

受けたことのあるピカソにも、捜査の手が伸びた。

4　犯人は、警備員の目を盗んでそっと絵を外し、カバンの中に入れて持ち去った。

5　「モナ・リザ」を盗んだ犯人はアポリネールの友人であったことが、後になってわかった。

★★
**7**　次の文の趣旨として妥当なのはどれか。

"You will have exactly two hours," said the professor as he handed out examination papers to a roomful of students. "Under no circumstances will I accept a paper given to me after the deadline has passed." Two hours later he broke the silence. "Time is up," he said. But one student continued to work furiously. The professor was glaring out from behind the pile of exams when the tardy student approached him, almost 15 minutes later, with his exam clutched behind his back. When the professor refused to accept it, the student drew himself up to full stature and asked, "Professor, do you know who I am ?" "No," said the professor. "Terrific," replied the student, and he stuffed his paper into the middle of the pile.

1　終了時間を過ぎてからテストを提出しようとした学生が、厳格な教授に、予告通り受け取りを拒否された。

2　終了時間までにテストを終わらせることのできなかった学生が、巧みな言葉で教授を納得させ、15分間延長してもらうことに成功した。

3　テスト提出後に、自分の名前の書き忘れに気付いた学生が、厳格な教授にうまく頼みこんで書き加えさせてもらった。

4　「時間厳守」を宣言した教授だが、学生があまりに熱心であるので、テストの提出時間を15分延長した。

5　ある学生が、教授が自分の名前を覚えていないことをうまく利用して、遅れて提出した答案を他の答案用紙の束の中に紛れさせた。

★★
**8** 次の文の趣旨として妥当なのはどれか。

Children returning home from *juku* cram schools by train or bus at 10 or 11 p.m. is a very normal sight, particularly in big cities. The role of the school is often subtle. This is an age with many complicated problems involved with children growing up. Schoolteachers are experts on children, but the number of cases in which they must seek the help of other experts has increased.

But being able to confront the entire character of individual children on a daily basis is the special right of schoolteachers. And I believe this is important. When there are adults who do this, serving as models, children will grow up.

1　学校は学習面で全責任を取るべきで、その他の諸問題はその道の専門家に任せるべきだ。

2　学校の先生は、日々子どもと接している立場であり、その全人格と向かい合っていくことが大切である。

3　学校の先生は子どもの教育の専門家として、あらゆる問題に対処できるように育成されるべきだ。

4　教師には、子ども達のモデルとなるべき豊かな学識と、円満な人格を兼ね備えてほしい。

5　多様な問題を抱えた教育現場での先生の役割は複雑で、これこそが正しいモデルといえるものはない。

★★
**9** 次の文の趣旨として妥当なのはどれか。

Australia leads the world in *rugby union, cricket and netball, but a recent study has shown the sports-mad nation also produces world class couch potatoes.

The survey, released by the Australian Bureau of Statistics, showed that 40.6 percent of Australians over 18 did not take part in sport or physical activity in a 12-month period. Physical activity included fishing and playing pool.

Walking was by far the most popular activity. The survey asked respondents about their activities—or lack of them—over 12 months, from 1997 to 1998. Among those who did get off the couch, 22.7 percent or 3.1 million people liked to take a stroll. The next most popular activities were swimming, aerobics, golf and tennis.

＊rugby union ……アマチュア・ラグビー

1　オーストラリアは、数種のスポーツでは世界に冠たる存在であるが、一般国民がスポーツを実践する率は意外と少ない「カウチ・ポテト」の国である。

2　オーストラリアは、アマチュア・ラグビーやクリケット、ネットボールといったスポーツで世界をリードしているが、一般大衆の間では、散歩や水泳といった身近なスポーツに人気がある。

3　オーストラリアはスポーツ大国という印象が強いが、実は「カウチ・ポテト」が非常に多く、日常的に散歩を楽しむ人もほとんどいない。

4　オーストラリアは世界に冠たるスポーツ王国だけあって、一般大衆の間でもスポーツ活動に参加したり、スポーツ観戦をする人が多い。

5　オーストラリアは、数種のスポーツでは世界をリードする存在だが、実は「カウチ・ポテト」が多く、政府は健康のためスポーツを実践するよう国民に奨励している。

★★
**10**　次の文中の下線部 the peasant をAとし、the man をBとすると、これらについて述べたものとして妥当なのはどれか。　地方初級

It is true that the work of the peasant who cultivates his own land is varied ; he ploughs, he sows, he reaps. But he is at the mercy of *the elements, and is very conscious of his dependence, whereas the man who works a modern mechanism is conscious of power, and acquires the sense that man is the master, not the slave, of natural forces.

＊the elements ……自然力

1　Aの仕事は自然の変化にともない変化するが、Bの仕事は単調で自然の変化のいかんにかかわらず変化しない。

2　Aの仕事は個人が独立して行うものだが、Bの仕事は社会の組織の力関係に左右されるものである。

3　Aの仕事は自然の力に依存して行われるが、Bの仕事は機械の性

能に依存して行われる。

4　Aは自然の力に対して無力で無抵抗であるが、Bは自然の力を効率的に利用する力を持っている。

5　Aは自然の力への依存を意識しているが、Bは人間が自然の力を支配できると思っている。

**11** ★★　次は、ある国の自転車の交通規則からの抜粋である。この規則に照らして自転車に許されることとして妥当なのはどれか。

You must not

・Ride or attempt to ride a bicycle while under the influence of alcohol or drugs,

・Ride on or across a footpath,

・Hold on to a moving vehicle,

・Cycle more than two *abreast (in heavy traffic cycle in single **file),

・Cycle against the traffic flow on one-way streets,

・Weave in and out of moving traffic,

・Carry a passenger.

You must

・Cycle in single file when overtaking,

・Give your name and address if requested, to a traffic policeman,

・Obey signals given by a traffic policeman,

・Obey the rules applying at traffic lights, pedestrian crossings,

・Know the meaning of hand signals for cyclists and give them when cycling on the road,

・Cycle on cycle tracks where such facilities are provided.

＊abreast …… side by side

＊＊file …… line of people

1　自転車用車線がある道路で、それ以外を走ること

2　交通量の少ない道で２列走行すること

3　交通量の多い所で歩道を走ること

4　一方通行の道を逆に走ること

5　二人乗りすること

**★★ 12** 次の文は、ある空港でのアナウンスである。このアナウンス内容を**正しく聞き取っていない**のはどれか。

This is the last call for passengers on the *KLM flight K733 for Amsterdam. Would any remaining passengers please proceed to gate 12 and board immediately.

Aeroflot flight SU 581 for Tokyo is now boarding at gate 27. Would passengers please proceed through immigration.

We apologize for the late arrival of Pakistan Airlines flight PK 227 from Karachi. This flight is now expected at about 9 : 20. We apologize for the delay, which is due to weather conditions. Would anyone meeting passengers off this flight please listen for further announcements.

Can we remind all users of the airport not to leave baggage unattended. Once again, this is a reminder to all users of the terminal : any unattended baggage will be removed. Please make sure that someone stays with your baggage at all times.

Would Mr. Hans Koch, that's Mr. Hans Koch, travelling on Lufthansa flight LA 446 to Berlin, please come immediately to any information counter. Thank you.

＊KLM ……オランダ航空

1　アエロフロートSU581便東京行きは、27番ゲートにて搭乗中なので、利用者は出国手続きを済ませること。

2　ベルリン行きルフトハンザLA446便利用のハンス＝コッホ氏は、至急、最寄りのインフォメーション・カウンターに申し出ること。

3　不審な手荷物は撤去されるので、空港利用者は、身の回りの手荷物から目を離さないこと。

4　カラチ発のパキスタン航空PK227便は、悪天候のため到着が遅れ、9時20分頃到着予定であること。

5　オランダ航空K733便アムステルダム行きの搭乗が始まるので、利用者は12番ゲートで待機すること。

★★
**13** 次の文では、詩の役割をどう捉えているとするのが妥当か。

地方初級

If you are at the sea-side, and you take an old, dull, brown penny and rub it hard for a minute or two with handfuls of wet sand, the penny will come out a bright gold colour, looking as clean and new as the day it was made. Now poetry has the same effect on words as wet sand on pennies. In what seems almost a miraculous way, it brightens up words that looked dull and ordinary.

1　過去の思い出を鮮明によみがえらせる。
2　ありふれた言葉に新鮮な輝きを与える。
3　沈んだ気持ちに光明を与えて奮い立たせる。
4　荒削りな言葉をみがいて受け入れやすいものにする。
5　日々の行きづまった発想に新しいひらめきを与える。

★★
**14** 次の文で作家の白洲正子さんが言おうとしていることとして妥当なのはどれか。

Writer Masako Shirasu, who is, so to speak, a fixed-point observer of Japanese aesthetics, said, "Japanese culture is a regional culture. Located at the extremity of the East and accepting civilizations from here, there and everywhere, Japan is probably like a snowdrift. Within this snowdrift, Japan refined and nurtured the accepted civilizations so they would fit Japan's climate. If you look at history, I believe it is only natural that our culture is unique."

1　日本は辺境の地にあって、吹きだまりのようにあちこちの文化を摂取し、日本流に味つけし、独特な文化を育てた。
2　日本は東の外れに位置し、一地方の文化として固有の文化をはぐくんできた結果、自然を重んじる特異な文化が育った。
3　日本は東洋の外れにあって、東洋と西洋の文化を巧みにミックスさせ、独特な文化を築き上げた。
4　日本は辺境の地にあって、他の文物を排除してきたため、独善的で特異な文化が生まれ育った。
5　日本は東洋の外れにあって、あちこちの文物を何もかも取り入れた結果、世界に類をみないマルチ文化が生まれた。

★★
**15** 次の文で筆者が言おうとしていることとして妥当なのはどれか。

The idea that a dead person is actually still living has been around since ancient times. In Japan, warlord Minamoto no Yoshitsune (1159-1189) is famous. It was rumored in the Edo and Meiji eras that he had become a king in Hokkaido or that he had gone to the Chinese mainland and changed into Genghis Khan (1162-1227). In Western Europc the legends of Alexander the Great of Macedonia (356-323 B.C.) and King Arthur are well known. In the case of the latter, however, there is controversy whether or not he existed at all.

Viktor Tsoi was a rock singer in the old Soviet Union. He was killed in a traffic accident in 1990 when he was at the peak of his popularity. On the fence in front of the apartment where he used to live, there can still be seen scribbling in large letters, "He is alive." Yuri Gagarin (1934-1968), the first human being to successfully make a space flight, was killed in an accident during a training flight in 1968. It is reported that for some time after his death rumors flew around that he was "being taken care of in a mental hospital."

There are suicide and murder theories concerning Elvis' death which was announced as due to a drug-induced heart attack. He was a hero who unexpectedly died while still young. Such elements probably make people grieve over his death.

1　英雄は短命である場合が多く、それゆえに後生いつまでもその功績が語りつがれることになる。

2　英雄はいつまでも生きていてほしい、という人の願いが没後の生存説を生み出す。

3　歴史上、高名であった人物ほど、その後の偉人伝説は多種多様となる。

4　古今東西を問わず、英雄が没すると、常にその死因をめぐり様々なうわさが流される。

5　英雄の死後、人々の間に伝わる生存説には奇想天外なものが多い。

★★
**16** 次のような手紙がA雑誌社に届いた。この手紙に対するA雑誌社の返事の内容として妥当なのはどれか。 地方初級

Dear Sirs,

Last year I saw an article in your magazine ( I *think* it was in your magazine, but I am not sure ) which interested me very much, but I have forgotten what it was. I wrote the name of the article and the magazine in my notebook after I had read it, but I have lost the notebook. I have also lost the magazine which the article was in. Will you please send me another copy of the magazine, if it was your magazine ? Thank you very much.

Yours faithfully,

David Williams.

1 The magazine is now out of stock.
2 I can not understand which article you want.
3 Thank you for your favorable comment on the article.
4 I will send you a copy of the article.
5 We do not issue that magazine and please ask other publishers.

★★
**17** 次の文はある新聞記事の一部であるが、この文の見出しとして妥当なのはどれか。

A Hong Kong burglar took to his heels after being attacked by a cat, local newspapers reported last week.

Mimi, a Persian cat, leapt on the intruder from a shelf when she apparently saw the man wrestling with her owner after she returned home. The owner, whose right hand was injured in the incident, told police Mimi scratched the face and head of the burglar, who fled with jewelry worth about HK $50,000 (¥774,000).

1 泥棒に立ち向かった勇敢な猫
2 猫を手なずけて侵入した宝石泥棒
3 泥棒と格闘して傷ついた猫
4 猫を撃退した泥棒
5 飼い主と泥棒をつかまえた猫

★★★
**18** アメリカ企業の現状について書かれた次の文の趣旨として妥当なのはどれか。

Ever feel that the boss watches your work a little too closely ? That your every keystroke at the computer is scrutinized ? That you cannot make a move without someone looking over your shoulder ?

As it turns out, there may be a reason for your office *angst : More software companies are offering sophisticated tools that can **keep tabs on employees.

Forget about time clocks and records of long-distance telephone calls. These new products allow the boss to know how often you visit that sport site on the World Wide Web, trade electronic mail with a pal over in accounting and play Missile Command. The software can run on your computer at work without your knowledge.

Developers of such software make the case that workplace fraud, stolen secrets and just simple laziness cost American companies a lot of money ; some estimates place the losses in the hundreds of billions of dollars. They argue that a little workplace surveillance now can head off huge problems later.

＊angst ……不安、苦悩

＊＊keep tabs on ……監視する

1　アメリカのソフトウェア会社は、高性能で複雑化したパソコンをコントロールするためのノウハウを研究開発中である。

2　アメリカの企業の中には、従業員の業務態度を監視するためのスパイ装置の組み込まれたパソコンを導入するところが出てきた。

3　アメリカ社会は、高度なパソコンの開発によって生じた、インターネットやＥメールを用いた犯罪に悩まされている。

4　従業員の業務態度を監視するソフトが導入されたアメリカの企業では、雇用者の間に疑心暗鬼の風潮が広がっている。

5　アメリカでは、職場における仕事ぶりや、詐欺行為・機密漏洩を監視するソフトをつくっている会社はまだ数少ない。

★★★
**19** 次の文の内容から予想されることとして妥当なのはどれか。

A native king in the South Pacific islands was giving a banquet in honor of a distinguished guest from the West. When the time came to praise the guest, *His Majesty remained squatting on the floor while a professional orator, especially engaged for this purpose, **laid it on thick. After the ***eloquent panegyric, the guest rose to say a few words of thanks to the King. His Majesty gently held him back. "Don't stand up," he said. "I have engaged an orator for you, too. In our island we don't believe that public speaking should be engaged in by amateurs."

＊His Majesty ……王様

＊＊lay it on thick ……むやみやたらとお世辞を述べる

＊＊＊eloquent panegyric ……雄弁な賛辞

1　Both the King and the guest gave speeches.

2　The King gave a speech, but someone else spoke for the guest.

3　The guest gave a speech, but someone else spoke for the King.

4　The King, the guest and the orator gave speeches.

5　Someone else gave a speech both for the King and for the guest.

★
**20** 次の会話中の空欄ア・イに入る文の組合せとして妥当なのはどれか。

Alice : Good morning, Paul. How are you ?

Paul : I'm fine today, but I was sick yesterday. I was absent from school.

Alice : Oh , I didn't know that, because I had no class yesterday.

Paul : (　ア　)

Alice : I went to the theater with my friend.

Paul : Who did you go with ?

Alice : I went with Margaret.

Paul : (　イ　)

Alice : At twelve thirty, and it ended at three thirty.

Paul : How was the play ?
Alice : It was excellent. We enjoyed it very much.

| | ア | イ |
|---|---|---|
| 1 | How did you go there yesterday? | How did you find it? |
| 2 | What did you do yesterday? | When did the play begin? |
| 3 | Where have you been? | How long did it take to go there? |
| 4 | Why didn't you go to school yesterday? | How much did you pay? |
| 5 | When did you go there yesterday? | Did you find her soon? |

**★★ 21** 次の文の空欄に共通して入る語として妥当なのはどれか。

Like strange little animals who stir only when it's dark, they seem to appear every evening when the sun goes down. No matter how cold it is outside, they gather in groups large and small and hang out all night. Sitting. It's a phenomenon that's become so widespread that a word has been invented to describe the young people who engage in this behavior; "(　　　)".

In America, maybe the closest thing we have to (　　　) are what we call "mall rats." These are the kids who hang around at the shopping mall after school everyday. Actually, though, I think the (　　　) are also practicing a very mild form of the old 60s hippy street lifestyle.

Young people everywhere need a place to go and just hang out. The (　　　), being Japanese and accustomed to spending a good part of their life on the floor anyway, just differ from other kids in doing their hanging out sitting on the ground.

1　vegetarian
2　jibetarian
3　veterinarian
4　obatarian
5　humanitarian

**★★**
## 22 次の文の空欄に共通して入る語として妥当なのはどれか。

The latest issue of the American Time magazine has an analysis about why the proposed additional tax reduction will not prod Japanese consumers to spend more. The magazine concludes that the primary reason is the people's "(　　　)". Time quotes an Osaka housewife, who is putting aside money in case her husband loses his job at an advertising company, as saying, "There's no move to address the fundamental problems. Until that happens, you have to save and protect yourselves."

It also quotes a storekeeper in the capital sphere. In his neighborhood, several stores are boarded up. "Business has been bad for most of the '90s," he says. "People (　　　) for their future," he goes on to say. "The immediate (　　　) is that their company could go bankrupt. The distant (　　　) is their lives after retirement."

1　fear(s)
2　reluctance
3　regret(s)
4　doubt(s)
5　hope(s)

**★★**
## 23 次の会話文中の空欄A～Cに入る語の組合せとして妥当なのはどれか。

地方初級

"What sort of food is junk food, I wonder ?"

"Junk food is all the fast-food, the(　A　)foods, the things that you add water and serve, or you pop open the bags and eat. And even(　B　)lunch and things like that."

"TV dinners and things."

"Hamburgers."

"How about(　C　)food ? Is that junk food, too?"

"It can be, or not necessarily."

| | A | B | C |
|---|---|---|---|
| 1 | delicious | high-priced | ordinary |

| | | | |
|---|---|---|---|
| 2 | Japanese | Chinese | American |
| 3 | prepackaged | mass-produced | frozen |
| 4 | justmade | hot | cold |
| 5 | imported | home-made | just made |

**24** ★★ 次の文はホテルのフロントでの会話である。文中の空欄 a～d にそれぞれア～エのいずれかを当てはめて意味が通るようにするとき、その組合せとして妥当なのはどれか。

Hikaru : We'd like to check in, please. My name is Hikaru Ueda.

Desk Clerk : (　a　)

Hikaru : Sure. We made the booking in New York.

Desk Clerk : (　b　)

Hikaru : You're kidding ! Try once more ! !

Desk Clerk : (　c　)

Hikaru : Right.

Desk Clerk : (　d　)

Hikaru : That's fine.

ア. Let me check. Oh, I'm so sorry. Your name is Ueda, not Utada.

イ. Just a moment, please. I'm sorry, we don't have your reservation.

ウ. Do you have a reservation?

エ. Yes. We have a twin room reserved for you for two nights.

| | a | b | c | d |
|---|---|---|---|---|
| 1 | イ | ア | ウ | エ |
| 2 | イ | ウ | エ | ア |
| 3 | イ | エ | ウ | ア |
| 4 | ウ | イ | ア | エ |
| 5 | ウ | エ | イ | ア |

★★★
## 25 次の文の空欄に共通して入る語として妥当なのはどれか。

The life cycle of the (　　) is one of Nature's greatest miracles. It begins with a female (　　) laying eggs, which hatch out into caterpillars. These caterpillars do not resemble the parent insects at all, and are generally considered to be far, far less graceful. After a brief period, during which it consumes many times its own weight in food, a caterpillar binds itself into a cocoon, and becomes what is known as a pupa. When the pupa stage is over, the cocoon opens and a fully developed (　　) emerges.

1　spider
2　butterfly
3　salmon
4　bee
5　dragonfly

★★★
## 26 次の文中の空欄A～Cに入る語の組合せとして妥当なのはどれか。

Driving on expressways in and around Tokyo the other day, I felt that (　A　) trucks were running than before. Some people say truck traffic is a good barometer of recent business trends. How credible is this method of "business watching" ? I put the question to an official at the Metropolitan Expressway Public Corp. Here are some of his answers :

In May the number of passenger cars that used metropolitan expressways was down 1.3 percent from a year earlier. But large vehicles like trucks and buses were down 9.7 percent. The official said traffic on the toll roads began to (　B　) late last year. My (　C　) were right.

| | A | B | C |
|---|---|---|---|
| 1 | a few | decrease | ideas |
| 2 | fewer | decline | instincts |
| 3 | smaller | rise | abilities |
| 4 | more | incline | calculations |

5　bigger　increase　suggestions

★★★
## 27
次の文中の空欄A～Dに入る語句の組合せとして妥当なのはどれか。

American　: I am so glad that you told me that Coming-of-Age Day was changed from Jan.15 to Jan.10. Otherwise, I (　A　) my daughter to kindergarten on the 10th.

Japanese　: Actually, it is (　B　) even for Japanese. Coming-of-Age was celebrated on Jan.15 till last year, but the government suddenly changed it to the second Monday of January.

A.　: It sounds (　C　) national holidays in the States. Many are scheduled on Mondays there.

J.　: Do you have any national holidays in January?

A.　: Yes, we do. We have Martin Luther King Jr. Day on Jan. 17, (　D　) is the third Monday.

| | A | B | C | D |
|---|---|---|---|---|
| 1 | sent | confusing | as | that |
| 2 | may send | confusion | like | when |
| 3 | might send | confused | on | when |
| 4 | might have sent | confusing | like | which |
| 5 | would have sent | confused | as | which |

★★
## 28
次の文に続くようにア～エを並べ替えて意味の通る文章にするとき、その順序として妥当なのはどれか。

> Visitors may notice that although Americans include them easily in their personal daily lives, they do not show visitors a great amount of special courtesy if doing so requires much time.

ア. Yet they may never invite the guest to meet their families or join in their family life.

イ. This is frequently the opposite of what occurs in some

countries, where people are especially generous in giving their time to visitors, but do not necessarily welcome them as guests in their homes.

ウ. It is important to note that in both cases the feeling is equally warm and friendly ; only the way of expressing courtesies is different.

エ. In some places, hosts will go to airports late at night to meet a visitor they do not even know well ; they spend much time acting as a guide — all evidence of great generosity.

1 イ－ア－エ－ウ
2 イ－ウ－エ－ア
3 イ－エ－ア－ウ
4 エ－ア－イ－ウ
5 エ－ウ－イ－ア

★★★
## 29

次の文に続くようにア～エを並べ替えて意味の通る文章にするとき、その順序として妥当なのどれか。

> The primary aim of science is to find truth, new truth. This search is the more successful the more it is directed towards finding truth for its own sake, regardless of its practical use or application.

ア. In fact everything we have, including life itself, we owe to science, to research.

イ. As a rule, the deeper and more fundamental a new truth, the greater and more important will be its practical possibilities.

ウ. If everything given to us by research were to be taken away, civilization would collapse and we would stand naked, searching for caves again.

エ. All the same, new truth and knowledge always elevate human life and most usually find practical application.

1 ア－ウ－エ－イ
2 イ－ア－エ－ウ

3　イ－エ－ア－ウ
4　エ－ア－ウ－イ
5　エ－イ－ア－ウ

★★
**30**　次のA～Eのうちから、日本語のことわざと英文の意味が類似であるものを選んだ組合せとして妥当なのはどれか。

A. 悪銭身につかず —— Bad money drives out good.
B. 百聞は一見に如かず —— Seeing is believing.
C. 二兎を追う者は一兎をも得ず —— A bird in the hand is worth two in the bush.
D. 郷に入りては郷に従え —— When in Rome do as the Romans do.
E. 毒を以《も》って毒を制す —— The smell of garlic takes away the smell of onions.

1　A, B, D
2　A, C, D
3　A, C, E
4　B, C, E
5　B, D, E

# 解 答 と 解 説

# 文章理解〈英　　文〉

**1**　20世紀の車は、騒音がひどく、空気汚染の原因となっていたが、21世紀になると、騒音もなく、排気ガスも出さない自動車が標準となっているだろう、と述べている。　正答　3

〔全訳〕

21世紀のある日、多分次のような会話がどこかで交わされているだろう。「前世紀の車は明らかに大きな騒音を出す怪物だった。」「道路沿いの住民にとっては不愉快そのものだったに違いない。」「その上、排気ガスで空気を汚していたんですって。」「信じられない。」その時までには、自動車は騒音を立てず、排気ガスも出さないというのが、きっと標準となっているだろう。

**2**　道で拾い物をしながら歩いていた老人に、警察官が「何をしているのか」と聞いたところ、「遊んでいる子どもたちがけがをしないようにね」と言って、ポケットからガラスの破片を取り出して見せた、という話。老人が何のためにそんな行為をくり返していたかを考えれば、テーマは導き出せる。

正答　1

〔全訳〕

ある日、一人の老人が通りで何かを捜していた。彼は何かを拾いあげて、ポケットに入れた。それからまた別のものを拾いあげて、再びポケットに入れた。彼はその行動をくり返した。

警察官が彼のところに近づき、彼に何をしているのか尋ねた。その老人は、ポケットから割れたガラスの破片を取り出し、その警察官に見せた。

老人は、少し離れたところで遊んでいる子どもたちを指してほほえみ、「子どもたちを見なさい。彼らはみんな靴も靴下もはかずに遊んでいる。彼らに足をけがしてもらいたくないんだ」と言った。

**3**　ヨットの転覆事故を伝えるニュース。選択肢に示された数値で明らかなように、最大のポイントはヨットに乗っていた総人員であるが、5行目に「5人目の乗員」という言葉で文面を締めくくっていることから、総人数は5人であったことが分かる。正答　4

〔全訳〕

沿岸警備隊のヘリコプターが、今日、クーリッジ海峡で転覆したヨットの捜索活動に入った。雨や高波にもかかわらず、ヘリコプターは、1人を除いてヨットの乗員全員を救助することができた。男性2人と女性2人が無事引き上げられたが、その男性のうち1人は、救助隊の努力にもかかわらず、引き上げた時には死亡していた。他の3人は良好な状態である。5人目の乗員の女性は発見されなかった。沿岸警備隊は捜索を続けているが、その女性は溺死したものと見られている。

4　外国人の日本での異文化体験のエピソード。参加者が真剣に聴いているのか疑いたくなる日本企業の会議の様子が述べられている。

1　誤り。机は既に置いてあった。

2　誤り。上司に注意されたという記述はない。

3　誤り。理由を聞いてもいないし、教えられてもいない。

4　誤り。目を開けたまま眠っていたのであって、議論には参加していない。

正答　5

〔全訳〕

私たちが7階へのドアを通って進んでいくと、机がいっぱいある広い部屋が見えた。私の机はドアの側にあったが、それはあまりにも小さいので、私にはほとんど合わなかった。

誰かが私に何かの書類とボールペン、消しゴムをくれた。私は仕事の準備ができていた。しかし私は何をすべきなのだろう。5分後、ある若い男が私のところへやってきて、何か私の理解できないことを言って去った。彼はとても重要なことを言ったに違いない。なぜなら30秒後、同じ男が私を椅子ごとある小さな部屋に押し入れたからである。みんなが大きなテーブルの周りにすわっていた。会議だったのだ。

ある支配人が難しい日本語で何か言っていた。聴いている人々の半分が目を閉じていた。彼らは眠っていたのだろうか。他の人々はボールペンをもてあそんでいた。私の側にすわっていたタケナカさんだけが目を大きく開けて聴いているようだった。会議の終わりまでに、私はなんとかちょうど10単語を理解した。私はタケナカさんにそれが何についてのことだったのか説明を求めた。彼は「わかりません。」と言い、「しかしあなたはずっと聴いていたでしょう。」と私が言うと、「うーん。実を言うと…私は目を開けたまま眠る方法を習得したんですよ。」と彼は答えた。

5　ユーモアの感覚に基づいた笑う能力こそが、人間を動物と区別する唯一の特質である、というのが論旨である。

2　誤り。笑いは生物学的にみると、決して役に立つものではないが、だからこそ最高にぜいたくな特質だといえるのである。

3　誤り。笑いこそが、この分裂した世界を統一する力になる、と述べている。

4　誤り。「無用の長物」ではなく、「最高のぜいたく」であり、人間を人間たらしめる資質である、と主張している。

5　誤り。人と動物の支配関係に焦点をあてて述べた文ではない。

正答　1

〔全訳〕

生物学的にみて、われわれを動物と区別する唯一の特質がある。それは笑う能力である。ユーモアを全く欠いているとみえる世界にあって、われわれはこの最高のぜいたくを楽しむ。確かにそれはぜいたくなのである。というのは、他の肉体的なはたらきと異なって、笑いは生物学的にみて役に立つとは思われないからである。分裂した世界において､笑いは統一する力である。人類は非常に多くの問題で互いに対立している。国家は政治形態で対立し、人間関係はイデオロギー上の内紛や政治的立場で悩まされるかもしれないが、われわれはみな笑う能力を共有している。そしてさらに、笑いは人間の諸特性の中で最も複雑で微妙なもの、つまりユーモアの感覚に依存しているのである。

6　「モナ・リザ」盗難事件の全容を簡潔な記事の形でまとめている。

1　誤り。近くで職人が改装作業をしていた、とある。

2　誤り。必死の捜索が行われたが、「モナ・リザ」は2年以上も見つからなかった。

4　誤り。無人の展示室から、服に隠して持ち去ったのである。

5　誤り。真犯人はルーブル出入りのイタリア人の職人で、アポリネールの友人とは別人である。　正答　3

〔全訳〕

美術館の休館日に当たる静かな月曜日の午前中、縦77センチ、横53センチの小さな「モナ・リザ」は盗まれた。近くで改装工事などの職人達が作業中だったが、誰も気づかなかった。別の場所に額縁だけが置き捨てられてあった。必死の捜索が行われたが、「モナ・リザ」は2年以上も行方知れずだった。

まだ若かった詩人ギョーム・アポリネール（1880～1918）とパブロ・ピカソ（1881～1973）にも一時、疑いがかかった。というのも、ピカソはアポリネールのふるい友人から、古代の石彫を買ったことがあり、それはその友人がルーブルから盗んだものであることが、後になってわかったからだ。実際のところ、真犯人はルーブル出入りのイタリア人の職人だった。無人となった展示室で、絵を壁から外し、服の中に隠して外に出たのだ。初動捜査が甘かったため、犯人逮捕が遅れた。

7　悪知恵を働かせた学生の笑い話。自分の名前を教授が知らないことを悟った学生が、山積みの答案の中へ自分の分を押し込んで、提出の遅れたのが誰だかわからないようにしてしまった、というのが本文の趣旨。　正答　5

〔全訳〕

教授は教室いっぱいの学生に試験用紙を配りながら、「所要時間はきっちり2時間です。いかなる事情があろうと、制限時間を過ぎて提出された答案は受け取れません。」と言った。2時間後、教授は沈黙を破って、「時間です。」と言った。しかし、1人の学生が猛然と書き続けた。およそ15分後に、その遅れた学生が答案を背後につかんで教授に近づいてきた時、教授は山積みの答案用紙の後ろからぎょろりとした目付きでにらみつけていた。教授が受け取るのを拒むと、学生は背筋をまっすぐに伸ばして、「先生、僕が誰だかご存じですか。」と尋ねた。「いや、知らないね。」と教授は答えた。「それはいい。」と学生は言うなり、答案用紙の束の中へ自分の答案を入れてしまった。

8　子どもの問題が複雑化してきた昨今、教師は、個別の専門家に頼らなければならない場合もあるが、毎日子どもと向かい合っている特権を活かして、個々の人格を大切にした教育をしてほしい、と筆者は訴えている。　正答　2

〔全訳〕

夜の10時、11時に、塾から電車やバスで帰宅する子どもの姿は、特に都会ではごく当たり前の風景になっている。学校の役割はしばしば微妙だ。現代は、子どもが成長していくのに複雑な問題がたくさん横たわっている時代である。学校の先生は子どもの専門家だが、さらに他の専門家の助けを仰がなければならない場合が増えてきた。

しかし、個々の子どもの丸ごとの人格に日々向かい合えるのは、学校の先生の特権だ。そして、それこそが大切なのだと思う。そういうことをしてくれる大人たちをモデルに、子ども達は成長していくのである。

9　スポーツ王国として有名なオーストラリアが、実は、（ソファーに座ってスナックを食べながらテレビばかり見ている）「カウチ・ポテト」の国で、過去1年で何らかのスポーツを実践した大人は、半数強しかいない、という内容である。　正答　1

〔全訳〕

オーストラリアは、アマチュア・ラグビー、クリケット、ネットボールでは世界をリードする立場にあるが、最近の調査によると、このスポーツ狂いの国がまた世界に名立たる「カウチ・ポテト」の（生産）国であることがわかった。

オーストラリア統計局が発表した調査では、18歳以上のオーストラリア人の40.6%が、12カ月間にスポーツや身体活動に参加したことがなかった。身体活動には、魚釣りやビリヤードも含まれる。

散歩は、際立って人気のある運動だった。同調査は、1997年から1998年の12カ月にわたる運動の、もしくは運動不足の様子を回答者に尋ねた。カウチ（ソファー）を降りた人のうちの22.7%つまり310万人が散歩するのを好んだ。続いて人気があったのが、水泳、エアロビクス、ゴルフ、テニスであった。

10　農民の仕事は幅広く、自然力に依存しているが、その事を農民自身も認識している。一方、機械を使う人は、自分の力を意識し、自然の主人であると自負していると、仕事を自然との関係で論じた文である。　正答　5

〔全訳〕

自分自身の土地を耕す<u>農民</u>の仕事が多様化していることは事実である。すなわち、鋤《すき》ですいたり、種をまいたり、刈り入れたりである。しかし、<u>農民</u>は自然力のなすがままであり、自然に依存していることも十分わかっている。一方で、近代的機械を使って仕事をしている<u>人</u>は力を意識し、人間は自然の力の奴隷ではなく主人であると考えている。

**11**　自転車の交通規則を羅列してあるので、各肢の記述を本文と比較し、異なる点を見つけ出す。

1　誤り。下欄の６項目、「専用車線を走らなければならない」とある。

2　正しい。上欄の４項目で、３列以上の走行を禁じている。more than two は「２より多い＝３以上」の意。

3　誤り。上欄の２項目にある。

4　誤り。上欄の５項目にある。

5　誤り。上欄の７項目にある。

正答　2

〔全訳〕

<u>次のようなことをしてはならない</u>

・アルコールまたは薬物の影響がある状態で自転車に乗る(乗ろうとする)こと

・自転車で歩道を通行または横断すること

・動いている乗り物につかまること

・２列を超えて走行すること（交通量が多いところでは、１列走行すること）

・一方通行の道を逆に走行すること

・交通の流れの中でジグザグに走行すること

・人を乗せること

<u>次の事項に従うこと</u>

・追い越す時は１列で追い越すこと

・警官に要求されたら住所氏名を述べること

・警官の出す合図に従うこと

・信号や歩行者横断のルールに従うこと

・自転車運転者のための手信号の意味を理解し、運転時にはそれを使用すること

・自転車用車線がある道路では、専用車線を走行すること

**12**　オランダ航空K733便の乗客へ最終搭乗案内をしており、12番ゲートから急いで搭乗するようにと促している。

正答　5

〔全訳〕

オランダ航空K733便アムステルダム行きにご搭乗予定のお客様に最終のご案内を申し上げます。まだ手続きがお済みでないお客様は、12番ゲートにお進みいただき､至急ご搭乗願います。

アエロフロートＳＵ581便東京行きは、27番ゲートで搭乗が始まっております。お客様は出国手続きを済ませお進み下さい。

カラチ発のパキスタン航空ＰＫ227便の到着が遅れ､申し訳ございません。当便は９時20分頃到着するものと思われます。天候不順による遅延ですが、ご迷惑をおかけしますことをお詫び申し上げます。当便でお越しのお客様をお出迎えの皆様は、今後のアナウンスにご注意下さい。

空港ご利用の皆様方に申し上げます。手荷物は身の回りからお離しにならぬよう願います。再度ターミナルご利用の皆様方に申し上げます。持ち主不明の手荷物は撤去されます。常時どなたかが手荷物の傍におられますよ

う、ご確認下さい。

ハンス＝コッホ様、ルフトハンザLA446便ベルリン行きをご利用のハンス＝コッホ様、至急最寄りのインフォーメーション・カウンターまでお越し下さい。

ありがとうございました。

**13**　詩の役割を、古く色のくすんだ1ペニー硬貨にたとえて論じている文章。その要旨は、最後の一文にはっきりと述べられている。　正答　2

〔全訳〕

海辺で古く色のくすんだ1ペニー硬貨を拾って、数掴《つか》みの湿った砂で1～2分一生懸命こすってやると、硬貨は明るい金色の輝きをとり戻し、製造された時と同じくらい鮮やかで新しく見えるようになる。詩が言葉に与える効果は、湿った砂が1ペニー硬貨に与えるものと同じである。実に不思議であるが、詩は一見くすんでしまってありふれていると思える言葉に輝きを与えてくれるのである。

**14**　日本の文化というのは地方的な文化で、吹きだまりのようにあちこちの文明を取り入れ、気候風土に合うように磨き育ててきた、というのが筆者の主張である。　正答　1

〔全訳〕

いわば日本の美の定点観測者である作家の白洲正子さんは、次のように述べている。「日本の文化というのは、地方的な文化なのよ。東の外れにあって、あちらこちら至る所から文明を取り入れて、日本は吹きだまりのような所でしょう。この吹きだまりのような所で、日本はその受け入れた文明を、日本の気候風土に合うように洗練し、はぐくんできたの。歴史を見れば、私たちの文化が特異なのは、当然だと思うわ。」

**15**　「死者が実は生きている」という生存説は、いつの世にもあるものとして数々の例を挙げた後、エルビス＝プレスリーもその一人であり、そして若くして突然の死を迎えた英雄への愛惜の念が、そうした伝説を生み出すのだろう、と述べている。　正答　2

〔全訳〕

死者が本当は生きている、という発想は古くからある。日本なら源義経（1159～1189）が有名だ。北海道で王様になった、あるいは中国本土に渡りチンギス＝ハン（1162～1227）に変身したとの説が、江戸時代や明治時代に広まった。西欧でも、マケドニアのアレクサンドロス大王（前356～前323）や、アーサー王の伝説はよく知られている。後者は、そもそも実在の人物かどうかでも諸説があるのだけれども。

ビクトル＝ツォイは旧ソ連のロック歌手だった。人気絶頂の1990年に交通事故で死んだが、住んでいたアパート前の壁に「彼は生きている」と大きな落書きが残っている。人類初の宇宙飛行に成功したユーリー＝ガガーリン（1934～1968）は1968年、訓練飛行中の事故で死亡した。その後しばらく「精神病院に収容されている」などのうわさが飛び交ったという。

ドラッグによる心臓発作と発表されたエルビスの死にも、自殺、他殺説がある。若くして思いがけぬ死を迎えた英雄。そんな要素が、人々の愛惜の思いを誘うのだろう。

**16** この手紙には、どんな内容の記事であったのか、また、その記事の載っていた雑誌名も書かれていないため、返事は2が妥当である。

1 (訳) その雑誌は今、在庫切れです。

2 (訳) あなたがどの記事をお望みなのか、わかりません。

3 (訳) 記事に対して好意的なご意見をお寄せ頂き、ありがとうございました。

4 (訳) その記事のコピーをお送りします。

5 (訳) 我々はそのような雑誌を発行しておりません。どうぞ他の出版社にお尋ね下さい。 正答 2

〔全訳〕

拝啓

昨年私は貴誌で（貴誌でだと思うのですが、確信はありません）とても興味深い記事を見たのですが、それが何だったのか忘れてしまいました。私はその記事を読んだ後、その記事と雑誌の名前をノートに書いておいたのですが、そのノートをなくしてしまいました。私は記事が載っていた雑誌もなくしてしまいました。もしそれが貴誌であれば、その雑誌をもう一冊送って頂けますか？どうもありがとうございます。 敬具

デイヴィッド＝ウィリアムズ

**17** 飼い主が泥棒ととっ組み合いをしているのを目撃したペルシャ猫のミミが、泥棒に襲いかかって撃退したという内容。 正答 1

〔全訳〕

香港で、猫の攻撃を受けた泥棒が逃げ出した、と先週地方紙が伝えた。

ペルシャ猫のミミが家に帰ると、男が自分の飼い主ととっ組み合いをしているのを見かけたらしく、棚からその侵入者に向かって飛びかかった。飼い主は、その事件で右手を負傷したが、警察にミミが泥棒の顔や頭をひっかいたと説明した。泥棒は、約5万香港ドル（日本円にして774,000円）相当の宝石類を奪って逃げた。

**18** パソコンに仕込まれたスパイ装置で、常時その行動を監視されている人々がいることを伝える文の一部。こういったソフトの開発者は、パソコンによる職場監視によって、企業は後々の巨大な損失を未然に防ぐことができる、と主張している。 正答 2

〔全訳〕

上司があなたの仕事を少し綿密に監視しすぎているのでは、と感じることはないだろうか。コンピュータを打つ指の動きの一つ一つをじろじろ見られていたり、ちょっと体を動かすと誰かが必ず肩越しに眺めている、という感じを持つことはないだろうか。

結局のところ、あなたが仕事をしな

がら不安を感じるのはもっともだといえるかもしれない。従業員を見張ることのできる高性能の装置を提供するソフトウェア会社が増えているのだ。

タイムレコーダーや長距離電話の利用回数記録は気にとめなくてもよい。この新製品を使えば、あなたが「ワールド・ワイド・ウェブ」でスポーツのサイトに何度アクセスするか、会計課の友人と何度Ｅメールを交換するか、「ミサイル司令」ゲームを何度するか、職場の上司は知ることができるのだ。そのソフトは、あなたの知らないうちに、職場のあなたのコンピュータを操作することができるのだ。

こういったソフトの開発者は、職場における詐欺行為や機密の盗難や単なる仕事の怠慢が、アメリカの企業に多大な金銭的損失を与えていると述べている。損失金額は数千億ドルにも達すると推定する者もある。現時点で少しばかり職場監視をすることで、後々の巨大な問題を摘み取ることができるのだ、と彼らは主張する。

**19**　南太平洋の小国を舞台に「国にはそれぞれの流儀がある」ことを述べた文章。この島では「素人は人前で話すべきではない」とされている。

1　（訳）王様も来賓も共にスピーチをした。

2　（訳）王様はスピーチをしたが、来賓のためには別の人が代わって話した。

3　（訳）来賓はスピーチをしたが、王様のためには別の人が代わって話した。

4　（訳）王様と来賓と演説者の３人がスピーチをした。

5　（訳）王様のためにも、来賓のためにも、別の人が代わって演説した。

正答　5

〔全訳〕

南太平洋諸島のある王様が、西洋からの賓客をもてなす宴会を開いていた。来賓をたたえるスピーチをする時が来たのに、王様は床にしゃがんだままで、スピーチのために特別に雇われた専門の演説者がむやみやたらとお世辞を述べた。雄弁な賛辞が終わり、客は王様に対して感謝の意を表すために立ち上がった。すると王様はそっと彼を引き止めて、「立ち上がらないで下さい。」と言った。「あなた様にも専門の者を用意してございます。私どもの島では、人前で話すことは素人がすべきものではないと考えております。」

**20**　アリスとポールの日常会話。

アの前では、アリスが「昨日、授業がなかった」と言っており、直後では、「劇場に行った」とあるので、「昨日何をしたのか」という問いを入れるのが妥当である。イには、直後のアリスの返事から「時間」を聞いていること、"it ended" の it が the play を指すと考えられれば正答が導き出せる。

正答　2

〔全訳〕

A：おはよう、ポール。元気？

P：今日は気分がいいけど、昨日は具合が悪かったんだ。学校を休んだよ。

A：あら、知らなかったわ。私、昨日は授業がなかったから。
P：昨日は何をしていたの？
A：友達と劇場に行ったのよ。
P：誰と？
A：マーガレットとよ。
P：いつ劇は始まったの？
A：12時半からで、3時半に終わったわ。
P：劇、どうだった？
A：すばらしかったし、とても楽しかったわ。

**21** 今の若者にみられる社会現象のひとつであることや、gather in groups, hang out all night, sitting on the ground などの定義から、何を指すかは自ずと明らかであろう。

1 菜食主義者
2 地べたりあん
3 獣医
4 オバタリアン
5 人道主義者　　正答　2

〔全訳〕

暗くなると動き出す奇妙な小動物のように、彼らは日暮れと共に毎晩出没するようだ。外がたとえどんなに寒くとも、大小のグループになって集まり、一晩中ぶらぶらする。すわりながら。この現象があまりに日常的になって、ついにこういった行動をとる若者を指すのに新しい言葉が生まれた。それが「(地べたりあん)」である。

アメリカでこの（地べたりあん）に匹敵するのは、多分、いわゆる“mall rats”であろう。それは、放課後毎日ショッピング・モールをうろつく子ども達のことである。でも実際のところ、（地べたりあん）は古き良き60年代のヒッピー達が道路を根城にしたように、そういった生活様式を穏便な型で実践しているのだと思う。

どこの国の若者も、出かけていき、ただぶらぶらする場所が必要なのだ。（地べたりあん）は、日本で床にすわる生活になじんでいるので、地面にすわってたむろするという点で、他の子どもとはちょっと違うだけなのだ。

**22** まず、空欄に入る語の品詞は名詞でありかつ動詞であること、意味の上では、主婦の話から「何のために貯金し、身を守らねばならないか」また、商店主の話より、「将来に対して人はどう思い、会社の倒産や定年後の生活に何を感じているか」を考え合わせればよい。

1 恐怖心(を抱く)
2 不承不承、嫌気(名詞のみ)
3 後悔(する)
4 疑い(を抱く)
5 希望、期待(する)

順に、fears(名)、fear(動)、fear(名)、fear(名）が入る。　　正答　1

〔全訳〕

米誌「タイム」の最新号が、なぜ日本の消費者は減税なのに消費に走らないか、を分析している。最大の理由は国民の「(恐怖心)」にある、というのが結論だ。広告会社で働いている夫が失業するといけないからお金を貯めているという大阪の主婦の話が紹介されている。「根本的な問題に取り組もうとする動きが見当たりません。それまでは貯金し、自分を守らねば。」と彼女は言う。

もうひとつ、首都圏の商店主の話が載せられている。近くには閉まったままの店もある。「90年代に入ってからは、商売あがったりだ。みんな将来が(心配なんです)。」彼は続けて話す。「間近な(不安)は、自分の会社もつぶれるのではないかということで、先の(不安)は、定年後の生活です。」

23 A：ジャンク・フードの説明に当たる部分。「パック詰めの(食べ物)」とすると文脈に合う。

B：ここにもジャンク・フードに当たるものが入る。「大量生産された(ランチ)」が妥当。

C：ジャンク・フードでありえるものが入る。「冷凍(食品)」が妥当。

正答　3

〔全訳〕

「ジャンク・フードってどんな食べ物なのでしょう。」

「ジャンク・フードはファースト・フード全般のこと、前もってパック詰めしてある食べ物で、お湯を注げば食べられるものや、袋を開ければ食べられるもののことですよ。それから大量生産されたランチなどもそうです。」

「テレビ・ディナーなども。」

「ハンバーガーも。」

「冷凍食品はどうでしょう。これもジャンク・フードなの？」

「そうですね。でも必ずしもそうとはかぎりません。」

24 まず、この会話の内容がチェックイン・カウンターでの予約確認であることを読み取ろう。

aの発言の後、「ニューヨークで予約した」と答えていることから、aには予約に関する問いのウが入ることがわかる。次に、bの発言の後、ヒカルが怒っている様子から、予約確認がスムーズにいかず、手間取っていることも推測できる。したがって、bにはイが入る。残りは、アとエだが、アでフロントが名前の聞きまちがいに気づいているので、アが先にくる。そして、最後に予約の確認のエがこよう。よって、ウ→イ→ア→エの順で円満解決をみた、という場面が設定できる。

正答　4

〔全訳〕

ヒカル：チェックインをお願いします。名前は上田ヒカルです。

フロント：（ウ）ご予約いただいておりますか。

ヒカル：はい。ニューヨークで予約しました。

フロント：（イ）少々お待ち下さい。申し訳ございません、ご予約がないようですが。

ヒカル：冗談じゃないわよ！もう1回調べてみて下さい！！

フロント：（ア）お調べしてみますが。あっ、申し訳ございません。上田さまですね、宇多田さまではなくて。

ヒカル：そうですよ。

フロント：（エ）はい、ツインのお部屋を2泊、確かにご予約が入っておりました。
ヒカル：よかったわ。

**25** 文中の laying eggs, caterpillars, the parent insect, cocoon, pupa という語をヒントに、成長過程が顕著に変化する昆虫を選べばよい。

1 クモ
2 チョウ
3 サケ
4 ミツバチ
5 トンボ　　正答 2

〔全訳〕

チョウのライフサイクルは、自然界の最大の驚異の一つである。その一生は、雌の産卵から始まり、孵化して毛虫になる。この毛虫は親のチョウとは似ても似つかぬ姿をしており、一般にはるかに優美さで劣ると思われている。自分の何倍もの重さの食糧を消費する短い期間を経て、毛虫は自らを縛り上げてまゆの中に封じ込め、いわゆるさなぎとなる。さなぎの段階が終わると、まゆが開いて完全に成長したチョウが現れる。

**26** A には、than before を受けて比較級であること、第2段落の具体的数値によりトラックなど大型車の台数が減っていることから、fewer が入る。B は、「減少する」意の単語、C は「自分の勘」に類する語が入ることが予測できる。　　正答 2

〔全訳〕

先日、東京都内、またその近辺の高速道路を利用した時、私は以前に比べてトラックが少なくなったように感じた。最近の景気の傾向を知るのにトラックの交通量が有効なバロメーターになる、という人がいる。この「景気観察」術が信用できるのかどうか、首都高速道路公団に聞いてみた。

その答えによると、今年5月に首都高速を利用した普通車は、昨年の同時期よりも1.3%減少していた。また、トラックやバスなどの大型車も9.7%減っていた。昨年末から有料道路の交通量は減り始めたそうだ。直感は本当だった。

**27** 文法を中心にした空欄補充であるので、意味を汲み取った上で、答えの分かるところから埋めていけばよい。2つ選ぶことができれば、自動的に正答が得られるだろう。

A は otherwise（= if you hadn't told me ～）を受けた仮定法過去完了の文であるから、帰結文の形として正しいのは4か5。B は、it =「そのこと」が主語だから、形容詞 confusing がふさわしく、C には sound like のイディオムが入る。D は、以下の文の主語であるから関係代名詞 which が妥当。なお、that には継続用法がない点に留意すること。　　正答 4

〔全訳〕

アメリカ人：成人の日が1月15日から10日に変わったって教えてもらってよかったわ。そうじゃなきゃ、娘を10日に幼稚園に送っていってたわよ、きっと。
日本人：実は、日本人にとってもわか

りにくいのよ。成人式は去年まで1月15日にお祝いしていたのに、政府が突然1月の第2月曜日に変えてしまったの。

ア：アメリカの祝祭日みたいね。祝祭日の多くが月曜日になっているわ。

日：アメリカでは1月に何か祝日があるの。

ア：ええ、1月17日はマーティン・ルーサー・キング・ジュニアの日で、ちょうど第3月曜日よ。

**28** 訪問者への好意の表し方は国によって異なることを、具体例を挙げながら説明している。

つなぎ語のYetがどの文に対する逆接か、theyやthisなどの代名詞、in some placesやboth casesがそれぞれ何（誰、どこ）を指すかを考える。

まず、選択肢から最初はイかエであるが、イの文頭の“This”が提示文のアメリカの客のもてなし方を指していると判断できるので、イがくることがわかる。次に、in some places（訪問客に時間を割いてくれる国）の具体例であるエが、その後に、イの後半部と一致し、またエの逆接（Yet）となるアがくる。最後に、both cases（2つの例）のまとめのウで締めくくるのが妥当。よって、提示文－イ－エ－ア－ウ。　正答　3

〔全訳〕

> アメリカ人は、訪問者を自分たちの個人的な日常生活の中にたやすく受け入れてくれるが、もし訪問者に特別な好意を示すことに長い時間がかかる場合には、そうはしないことに、訪問者は気づくであろう。

イ．このことは、他の国々で起こることの逆である場合が多い。そういった国々では、訪問者のために時間を割くことに特に寛大であるが、訪問者を自分たちの家庭の客として、必ずしも歓迎するとは限らない。

エ．場所によっては、主人役の者が、よく知りもしない訪問者を出迎えるために、夜遅く空港に出向くこともあるだろう。つまり、彼らは長時間ガイド役を務める。すべてが、彼らがいかに寛大であるかを、示している。

ア．しかし、主人は客が自分の家族に会ったり、家族との生活の中に加わるよう勧めることはしないだろう。

ウ．重要なのは、いずれの場合も、その気持ちが温かく友好的であることに変わりはなく、好意の表し方が異なっているだけだと気づくことである。

**29** 科学の目的は真理そのものの発見ではあるが、その真理が深く根本的であればあるほど、実用への応用力も高い。実際、我々が生活していけるのも、この科学の応用力に負うところが多く、科学なくして文明は存在し得ない、と論じた文章。単語のくり返し、話の展開、つなぎの言葉を論理正しく追っていくことが大切である。

提示文で、「科学の目的はtruthの発見であり、practical useやapplicationとは無関係」とあり→エ　all the same

(とはいっても)、new truth は practical application に結びつく→イ as a rule (概して)、new truth の内容の深さと practical possibilities は比例する→ア in fact (実際)、我々の存在は science, research のおかげである→ウ research の成果が無ければ、文明も崩壊するだろう、となって文が成立する。

正答 5

〔全訳〕

| |
|---|
| 科学の第一の目的は、真理、すなわち新しい真理を発見することである。この(真理の)探究は、その真理が実用や応用の可能性があるということに関りなく、真理のための真理を(純粋に真理を)発見することに向けられれば向けられるほど益々大きな成果をあげる。 |

エ それでも、やはり、新しい真理や知識は常に人間の生活を向上させ、実用につながるのは非常によくあることである。

イ 概して、新しい真理がより深く根本的なものであればあるほど、その実用の可能性はそれだけ大きく、また一層重要となるだろう。

ア 実際、生命自体を含めて、私達の持っているものすべては、科学や研究のおかげなのである。

ウ もし、研究によって私達に与えられているものすべてが奪い去られるようなことがあるとするならば、文明は崩壊し、私達は再び裸のままで(生きるために)ほら穴を探し求めることになるだろう。

**30** A～Eの英文の意味は以下のようになる。

A. Bad money drives good out.(「悪貨は良貨を駆逐する」)

B. Seeing is believing.(見ることは信じることである＝「百聞は一見に如かず」)

C. A bird in the hand is worth two in the bush.(手中の一羽は藪の二羽に値する＝「明日の百より今日の五十」)

D. When in Rome do as the Romans do.(ローマにいるときは、ローマ人のするようにせよ＝「郷に入りては郷に従え」)

E. The smell of garlic takes away the smell of onion.(ニンニクの臭いは玉ネギの臭いで取り去る＝「毒を以って毒を制す」)

よって、意味が類似である組合せは、B, D, Eである。

なお、A、Cのことわざは、英文ではそれぞれ以下のようになる。

A. 悪銭身につかず――Easy come, easy go.(得やすいものは失いやすい)

C. 二兎を追う者は一兎をも得ず――He that hunts two hares loses both.(二兎を追う者は両者を失う)

正答 5

# 第4編　国　　語

# 1　漢字の読み

読みの正誤を指摘させる形式の問題が多いが，いずれももっともらしい読みがつけられているので，正しい知識がないと正答は得られない。読み誤り易い字や難読語などは，特に注意して学習しておこう。難読語は意味も難しいものが多いので，意味もあわせて覚えておく方が役に立つ。

語句の読みは，最も基本的なことであり，文章理解にとっても大切なことである。熟字訓やあて字のようなものも一般的なものは知っておく必要がある。読みを疎《おろそ》かにしては，他の学習効果も上がらない。

## 1　二字熟語の音読み

### 頻出度ランクA

| | ［意味］ | ［読み］ |
|---|---|---|
| 愛嬌を振りまく | 愛敬　かわいらしいこと | あいきょう |
| 挨拶を交わす | おじぎ　礼 | あいさつ |
| 哀悼の意を表する | 悲しみいたむ | あいとう |
| 曖昧な返事をする | はっきりしない | あいまい |
| 全国を行脚する | めぐり歩くこと | あんぎゃ |
| 安堵の胸をなで下ろす | 安心すること | あんど |
| 行燈の明かり | 昔の照明具の一種 | あんどん |
| 安穏に暮らす | おだやかなこと | あんのん |
| 敵を威嚇する | おどすこと | いかく |
| 遺憾の意を表す | 思い通りでなく残念 | いかん |
| 意匠をこらす | くふう　趣向 | いしょう |
| 調査を委嘱する | まかせ頼むこと | いしょく |
| 相手の意図をさぐる | 考え　計画 | いと |
| 財産を隠匿する | 見つからぬように隠すこと | いんとく |
| すべて烏有に帰す | 皆無　何もないこと | うゆう |
| 必ず会釈をする | 軽いおじぎ | えしゃく |
| やり方を会得する | わかること　了解 | えとく |
| 演繹的に考える | おし広げて述べる | えんえき |

| | | |
|---|---|---|
| 円滑に事が運ぶ | なめらか | えんかつ |
| 仕事を婉曲に断る | 遠まわし | えんきょく |
| 厭世観は捨てよ | 生きているのがいや | えんせい |
| 青春を謳歌する | ほめたたえること | おうか |
| 議論を応酬する | 負けずにやり返すこと | おうしゅう |
| 嗚咽の声が聞こえる | むせび泣く | おえつ |
| 夕方から悪寒を覚える | 寒気がすること | おかん |
| すべて穏便に解決する | おだやかなこと | おんびん |
| 俳優として開眼する | 物事のこつをつかむ | かいがん |
| 開眼供養をする | 仏道の真理を悟る | かいげん |
| 会社を解雇される | やめさせる | かいこ |
| 条件に該当する | あてはまる | がいとう |
| 内閣が瓦解する | 崩壊 | がかい |
| 苛酷な処置を受ける | むごいこと | かこく |
| 良心の呵責に苦しむ | 責め苦しめること | かしゃく |
| 自分の心と葛藤する | もつれ　争い | かっとう |
| 寡聞にして知らない | 知識や見聞が少ない | かぶん |
| 管轄外の仕事 | 権限支配の及ぶ範囲 | かんかつ |
| 緩急自在に投げる | ゆっくりなことと急ぐこと | かんきゅう |
| 緩衝地帯を設ける | 衝突を和らげる | かんしょう |
| 予定を完遂する | なしとげること | かんすい |
| 父と同じ官吏となる | 国家公務員　役人 | かんり |
| 規制を緩和する | ゆるめやわらげる | かんわ |
| 何か危惧の念を抱く | おそれ　心配 | きぐ |
| 田舎に帰省する | 故郷にかえる | きせい |
| 既知と未知 | すでに知っている | きち |
| いつも杞憂に終わる | とりこし苦労 | きゆう |
| 胸襟を開く | 胸のうち　心中 | きょうきん |
| 殺人教唆の疑い | 教えそそのかす | きょうさ |
| 一点を凝視する | じっと見つめる | ぎょうし |
| 歯並びを矯正する | 正しく直す | きょうせい |
| 恐ろしい形相で立つ | 顔かたち　姿 | ぎょうそう |
| 結果について吟味する | 念入りに調査する | ぎんみ |
| 久遠の理想を掲げる | 永久　永遠　遠い昔 | くおん |
| 敵の船を駆逐する | おいはらう | くちく |
| 金を工面する | 金銭を整える | くめん |
| 師の薫陶を受ける | 徳で人を感化すること | くんとう |

| | | |
|---|---|---|
| 敬虔な態度を忘れない | 敬いつつしむ | けいけん |
| 渓谷沿いに歩く | 谷間 | けいこく |
| 雑誌に詩を掲載する | かかげのせること | けいさい |
| 神社の境内で遊ぶ | 神社や寺の敷地内 | けいだい |
| 稀有な事件に出会う | まれ　非常に珍しい | けう |
| 交通事故で怪我をする | 負傷 | けが |
| 夏至は昼間が長い | 二十四節気の一つ | げし |
| 神の化身と考える | 神仏の生まれかわり | けしん |
| 解毒作用を持つ | 毒物の作用を消す | げどく |
| 父の病気を懸念する | 執着　心配 | けねん |
| 春の気配がする | ようす | けはい |
| 仮病で学校を休む | にせの病気 | けびょう |
| 自己嫌悪に陥る | 憎み嫌う | けんお |
| 顕著な効果が表れる | きわだって目につく | けんちょ |
| 小さなことに拘泥する | こだわる | こうでい |
| 大臣を更迭する | その役目をかえること | こうてつ |
| 剣道の極意を授ける | 秘伝　奥義 | ごくい |
| 虚空をつかむ | 何もない空間　空中 | こくう |
| 小さなことに固執する | 意見をかえないこと | こしつ（こしゅう） |
| 江戸時代の滑稽本 | 冗談　諧謔 | こっけい |
| 士気を鼓舞する | 元気づけはげます | こぶ |
| 今昔物語集 | 今と昔 | こんじゃく |
| 夕飯の献立を考える | 料理の種類や順序 | こんだて |
| 父の最期をみとる | 死にぎわ　臨終 | さいご |
| 国家予算を削減する | けずりへらす | さくげん |
| 試行錯誤をくり返す | あやまり | さくご |
| 桟敷から見物する | 高く設けた見物席 | さじき |
| 早急に返事を書く | 至急 | さっきゅう（そうきゅう） |
| 暫時休憩をとる | しばらく | ざんじ |
| 斬新なアイデア | きわめて新しい | ざんしん |
| 詩歌を好む | 詩やうた | しいか |
| 精神が弛緩している | ゆるみ | しかん |
| 法律が施行される | 実施　執行 | しこう（せこう） |
| 進路を示唆する | それとなく教えること | しさ |
| 私淑する先生 | ひそかに慕い学ぶこと | ししゅく |
| 市井の人となる | ちまた　まち | しせい |
| 既往の疾病を持つ | 病気 | しっぺい |

| | | |
|---|---|---|
| 国会の諮問機関 | 意見を聞く | しもん |
| 赤銅色の肌の男性 | 銅と金・銀の合金 | しゃくどう |
| 祝儀をはずむ | 祝の儀式　心付け | しゅうぎ |
| 彼女に執心する | 深く心をひかれる | しゅうしん |
| 拾得物を預かる | 拾い取る | しゅうとく |
| 法を遵守する | 従い守ること | じゅんしゅ |
| 願いが成就した | なしとげること | じょうじゅ |
| 日々精進しなさい | 行いを慎むこと　努力 | しょうじん |
| 焦燥感にかられる | 焦躁　いらだち | しょうそう |
| 情緒が不安定になる | 精神状態 | じょうちょ（じょうしょ） |
| 安らかに成仏する | 死ぬこと | じょうぶつ |
| おこりっぽい性分 | 生まれつきの性質 | しょうぶん |
| 真偽をたしかめる | 真実とうそ | しんぎ |
| 真摯な態度 | まじめな様 | しんし |
| 深甚な同情 | 意味や気持ちがひじょうに深い | しんじん |
| 任務を遂行する | 成し遂げること | すいこう |
| 作文を推敲する | 字句を練り直すこと | すいこう |
| 出納簿をつける | 金や物の出し入れ | すいとう |
| 崇高な考えをもつ | たっとくけだかい | すうこう |
| 杜撰な仕事 | 粗雑　いい加減 | ずさん |
| 先生が逝去された | 死去 | せいきょ |
| 贅沢な生活を送る | 必要以上の消費 | ぜいたく |
| お歳暮を贈る | 年末（の贈り物） | せいぼ |
| 不公平を是正する | ただしく改める | ぜせい |
| 殺生をしてはいけない | 生き物を殺すこと | せっしょう |
| 外国との折衝を行う | 交渉のかけひき | せっしょう |
| 和洋折衷の家 | よい所をとり調和させる | せっちゅう |
| 刹那主義を貫く | 極めて短い時間 | せつな |
| 漸次売り上げが伸びる | 次第に　だんだん | ぜんじ |
| 川柳を作る仲間 | 雑俳の一つ | せんりゅう |
| 憎悪の念を抱く | にくみきらう | ぞうお |
| とても造詣が深い | 学芸に深く通じる | ぞうけい |
| 悪口《あっこう》雑言を吐く | 悪口 | ぞうごん |
| 何の造作もないことだ | 手間　面倒 | ぞうさ |
| 借金を相殺する | 差引き帳消しにする | そうさい |
| わら草履を編む | 履物の一種 | ぞうり |
| 贈賄罪で起訴される | わいろを贈る | ぞうわい |

| | | |
|---|---|---|
| 適当な措置をする | 取りはからうこと | そち |
| 意志の疎通がない | さわりなく通じる | そつう |
| 怠惰な生活を送る | なまけおこたる | たいだ |
| 政府を弾劾する | 責任を問うこと | だんがい |
| 酒色に耽溺する生活 | 物事におぼれること | たんでき |
| 十年来の知己に会う | 知りあい　知人 | ちき |
| 逐次説明をします | 次々と　順次 | ちくじ |
| 中庸を得る | かたよらず妥当なさま | ちゅうよう |
| 写真を貼付すること | はりつける | ちょうふ |
| 書類が重複している | かさなりあう | ちょうふく（じゅうふく） |
| 古文書を珍重する | 大切にすること | ちんちょう |
| 陳腐な考えはやめよ | 古くさい | ちんぷ |
| 会社の定款を読む | 会社などの基本規則 | ていかん |
| 利益が逓減する | しだいに減ること | ていげん |
| 体裁が悪いのでやめる | 世間体　姿　形 | ていさい |
| 丁重にお断りする | 礼儀正しく　ていねい | ていちょう |
| すぐに責任転嫁する | 責任をなすりつける | てんか |
| 作文の添削指導 | 詩文に手を入れる | てんさく |
| 株価が騰貴する | 物価があがる | とうき |
| 先代のやり方を踏襲 | あとをつぐ | とうしゅう |
| 人格を陶冶する | 人格を高めること | とうや |
| 匿名で葉書を出す | 本名をかくす | とくめい |
| 心の中を吐露する | うちあける | とろ |
| 貪欲な人間だ | 欲が深い | どんよく |
| 必ず捺印すること | 印を押すこと　押印《おういん》 | なついん |
| 納得の上でのこと | 十分に承知する | なっとく |
| 柔和な顔の母 | やさしく穏やか | にゅうわ |
| 如実に真相が表れる | 実際そのまま | にょじつ |
| 本大会中の白眉 | 最優秀 | はくび |
| 過去を暴露された | さらけ出すこと | ばくろ |
| 約束が破綻する | 破れほころびること | はたん |
| 文明発祥の地 | はじめて起こる | はっしょう |
| 静かに挽歌が流れる | 死者をいたむ歌 | ばんか |
| 煩雑な事務仕事 | わずらわしく　ごたごたしている | はんざつ |
| 商売繁盛を祈る | 繁昌　にぎわうこと | はんじょう |
| 皆に平等に頒布する | 分けくばること | はんぷ |
| 凡例を繰り返し読む | 本の使い方の説明 | はんれい |

| | | |
|---|---|---|
| 非業の死を遂げた | 悲運　災難 | ひごう |
| 今日限り罷免される | 免職 | ひめん |
| 披露宴でのスピーチ | 公に発表する | ひろう |
| 頻出語句を覚える | よく出る | ひんしゅつ |
| 彼の話に便乗する | うまく利用すること | びんじょう |
| うわさ話を吹聴する | 言いふらすこと | ふいちょう |
| 福音書を手にする | キリストの説いた救いの教え | ふくいん |
| 無精ひげが生える | なまけること　ものぐさ | ぶしょう |
| 仲間から侮辱される | ばかにする | ぶじょく |
| りっぱな普請の家 | 建築　土木工事 | ふしん |
| 風情のある庭園 | 味わい　おもむき | ふぜい |
| 鉄道を敷設する | 設けること　つくること | ふせつ |
| 過去を払拭する | ぬぐい去ること | ふっしょく |
| 単身赴任する | 任地におもむく | ふにん |
| いつになく憤怒する | 憤り怒ること | ふんぬ（ふんど） |
| 呆然と立ちつくす | あっけにとられる | ぼうぜん |
| 一念発起する | 決心する | ほっき |
| 心臓発作を起こす | 突然に起こる症状 | ほっさ |
| 同好会が発足する | 出発　活動開始 | ほっそく |
| 事件の発端を知る | 糸口　おこり | ほったん |
| 煩悩を断ち切る | 人間の欲望　迷い | ぼんのう |
| 末期の水を飲ませる | 死にぎわ　臨終 | まつご |
| 純真無垢な心を持つ | 汚れがないこと　純潔 | むく |
| 家臣が謀反を起こす | 謀叛　そむくこと | むほん |
| 無学文盲である | 文字が読めない | もんもう |
| 亡父の遺言に従う | 死後にいいのこすことば | ゆいごん |
| 由緒ある家柄 | りっぱな来歴 | ゆいしょ |
| 全国遊説に出る | 意見を説いてまわること | ゆうぜい |
| 物見遊山に出かける | 行楽　遊び | ゆさん |
| 夭折した学者 | 若死に　早死に | ようせつ |
| 業績を礼讃する | ほめたたえること | らいさん |
| 反対派に拉致される | 無理に連れ去ること | らち |
| 万物は流転する | 限りなく移り変わること | るてん |
| 世間に流布する | 流れひろまること | るふ |
| 廉価販売の店 | 値段がやすいこと | れんか |
| 事実を歪曲する | ゆがめ曲げること | わいきょく |

## 頻出度ランクB

| | [意味] | [読み] |
|---|---|---|
| 本書中の圧巻 | 最もすぐれた所 | あっかん |
| 就職を斡旋する | とりもち　周旋 | あっせん |
| 畏敬の念をいだく | おそれうやまうこと | いけい |
| 一抹の不安が残る | ほんの少し | いちまつ |
| すべて遺漏なきよう | 手ぬかり　手おち | いろう |
| 姻戚関係にある | 結婚によりできた親戚 | いんせき |
| 迂回路を通る | 遠まわり | うかい |
| 女王に謁見を賜る | 地位の高い人に会う | えっけん |
| 図書の閲覧室 | 本を調べみる | えつらん |
| 冤罪を晴らす | 無実の罪 | えんざい |
| 証拠書類を押収する | 差し押さえること | おうしゅう |
| 嘔吐を繰り返す | 吐き出すこと | おうと |
| 相手の心を憶測する | 根拠もなくおしはかる | おくそく |
| 人との邂逅を大切に | めぐりあい | かいこう |
| 人口に膾炙する | 広く知れわたること | かいしゃ |
| 植物園界隈を歩く | あたり　近所 | かいわい |
| 昔ながらの鍛冶屋 | 金属を錬る | かじ |
| 説明は割愛する | 惜しいものを省く | かつあい |
| 演奏会で喝采をあびる | ほめそやすこと | かっさい |
| 画餅に帰す | 役に立たない | がべい |
| 可憐な少女に出会う | 愛らしい | かれん |
| 主君に諫言する | いさめること | かんげん |
| 肝腎な点を書き留める | 肝心　重要　大切 | かんじん |
| 息子を勘当した | 肉親の縁を切ること | かんどう |
| 船の甲板をそうじする | 船の床　デッキ | かんぱん |
| 市に義捐金を送る | 義援　寄付 | ぎえん |
| 飢餓地域への救援 | 食べ物にうえる | きが |
| 飢饉が続く | 凶作 | ききん |
| 両チームが拮抗する | 対抗　対立 | きっこう |
| 昨日の行動を詰問する | きびしく問いただす | きつもん |
| 幼児を虐待する | むごいあつかいをする | ぎゃくたい |
| 汚職の糾弾にのり出す | 罪を問いただす | きゅうだん |
| 大事件に驚愕する | 非常に驚くこと | きょうがく |
| 恐喝罪に問われる | おどし　ゆすり | きょうかつ |

| | | |
|---|---|---|
| 虚偽の申し立て | うそ | きょぎ |
| コンピューターを駆使する | つかいこなす | くし |
| 母の苦衷を察する | 苦しい心中 | くちゅう |
| 警鐘を鳴らす | 警告となるもの | けいしょう |
| 鼎《かなえ》の軽重を問う | 軽いと重い　重さ | けいちょう |
| 逆鱗に触れる | 天子の怒り | げきりん |
| 戯作を読みふける | 娯楽を主とした小説 | げさく |
| 健気な態度に感心する | 殊勝　かいがいしい | けなげ |
| 夫婦の倦怠期だ | あきる　いやになる | けんたい |
| 言質を取っておく | 証拠となる言葉 | げんち |
| 語彙が豊富になる | 語の集まり　用語 | ごい |
| 恍惚感にひたる | うっとりする様子 | こうこつ |
| 税金を控除してもらう | 金額をさしひく | こうじょ |
| 高尚な趣味をもつ | 程度が高いようす | こうしょう |
| 後生に名を残す | 死んだのちの時代 | こうせい（ごしょう） |
| 急勾配をかけ登る | 傾斜　斜面 | こうばい |
| 拷問を受け自白する | 苦痛を与えて白状させる | ごうもん |
| 祖父の古稀の祝い | 七十歳 | こき |
| 士気を鼓吹する | 励ますこと　宣伝すること | こすい |
| 家族で炬燵を囲む | 暖をとる設備 | こたつ |
| 和漢混淆文を読む | 入りまじる | こんこう |
| 紺青の海を見つめる | あざやかな藍色 | こんじょう |
| 昏睡状態に陥る | 意識不明で眠る | こんすい |
| 情勢は混沌としている | 不分明な様 | こんとん |
| 采配を振る | 指図　指揮 | さいはい |
| 些細なことで悩む | わずか | ささい |
| 挫折して立ち直る | くじけ折れる | ざせつ |
| 父が左遷される | 低い地位にうつす | させん |
| 大企業の傘下に入る | ある勢力の下 | さんか |
| 恣意的な解釈をする | 自分の思うまま | しい |
| 嗜好が変わる | たしなむこと　好み | しこう |
| 執拗につきまとう | しつこいこと | しつよう |
| 邪険に扱ってしまう | 無慈悲　邪慳 | じゃけん |
| アメリカからの借款 | 国際間の貸借 | しゃっかん |
| 若干名を募集 | いくらか　少し | じゃっかん |
| 食器を煮沸消毒 | 煮えたぎらせる | しゃふつ |
| 終焉の地となる | 命の終わり | しゅうえん |

| | | |
|---|---|---|
| 明日祝言を挙げる | 祝い　婚礼 | しゅうげん |
| 神戸港を出帆する | 出港 | しゅっぱん |
| 悪性の腫瘍ができる | 異常なはれもの | しゅよう |
| 潤沢な資金で開業 | 豊富　豊か | じゅんたく |
| 憔悴しきった様子 | やせ衰えること | しょうすい |
| 申し入れを承諾する | 聞き入れる | しょうだく |
| 常套手段でやる | ありふれた仕方 | じょうとう |
| 従容とした態度 | ゆったりおちついた | しょうよう |
| 会社の嘱託で働く | 頼んで任せる | しょくたく |
| 将来を嘱望される | のぞみをかける | しょくぼう |
| おだやかな所作 | ふるまい | しょさ |
| 国民が震撼した事件 | 震え動くこと | しんかん |
| 深紅の大優勝旗 | 濃い紅色　真紅 | しんく |
| 犯人を訊問する | 尋問　問いただす | じんもん |
| 辛辣な手段に出る | 非常に手厳しい | しんらつ |
| 素性のわかった品 | 血筋　生まれ　素姓 | すじょう |
| 精悍な顔つきの青年 | 鋭くたくましい | せいかん |
| 脆弱な体質を変える | もろくて弱い | ぜいじゃく |
| 精緻な調査を行う | 細かく詳しい | せいち |
| 寂寞とした町並み | ものさびしい様 | せきばく |
| かつての雪辱を果たす | 恥をそそぐこと | せつじょく |
| 窃盗を働く | こっそり盗むこと | せっとう |
| 皆の羨望を集める | うらやましく思う | せんぼう |
| 未知との遭遇 | 思いがけなく出会う | そうぐう |
| 象牙でできた置き物 | 象のきば | ぞうげ |
| 相手が訴訟をおこす | 裁判所にうったえる | そしょう |
| 図工で塑像を作る | 粘土や石膏の像 | そぞう |
| 素朴な人柄で好かれる | かざりけがない | そぼく |
| 川底に堆積する | 積み重なること | たいせき |
| 陣地を奪還する | うばい返す | だっかん |
| 短冊に願い事を書く | 和歌を書く細長い紙 | たんざく |
| 日本画に堪能な人だ | 練達　満足 | たんのう |
| 一家団欒を大切にする | 集まって楽しむこと | だんらん |
| 緻密な計画を立てる | きめ細かい | ちみつ |
| ポイントを抽出する | ぬき出す | ちゅうしゅつ |
| 衷心より感謝する | まごころの奥底 | ちゅうしん |
| 男子厨房に入らず | 台所　料理場 | ちゅうぼう |

| | | |
|---|---|---|
| 天皇の御寵愛を受ける | 特別に愛すること | ちょうあい |
| 食塩が沈澱している | 液体中に沈む | ちんでん |
| お追従を言わないで | こびへつらうこと | ついしょう |
| 友人への追悼文を読む | 死者を偲び悲しむ | ついとう |
| 適宜分かれて行う | 適当　随意 | てきぎ |
| 川に溺死体があがる | 水死　おぼれ死ぬこと | できし |
| 本末顛倒した表現 | 転倒　ひっくり返ること | てんとう |
| 内申書を添付する | 補いとしてそえてつける | てんぷ |
| 事件の顛末を知る | 一部始終　首尾 | てんまつ |
| 彼の死に慟哭する | 大声をあげて泣く | どうこく |
| 棟梁について修業 | かしら　大工の親分 | とうりょう |
| 三年乃至四年前 | ～から～にかけて　または | ないし |
| 解決に難渋する | はかどらないこと | なんじゅう |
| 証拠を捏造する | でっちあげ | ねつぞう |
| 地主に年貢を納める | 毎年納める金や物 | ねんぐ |
| 夕方の街を徘徊する | うろつく | はいかい |
| 仲間から排斥する | しりぞけること | はいせき |
| 人間の排泄作用 | 不要物を体外に出す | はいせつ |
| 実力が伯仲する | 力がだいたい同じ | はくちゅう |
| 役員に抜擢される | 人材を登用すること | ばってき |
| 晩餐会に招待される | 夕食 | ばんさん |
| 師の教えを反芻する | 繰り返し味わうこと | はんすう |
| 雑草が繁茂する | おいしげること | はんも |
| 一生の良き伴侶 | 同伴者　配偶者 | はんりょ |
| 条約を批准する | 条約などを承認する | ひじゅん |
| 態度が豹変する | 急に変わること | ひょうへん |
| 頻繁に出かける | たびたびくり返す | ひんぱん |
| 諷刺小説を書く | 社会や人物をあてこする | ふうし |
| 事実を敷衍して話す | 詳しく述べひろげること | ふえん |
| 蒲団を毎日干す | 寝具 | ふとん |
| 恩師の訃報に接する | 死んだしらせ | ふほう |
| 事態が紛糾する | 事がもつれること | ふんきゅう |
| 思慮分別がある | 道理を考えわける | ふんべつ |
| 腸閉塞を起こす | とじふさぐこと | へいそく |
| 郷土史を編纂する | 編集すること | へんさん |
| 才能の片鱗を示す | 一片　一端 | へんりん |
| 天才の萌芽がみえる | めばえ　きざし | ほうが |

| | | |
|---|---|---|
| 膨大な予算を組む | 非常に大きい | ぼうだい |
| 彼は朴訥な人だ | 実直で無口な様 | ぼくとつ |
| 害虫を撲滅する | うちほろぼす | ぼくめつ |
| 赤字を補填する | 足りない所をうめる | ほてん |
| 凡庸な生活を送る | 平凡　凡人 | ぼんよう |
| 枚挙にいとまがない | 数え上げること | まいきょ |
| 自分の道を邁進する | 勇み進むこと | まいしん |
| 村が川に埋没する | うずもれること | まいぼつ |
| 意見を抹殺する | 消し去ること | まっさつ |
| 頭脳明晰な学生だ | 明らかではっきりしている | めいせき |
| 風光明媚な土地 | 景色が美しい | めいび |
| 面目を躍如する | いきいきとしたようす | やくじょ |
| 結納の日取りを決める | 婚約のしるしをかわす | ゆいのう |
| 一刻の猶予もならぬ | ぐずぐずして決めない | ゆうよ |
| どうかご容赦下さい | 許してとがめない | ようしゃ |
| 出馬を要請する | たのむこと | ようせい |
| 天真爛漫に振る舞う | 花が咲き乱れる様 | らんまん |
| 何事にも律儀な人 | 義理がたい　実直 | りちぎ |
| 恋人を掠奪する | 奪い取ること | りゃくだつ |
| 英語を流暢に話す | すらすらとよどみない | りゅうちょう |
| 僧が流罪になった島 | 罪人を遠方に流す刑 | るざい |
| 社内秘密が漏洩する | もれること | ろうえい |
| 周章狼狽する | あわてふためくこと | ろうばい |
| 器に緑青が吹く | 銅のさび | ろくしょう |
| 問題を矮小化する | 丈が低く小さい | わいしょう |
| 賄賂を受け取るな | 不正な贈り物 | わいろ |

## 頻出度ランクC

| | ［意味］ | ［読み］ |
|---|---|---|
| 悪辣な手段だ | ずるくあくどい | あくらつ |
| 仲間に軋轢が生ずる | 仲たがい　不和 | あつれき |
| 一瞥もくれない | ちらっと見ること | いちべつ |
| 陰鬱な顔つきになる | うっとうしい　陰気 | いんうつ |
| 証拠を湮滅する | 消滅　もみ消し | いんめつ |
| 何か胡散臭い男だ | あやしい　不審 | うさん |
| 鬱憤を晴らす | たまった怒りや不満 | うっぷん |

| | | |
|---|---|---|
| 彼女に怨恨を抱く | うらみ | えんこん |
| 元気横溢な男の子 | あふれ出る　みなぎる | おういつ |
| 心に懊悩を抱く | 悩み　苦悩 | おうのう |
| 体を動かすのが億劫だ | 面倒 | おっくう |
| 諧謔小説を書く | しゃれ　ユーモア | かいぎゃく |
| 改悛の情が見られる | 前非を改める | かいしゅん |
| 凱旋将軍となった | 戦いに勝って帰る | がいせん |
| 傀儡の政権 | あやつり人形 | かいらい |
| 果敢な攻撃に出る | 思い切ってすること | かかん |
| ビーカーの溶液を攪拌 | かきまわす | かくはん |
| 脚気にかかる | 栄養失調症の一つ | かっけ |
| 恰好をつけて歩く | 格好　姿　体裁 | かっこう |
| 甲冑を身にまとう | よろいかぶと | かっちゅう |
| 大通りを闊歩する | ゆったりと歩く，いばって歩く | かっぽ |
| 割烹店で働く | 調理　料理 | かっぽう |
| 刮目に値する論文 | 目をみはること　注目 | かつもく |
| 法隆寺の伽藍配置 | 寺院　寺 | がらん |
| 癇癪を起こす | 怒りやすい性質 | かんしゃく |
| 艱難辛苦をのり越える | 難儀　苦労 | かんなん |
| 旱魃の被害が増える | 日照　水枯れ | かんばつ |
| 稀代の英雄と呼ばれる | 世にまれ　希代 | きだい |
| 忌憚のない意見 | 遠慮 | きたん |
| 詭弁を弄《ろう》する男だ | こじつけの議論 | きべん |
| 国民を欺瞞する事件 | あざむきだますこと | ぎまん |
| 華奢な体つきの人 | か細く弱々しい | きゃしゃ |
| 狭隘な心ではいけない | 狭い | きょうあい |
| 強靱な体を生かす | しなやかで強い | きょうじん |
| 虚妄の説ではないか | うそ　いつわり | きょもう |
| 僅少差で敗れる | わずか | きんしょう |
| いつも意気軒昂だ | 意気のさかんな様 | けんこう |
| 尼僧が還俗する | 僧から俗人にかえること | げんぞく |
| 世間に喧伝される | 盛んに言いふらすこと | けんでん |
| 絢爛豪華な衣裳 | きらびやかな様 | けんらん |
| 大金に眩惑される | 目がくらみ迷うこと | げんわく |
| 源氏の後裔である | 子孫 | こうえい |
| 狡猾な手段に出る | ずるい　悪賢い | こうかつ |
| 巷間のうわさとなる | 世間　ちまた | こうかん |

| | | |
|---|---|---|
| 幸甚に存じます | 非常にありがたい | こうじん |
| 巧緻な細工を施す | 巧みで細かい | こうち |
| 膠着状態が続く | ねばりつく | こうちゃく |
| 高邁な理想を持つ | 気高くすぐれている | こうまい |
| 友人が忽然と消えた | にわかに　突然 | こつぜん |
| 誤謬を犯してしまう | あやまり | ごびゅう |
| 事件の痕跡をとどめる | 跡　あとかた | こんせき |
| 渾然一体となる | 区別のつかない様 | こんぜん |
| 疲労困憊する | 苦しみ疲れる | こんぱい |
| 猜疑心が強い男だ | そねみ疑う　邪推 | さいぎ |
| 情報が錯綜する | いりまじる | さくそう |
| 爆弾が炸裂する | 爆弾が破裂する | さくれつ |
| 青春の蹉跌 | つまづき　失敗 | さてつ |
| 神に懺悔する心 | 罪を悔い告白すること | ざんげ |
| 何事も深く思惟する | 思考 | しい |
| 事の仔細を調べる | くわしい事情　子細 | しさい |
| 皆を叱咤激励する | 大声でしかる | しった |
| 灼熱の太陽が照る | 焼けつく熱さ | しゃくねつ |
| 奢侈な生活になる | ぜいたく | しゃし |
| 人権蹂躙で訴える | 踏みにじること | じゅうりん |
| 入水自殺をした | 水中への身投げ | じゅすい |
| 自費で上梓する | 図書を出版すること | じょうし |
| 彼は饒舌を弄する | おしゃべり | じょうぜつ |
| 所詮うまくいかない | 結局　つまり | しょせん |
| 熾烈な競争となる | 盛んで激しい様 | しれつ |
| 塵芥処理の仕事 | ちりあくた　ごみ | じんかい |
| 信憑性がうすい | 信じて頼る | しんぴょう |
| 凄惨な事件が起きる | むごたらしい | せいさん |
| 悽愴な光景を見た | 痛ましい | せいそう |
| 子供を折檻する | 厳しく責めしかること | せっかん |
| 思想が尖鋭になる | 鋭く急進的　先鋭 | せんえい |
| 深く詮議を行う | 取り調べ　審議 | せんぎ |
| 他人を詮索するな | 調べ求めること | せんさく |
| 急に戦慄が走る | おそれふるえること | せんりつ |
| 急に相好を崩す | 顔つき　表情 | そうごう |
| 意見が相剋する | 互いに争う　相克 | そうこく |
| 文学界の双璧である | 一対の玉　両雄 | そうへき |

| | | |
|---|---|---|
| 蒼茫たる大海原を行く | あおあおとして広い | そうぼう |
| 仄聞するところによる | かすかに聞くこと　側聞 | そくぶん |
| 意気阻喪な状態 | 沮喪　気力を失う | そそう |
| 何一つ遜色はない | 劣っている様 | そんしょく |
| 会社の内情を知悉する | 知りつくすこと　精通 | ちしつ |
| 何事も躊躇するな | ためらい | ちゅうちょ |
| 遺族に弔慰金を払う | 弔い慰める | ちょうい |
| 先輩に追従する | つきしたがう | ついじゅう |
| 瞠目に値する | 目をみはること | どうもく |
| 逗留期間が延びる | 滞在 | とうりゅう |
| 咄嗟の間の出来事 | すぐさま　だしぬけ | とっさ |
| 彼は訥弁な人だ | 口下手　下手な弁舌 | とつべん |
| 賭博にあけくれる | ばくち | とばく |
| 生活費を捻出する | ひねり出すこと | ねんしゅつ |
| 暢気な性格だ | 気楽　無頓着 | のんき |
| 媒酌人をつとめる | 結婚をとりもつ | ばいしゃく |
| 危険が胚胎する | きざすこと | はいたい |
| 地位を剝奪される | はぎとること | はくだつ |
| 元気潑剌とした子供 | 元気のよい様 | はつらつ |
| 同じ範疇の考え方 | 範囲　分類 | はんちゅう |
| 組合で罷業に入る | ストライキ | ひぎょう |
| 両親の庇護のもと | かばい守ること　保護 | ひご |
| 逼迫した状態になる | 切迫　困窮 | ひっぱく |
| 顔に飛沫を浴びる | しぶき | ひまつ |
| 民主主義を標榜する | 公然とかかげること | ひょうぼう |
| 肥沃な土地を耕す | 地味が肥えている | ひよく |
| 足に浮腫が出る | むくみ | ふしゅ |
| 埠頭で船を見る | 波止場　岸壁 | ふとう |
| 俘虜収容所を出る | とりこ　捕虜 | ふりょ |
| 大雄弁に辟易する | しりごみすること | へきえき |
| 御指導御鞭撻の程 | むちうつこと　はげますこと | べんたつ |
| 農民が蜂起する | 群がりたちあがること | ほうき |
| 大都会を彷徨する | うろつくこと | ほうこう |
| 芳醇な酒を飲む | 香り高く味が良い | ほうじゅん |
| 五穀豐穰を祈る | 豊かに実ること | ほうじょう |
| 亡き父を彷彿とさせる | ありありと思い出すこと | ほうふつ |
| 泡沫候補と言われる | 水のあわ　はかないたとえ | ほうまつ |

| | | |
|---|---|---|
| かぜが蔓延する | はびこりひろがること | まんえん |
| 役者冥利に尽きる | ごりやく　恩恵 | みょうり |
| 融通無碍な生き方 | 障害がないこと | むげ |
| 一人瞑想にふける | 目を閉じて考えること | めいそう |
| 故人の冥福を祈る | 死後の幸福 | めいふく |
| 妄執にとらわれる | 迷いによる執念 | もうしゅう |
| 意識朦朧となる | おぼろげ　ぼんやり | もうろう |
| 冶金工場に勤める | 金属を精製加工する | やきん |
| 豪放磊落な性格 | 快活でこだわらない | らいらく |
| 烙印を押される | 焼き印 | らくいん |
| 他を凌駕する論文 | しのぎ上回ること | りょうが |
| 狼藉をはたらく | 乱暴なふるまい | ろうぜき |

## ② 熟字訓

漢字二字以上の熟語全体に，日本語の訓をあてて読むものを**熟字訓**という。

### 頻出度ランクA

| | ［意味］ | ［読み］ |
|---|---|---|
| 欠伸をかみころす | 疲れた時出る深い呼吸 | あくび |
| 小豆を煮る | 赤黒色の豆 | あずき |
| 春の息吹を感じる | 呼吸　活気 | いぶき |
| 左団扇で暮らす | 風を起こす道具 | うちわ |
| 自惚が強い人 | 自負すること | うぬぼれ |
| 思惑がはずれる | 考え　評判 | おもわく |
| 神社で神楽を聴く | 神を祭るときに奏する舞楽 | かぐら |
| 昔気質の人です | 特有の性質 | かたぎ |
| 為替相場を見る | 手形・証書で送金する方法 | かわせ |
| 生糸生産が日本一 | 繭から取ったままの糸 | きいと |
| 私は生粋の江戸っ子 | 純粋 | きっすい |
| 彼はかなりの曲者だ | あやしい者 | くせもの |
| 玄人の意見を聞く | 専門家 | くろうと |
| 下宿で雑魚寝する | 小魚　つまらぬもの | ざこ |
| 流石は君の弟だ | といっても　やはり | さすが |
| 時雨が通り過ぎる | 初冬の頃降る小雨 | しぐれ |

| | | |
|---|---|---|
| 竹刀を振る | 剣道に使う竹の刀 | しない |
| 老舗の三代目 | 昔から続いている店 | しにせ |
| 素人のど自慢 | 未熟な人 | しろうと |
| あわただしい師走 | 陰暦十二月 | しわす |
| 台詞を忘れてしまう | 台本の会話部分 | せりふ |
| 雑木林を通りぬける | 材木にならない木 | ぞうき |
| 高山祭の山車 | 祭礼に引き出す飾り車 | だし |
| 外国煙草を好む | 嗜好品の一種 | たばこ |
| 足袋をはく | 和服のとき足にはく | たび |
| 提灯につり鐘 | 照明器具の一種 | ちょうちん |
| うっとおしい梅雨空 | 六月頃降り続く長雨 | つゆ |
| 投網を打つ | 投げて魚をとる網 | とあみ |
| 名残を惜しむ | 別れを惜しむ気分 | なごり |
| 雪崩にまきこまれる | 雪が一度にくずれおちる | なだれ |
| 納屋にしまい込む | 物置 | なや |
| 野良仕事をする | 野原　田畑 | のら |
| 祝詞をあげる | 神にいのるときにとなえる文章 | のりと |
| 暖簾に腕押し | 店先に張る布 | のれん |
| 御法度を破る | 禁止の法令 | はっと |
| 暖かい日和だ | 天候　空模様 | ひより |
| 約束を反古にする | 反故　役立たない物 | ほご |
| 柔道部の猛者 | 力・技のすぐれた人 | もさ |

## 頻出度ランクB

| | ［意味］ | ［読み］ |
|---|---|---|
| 生憎出かけています | 都合の悪い様 | あいにく |
| 海女が海にもぐる | 海にもぐって貝などをとる女の人 | あま |
| 稲荷神社にお参り | もと穀物の神 | いなり |
| 鋳物工場に勤める | 金属を型で固めた物 | いもの |
| 弁天様の刺青 | ほりもの | いれずみ |
| 乳母に育てられる | 母のかわりに子供に乳をのませ育てる人 | うば |
| 陽炎の立つ季節 | 春に立ち上る蒸気 | かげろう |
| 河岸で働く | 川岸にたつ魚市場 | かし |
| 風邪をひく | 感冒 | かぜ |
| 合羽を着て出かける | 雨の時着る上着 | かっぱ |
| 湯気で硝子がくもる | ガラス | がらす |

| | | |
|---|---|---|
| 潮騒を聞きながら育つ | 波の寄せ返す音 | しおさい |
| 時化で出港できない | 海が風雨で荒れること | しけ |
| 砂利道を歩く | 小石の集まり | じゃり |
| 洒落のわかる人 | 機知に富んだ文句 | しゃれ |
| 数珠を持つ | 仏を拝むとき手にかける輪 | じゅず |
| 黄昏の町を歩く | 夕暮れ時 | たそがれ |
| 稚児行列が行く | 祭りの行列に加わる子供 | ちご |
| 常夏の島ハワイ | 一年中夏のように暑い | とこなつ |
| 苗代作りをする | 稲の苗を作る田 | なわしろ |
| 奥の部屋は納戸だ | 物置きの部屋 | なんど |
| 吹雪で道に迷う | はげしい風と雪 | ふぶき |
| 土産を手に帰る | 土地の産物 | みやげ |
| 木綿のブラウス | 白くやわらかな布 | もめん |
| 人の人たる所以 | わけ　理由 | ゆえん |
| 行方がわからない | 行った先 | ゆくえ |
| 土間で草鞋を編む | わらで作った草履 | わらじ |

## 頻出度ランクC

| | [意味] | [読み] |
|---|---|---|
| 煮物の灰汁を取る | 灰のうわずみ　癖 | あく |
| 胡座をかく | 足を組んで座ること | あぐら |
| 許嫁を紹介する | 婚約者　許婚 | いいなづけ |
| 沖の漁火がゆれる | 魚を誘うための火 | いさりび |
| 産湯につからせる | 赤子に使わせる湯 | うぶゆ |
| 今年は閏年にあたる | 平年よりも日数の多い年 | うるうどし |
| 固唾を呑んで見る | 成りゆきを案じ息をこらす | かたず |
| 電気剃刀を使う | 刃物の一種 | かみそり |
| 気障な男と言われる | いやみ　気ざわり | きざ |
| 煙管をくわえる | タバコを吸う道具 | きせる |
| 下戸で宴会がつらい | 酒の飲めない人 | げこ |
| 独楽遊びをする子供 | おもちゃの一種 | こま |
| 友人の声色を使う | 声の調子　声帯模写 | こわいろ |
| 双六で遊ぶ | 遊戯の一種 | すごろく |
| 算盤一級の腕前 | 計算用具　十露盤 | そろばん |
| 伊達メガネをかける | 見えを張ること | だて |
| 大家と店子の関係 | 借家人 | たなこ |

| | | |
|---|---|---|
| 軒に氷柱が下がる | 水滴が凍り垂れた物 | つらら |
| 江戸時代の外様大名 | 直系でない者　傍系 | とざま |
| この店の馴染客 | 親しい仲 | なじみ |
| 海苔巻きの弁当 | 海草の一種 | のり |
| 昔ながらの旅籠屋 | 昔の宿屋　旅館 | はたご |
| 贔屓のすもう取り | 特に目をかけること | ひいき |
| 喜びも一入です | いちだんと | ひとしお |
| 手術で黒子を取る | 皮膚の表面の黒い点 | ほくろ |

## 3 一字の訓読み

### 頻出度ランクA

| | |
|---|---|
| 明日の外出を諦める | あきらめる |
| 単調な作業に飽きる | あきる |
| 弁護士に憧れる | あこがれる |
| 人目を欺く | あざむく |
| 鮮やかな色合いの服 | あざやか |
| 時間がなくて焦る | あせる |
| 相手を侮る | あなどる |
| 教室で暴れる | あばれる |
| 怪しい人影が映る | あやしい |
| 思いのままに操る | あやつる |
| 自分史を本に著す | あらわす |
| 警察の不祥事に憤る | いきどおる |
| 潔い態度の青年 | いさぎよい |
| 友の非を諫める | いさめる |
| 進歩のあとが著しい | いちじるしい |
| 決戦を挑む | いどむ |
| いたずらを戒める | いましめる |
| 忌まわしい予感 | いまわしい |
| ご意見を承る | うけたまわる |
| 注意を促す | うながす |
| 先生を敬う | うやまう |
| 憂いを含んだ瞳 | うれい |
| 荷物をシートで覆う | おおう |
| 危険を冒す | おかす |
| 不足を補う | おぎなう |
| 事業を興す | おこす |
| 厳かな結婚式 | おごそか |
| 勉強を怠る | おこたる |
| 神を畏れる | おそれる |
| 穏やかな人柄 | おだやか |
| 苦しい立場に陥る | おちいる |
| 敵を陥れる | おとしいれる |
| 犯人が刃物で脅す | おどす |
| 体力が衰える | おとろえる |
| 人類の生存を脅かす | おびやかす |
| 趣のある庭 | おもむき |
| 任地に赴く | おもむく |
| 一日を省みる | かえりみる |
| 自分の半生を顧みる | かえりみる |
| 馬が野を駆ける | かける |
| 大金を稼ぐ | かせぐ |
| 食事が偏る | かたよる |
| 彼を会長に担ぐ | かつぐ |
| 芳しい香りがする | かんばしい |
| 春の兆しを感じる | きざし |
| 速さを競う | きそう |

| | |
|---|---|
| 毎日体を鍛える | きたえる |
| 厳しい規則 | きびしい |
| 真理を究める | きわめる |
| 器の水を覆す | くつがえす |
| 失言を悔やむ | くやむ |
| 詳しい説明を付ける | くわしい |
| ボールを蹴る | ける |
| 険しい山に登る | けわしい |
| 先生から教えを請う | こう |
| 大きな被害を被る | こうむる |
| 寒さで凍える | こごえる |
| 何度も試みる | こころみる |
| 音楽が快い | こころよい |
| 申し出を拒む | こばむ |
| 失敗に懲りる | こりる |
| 一つの趣味に凝る | こる |
| 行く手を遮る | さえぎる |
| 賞を授ける | さずける |
| 生徒を諭す | さとす |
| 修行して悟る | さとる |
| 公の場で裁く | さばく |
| 仕事の妨げになる | さまたげ |
| 動物を虐げる | しいたげる |
| いつも母を慕う | したう |
| 職を退く | しりぞく |
| 成績が優れる | すぐれる |
| 健やかに育つ | すこやか |
| 新刊本を薦める | すすめる |
| 速やかに行動する | すみやか |
| 子供を唆す | そそのかす |
| 父の考えに背く | そむく |
| 苦しみに堪える | たえる |
| 農業に携わる | たずさわる |
| 由来を尋ねる | たずねる |
| 子犬が戯れる | たわむれる |
| 十万円を費やす | ついやす |
| 自分の罪を償う | つぐなう |
| 身なりを繕う | つくろう |
| 道義心を培う | つちかう |
| 言葉遣いを慎む | つつしむ |
| 参加者を募る | つのる |
| 目的を遂げる | とげる |
| 返済が滞る | とどこおる |
| 万歳を唱える | となえる |
| 友人を慰める | なぐさめる |
| 和やかな家庭 | なごやか |
| 仕事を怠ける | なまける |
| 滑らかな口調 | なめらか |
| 前例に倣う | ならう |
| 広告を載せる | のせる |
| ルールに則る | のっとる |
| 暗殺を謀る | はかる |
| 日夜仕事に励む | はげむ |
| 名簿から外す | はずす |
| 手間を省く | はぶく |
| 物陰に潜む | ひそむ |
| 喜びに浸る | ひたる |
| 国旗が翻る | ひるがえる |
| 勇気を奮う | ふるう |
| 三年を経る | へる |
| 死者を葬る | ほうむる |
| 過去の業績を誇る | ほこる |
| 恩恵を施す | ほどこす |
| 彼に仕事を任せる | まかせる |
| 人ごみに紛れる | まぎれる |
| 危うく難を免れる | まぬか(が)れる |
| 惨めな結果に終わる | みじめ |
| 醜い争いをする | みにくい |
| 友人の恩に報いる | むくいる |
| 海に潜る | もぐる |
| 専ら私の仕事です | もっぱら |
| バザーを催す | もよおす |
| 柔らかな物腰 | やわらか |
| 雰囲気が和らぐ | やわらぐ |

| | |
|---|---|
| 彼に仕事を委ねる | ゆだねる |
| 寒さが緩む | ゆるむ |
| どうぞ宜しく | よろしく |
| 煩わしい関係 | わずらわしい |

## 頻出度ランクB

| | |
|---|---|
| 神を崇める | あがめる |
| 彼のいくじなしには呆れる | あきれる |
| 嘲るように笑う | あざける |
| 物件を漁る | あさる |
| 荷物を駅に預ける | あずける |
| 秘密を暴く | あばく |
| やる気が溢れる | あふれる |
| 成功を危ぶむ | あやぶむ |
| 過ちはすぐに改める | あやまち |
| 失敗に慌てる | あわてる |
| 憩いの場所 | いこい |
| 恩師の死を悼む | いたむ |
| 道ばたの花を慈しむ | いつくしむ |
| 偽りの口実を言う | いつわり |
| わずらわしさを厭う | いとう |
| 愛しい我が子 | いとしい |
| 書店を営む | いとなむ |
| 友の申し出を否む | いなむ |
| 嫌なやつだと思う | いや |
| 先生のお宅に伺う | うかがう |
| 確かに仕事を請ける | うける |
| 世間に疎い | うとい |
| 他人のものを奪う | うばう |
| 合格した人を羨む | うらやむ |
| のどの渇きを潤す | うるおす |
| 柿の実が熟れる | うれる |
| 襟を正して話す | えり |
| 驕る平家 | おごる |
| 強敵を抑える | おさえる |
| 暴漢に襲われる | おそわれる |
| 将来を慮る | おもんぱかる |
| 二匹の犬を飼う | かう |
| きんもくせいが薫る | かおる |
| 両手に荷を抱える | かかえる |
| 懸賞が懸かる | かかる |
| 長い橋を架ける | かける |
| お金を賭ける | かける |
| 傍らで見ている | かたわら |
| 書物は心の糧 | かて |
| 美しい音を奏でる | かなでる |
| 一家を構える | かまえる |
| 華やかな雰囲気を醸す | かもす |
| ツタが絡まる | からまる |
| 涙が涸れる | かれる |
| のどが渇く | かわく |
| 時を正しく刻む | きざむ |
| 汚いハンカチで拭く | きたない |
| ひとまとめに括る | くくる |
| 食べ物が腐る | くさる |
| 地震で山が崩れる | くずれる |
| 大きな岩を砕く | くだく |
| 目が眩む | くらむ |
| 汚らわしい行為 | けがらわしい |
| 鉛筆を削る | けずる |
| 許しを乞う | こう |
| 魚を焼いて焦がす | こがす |
| 悉く反対する | ことごとく |
| 家出人を捜す | さがす |
| 流れに逆らう | さからう |
| 時間を割く | さく |
| 人目を避ける | さける |
| 食事に誘う | さそう |
| 練習を強いる | しいる |
| 雨のしずくが滴る | したたる |

| | |
|---|---|
| 亡き母を偲ぶ | しのぶ |
| 箱をひもで縛る | しばる |
| 乳を搾る | しぼる |
| 焦点を絞る | しぼる |
| 腰を据える | すえる |
| 流行が廃れる | すたれる |
| 坂道を滑る | すべる |
| 彼は狡い | ずるい |
| 鋭い刃物 | するどい |
| 距離を狭める | せばめる |
| 希望に添う | そう |
| 景観を損なう | そこなう |
| 敵を謗る | そしる |
| 胸を大きく反らす | そらす |
| 田を耕す農夫 | たがやす |
| 言葉巧みにだます | たくみ |
| 金を蓄える | たくわえる |
| 肩を叩く | たたく |
| 服を畳む | たたむ |
| 船が波に漂う | ただよう |
| 大きな布を裁つ | たつ |
| 山道を辿る | たどる |
| 髪を一つに束ねる | たばねる |
| 皆が急に黙る | だまる |
| 家業を継ぐ | つぐ |
| 拙ない文章 | つたない |
| 家族が集う | つどう |
| 若菜を摘む | つむ |
| 重箱に詰める | つめる |
| 自分の信念を貫く | つらぬく |
| 洋服を吊るす | つるす |
| 非を咎める | とがめる |
| 包丁を研ぐ | とぐ |
| 死者を弔う | とむらう |
| 年老いた母に伴う | ともなう |
| やさしく撫でる | なでる |
| 胃病に悩む | なやむ |

| | |
|---|---|
| 年末で街が賑わう | にぎわう |
| 日頃の苦労を労う | ねぎらう |
| 粘り強くがんばる | ねばり |
| 優勝を狙う | ねらう |
| 懇ろにつき合う | ねんごろ |
| 家の中を覗く | のぞく |
| 海に臨む丘 | のぞむ |
| 相手を罵る | ののしる |
| 甚だしい寒さだ | はなはだしい |
| 公言を憚る | はばかる |
| 行く手を阻む | はばむ |
| 考えが閃く | ひらめく |
| 机の上を拭く | ふく |
| つぼみが膨らむ | ふくらむ |
| すっかり夜が更ける | ふける |
| 郷里の土を踏む | ふむ |
| 山の麓の宿 | ふもと |
| 距離を隔てる | へだてる |
| 犬がよく吠える | ほえる |
| わが子を褒める | ほめる |
| こけしを彫る | ほる |
| 瞬く間の出来事 | またたく |
| 眩い陽光 | まばゆい |
| 見物人を導く | みちびく |
| 贈り物を貢ぐ | みつぐ |
| 空しい努力をする | むなしい |
| 世界の国を巡る | めぐる |
| 土地で儲ける | もうける |
| 苦痛で悶える | もだえる |
| 純粋な心を弄ぶ | もてあそぶ |
| 雨のしずくが漏れる | もれる |
| 精神的に脆い | もろい |
| 病気になって痩せる | やせる |
| 日本髪を結う | ゆう |
| 子供の心を歪める | ゆがめる |
| 手が汚れる | よごれる |
| 平気を装う | よそおう |

| | |
|---|---|
| 先生の説に拠る | よる |
| 明日の希望が湧く | わく |

## ④ 三字熟語の読み

### 頻出度ランクA

■印は書き取りでの出題にも注意したい三字熟語

| | | ［意味］ | ［読み］ |
|---|---|---|---|
| | 彼は意気地なしだ | 物事をやり通す気力 | いくじ |
| ■ | 堂々たる偉丈夫 | すぐれた男子 | いじょうぶ（いじょうふ） |
| ■ | 違和感を覚える | 調和がとれない | いわかん |
| ■ | 有頂天になる | 得意になるようす | うちょうてん |
| | 画期的な発明だ | めざましい | かっきてき |
| | 過渡期の現象 | 移り変わりの中間期 | かとき |
| ■ | 間一髪で助かった | あやういところ | かんいっぱつ |
| ■ | 既往症を記入する | 前にかかった病気 | きおうしょう |
| ■ | 彼女は虚栄心が強い | 見栄をはること | きょえいしん |
| | 嫌悪感を抱く | きらうこと | けんおかん |
| ■ | 事故の後遺症に悩む | けがの後に残る症状 | こういしょう |
| ■ | 好奇心旺盛な子供 | 興味を持つ心 | こうきしん |
| | 彼は好事家だ | もの好き | こうずか |
| ■ | 購買力を高める | 買い入れる財力 | こうばいりょく |
| | 極彩色の服を着る | 濃くはなやかな色あい | ごくさいしき |
| | 克己心を培う | 自分にうちかつこと | こっきしん |
| | 子煩悩な父 | 子供をかわいがる | こぼんのう |
| | 古文書を調べる | 古い書き物 | こもんじょ |
| | 御利益のある神社 | 神仏のめぐみ | ごりやく |
| ■ | ゲームは最高潮 | 一番高まる | さいこうちょう |
| ■ | 殺風景な部屋 | 趣がないようす | さっぷうけい |
| | 日常茶飯事なこと | ありふれたこと | さはんじ |
| | 五月雨が降り続く | 梅雨 | さみだれ |
| ■ | 週刊誌を買う | 毎週一回発行の雑誌 | しゅうかんし |
| ■ | 所轄署の刑事 | ある範囲を管理する | しょかつしょ |
| ■ | 新機軸を打ちたてる | 新しいくふうや計画 | しんきじく |
| ■ | 善後策を練る | うまい後始末のくふう | ぜんごさく |
| ■ | 先入観を持つ | 前からもっている考え | せんにゅうかん |

| | | |
|---|---|---|
| 雑木林を歩く | 材木にならない木 | ぞうきばやし |
| 断末魔の苦しみ | 死にぎわ | だんまつま |
| 致命傷を負う | 命にかかわる傷 | ちめいしょう |
| 度外視して考える | 無視すること | どがいし |
| 篤志家として有名 | 社会事業に協力する人 | とくしか |
| 土壇場で逆転する | ぎりぎりのところ | どたんば |
| 配偶者控除を受ける | 夫と妻 | はいぐうしゃ |
| 皆に白眼視される | 冷たい目で見られる | はくがんし |
| 米の端境期 | 入れかわる時期 | はざかいき |
| 破天荒な生き方 | これまでにない | はてんこう |
| 破廉恥な行為はやめろ | 恥知らず | はれんち |
| 不可欠な条件 | 欠くことができない | ふかけつ |
| 不退転の決意 | 何事にも屈しない | ふたいてん |
| 息子は筆無精だ | 手紙を書くのがいや | ふでぶしょう |
| 村の不文律を守る | 文章になってない規則 | ふぶんりつ |
| 普遍性を認める | すべてに通じる | ふへんせい |
| 大人の雰囲気が漂う | その場の気分 | ふんいき |
| 包容力のある彼 | 受け入れる心の広さ | ほうようりょく |
| 会の発起人になる | 事業をはじめる人 | ほっきにん |
| 未成年は禁止だ | 二十歳に達していない | みせいねん |
| 未曾有の出来事 | かつてない | みぞう |
| 無造作な返事 | 慎重でない | むぞうさ |
| 黙秘権を行使する | 答えなくてよい権利 | もくひけん |
| 理不尽なふるまい | 無茶な | りふじん |
| 臨場感あふれる画面 | 現場にいるような感じ | りんじょうかん |

## 頻出度ランクB

| | [意味] | [読み] |
|---|---|---|
| 少し荒療治だった | 手荒くすること | あらりょうじ |
| 彼には威圧感がある | おさえつける感じ | いあつかん |
| 意固地になるな | 意地を張る | いこじ |
| 為政者は民衆の声を聞け | 政治家 | いせいしゃ |
| 彼は従兄弟だ | おじ・おばのこども | いとこ |
| 往生際が悪い | 思い切り | おうじょうぎわ |
| 大袈裟な表現 | 実際より大きい | おおげさ |
| 大晦日は忙しい | 一年の最後の日 | おおみそか |

| | | |
|---|---|---|
| 息子から音沙汰がない | 便り | おとさた |
| 画一的な考え方 | 一様である | かくいつてき |
| 歌舞伎役者 | 音楽と踊りの民衆劇 | かぶき |
| 一位とは紙一重だ | ほんの少しの違い | かみひとえ |
| 趣のある枯山水 | 石や白砂で表した庭 | かれさんすい |
| 敢闘賞を獲得する | 勇ましく戦う | かんとうしょう |
| 彼は生一本な性格だ | 心がまっすぐ | きいっぽん |
| 彼女は几帳面な人だ | まじめで規則正しい | きちょうめん |
| 形而上にこだわる | 形のないもの | けいじじょう |
| 下剋上の時代 | 下が上をおしのける | げこくじょう |
| 下馬評どおり圧勝 | 世間の評判 | げばひょう |
| 顕微鏡で観察する | 拡大して見る装置 | けんびきょう |
| 健忘症で困ってしまう | 忘れっぽいこと | けんぼうしょう |
| 計画は御破算だ | 初めの状態に戻す | ごはさん（ごわさん） |
| 金輪際会わない | 絶対に | こんりんざい |
| 君にとっての試金石 | 才能や値打ちを試す物事 | しきんせき |
| 彼は遅刻の常習犯だ | いつもやっている | じょうしゅうはん |
| 処世術にたけている | よわたりに役立つ考え | しょせいじゅつ |
| 鋭い審美眼を持つ | 美しさを見分ける力 | しんびがん |
| 数寄屋造りの建物 | 茶室ふうの建物 | すきや |
| 請求書がくる | 金の支払いを求める | せいきゅうしょ |
| 赤裸々な告白 | つつみかくさない | せきらら |
| 彼は街の素封家だ | 金持ち | そほうか |
| 彼は鉄面皮だ | あつかましい | てつめんぴ |
| 度量衡の単位 | 長さと容積と重さ | どりょうこう |
| 生半可な考え | 中途半端 | なまはんか |
| 生兵法はやめよ | なまかじりの学問 | なまびょうほう |
| 農繁期で人手が足りない | 農業の忙しい時期 | のうはんき |
| 野放図な暮らし | つつしみがない | のほうず |
| 白昼夢を見ている | 非現実的な空想 | はくちゅうむ |
| 波止場にたたずむ | 海中にとびだした所 | はとば |
| この薬は副作用がある | 別の悪い作用 | ふくさよう |
| 不祥事が起きる | 好ましくないこと | ふしょうじ |
| あれ以来没交渉だ | 無関係 | ぼつこうしょう |
| 子供が無邪気に遊ぶ | あどけない | むじゃき |
| 門外漢は口を出すな | 専門でない人 | もんがいかん |
| 紋切型の挨拶 | 決まり切っている | もんきりがた |

| | | |
|---|---|---|
| 野球の八百長の試合 | 勝敗を打ち合わせる | やおちょう |
| 野心家は成功する | 大きな望みをもつ人 | やしんか |
| 老婆心から忠告する | 必要以上な親切心 | ろうばしん |

## 5 古典・宗教に関係する漢字の読み

### 頻出度ランクA

| | ［意味］ | ［読み］ |
|---|---|---|
| 校倉 | 古代建築法の一種 | あぜくら |
| 因縁 | 由来　理由 | いんねん |
| 永劫 | 長い年月　永久 | えいごう |
| 回向 | 死者の弔い | えこう |
| 縁起 | 社寺などの由来 | えんぎ |
| 往生 | 死ぬこと | おうじょう |
| 帰依 | 一心に信仰すること | きえ |
| 功徳 | 良い行い　神仏の恵み | くどく |
| 供養 | 死者の冥福を祈ること | くよう |
| 下衆 | 下人　心の卑しい者 | げす |
| 解脱 | 煩悩から逃れること | げだつ |
| 格子 | 木を組んで間をすかしたもの | こうし |
| 権化 | 神仏の化身 | ごんげ |
| 建立 | 寺院などを建てること | こんりゅう |
| 防人 | 上代の辺境の守備兵 | さきもり |
| 三昧 | 熱中すること | ざんまい |
| 衆生 | すべての生き物 | しゅじょう |
| 神道 | 日本古来の信仰 | しんとう |
| 先達 | 先輩　案内者 | せんだつ |
| 松明 | 照明具の一つ | たいまつ |
| 内裏 | 天皇の御殿　禁中 | だいり |
| 築山 | 庭園などにきずいた小さな山 | つきやま |
| 埴輪 | 古代に土で作った像 | はにわ |
| 氷雨 | 霰《あられ》　冷たい雨 | ひさめ |
| 布施 | 僧侶に施す金や品物 | ふせ |
| 神酒 | 神に供える酒 | みき |
| 有職 | 儀式・故実に詳しい人 | ゆうそく |
| 輪廻 | 霊魂の流転 | りんね |

### 頻出度ランクB

| | ［意味］ | ［読み］ |
|---|---|---|
| 網代 | 竹や木で編んだ網 | あじろ |
| 十六夜 | 陰暦16日の夜 | いざよい |
| 今様 | 現代風　平安の歌謡 | いまよう |
| 蝦夷 | アイヌの古称 | えぞ |
| 干支 | 十干十二支 | えと |
| 和尚 | 坊さん | おしょう |
| 怨霊 | 恨みたたる霊 | おんりょう |
| 蚊帳 | 蚊を防ぐためつるおおい | かや |
| 上達部 | 公卿 | かんだちめ（かんだちべ） |
| 牛車 | 牛に引かせた車 | ぎっしゃ |
| 公家 | 朝廷　朝廷に仕える者 | くげ |
| 口伝 | 言葉で伝えること | くでん |
| 口分田 | 人民に与えた田 | くぶんでん |
| 外道 | 邪法の教え | げどう |
| 東風 | 東方から吹く風 | こち |
| 勤行 | 仏前での読経 | ごんぎょう |

| | | |
|---|---|---|
| **催馬楽** | 日本の古代楽曲 | **さいばら** |
| **指貫** | はかまの一種 | **さしぬき** |
| **皐月** | 五月 | **さつき** |
| **参内** | 宮中への参上 | **さんだい** |
| **東雲** | 明け方　夜明け | **しののめ** |
| **除目** | 官職任命の儀式 | **じもく** |
| **十二単** | 女官の服 | **じゅうにひとえ** |
| **装束** | 身じたく | **しょうぞく** |
| **上臈** | 高貴な婦人 | **じょうろう** |
| **透垣** | 間をすかした垣根 | **すいがい** |
| **受領** | 諸国の長官　国司 | **ずりょう** |
| **旋頭歌** | 和歌の形式の一つ | **せどうか** |
| **宣命** | 古代の和文の詔勅 | **せんみょう** |
| **相聞** | 万葉集の部立の一つ　恋の歌 | **そうもん** |
| **太宰府** | 九州に置いた役所 | **だざいふ** |
| **重陽** | 陰暦9月9日の節句 | **ちょうよう** |
| **築地** | 泥土で塗り固めた垣 | **ついじ** |
| **追儺** | 年中行事の一つ | **ついな** |
| **局** | 曹司　局を持つ女官 | **つぼね** |
| **殿上人** | 昇殿を許された人 | **てんじょうびと** |
| **東宮** | 皇太子 | **とうぐう** |
| **舎人** | 天皇などの近侍 | **とねり** |
| **典侍** | 中古の女官の一つ | **ないしのすけ** |
| **仁王** | 仏教の守護神 | **におう** |
| **女御** | 中宮の次位の妃 | **にょうご** |
| **涅槃** | 入滅　入寂 | **ねはん** |
| **直衣** | 古代の衣服の一種 | **のうし** |
| **野分** | 秋の台風 | **のわき** |
| **般若** | 知恵　鬼女の面 | **はんにゃ** |
| **直垂** | 昔の衣服の一種 | **ひたたれ** |
| **判官** | 検非違使の尉《じょう》 | **ほうがん** |
| **菩提** | 悟り得た無上の境地 | **ぼだい** |
| **御簾** | すだれの敬語 | **みす** |
| **望月** | 満月 | **もちづき** |
| **弥生** | 三月 | **やよい** |
| **律令** | 古代・中古の法令 | **りつりょう** |

## 6 動・植物の漢字の読み

### 頻出度ランクA

| | |
|---|---|
| 葦 | あし |
| 紫陽花 | あじさい |
| 馬酔木 | あしび |
| 小豆 | あずき |
| 鮎 | あゆ |
| 蟻 | あり |
| 苺 | いちご |
| 銀杏 | いちょう |
| 鵜 | う |
| 鰻 | うなぎ |
| 榎 | えのき |
| 海老・蝦 | えび |
| 狼 | おおかみ |
| 女郎花 | おみなえし |
| 蛾 | が |
| 楓 | かえで |
| 蛙 | かえる |
| 柿 | かき |
| 杜若・燕子花 | かきつばた |
| 蜻蛉・蜉蝣 | かげろう |
| 樫 | かし |
| 柏 | かしわ |
| 蝸牛 | かたつむり |
| 蟹 | かに |
| 甲虫 | かぶとむし |
| 烏 | からす |
| 落葉松 | からまつ |
| 啄木鳥 | きつつき |
| 胡瓜 | きゅうり |
| 銀杏 | ぎんなん |
| 蜘蛛 | くも |
| 胡桃 | くるみ |
| 鯉 | こい |
| 胡麻 | ごま |
| 昆布 | こんぶ |
| 榊 | さかき |
| 秋刀魚 | さんま |
| 椎茸 | しいたけ |

| | |
|---|---|
| 獅子 | しし |
| 生姜 | しょうが |
| 菖蒲 | しょうぶ |
| 西瓜 | すいか |
| 薄 | すすき |
| 栴檀 | せんだん |
| 鯛 | たい |
| 鷹 | たか |
| 筍 | たけのこ |
| 狸 | たぬき |
| 玉葱 | たまねぎ |
| 土筆 | つくし |
| 椿 | つばき |
| 茄子 | なす |
| 人参 | にんじん |
| 葱 | ねぎ |
| 合歓 | ねむ |
| 蚤 | のみ |
| 海苔 | のり |
| 蠅 | はえ |
| 蛤 | はまぐり |
| 薔薇 | ばら |
| 柊 | ひいらぎ |
| 向日葵 | ひまわり |
| 瓢箪 | ひょうたん |
| 葡萄 | ぶどう |
| 牡丹 | ぼたん |
| 不如帰 | ほととぎす |
| 蜜柑 | みかん |
| 山羊 | やぎ |
| 百合 | ゆり |
| 林檎 | りんご |

## 頻出度ランクB

| | |
|---|---|
| 葵 | あおい |
| 茜 | あかね |
| 浅蜊 | あさり |
| 虻 | あぶ |
| 杏 | あんず |
| 烏賊 | いか |
| 無花果 | いちじく |
| 鰯 | いわし |
| 鶉 | うずら |
| 海胆・雲丹 | うに |
| 万年青 | おもと |
| 牡蠣 | かき |
| 鰹 | かつお |
| 郭公 | かっこう |
| 樺 | かば |
| 南瓜 | かぼちゃ |
| 鷗 | かもめ |
| 桔梗 | ききょう |
| 雉・雉子 | きじ |
| 麒麟 | きりん |
| 孔雀 | くじゃく |
| 水母・海月 | くらげ |
| 欅 | けやき |
| 鷺 | さぎ |
| 鮭 | さけ |
| 山茶花 | さざんか |
| 鯖 | さば |
| 鮫 | さめ |
| 鴫 | しぎ |
| 芹 | せり |
| 蕎麦 | そば |
| 駝鳥 | だちょう |
| 蓼 | たで |
| 蒲公英 | たんぽぽ |
| 燕 | つばめ |
| 鳶 | とび |
| 団栗 | どんぐり |
| 撫子 | なでしこ |
| 浜木綿 | はまゆう |
| 檜 | ひのき |
| 雲雀 | ひばり |
| 枇杷 | びわ |
| 河豚 | ふぐ |
| 鮒 | ふな |
| 糸瓜 | へちま |
| 鮪 | まぐろ |
| 百足 | むかで |
| 土竜 | もぐら |
| 椰子 | やし |
| 柚子 | ゆず |
| 蓬 | よもぎ |
| 驢馬 | ろば |
| 蕨 | わらび |

# 練　習　問　題

（382ページより解答・解説）

★
**1** 下線部の漢字の読みが**誤っている**のはどれか。

1　風情（ふぜい）のある庭。
2　体裁（ていさい）を気にする。
3　明治の詩歌（しいか）を好む。
4　雪崩（なだれ）による被害。
5　公務員を官吏（かんし）と言う。

★
**2** 下線部の漢字の読みが正しいのはどれか。

1　両親の承諾（しょうかい）を得る。
2　明日の天気が懸念（けんねん）される。
3　庭の草木が繁茂（はんも）する。
4　文明発祥（はっしん）の地を旅する。
5　下級生を指図（しじ）する。

★
**3** 漢字の読みが**誤っている**のはどれか。

1　汚（きたな）い　　汚（けが）れる
2　省（はぶ）く　　省（かえり）みる
3　厳（きび）しい　　厳（おごそ）か
4　和（おだ）やか　　和（やわら）ぐ
5　焦（あせ）る　　焦（こ）がす

★
**4** 漢字の読みが正しいもののみを挙げているのはどれか。

A　帰省（きしょう）　　意図（いと）
B　久遠（くおん）　　所望（しょもう）
C　執念（しゅうねん）　　礼賛（れいさん）
D　便乗（びんじょう）　　雑魚（ざこ）
E　雑木（ぞうき）　　顧慮（こうりょ）
F　欠伸（けっしん）　　匿名（とくめい）

1　A，D
2　B，D
3　B，F
4　C，E
5　C，F

★
**5** 下線部の漢字の読みが正しいのはどれか。

1 紛（わず）らわしい言い回し。
2 どうしてよいか惑（まよ）う。
3 彼のやり方に倣（なら）う。
4 悪の道に陥（はず）れる。
5 回復のきざしが著（かんば）しい。

★★
**6** 漢字の読みが異なるものを含む組合せはどれか。

| | | | |
|---|---|---|---|
| 1 | 痛む | 傷む | 悼む |
| 2 | 懸ける | 架ける | 賭ける |
| 3 | 図る | 謀る | 諮る |
| 4 | 寄る | 依る | 拠る |
| 5 | 煩う | 償う | 患う |

★★
**7** 漢字の読みがすべて正しいのはどれか。

| | | | |
|---|---|---|---|
| 1 | 愛惜（あいせき） | 必定（ひつじょう） | 輪廻（りんかい） |
| 2 | 詳細（しょうさい） | 稀有（きゆう） | 完治（かんじ） |
| 3 | 知己（ちこ） | 盤石（ばんじゃく） | 会得（えとく） |
| 4 | 流布（るふ） | 落丁（らくてい） | 造詣（ぞうし） |
| 5 | 冤罪（えんざい） | 高邁（こうまい） | 暫時（ざんじ） |

★★
**8** 下線部の漢字の読みがすべて正しいのはどれか。

1 ｛仕事を請（う）け合う。
会費を請求（せいきゅう）する。
家を普請（ふしん）する。

2 ｛嫌（いや）な奴だと思う。
上司の機嫌（きげん）をとる。
彼に嫌悪（けんあく）感を抱く。

3 ｛お墓に花を供（そ）える。
情報を提供（ていきょう）する。
先祖の供養（くよう）をする。

4 ｛注文の品を納（おさ）める。
納得（なっとく）のいくやり方。
市役所の出納（しゅつのう）係。

5
- 滑（なめ）らかな口調で話す。
- 円滑（えんこつ）に事を進める。
- 江戸時代の滑稽（こっけい）本。

**★★ 9** 次の下線部の読みを，①すべて同じ読み，②違う読みが一つ含まれているもの，③すべて違う読みに分類したときの組合せとして正しいのはどれか。

| | | | |
|---|---|---|---|
| A | 珍重 | 重宝 | 自重 |
| B | 知己 | 自己 | 克己 |
| C | 殺人 | 相殺 | 殺生 |
| D | 素性 | 性質 | 性分 |
| E | 解熱 | 解脱 | 解毒 |
| F | 執念 | 我執 | 執務 |

| | ① | ② | ③ |
|---|---|---|---|
| 1 | A，E | C，D | B，F |
| 2 | B，E | A，F | C，D |
| 3 | C，D | B，F | A，E |
| 4 | A，E | B，F | C，D |
| 5 | A，F | B，C | D，E |

**★★ 10** 次の熟語のうちから読みが正しいもののみを挙げている組合せはどれか。

| | | | | | |
|---|---|---|---|---|---|
| A | 婉曲（えんきょく） | B | 凝視（ぎし） | C | 控訴（こうそ） |
| D | 鼓舞（こぶ） | E | 緩和（だんわ） | F | 折衝（せっこう） |
| G | 暴露（ぼうろ） | H | 既知（きち） | I | 破綻（はたん） |
| J | 濫用（かんよう） | | | | |

1 A，C，D，H，I
2 A，D，E，F，G
3 B，C，E，H，J
4 B，D，G，I，J
5 C，F，G，H，I

★★
**11** 文中の漢字の読みがすべて正しいのはどれか。

1　彼の発言は信憑（しんとう）性に欠けるので，同意するのが躊躇（ちゅうちょ）される。

2　幾度（いくど）か逡巡（しゅんじゅん）したのち，A氏はその書類に捺印（なついん）した。

3　深刻（しんこく）なかんばつに見舞われ，食料危機（きき）が危惧（きゆう）されている。

4　時化（しけ）に遭遇（そうぐう）した客船が転覆（てんとう）し，多数の溺死（できし）者が出た。

5　神社の境内（けいない）には，樹木が鬱蒼（うっそう）と生（お）い茂っている。

★★
**12** 漢字の読みがすべて正しいのはどれか。

1　最期（さいき）　帰依（きえ）　凡庸（ぼんよう）　無精（ぶしょう）

2　柔和（にゅうわ）　発足（ほっそく）　猛者（もうじゃ）　師走（しわす）

3　献立（こんだて）　諮問（しもん）　交替（こうたい）　流石（さすが）

4　疾病（しっぺい）　老舗（しにせ）　批准（ひじゅん）　如実（にじつ）

5　市井（しい）　為替（かわせ）　日和（ひより）　陶冶（とうや）

★★
**13** 下線部の漢字の読みに**誤りがある**のはどれか。

1　{ 五月雨（さみだれ）が降る。／野菜の端境期（はざかいき）。

2　{ 不文律（ふもんりつ）に従う。／飲酒は御法度（ごはっと）。

3　{ 子煩悩（こぼんのう）な父。／意固地（いこじ）になる。

4　{ 無造作（むぞうさ）な態度。／理不尽（りふじん）な行為。

5　{ 断末魔（だんまつま）の苦しみ。／極彩色（ごくさいしき）の洋服。

★★★
**14** 次のうちから漢字の読みがすべて正しいもののみを挙げている組合せはどれか。

A　凝（こ）る　遂行（すいこう）　謀反（むほん）
　好事家（こうずか）

B　据（す）える　遊説（ゆうぜい）　代替（だいたい）
　過渡期（かとき）

C　侮（おこた）る　委嘱（いしょく）　凡例（ぼんれい）
　画期的（かっきてき）

D　妨（ふせ）げる　示唆（しさ）　廉価（けんか）
　未曾有（みぞう）

E　惨（みじ）め　穏便（いんべん）　遊説（ゆうぜい）
　御利益（ごりえき）

F　被（うけ）る　生粋（きっすい）　功徳（くどく）
　克己心（こっこしん）

G　赴（おもむ）く　漸次（ぜんじ）　管轄（かんかつ）
　殺風景（さっぷうけい）

1　A，B，G
2　A，C，E
3　B，D，F
4　B，E，G
5　C，D，F

★★★
**15** 下線部の漢字の読みがどちらも正しいのはどれか。

1 { 犯人に威嚇（いかく）射撃をする。
　　彼は田中家の嫡子（てきし）である。

2 { 自分の能力を吹聴（すいちょう）する。
　　安堵（あんど）の胸をなでおろす。

3 { 斬新（ぜんしん）なアイデアだと思う。
　　自分の真情を吐露（とろ）する。

4 { つまらぬことに拘泥（こうでい）する。
　　遺族のために義捐（ぎえん）金を募る。

5 { 田舎で安穏（あんのん）な生活を送る。
　　事件の推移を逐次（ずいじ）報告する。

# 2　漢字の書取り

カナと漢字の正誤を指摘させる問題が多い。一見やさしそうであるが，同音異字・同訓異字・同音異義語・字形類似字などが多いので，しっかりした知識がないと正しく答えることは難しい。

## 1　頻出二字熟語

### 頻出度ランクA

| | |
|---|---|
| イガイな出来事 | 意外 |
| イサイは面談の上 | 委細 |
| 亡き父のイシを継ぐ | 遺志 |
| 登呂イセキの発見 | 遺跡 |
| 妹とイッショに出かける | 一緒 |
| 全員がイッセイに叫ぶ | 一斉 |
| 責任のイッタンを担う | 一端 |
| 人事イドウで転勤する | 異動 |
| 会社のイロウ会に出席する | 慰労 |
| オンケンな考え方 | 穏健 |
| 歴史をガイカンする | 概観 |
| 社員をカイコする | 解雇 |
| 土地をカイコンする | 開墾 |
| カイチュウがさびしい | 懐中 |
| 魚をカイボウする | 解剖 |
| 目のカクマクを痛める | 角膜 |
| 子供がガシする | 餓死 |
| 自信カジョウになる | 過剰 |
| カヘイを発行する | 貨幣 |
| カンガイ深げな面もち | 感慨 |
| カンゲイパーティ | 歓迎 |
| ガンコな性格 | 頑固 |
| 行動をカンシする | 監視 |
| 初志をカンテツする | 貫徹 |

| | |
|---|---|
| 野球のカントク | 監督 |
| カンペキに仕上げる | 完璧 |
| カンマンな動作 | 緩慢 |
| 父のカンレキを祝う | 還暦 |
| 混雑をカンワする | 緩和 |
| キオクに残る事件 | 記憶 |
| なかなかの御キゲンだ | 機嫌 |
| ギセイフライを打つ | 犠牲 |
| 経済キバンがある | 基盤 |
| キョウイ的な大記録 | 驚異 |
| 幸せをキョウジュする | 享受 |
| 力のキンコウを保つ | 均衡 |
| グウゼンに出会う | 偶然 |
| 害虫をクジョする | 駆除 |
| うまくいかずクノウする | 苦悩 |
| 事件のケイキとなる | 契機 |
| 伝統をケイショウする | 継承 |
| 国旗のケイヨウ | 掲揚 |
| ゲンシュクな式典 | 厳粛 |
| ゲンジョウを回復する | 原状 |
| ケンシン的に働く | 献身 |
| ゲンバク投下 | 原爆 |
| コウシュウ会に参加する | 講習 |
| 選手コウタイをする | 交替(代) |

| | |
|---|---|
| ゴウテイに住む | 豪邸 |
| 学校のコウバイ部 | 購買 |
| コウミョウな手口 | 巧妙 |
| ダムの水がコカツする | 枯渇 |
| コクモツの収穫高 | 穀物 |
| 今月のコヅカい二千円 | 小遣 |
| コツズイを移植する | 骨髄 |
| コモン弁護士 | 顧問 |
| 買い物客がサットウする | 殺到 |
| ザットウに消える | 雑踏 |
| 神社にサンケイする | 参詣 |
| シケンを述べる | 私見 |
| シサクをめぐらせる | 思索 |
| シセイ方針演説 | 施政 |
| ジゼン事業に協力 | 慈善 |
| 信用をシッツイする | 失墜 |
| シナンのわざだ | 至難 |
| そのことをジマンする | 自慢 |
| ジャクハイ者だ | 若輩 |
| ジャッカン18歳のチャンピオン | 弱冠 |
| 仕事のジャマをする | 邪魔 |
| シュウタイを演じる | 醜態 |
| 道路のジュウタイ | 渋滞 |
| 規模をシュクショウする | 縮小 |
| シュシを説明する | 趣(主)旨 |
| 市内ジュンカンバス | 循環 |
| ジュンスイな気持ち | 純粋 |
| ジヨウ豊富な食品 | 滋養 |
| Aさんをショウカイする | 紹介 |
| ジョウキを逸する | 常軌 |
| ジョウザイの風邪薬 | 錠剤 |
| 遅刻のジョウシュウ犯 | 常習 |
| ショウゾウ画を描く | 肖像 |
| 酒をジョウゾウする | 醸造 |
| 五輪のショウチ活動 | 招致 |
| 平和のショウチョウ | 象徴 |

| | |
|---|---|
| 車がショウトツする | 衝突 |
| ジョコウ運転をする | 徐行 |
| ショセイ術を学ぶ | 処世 |
| ショメイを集める | 署名 |
| シンコウ住宅街 | 新興 |
| シンボウ強い子ども | 辛抱 |
| スイセン入学 | 推薦 |
| 神をスウハイする | 崇拝 |
| 学校のセイセキの向上 | 成績 |
| セキネンの恨みをはらす | 積年 |
| 栄養分をセッシュする | 摂取 |
| センサイな心を持つ | 繊細 |
| 内にセンザイする能力 | 潜在 |
| 仕事にセンシンする | 専心 |
| 選手センセイする | 宣誓 |
| クラブのセンパイ | 先輩 |
| その道のセンモン家 | 専門 |
| センレツな印象を残す | 鮮烈 |
| 自信をソウシツする | 喪失 |
| 飛行機のソウジュウ | 操縦 |
| 花束をゾウテイする | 贈呈 |
| ソクセイ栽培 | 促成 |
| ダイショウを支払う | 代償 |
| タイダな生活を送る | 怠惰 |
| 人に接するタイド | 態度 |
| ダキョウ案を出す | 妥協 |
| タンカで運ぶ | 担架 |
| 歴史のタンボウ | 探訪 |
| 人をチュウショウする | 中傷 |
| 俗世をチョウエツする | 超越 |
| チョウボウがよい | 眺望 |
| 軽くチョウヤクする | 跳躍 |
| 飛行機のツイラク | 墜落 |
| 前言をテッカイする | 撤回 |
| 乾デンチを使う | 電池 |
| ドウサツ力が鋭い | 洞察 |

| | |
|---|---|
| 飛行機にトウジョウする | 搭乗 |
| トクイな才能の持ち主 | 特異 |
| ドクソウ的な考え方 | 独創 |
| 肥沃なドジョウ | 土壌 |
| 実情をハアクする | 把握 |
| 粗大ゴミをハイキする | 廃棄 |
| ローカル鉄道のハイシ | 廃止 |
| 電波は情報のバイタイ | 媒体 |
| ハクリ多売でもうける | 薄利 |
| 海外にハケンされる | 派遣 |
| 経済がハタンする | 破綻 |
| 実力をハッキする | 発揮 |
| バツグンの成績 | 抜群 |
| 文化のハッショウの地 | 発祥 |
| 不正をヒナンする | 非難 |
| ビミョウな色合い | 微妙 |
| 車がヒンパンに通る | 頻繁 |
| 児童フクシ施設で働く | 福祉 |
| フクスイ盆に返らず | 覆水 |
| ブジョクされる | 侮辱 |
| フヘン的な考え方 | 普遍 |
| 内容をブンセキする | 分析 |
| 暑さにヘイコウする | 閉口 |
| 人生ヘンレキを語る | 遍歴 |
| ビルがホウカイする | 崩壊 |
| 進路をボウガイする | 妨害 |
| 戦争をホウキする | 放棄 |

| | |
|---|---|
| ボウセキ工場で働く | 紡績 |
| 幼児をホウヨウする | 抱擁 |
| 部員をボシュウする | 募集 |
| ホリョ生活を送る | 捕虜 |
| 貿易マサツが生じる | 摩擦 |
| 喜びをマンキツする | 満喫 |
| 観客をミリョウする | 魅了 |
| ムジュンした考え | 矛盾 |
| 簡単メイリョウ | 明瞭 |
| モウレツな勢い | 猛烈 |
| ヤクドウ感がある | 躍動 |
| ユウゼンと山を見る | 悠然 |
| ユウドウ尋問にかかる | 誘導 |
| ユウビン局に勤める | 郵便 |
| 立候補をヨウセイする | 要請 |
| ヨウチ園に通う子供 | 幼稚 |
| ヨユウのある生活 | 余裕 |
| 職権をランヨウする | 濫用 |
| リジュンを計算する | 利潤 |
| リッパな行い | 立派 |
| リュウセイをきわめる | 隆盛 |
| この絵のリンカク | 輪郭 |
| ルイセキ赤字に悩む | 累積 |
| 良家のレイジョウ | 令嬢 |
| レンサ反応が起きる | 連鎖 |
| ロコツな表現 | 露骨 |
| ロジ栽培の野菜 | 露地 |

## 頻出度ランクB

| | |
|---|---|
| 詩をアンショウする | 暗唱 |
| イカンともしがたい | 如何 |
| イギョウを成し遂げる | 偉業 |
| 調査をイショクする | 委嘱 |
| イセイのよいかけ声 | 威勢 |
| イゾン心が強い | 依存 |

| | |
|---|---|
| イッカツで支払う | 一括 |
| イッシを報いる | 一矢 |
| 満場イッチで決定する | 一致 |
| イホウ人に出会う | 異邦 |
| 犯人のイリュウ品 | 遺留 |
| インシュウを破る | 因習 |

| | |
|---|---|
| ウンデイの差がある | 雲泥 |
| 社長のエイダンで処理 | 英断 |
| 教育制度のエンカクを語る | 沿革 |
| 棒でオウダされる | 殴打 |
| カイキン賞をもらう | 皆勤 |
| カイショで書く | 楷書 |
| 責任をカイヒする | 回避 |
| 事故のカイムを目指す | 皆無 |
| 話がカキョウに入る | 佳境 |
| 浮き草カギョウ | 稼業 |
| 身体のカシのけいれん | 下肢 |
| カチュウの人となる | 渦中 |
| カビンに花を生ける | 花瓶 |
| 彼はカモクな人だ | 寡黙 |
| カレンな少女 | 可憐 |
| ガンキョウな体 | 頑強 |
| 行政をカンサツする | 監察 |
| カンサンとした公園 | 閑散 |
| 空気がカンソウする | 乾燥 |
| カンダイな心を持つ | 寛大 |
| ガンチクのある言葉 | 含蓄 |
| カンニン袋の緒が切れた | 堪忍 |
| 細心の注意がカンヨウ | 肝要 |
| キガイを加える | 危害 |
| 選挙をキケンする | 棄権 |
| キショウ価値がある | 希(稀)少 |
| 英語のキソを養う | 基礎 |
| キトクに陥った | 危篤 |
| キハクに欠ける | 気迫 |
| 難民キュウサイ | 救済 |
| キュウリョウ地 | 丘陵 |
| 依頼をキョゼツする | 拒絶 |
| 人生のキロに立つ | 岐路 |
| 家でキンシンする | 謹慎 |
| キンパクした試合 | 緊迫 |
| グチをこぼす | 愚痴 |

| | |
|---|---|
| なめらかなクチョウ | 口調 |
| クナイ庁に勤める | 宮内 |
| お金をクメンする | 工面 |
| 昨年度のクリコシ金 | 繰越 |
| 人にゲイゴウする | 迎合 |
| 交番のケイサツ官 | 警察 |
| 神社のケイダイ | 境内 |
| ケイチョウ電報 | 慶弔 |
| 他人をケイベツする | 軽蔑 |
| A社とケイヤクする | 契約 |
| 北陸ケイユの列車 | 経由 |
| 話し合いがケツレツする | 決裂 |
| 今朝からゲリ気味である | 下痢 |
| レンズをケンマする | 研磨 |
| この川のゲンリュウ | 源流 |
| 百円コウカを拾う | 硬貨 |
| 仲間とコウゴに休憩する | 交互 |
| コウショウ文学の研究 | 口承 |
| 身柄をコウソクする | 拘束 |
| コウテツ製の刃物 | 鋼鉄 |
| コウハイした土地 | 荒廃 |
| 平家のコウボウを描く | 興亡 |
| コクサイを発行する | 国債 |
| コッキ心を養う | 克己 |
| 水がコンダクする | 混濁 |
| 結婚サギ師 | 詐欺 |
| サクリャクをめぐらす | 策略 |
| サッソク返事を書く | 早速 |
| ザユウの銘とする | 座右 |
| 豪雨によるサンジ | 惨事 |
| ザンテイ的な処置 | 暫定 |
| 国王にジキソする | 直訴 |
| ジゴウ自得だ | 自業 |
| シショウの教え | 師匠 |
| 旅のシタクをする | 支(仕)度 |
| 全力シッソウする | 疾走 |

| | |
|---|---|
| シト不明金がある | 使途 |
| シャダン機が上がる | 遮断 |
| シュイ打者 | 首位 |
| ジュウジュンな女性 | 従順 |
| 画壇のジュウチン | 重鎮 |
| シュギョクの一品 | 珠玉 |
| シュクン賞の選手 | 殊勲 |
| 平均ジュミョウ | 寿命 |
| ジュヨウと供給 | 需要 |
| 雨天ジュンエン | 順延 |
| 警察官のジュンショク | 殉職 |
| 部下をショウアクする | 掌握 |
| すべてジョウカする | 浄化 |
| ショウギを指す | 将棋 |
| 希望をジョウジュする | 成就 |
| 病気のショウジョウ | 症状 |
| ジョウセキどおり | 定石 |
| 時期ショウソウだ | 尚早 |
| そんなジョウダンはよせ | 冗談 |
| ショサイにこもる | 書斎 |
| 会社のショム係 | 庶務 |
| シンキまき直しだ | 新規 |
| 師にシンスイする | 心酔 |
| シンセキ付き合い | 親戚 |
| ジンソクな行動 | 迅速 |
| ジンチク無害 | 人畜 |
| シンボウの厚い人 | 信望 |
| スイソウの金魚 | 水槽 |
| スウコウな理想 | 崇高 |
| スモウを観戦する | 相撲 |
| 校歌をセイショウする | 斉唱 |
| 十年のセイソウを経る | 星霜 |
| キリストのセイタン | 生誕 |
| 整理セイトンする | 整頓 |
| 世界をセイハする | 制覇 |
| セジョウして外出する | 施錠 |

| | |
|---|---|
| セツジョクを果たす | 雪辱 |
| 服をセンタクする | 洗濯 |
| 領土をセンユウする | 占有 |
| ソウチョウなる宮殿 | 荘重 |
| 言葉をソウニュウする | 挿入 |
| ソウランを鎮める | 騒乱 |
| ソショウに負ける | 訴訟 |
| ソボクな人柄を愛す | 素朴 |
| タイテイのことは許す | 大抵 |
| タッシャで暮らせ | 達者 |
| ダラクした人生 | 堕落 |
| タンテイに依頼する | 探偵 |
| 心身のタンレン | 鍛練（錬） |
| チカンが出るので注意 | 痴漢 |
| チツジョを保つ | 秩序 |
| チッソク死する | 窒息 |
| チマナコで追跡する | 血眼 |
| チュウシャ禁止 | 駐車 |
| チュウセイを誓う | 忠誠 |
| チュウヨウを得ている | 中庸 |
| チョウジュウ保護 | 鳥獣 |
| 作品をチンレツする | 陳列 |
| 先方のツゴウを聞く | 都合 |
| 彼はテイシュ関白だ | 亭主 |
| テイシュクな妻 | 貞淑 |
| テイネイに書く | 丁寧 |
| 議論がテンカイする | 展開 |
| テンポを改装する | 店舗 |
| 明かりがテンメツする | 点滅 |
| 意気トウゴウする | 投合 |
| 陸軍をトウスイする | 統帥 |
| 敵国とドウメイを結ぶ | 同盟 |
| トクメイの手紙 | 匿名 |
| ドレイ解放 | 奴隷 |
| 物をしまうナンド | 納戸 |
| ニンシンを喜ぶ | 妊娠 |

| | |
|---|---|
| 土地のバイキャク | 売却 |
| この本をハイシャクする | 拝借 |
| 山の木をバッサイする | 伐採 |
| ごハットをおかす | 法度 |
| 選手がハップンする | 発憤 |
| 植物のハンショク力 | 繁殖 |
| 荷物のハンニュウ | 搬入 |
| 自分をヒゲする | 卑下 |
| ヒフ病にかかる | 皮膚 |
| 大臣をヒメンする | 罷免 |
| ヒヤクの年にする | 飛躍 |
| ヒョウハクの旅 | 漂泊 |
| 結婚ヒロウ宴に出席する | 披露 |
| ヒンソウな身なり | 貧相 |
| ビンワンを認める | 敏腕 |
| フウキが乱れる | 風紀 |
| フクツの精神を持つ | 不屈 |
| 湯がフットウする | 沸騰 |
| 単身フニンする | 赴任 |
| フヨウ義務がある | 扶養 |
| 病気ヘイユを祈る | 平癒 |
| ベンギを図ってやる | 便宜 |
| 諸外国とのボウエキ | 貿易 |
| 成り行きをボウカンする | 傍観 |
| 今月分のホウキュウ | 俸給 |

| | |
|---|---|
| 裁判のボウチョウ席 | 傍聴 |
| ホウテイで黒白をつける | 法廷 |
| 物語のボウトウ | 冒頭 |
| 伝染病をボクメツする | 撲滅 |
| 事件のホッタン | 発端 |
| 研究にボットウする | 没頭 |
| 自由ホンポウな生活 | 奔放 |
| ボンヨウな生活 | 凡庸 |
| 登録をマッショウする | 抹消 |
| マンルイホームラン | 満塁 |
| ミャクラクのない話 | 脈絡 |
| モウソウにとらわれる | 妄想 |
| ヤクビョウ神を払う | 疫病 |
| ヤバンな人だ | 野蛮 |
| ユイショある家柄 | 由緒 |
| 富士のユウシを仰ぐ | 雄姿 |
| ユウチョウに構える | 悠長 |
| ヨインを残す | 余韻 |
| 募集ヨウコウが出る | 要項 |
| うなぎのヨウショク | 養殖 |
| ラクノウが盛んな国 | 酪農 |
| 言葉をラレツする | 羅列 |
| 古い商品をレンバイする | 廉売 |
| ロウカをきれいに拭く | 廊下 |

## ② 同音異字（字形の似た漢字）

### 頻出度ランク A

相イ　（ちがう）　違(異)
イ人　（えらい）　偉
イ度　（よこ）　緯

記オク　（おぼえる）　憶
一オク　（数の単位）　億
オク病　（おじける）　臆

通カ　（すぎる）　過
カ中　（うず）　渦
惨カ　（わざわい）　禍

カイ疑　（いだく）　懐
破カイ　（くずれる）　壊

ガイ説　（おおむね）　概
憤ガイ　（なげく）　慨

弾ガイ　（ただす）　劾
ガイ当　（あたる）　該

収カク　（とりいれる）　穫
カク得　（とらえる）　獲

カッ采　（声をあげる）　喝
カッ水　（かれる）　渇
カッ色　（こげ茶）　褐

交カン　（かえる）　換
カン起　（よぶ）　喚

生カン　（かえる）　還
カン境　（とりまく）　環

カン迎　（よろこぶ）　歓
カン察　（みる）　観
カン誘　（すすめる）　勧

容ギ　（うたがう）　疑
ギ態　（まねる）　擬

意ギ　（いみ）　義
ギ事　（相談する）　議
葬ギ　（礼式）　儀
ギ牲　（いけにえ）　犠

遭グウ　（あう）　遇
辺グウ　（かたすみ）　隅
グウ然　（たまたま）　偶

グン部　（こおり）　郡
抜グン　（むれ）　群

ケイ験　（へる）　経
ケイ減　（かるい）　軽
半ケイ　（こみち）　径

ケン約　（つつしむ）　倹
ケン討　（調べる）　検
ケン悪　（けわしい）　険
試ケン　（ためす）　験
真ケン　（つるぎ）　剣

コ独　（ひとり）　孤
括コ　（曲線）　弧

ゴ解　（あやまる）　誤
ゴ楽　（たのしむ）　娯

コウ外　（はずれ）　郊
コウ果　（ききめ）　効
成コウ　（てがら）　功
コウ拙　（たくみ）　巧
コウ造　（しくみ）　構
コウ演　（述べる）　講
コウ入　（買う）　購

コン談　（ねんごろ）　懇
開コン　（たがやす）　墾

サイ培　（植える）　栽
サイ判　（さばく）　裁
掲サイ　（のせる）　載

認シキ　（見分ける）　識
組シキ　（くみたてる）　織

ショ般　（もろもろ）　諸
ショ戦　（いとぐち）　緒

ジョ去　（のぞく）　除
ジョ行　（ゆっくり）　徐

ショウ集　（めす）　召
ショウ待　（まねく）　招
ショウ介　（つなぐ）　紹
ショウ書　（みことのり）　詔
湖ショウ　（ぬま）　沼

令ジョウ　（むすめ）　嬢
土ジョウ　（つち）　壌
謙ジョウ　（ゆずる）　譲
ジョウ造　（かもす）　醸

シン入　（おかす）　侵
シン水　（ひたす）　浸

不シン　（ふる）　振
妊シン　（はらむ）　娠
地シン　（ふるう）　震
口シン　（くちびる）　唇

ズイ筆　（まかせる）　随
心ズイ　（中心）　髄

犠セイ　（いけにえ）　牲
習セイ　（さが）　性
セイ名　（名字）　姓

セイ約　（おさえる）　制
セイ造　（つくる）　製

セキ任　（つとめ）　責
体セキ　（つむ）　積
功セキ　（結果）　績

ソ先　（おや）　祖
ソ税　（ねんぐ）　租
ソ雑　（あらい）　粗
ソ閣　（くむ）　組
ソ止　（はばむ）　阻

ソウ絶　（さかん）　壮
別ソウ　（おごそか）　荘

ゾウ書　（くら）　蔵
心ゾウ　（はらわた）　臓

ゾウ加　（ふえる）　増
ゾウ悪　（にくむ）　憎
ゾウ呈　（おくる）　贈

規ソク　（きまり）　則
ソク定　（はかる）　測
ソク面　（かたわら）　側

テイ下　（ひくい）　低
テイ抗　（あたる）　抵
徹テイ　（そこ）　底
テイ宅　（屋敷）　邸

仇テキ　（かたき）　敵
テキ当　（かなう）　適
点テキ　（したたる）　滴
テキ出　（つむ）　摘

透テツ　（とおる）　徹
テッ回　（とり去る）　撤

トウ写　（うつる）　謄
トウ貴　（あがる）　騰

| | | |
|---|---|---|
| 苦ノウ | （なやむ） | 悩 |
| 首ノウ | （中心となるもの） | 脳 |
| ハイ優 | （芸をする） | 俳 |
| ハイ除 | （しりぞける） | 排 |
| ハイ徊 | （うろつく） | 徘 |
| バイ数 | （加える） | 倍 |
| 栽バイ | （つちかう） | 培 |
| バイ審 | （したがう） | 陪 |
| バイ償 | （つぐなう） | 賠 |
| ハク弱 | （うすい） | 薄 |
| ハク学 | （ひろい） | 博 |
| フク業 | （補佐する） | 副 |
| フク員 | （はば） | 幅 |
| フク祉 | （さいわい） | 福 |
| 往フク | （かえる） | 復 |
| 重フク | （かさねる） | 複 |
| 空フク | （はら） | 腹 |
| フク面 | （おおう） | 覆 |
| フン砕 | （こな） | 粉 |
| フン糾 | （もつれる） | 紛 |
| フン装 | （よそおう） | 扮 |
| フン慨 | （いきどおる） | 憤 |
| フン墓 | （はか） | 墳 |
| フン出 | （ふき出す） | 噴 |
| ヘイ害 | （悪い） | 弊 |
| 紙ヘイ | （かね） | 幣 |
| 岸ペキ | （かべ） | 壁 |
| 完ペキ | （玉） | 璧 |
| 潔ペキ | （くせ） | 癖 |
| ヘン見 | （かたよる） | 偏 |
| 普ヘン | （あまねく） | 遍 |
| ヘン集 | （あむ） | 編 |
| ホ習 | （おぎなう） | 補 |
| ホ装 | （しく） | 舗 |
| ホ獲 | （とらえる） | 捕 |
| ボ集 | （つのる） | 募 |
| 思ボ | （したう） | 慕 |
| 歳ボ | （くれる） | 暮 |
| ボ地 | （はか） | 墓 |
| 介ホウ | （だく） | 抱 |
| 同ホウ | （はら） | 胞 |
| 水ホウ | （あわ） | 泡 |
| 大ホウ | （つつ） | 砲 |
| ホウ食 | （あきる） | 飽 |
| ホウ装 | （つつむ） | 包 |
| マ擦 | （こすれる） | 摩 |
| 研マ | （みがく） | 磨 |
| マ術 | （不思議な） | 魔 |
| 散マン | （とりとめがない） | 漫 |
| マン心 | （おごる） | 慢 |
| 専モン | （系統） | 門 |
| 訪モン | （訪れる） | 問 |
| ユ告 | （さとす） | 諭 |
| ユ快 | （たのしむ） | 愉 |
| ユ送 | （おくる） | 輸 |
| リョウ生 | （寄宿舎） | 寮 |
| 治リョウ | （病をなおす） | 療 |
| 明リョウ | （あきらか） | 瞭 |
| 同リョウ | （仲間） | 僚 |

## 頻出度ランクB

原イン　（もと）　因
婚イン　（縁組）　姻

人イン　（かず）　員
余イン　（ひびき）　韻

エツ楽　（喜ぶ）　悦
エツ覧　（見る）　閲
拝エツ　（お目にかかる）　謁

オウ打　（なぐる）　殴
西オウ　（ヨーロッパ）　欧

総カツ　（まとめる）　括
カツ用　（いかす）　活

血カン　（くだ）　管
器カン　（つかさどる）　官

カン定　（つきあわせる）　勘
カン忍　（たえる）　堪

日キ　（しるす）　記
キ元　（はじまり）　紀

キョ大　（大きい）　巨
キョ離　（へだたる）　距
キョ否　（こばむ）　拒

キョ無　（中身がない）　虚
廃キョ　（旧跡）　墟

提キョウ　（さし出す）　供
キョウ同　（ともにする）　共

偏キョウ　（せまい）　狭
海キョウ　（細長い場所）　峡

ケイ統　（つながり）　系
ケイ累　（かかわり）　係

ケツ断　（きめる）　決
秘ケツ　（奥義）　訣

ケン明　（かしこい）　賢
ケン実　（かたい）　堅

確コ　（かたい）　固
コ性　（ひとつ）　個

天コウ　（うかがう）　候
王コウ　（人君）　侯

炭コウ　（あな）　坑
反コウ　（あらがう）　抗

サイ典　（まつり）　祭
国サイ　（まじわる）　際

観サツ　（みる）　察
摩サツ　（こする）　擦

ザン新　（きわだつ）　斬
ザン定　（しばらく）　暫

シ会　（つかさどる）　司
シ候　（うかがう）　伺
品シ　（ことば）　詞
シ育　（かう）　飼
シ子　（つぐ）　嗣

ジ養　（栄養になる）　滋
ジ愛　（いつくしむ）　慈
ジ石　（鉄を引きつける物）　磁

ジュ教　（孔子の教え）　儒
ジュ要　（もとめる）　需

ジュ託　（うける）　受
ジュ与　（与える）　授

私ジュク　（学舎）　塾
ジュク練　（慣れる）　熟

批ジュン　（なぞらえる）　准
基ジュン　（手本）　準

ショウ細　（くわしい）　詳
発ショウ　（きざし）　祥

合ショウ　（うたう）　唱
結ショウ　（規則正しい形）　晶

鑑ショウ　（めでる）　賞
弁ショウ　（つぐなう）　償

移ショク　（うえる）　植
繁ショク　（ふえる）　殖

セン学　（あさい）　浅
実セン　（ふみ行う）　践
セン湯　（おかね）　銭

ソウ縦　（あやつる）　操
乾ソウ　（かわく）　燥
海ソウ　（みずくさ）　藻

ソツ業　（おわる）　卒
引ソツ　（ひきいる）　率

チョウ面　（とばり）　帳
膨チョウ　（ふくれる）　張(脹)

チョウ笑　（あざける）　嘲
風チョウ　（一般的傾向）　潮

前テイ　（もち出す）　提
テイ防　（土手）　堤

トウ着　（いきつく）　到
トウ壊　（たおれる）　倒

鉄トウ　（高く細い建物）　塔
トウ乗　（乗せる）　搭

画ハク　（一芸に長じた者）　伯
ハク手　（うつ）　拍
停ハク　（とまる）　泊
脅ハク　（追い詰める）　迫

ハン画　（印刷用の板）　版
ハン売　（ひさぐ）　販
御ハン　（めし）　飯

一パン　（たぐい）　般
運パン　（はこぶ）　搬

投ヒョウ　（ふだ）　票
ヒョウ流　（ただよう）　漂
目ヒョウ　（しるし）　標

宿ボウ　（へや）　坊
消ボウ　（ふせぐ）　防
ボウ害　（さまたげる）　妨
脂ボウ　（あぶら）　肪
ボウ績　（つむぐ）　紡

動ヨウ　（ゆれる）　揺
民ヨウ　（うた）　謡

遠リョ　（おもんぱかる）　慮
捕リョ　（とりこ）　虜

レキ然　（明確なこと）　歴
西レキ　（こよみ）　暦

レッ火　（はげしい）　烈
レッ傷　（さける）　裂

レン習　（ねる）　練
レン金術　（きたえる）　錬

明ロウ　（ほがらか）　朗
新ロウ　（おとこ）　郎

## 3 同訓異字

### 頻出度ランクA

| | |
|---|---|
| 友人と街でアう | 会 |
| 会計の数字がアう | 合 |
| 交通事故にアう | 遭 |

| | |
|---|---|
| 腕前をアげる | 上 |
| てんぷらをアげる | 揚 |
| 例をアげる | 挙 |

| | |
|---|---|
| アタタかい料理 | 温 |
| アタタかい地方 | 暖 |

| | |
|---|---|
| アツいお茶を飲む | 熱 |
| 日ざしがアツくなる | 暑 |
| アツい壁で隔てる | 厚 |

| | |
|---|---|
| 運転をアヤマる | 誤 |
| 手落ちをアヤマる | 謝 |

| | |
|---|---|
| 正体をアラワす | 現 |
| 気持ちをアラワす | 表 |
| 書物をアラワす | 著 |

| | |
|---|---|
| 体がイタむ | 痛 |
| 家がイタむ | 傷 |
| 死をイタむ | 悼 |

| | |
|---|---|
| 写真をウツす | 写 |
| 鏡に姿をウツす | 映 |
| 実行にウツす | 移 |

| | |
|---|---|
| 領空をオカす | 侵 |
| 過ちをオカす | 犯 |
| 危険をオカす | 冒 |

| | |
|---|---|
| 学業をオサめる | 修 |
| 税金をオサめる | 納 |
| 領地をオサめる | 治 |
| 成功を手中にオサめる | 収 |

| | |
|---|---|
| 家具の位置がカわる | 変 |
| ピッチャーがカわる | 替 |
| 担当がカわる | 代 |
| 順番がカわる | 換 |

| | |
|---|---|
| 過去をカエリみる | 顧 |
| 自らをカエリみる | 省 |

| | |
|---|---|
| 建物のカゲに隠れる | 陰 |
| 自分のカゲが映る | 影 |

| | |
|---|---|
| うわさ話をキく | 聞 |
| 音楽をキく | 聴 |
| 薬がよくキく | 効 |
| 機転がキく | 利 |

| | |
|---|---|
| 栄華をキワめる | 極 |
| 学問をキワめる | 究 |
| 進退キワまる | 窮 |

| | |
|---|---|
| ハードルをコえる | 越 |
| 群衆が千人をコえる | 超 |

| | |
|---|---|
| 朝早く目がサめる | 覚(醒) |
| 料理がサめる | 冷 |

| | |
|---|---|
| 家の中をサガす | 捜 |
| 空き家をサガす | 探 |

| | |
|---|---|
| じっと心をシズめる | 静 |
| 王が内乱をシズめる | 鎮 |
| 大砲で船をシズめる | 沈 |

| | |
|---|---|
| 時計をススめる | 進 |
| 入会をススめる | 勧(奨) |
| 会長としてススめる | 薦 |
| 事実にソクした記事 | 即 |
| ルールにソクした方法 | 則 |
| 雪の重さにタえる | 耐 |
| 鑑賞にタえない | 堪 |
| 人通りがタえる | 絶 |
| 富士山頂にタつ | 立 |
| 向かいにビルがタつ | 建 |
| はらわたをタつ思いだ | 断 |
| スーツの生地をタつ | 裁 |
| 事件後消息をタつ | 絶 |
| 人に道をタズねる | 尋 |
| 史跡をタズねる | 訪 |
| 新しい機械をツカう | 使 |
| 家族に気をツカう | 遣 |
| 魚料理をツクる | 作 |
| 機械をツクる | 造 |
| 完成にツトめる | 努 |
| 会社にツトめる | 勤 |
| 議長をツトめる | 務 |
| 数学の問題をトく | 解 |
| 人の道をトく | 説 |
| 絵の具を水にトく | 溶 |
| 検査で血をトる | 採 |
| 秘書が事務をトる | 執 |
| 運転免許をトる | 取 |
| 野原で蝶をトる | 捕 |
| クラスで写真をトる | 撮 |
| 誤りをナオす | 直 |
| けがをナオす | 治 |

| | |
|---|---|
| ピアノをナラう | 習 |
| 前列にナラう | 倣 |
| 手足をノばす | 伸 |
| 開会をノばす | 延 |
| 平和をノゾむ | 望 |
| 試合にノゾむ | 臨 |
| 自分の体重をハカる | 量 |
| 会社の合理化をハカる | 図 |
| 湖の深さをハカる | 測 |
| 正確に時間をハカる | 計 |
| 首相の暗殺をハカる | 謀 |
| 審議会にハカる | 諮 |
| あきらめるのはハヤい | 早 |
| 川の流れがハヤい | 速 |
| 勇気がフルい立つ | 奮 |
| 声をフルわせる | 震 |
| 腕をフるう | 振 |
| 木の仏像をホる | 彫 |
| 庭に井戸をホる | 掘 |
| 身のマワりの整理 | 回 |
| 池のマワりを歩く | 周 |
| 遠くの景色をミる | 見 |
| 患者をミる | 診 |
| 面倒をミる | 看 |
| 法のモトでは平等 | 下 |
| モトの住所 | 元 |
| モトを正す | 本 |
| 資料をモトにする | 基 |
| 操作がヤサしい器械 | 易 |
| ヤサしい顔立ちの人 | 優 |

| | |
|---|---|
| 野球の試合にヤブれる | 敗 |
| 将来の夢がヤブれる | 破 |
| | |
| ヤワらかい毛布 | 柔 |
| 新芽がヤワらかい | 軟 |

| | |
|---|---|
| 意見がワかれる | 分 |
| 友達とワカれる | 別 |
| | |
| 人手をワズラわす | 煩 |
| 胸をワズラう | 患 |

## 頻出度ランクB

| | |
|---|---|
| 夜がアける | 明 |
| 家をアける | 空 |
| 店をアける | 開 |
| | |
| アりし日の思いで | 在 |
| アり金を使い果たす | 有 |
| | |
| 的にアてる | 当 |
| 休暇を静養にアてる | 充 |
| 先生にアてた手紙 | 宛 |
| | |
| 商品のアタイ | 価 |
| 称賛にアタイする | 値 |
| | |
| アトに引けない | 後 |
| 努力のアトをうかがう | 跡 |
| | |
| アブラを差す | 油 |
| アブラの乗った魚 | 脂 |
| | |
| 気がアラい | 荒 |
| 網の目がアラい | 粗 |
| | |
| 注文をウける | 受 |
| 仕事の下ウけ | 請 |
| | |
| 柱に釘をウつ | 打 |
| 親の仇をウつ | 討 |
| 鳥を鉄砲でウつ | 撃 |
| | |
| 利益をエる | 得 |
| うさぎをエる | 獲 |
| | |
| ベルをオす | 押 |
| 彼を会長にオす | 推 |

| | |
|---|---|
| 荷物をオクる | 送 |
| 感謝状をオクる | 贈 |
| | |
| 列車がオクれる | 遅 |
| 流行にオクれる | 後 |
| | |
| 交通事故をオこす | 起 |
| 産業をオコす | 興 |
| | |
| 証拠をオさえる | 押 |
| 怒りをオサえる | 抑 |
| | |
| 輪になってオドる | 踊 |
| 胸がオドる | 躍 |
| | |
| 事をオモテざたにする | 表 |
| 矢オモテに立つ | 面 |
| | |
| 貯金をオろす | 下 |
| 荷物をオろす | 降 |
| 小売店にオロす | 卸 |
| | |
| 皆に迷惑がカかる | 掛 |
| 優勝がカかる | 懸 |
| 鉄橋がカかる | 架 |
| | |
| 罰金をカす | 科 |
| 税金をカす | 課 |
| | |
| 一同にカイする | 会 |
| 意にカイしない | 介 |
| | |
| 我にカエる | 返 |
| 家にカエる | 帰 |

| | |
|---|---|
| 風カオる五月 | 薫 |
| 茶の匂いがカオる | 香 |
| カガミに映す | 鏡 |
| 彼は社員のカガミだ | 鑑 |
| カタい材質 | 堅 |
| 団結がカタい | 固 |
| カタい表情で話す | 硬 |
| 果物のカワをむく | 皮 |
| カワのジャケット | 革 |
| 空気がカワく | 乾 |
| のどがカワく | 渇 |
| 期待にコタえる | 応 |
| 質問にコタえる | 答 |
| 二人の仲をサく | 裂 |
| 時間をサく | 割 |
| 評判をサげる | 下 |
| 手サげかばんを持つ | 提 |
| かさをサす | 差 |
| 目的地をサす | 指 |
| 布に針をサす | 刺 |
| 手でサワる | 触 |
| 夜ふかしは体にサワる | 障 |
| 着物の帯をシめる | 締 |
| 首をシめる | 絞 |
| ふたをシめる | 閉 |
| タオルをシボる | 絞 |
| レモンをシボる | 搾 |
| 静かな田舎にスむ | 住 |
| スんだ空気を吸う | 澄 |
| 買い物の支払いがスむ | 済 |
| 新聞をスる | 刷 |
| マッチをスる | 擦 |
| 椅子にスワる | 座 |
| 腹がスわる | 据 |
| 相手チームをセめる | 攻 |
| 失敗をセめる | 責 |
| 線路にソって歩く | 沿 |
| 母に付きソう | 添 |
| 台風にソナえる | 備 |
| お神酒をソナえる | 供 |
| 服に墨がツく | 付 |
| 自分の席にツく | 着 |
| 夜遅くに床にツく | 就 |
| 槍でツく | 突 |
| 事件が相ツぐ | 次 |
| 家の跡をツぐ | 継 |
| 骨をツぐ | 接 |
| 花をツむ | 摘 |
| 経験をツむ | 積 |
| ツり革につかまる | 吊 |
| 魚ツりに出掛ける | 釣 |
| 水道がトまる | 止 |
| 心にトまる | 留 |
| 友達の家にトまる | 泊 |
| 調子をトトノえる | 整 |
| 洋服をトトノえる | 調 |
| 鳥がトぶ | 飛 |
| うさぎがトぶ | 跳 |
| 自動車にノる | 乗 |
| 新聞にノる | 載 |

| | |
|---|---|
| 記録をノコす | 残 |
| 功績をノコす | 遺 |
| 話題にノボる | 上 |
| 富士山にノボる | 登 |
| 朝日がノボる | 昇 |
| 夕日に紅葉がハえる | 映 |
| ハえある勝利 | 栄 |
| 胸をハる | 張 |
| 切手をハる | 貼 |
| 仕事をハジめる | 始 |
| ハジめての経験 | 初 |
| 二位を大きくハナす | 離 |
| 空に鳥をハナす | 放 |
| 辞書をヒく | 引 |
| ピアノをヒく | 弾 |
| 財産がフえる | 殖 |
| 人数がフえる | 増 |
| 北風がフく | 吹 |
| 黒煙がフく | 噴 |

| | |
|---|---|
| 夜がフける | 更 |
| 年齢よりフけている | 老 |
| 大人の中にマじる | 交 |
| テレビに雑音がマじる | 混 |
| 部下にメイじる | 命 |
| 忠告を肝にメイじる | 銘 |
| 作業をヤめる | 止 |
| 会社をヤめる | 辞 |
| 気ヤスく声をかける | 安 |
| わかりヤスく説明する | 易 |
| 成績がヨい | 良 |
| ヨい行いをする | 善 |
| 小説をヨむ | 読 |
| 和歌をヨむ | 詠 |
| 議論がワく | 沸 |
| 実感がワく | 湧 |
| 離れワザを演じる | 業 |
| 柔道のワザをみがく | 技 |

## ④ 同音異字熟語

### 頻出度ランクA

| | | [漢字] | [意味] |
|---|---|---|---|
| イガイ | イガイな事実が判明 | **意外** | 思いのほか |
| | 関係者イガイ立入禁止 | **以外** | それをのぞいた他のもの |
| イカン | イカンの意を表す | **遺憾** | ざんねんなようす |
| | 日本一のイカン | **偉観** | すばらしいながめ |
| | 事務をイカンする | **移管** | 管轄をかえること |
| | イカン束帯 | **衣冠** | 衣服と冠 |

| | | | |
|---|---|---|---|
| イギ | 会議でイギを唱える | **異議** | ちがった意見 |
| | 同音イギ語 | **異義** | ちがった意味 |
| | イギのある生活 | **意義** | 意味，ねうち |
| | イギを正して並ぶ | **威儀** | 礼法にかなったふるまい |
| イコウ | 彼のイコウを問う | **意向** | 考え，おもわく |
| | イコウをたたえる | **偉功** | かがやかしいてがら |
| | 親のイコウ | **威光** | 人を従わせるような勢い |
| | 文豪のイコウ | **遺稿** | 死んだ人がのこした作品 |
| イシ | 自分のイシを示す | **意思** | 考え，思い |
| | イシの強い人だ | **意志** | なしとげようとする気持ち |
| | 父のイシをつぐ | **遺志** | 死んだ人がはたせなかった思い |
| イドウ | イドウ図書館 | **移動** | うつりうごくこと |
| | 両者のイドウを調べる | **異同** | ちがっていること |
| | 人事イドウ | **異動** | 地位や職場などがかわること |
| エイセイ | エイセイ中立国 | **永世** | かぎりなく長い年月 |
| | 人工エイセイ打ち上げ | **衛星** | 惑星のまわりをめぐる天体 |
| | 保健エイセイに注意 | **衛生** | 健康を保ち病気の予防につとめる |
| カイシン | カイシンの作品 | **会心** | 気に入って気持ちのよいこと |
| | カイシンした被告 | **改心** | 心を入れかえること |
| | 大化のカイシン | **改新** | あらため新しくすること |
| | 医師がカイシンする | **回診** | 病院をまわって診察すること |
| カイフク | 病人がカイフクする | **快復** | 病気がなおること |
| | 景気がカイフクする | **回復** | もとの順調な状態にもどること |
| カイホウ | カイホウに向かう | **快方** | 病気やけががよくなること |
| | 門戸をカイホウする | **開放** | あけはなすこと |
| | 奴隷カイホウ | **解放** | 自由にしてやること |
| | 病人のカイホウ | **介抱** | 病人などの世話をすること |
| カクシン | カクシン政党 | **革新** | あらため，あたらしくすること |
| | 勝利をカクシンする | **確信** | かたく信じること |
| | 問題のカクシンに触れる | **核心** | 物ごとの中心となる大切なところ |

| | | | |
|---|---|---|---|
| カテイ | カテイ条件 | **仮定** | かりにきめること |
| | 教育カテイ | **課程** | 学校などで修得する一定の事がら |
| | 事件のカテイ | **過程** | 物ごとの経過していく道すじ |
| カンキ | きびしいカンキ | **寒気** | さむいこと |
| | 部屋のカンキ | **換気** | 空気を入れかえること |
| | 注意をカンキする | **喚起** | よびおこすこと |
| | カンキの声をあげる | **歓喜** | 非常によろこぶこと |
| カンショウ | 音楽カンショウ | **鑑賞** | 芸術作品を味わうこと |
| | 花をカンショウ | **観賞** | 見てたのしむこと |
| | 人生をカンショウ | **観照** | 現実を冷静にみつめ考えること |
| | 他人をカンショウする | **干渉** | たちいって世話をやくこと |
| | カンショウ地帯 | **緩衝** | 対立するものの間をやわらげる |
| カンシン | カンシンな子供 | **感心** | りっぱだと感じいること |
| | 絵にカンシンを示す | **関心** | 気にすること |
| | カンシンを買う | **歓心** | よろこぶ心 |
| | カンシンにたえない | **寒心** | ぞっとすること |
| カンセイ | 抗議のカンセイが響く | **喚声** | さけび声 |
| | 拍手とカンセイ | **歓声** | よろこびの声 |
| | カンセイはがき | **官製** | 政府が製造すること |
| | 空港のカンセイ塔 | **管制** | 国が強制的に管理制限すること |
| | 豊かなカンセイ | **感性** | 感受性 |
| | カンセイの法則 | **慣性** | いまの状態をもち続ける性質 |
| カンタン | 神技にカンタンする | **感嘆** | 感心してほめること |
| | カンタン相照らす | **肝胆** | 心中 |
| | カンタンな問題 | **簡単** | 単純でわかりやすいこと |
| キカイ | キカイ体操の選手 | **器械** | 器具・道具・工具など |
| | キカイ文明の影響 | **機械** | 動力によって仕事をする仕かけ |
| | 発言のキカイを得る | **機会** | つごうのよい時，チャンス |

| | | | |
|---|---|---|---|
| キカン | 年4回のキカン誌 | **季刊** | 一年に四回発行すること |
| | キカンの書物 | **既刊** | すでに刊行したもの |
| | 戦地からキカンする | **帰還** | 基地などにかえること |
| | キカン産業 | **基幹** | 活動や機能の中心となるもの |
| | 有効キカン | **期間** | ある時期から他の時期の間 |
| | キカン支炎 | **気管** | のどから肺に通じるくだ |
| | 消化キカン | **器官** | 一定の生理作用をする部分 |
| キセイ | キセイ緩和 | **規制** | きまり |
| | 政治資金キセイ法 | **規正** | きまりを正しくととのえること |
| | キセイ事実 | **既成** | 事がらがすでにできあがっている |
| | キセイ服を買う | **既製** | 品物がすでにできあがっている |
| | キセイを発する | **奇声** | きみょうな声 |
| | キセイをそがれる | **気勢** | いきおい |
| | 夏休みにキセイする | **帰省** | 故郷にかえること |
| キョウギ | 仏教のキョウギ | **教義** | 宗教上のおしえ |
| | 解決策をキョウギする | **協議** | 寄りあって相談すること |
| | キョウギに解釈する | **狭義** | ことばのもつせまい意義 |
| | キョウギ場に足を運ぶ | **競技** | わざをきそい優劣をあらそうこと |
| キョクチ | キョクチ的な大雨 | **局地** | かぎられた土地 |
| | キョクチを探検する | **極地** | さいはての地 |
| | 美のキョクチに達する | **極致** | このうえもないおもむき |
| ケントウ | ケントウはずれ | **見当** | めあて・みこみ |
| | 問題をケントウする | **検討** | よいかどうかを考えること |
| | ケントウを讃える | **健闘** | 元気いっぱいたたかうこと |
| コウエン | 地方コウエン | **公演** | しばいなど大勢の前で演じること |
| | コウエンな理想 | **高遠** | 程度が高くたやすく知りえない |
| | 作家のコウエンを聴く | **講演** | 大勢の前で講義ふうに話すこと |
| | コウエン会会長 | **後援** | 資金などを出し背後から助ける |
| コウカン | 彼にコウカンを抱く | **好感** | 相手をすきになる気持ち |
| | 物々コウカンをする | **交換** | とりかえること |
| | 学生コウカン会 | **交歓** | 互いにうちとけ楽しみあうこと |

| | | | |
|---|---|---|---|
| コウギ | 数学のコウギを聞く | **講義** | 学説などを説ききかせること |
| | 上司にコウギする | **抗議** | 相手を不当として反対すること |
| | コウギに解釈する | **広義** | ひろい意味 |
| コウセイ | 組織をコウセイする | **構成** | 各部分があつまって全体となる |
| | コウセイな判断 | **公正** | 公平でただしいこと |
| | 悪の道からコウセイする | **更生** | 生活の態度などがたちなおること |
| | 福利コウセイ施設 | **厚生** | 暮らしを豊かにし健康を増進する |
| コジ | 申し出をコジする | **固辞** | かたく辞退すること |
| | 自説をコジする | **固持** | 意見などをかたくもち続けること |
| | 財力をコジする | **誇示** | ほこらしげに見せびらかすこと |
| | コジ来歴 | **故事** | 昔あったこと |
| サイゴ | サイゴの手段に出る | **最後** | いちばんあと |
| | 平清盛のサイゴ | **最期** | 死にぎわ |
| ジキ | 実施のジキを遅らせる | **時期** | とき・期間 |
| | 行動のジキを失なう | **時機** | 適当なチャンス |
| | ジキ会長に推す | **次期** | つぎのとき |
| | ジキはずれの服装 | **時季** | 季節・時節 |
| シコウ | シコウ錯誤を重ねる | **試行** | ためしにおこなうこと |
| | シコウ力が低下する | **思考** | 頭の中の知的なはたらき |
| | 本物シコウの人 | **指向** | ある方向をめざすこと |
| シジ | 先生のシジに従う | **指示** | さししめすこと・さしず |
| | 全員のシジを得る | **支持** | 他人の意見に賛成すること |
| | 高名な作家にシジする | **師事** | ある人を先生として教えを受ける |
| | シジにわたって恐縮です | **私事** | 個人的なことがら |
| シモン | 口頭シモン | **試問** | 質問して試験すること |
| | 公的シモン機関 | **諮問** | 上の者が機関などに意見を求める |
| シュウカン | シュウカン誌を買う | **週刊** | 毎週一回発行すること |
| | 交通安全シュウカン | **週間** | 一週間のあいだ・七日間 |
| | 悪いシュウカンを直す | **習慣** | いつもすること・しきたり |

| | | | |
|---|---|---|---|
| シュウトク | 単位をシュウトクする | **修得** | 学問などをおさめおぼえこむこと |
| | 技術をシュウトクする | **習得** | ならいおぼえること |
| | 土地をシュウトクする | **収得** | 自分のものとすること |
| | シュウトク物を届け出る | **拾得** | 落とし物をひろうこと |
| ショウガイ | ショウガイ保険 | **傷害** | けがをさせること |
| | ショウガイを乗り越える | **障害** | さまたげになるもの |
| | ショウガイ係になる | **渉外** | 外部の連絡や交渉 |
| | ショウガイ忘れない | **生涯** | 一生・人の生きている間 |
| シンチョウ | シンチョウな行動 | **慎重** | 注意ぶかくかるがるしくないこと |
| | 国力がシンチョウする | **伸張** | 勢いがのび広がること |
| | 意味シンチョウ | **深長** | 意味などがおくぶかいようす |
| | 背広をシンチョウする | **新調** | あたらしくつくること |
| セイサン | 勝利のセイサンがある | **成算** | 成功するみこみ |
| | 運賃をセイサンする | **精算** | こまかに計算すること |
| | 借金をセイサンする | **清算** | よくないことをやめてしまうこと |
| ゼッタイ | 約束はゼッタイ守る | **絶対** | かならず |
| | ゼッタイ絶命の立場 | **絶体** | どうしてもさけられない |
| ソウイ | ソウイ工夫する | **創意** | あたらしい思いつき |
| | 国民のソウイ | **総意** | みんなの考え |
| | ソウイ点がある | **相違(異)** | ちがうこと |
| ソウゾウ | 天地ソウゾウの神 | **創造** | はじめてつくりだすこと |
| | ソウゾウ上の生物 | **想像** | 心にえがくこと |
| タイショウ | 調査のタイショウ | **対象** | 目標・目的となるもの |
| | 左右タイショウ | **対称** | つりあうこと |
| | 本文とタイショウ | **対照** | くらべあわせること |
| タイセイ | タイセイを占める | **大勢** | だいたいの形勢 |
| | 資本主義タイセイ | **体制** | 組織のありさま・しくみ |
| | タイセイを崩す | **体勢** | からだのかまえ |
| | 受け入れタイセイを整える | **態勢** | ある物ごとに対するかまえ |
| ツイキュウ | 責任をツイキュウ | **追及** | くいさがって問いつめること |
| | 利益をツイキュウ | **追求** | 目的のものを手に入れようとする |
| | 真理をツイキュウ | **追究** | 学問的にしらべきわめること |

| | | | |
|---|---|---|---|
| テキカク | テキカクな文章表現 | 的確 | ぴったりあてはまること |
| | 議長には彼がテキカクだ | 適格 | その資格にあてはまること |
| テンカ | 食品テンカ物 | 添加 | 何かをつけ加えること |
| | 責任をテンカする | 転嫁 | 罪を他になすりつけること |
| トウキ | トウキ市場 | 投機 | 利益を得るために行う取り引き |
| | 不動産のトウキ | 登記 | 登記簿に書きのせること |
| | ごみをトウキする | 投棄 | 投げすてること |
| | 物価がトウキする | 騰貴 | 物価や相場があがること |
| | トウキの花瓶 | 陶器 | 焼き物 |
| ヒジョウ | ヒジョウな仕打ち | 非情 | 感情をもたないこと |
| | ヒジョウ事態宣言 | 非常 | ふつうでないこと |
| ヒッシ | ヒッシに抵抗する | 必死 | 死にものぐるい |
| | 敗北はヒッシだ | 必至 | かならずそこへ行きつくこと |
| ヒナン | 学校へヒナンする | 避難 | 災難から逃げ身の安全をはかる |
| | ヒナンの声が上がる | 非難 | あやまちなどを責めとがめること |
| フキュウ | フキュウの名作 | 不朽 | くちすたれないこと |
| | 全国にフキュウする | 普及 | ひろくゆきわたること |
| | 不眠フキュウ | 不休 | やすまないこと |
| フショウ | フショウの息子 | 不肖 | 父に似ないでおろかなこと |
| | フショウ事が相次ぐ | 不祥 | めでたくないこと |
| | 年齢フショウ | 不詳 | くわしくはわからないこと |
| フシン | 家のフシン | 普請 | 建築・土木工事 |
| | 食欲フシン | 不振 | ふるわないこと |
| | フシンの念を抱く | 不信 | 信用しないこと |
| | 解決にフシンする | 腐心 | ひどく心をつかうこと |
| | フシンな行動をとる | 不審 | うたがわしいこと |
| ホウフ | 資源がホウフにある | 豊富 | たっぷりあること |
| | 今年のホウフを語る | 抱負 | 心中にいだく志望や計画 |
| ホショウ | 災害ホショウ | 補償 | 損害をおぎないつぐなうこと |
| | 安全をホショウ | 保障 | 立場や権利をまもること |
| | ホショウ人をたてる | 保証 | 確かであるとうけあうこと |

| | | | |
|---|---|---|---|
| ムジョウ | ムジョウな仕打ち | **無情** | なさけ心のないこと |
| | 人生はムジョウだ | **無常** | 人の世は変化してはかない |
| ユウシュウ | ユウシュウの美を飾る | **有終** | おわりまでよく仕とげること |
| | ユウシュウな成績 | **優秀** | 他より一段とすぐれひいでる |
| | ユウシュウがただよう | **憂愁** | うれい・かなしみ |
| ヨウゴ | 憲法ヨウゴを主張 | **擁護** | かばいまもること |
| | ヨウゴ施設 | **養護** | やしないまもること |
| ヨチ | 研究のヨチがある | **余地** | 物ごとを行うためのゆとり |
| | 地震のヨチができる | **予知** | 前もって知ること |

## 頻出度ランクB

| | | ［漢字］ | ［意味］ |
|---|---|---|---|
| アイカン | アイカン漂う風情 | **哀感** | ものがなしい感じ |
| | 人生のアイカン | **哀歓** | かなしみとよろこび |
| アイショウ | 夫婦のアイショウ | **相性** | 性質のあうこと |
| | 歌をアイショウする | **愛唱** | すきな歌などをうたうこと |
| | アイショウで呼ぶ | **愛称** | したしんで名づけた名前 |
| | 古今集のアイショウ歌 | **哀傷** | 人の死を悲しみなげくこと |
| アイセキ | アイセキの辞を述べる | **哀惜** | 人の死を悲しみおしむこと |
| | 父がアイセキした品 | **愛惜** | 大切にして失いたくないこと |
| アッセイ | アッセイに苦しむ国民 | **圧政** | 権力でおさえつける政治 |
| | アッセイ的な言動 | **圧制** | 権力でむりにおさえつける |
| イジョウ | イジョウ気象が続く | **異常** | ふつうでないこと |
| | 何もイジョウはない | **異状** | ふつうと違った状態 |
| イショク | イショクの人材 | **異色** | ふつうとかわっていること |
| | 研究をイショクする | **委嘱** | 他にまかせ，たのむ |
| | イショク住 | **衣食** | 衣服と食物 |
| | 角膜イショク | **移植** | 植えかえること |
| イッシ | イッシ乱れず行進する | **一糸** | 一本の糸 |
| | イッシを報いる | **一矢** | 相手の攻撃にしかえしをする |

| | | | |
|---|---|---|---|
| イリョク | イリョクを発揮する | **威力** | 他を服従させる強い力 |
| | イリョクが湧く | **意力** | 精神力 |
| エイリ | エイリ目的の誘拐 | **営利** | 利益を得ること |
| | エイリな刃物 | **鋭利** | するどく切れ味がよい |
| カイテイ | 料金のカイテイ | **改定** | きまりをあらためること |
| | 教科書のカイテイ | **改訂** | 内容をあらためただすこと |
| カクサ | 賃金のカクサ | **格差** | 資格・等級・価格などの差 |
| | 気温のカクサ | **較差** | 最高と最低の差 |
| カジュウ | 税金がカジュウされる | **加重** | さらに負担がふえること |
| | カジュウ制限がある | **荷重** | 構造物や機械に外からかかる力 |
| | カジュウな労働を強いる | **過重** | おもすぎること |
| カンコウ | カンコウシーズン | **観光** | 風景などを見物すること |
| | 文学全集をカンコウする | **刊行** | 印刷して出版すること |
| | カンコウに従う | **慣行** | ならわしとして行われている事がら |
| | 冒険をカンコウする | **敢行** | 難をおしきって行われること |
| カンサ | 収支をカンサする | **監査** | 監督してしらべること |
| | 作品をカンサする | **鑑査** | 優劣・良否などをしらべること |
| カンチ | 異常をカンチする | **感知** | 感じ知ること |
| | 私は一切カンチしない | **関知** | 関係をもつこと |
| カンヨウ | カンヨウな処置 | **寛容** | 度量が大きく人を責めないこと |
| | カンヨウな点を話す | **肝要** | 非常にだいじなこと |
| | カンヨウ句 | **慣用** | ふつうに使いなれていること |
| キキン | 国際通貨キキン | **基金** | 目的のため準備しておくかね |
| | キキンを募る | **寄金** | 公共事業などに出すかね |
| キコウ | ビルのキコウ式 | **起工** | 工事をはじめること |
| | 行政キコウ | **機構** | しくみ |
| | 雑誌にキコウする | **寄稿** | 原稿を雑誌などにのせるために送る |
| | キコウ文を書く | **紀行** | 旅行中の見聞や感想を書いたもの |
| | 神戸にキコウする | **寄港** | 航海中の船が港にたちよること |
| | 温和なキコウ | **気候** | 気温・降雨量などの気象の状態 |

| | | | |
|---|---|---|---|
| キテイ | キテイ価格 | **既定** | すでにさだまっていること |
| | キテイ種目 | **規定** | さだめられた規則全体 |
| | 服務キテイ | **規程** | 一つ一つのきまり |
| キョウコウ | キョウコウ採決 | **強行** | おしきってむりやりおこなうこと |
| | キョウコウ手段 | **強硬** | 立場·意見をゆずろうとしないこと |
| キョウチョウ | 重要性をキョウチョウ | **強調** | つよく言いはること |
| | キョウチョウの精神 | **協調** | 互いにゆずりあい力をあわせる |
| キョウドウ | キョウドウ経営 | **共同** | 力をあわせて仕事をする |
| | キョウドウ組合 | **協同** | 力をあわせてともに仕事をする |
| グンシュウ | グンシュウ心理 | **群集** | むらがりあつまること |
| | グンシュウに囲まれる | **群衆** | むらがりあつまった人々 |
| ケイジ | ケイジ事件 | **刑事** | 刑法の適用をうける事件 |
| | 先輩にケイジする | **兄事** | 兄のように尊敬して接すること |
| | 国家のケイジ | **慶事** | めでたいこと |
| | 当選番号をケイジする | **掲示** | 人々に知らせるためかかげること |
| | 神のケイジを受ける | **啓示** | 神が人間にあらわししめすこと |
| ケッサイ | 代金をケッサイする | **決済** | 代金の受け渡しを完了すること |
| | 社長のケッサイを仰ぐ | **決裁** | 権限をもっている人がきめること |
| ケンキョ | 犯人をケンキョする | **検挙** | とりしらべのためつれて行くこと |
| | ケンキョな人 | **謙虚** | へりくだってつつましいようす |
| コウイ | コウイ的な態度 | **好意** | 親愛・好感の気もち |
| | コウイを無にする | **厚意** | ふかいなさけ・親切 |
| コウギョウ | 機械コウギョウ | **工業** | 原料を加工し物を作りだす産業 |
| | 石油コウギョウ | **鉱業** | 鉱物の採掘や精錬の事業 |
| | 慈善コウギョウ | **興行** | 芸能などをお金をとって見せる |
| | コウギョウ銀行 | **興業** | 産業·事業をさかんにすること |
| コウケン | 社会にコウケンする | **貢献** | 他のために役に立つこと |
| | 彼のコウケン人になる | **後見** | たすけて代理となる·うしろだて |
| コウチョウ | 仕事はコウチョウだ | **好調** | 調子がいいこと |
| | 気分がコウチョウする | **高調** | 調子の高まること |
| | 最コウチョウに達する | **高潮** | 勢いたかまった状態 |
| | 頬がコウチョウする | **紅潮** | 顔に赤みがさすこと |

| | | | |
|---|---|---|---|
| コウテイ | 作業コウテイ | 工程 | はかどりかた・順序 |
| | 旅のコウテイ | 行程 | 進むみちのり |
| コウヒョウ | コウヒョウを博す | 好評 | いい評判 |
| | 御コウヒョウを賜る | 高評 | 相手の批評の尊敬語 |
| | 作品のコウヒョウ | 講評 | 説明を加えながら批評すること |
| サクイ | 無サクイに選ぶ | 作為 | つくりごと |
| | 見え透いたサクイ | 作意 | たくらみの心 |
| ジセイ | ジセイに合わない | 時世 | 時代 |
| | ジセイに流される | 時勢 | 時代のいきおい |
| | ジセイの句を詠む | 辞世 | 死ぬまぎわにつくる詩歌 |
| | ジセイ心を失う | 自制 | 自分の感情をおさえること |
| | ジセイの念を抱く | 自省 | 自分で反省すること |
| シュウシュウ | ごみのシュウシュウ車 | 収集 | 取りあつめること |
| | シュウシュウがつかない | 収拾 | 混乱状態をまとめおさめること |
| シュセキ | 国家シュセキ | 主席 | 政府や団体を代表する人 |
| | シュセキで卒業する | 首席 | 第一の席次・地位 |
| シンギ | シンギに厚い | 信義 | 約束を守り、義務を果たすこと |
| | ことのシンギを確かめる | 真偽 | 本当かうそか |
| シンショウ | シンショウを害する | 心証 | 相手から心にうける印象 |
| | シンショウ風景 | 心象 | 前に得たものが心に再生される |
| セイカ | 武道のセイカ | 精華 | もっともすぐれたところ |
| | セイカで販売する | 正価 | かけねなしの値段 |
| | 努力のセイカ | 成果 | できあがった結果 |
| | セイカの候 | 盛夏 | 夏のいちばん暑いころ |
| | セイカリレー | 聖火 | 神にそなえるきよい火 |
| セイコウ | セイコウな機械 | 精巧 | しくみがこまかくたくみなこと |
| | セイコウ不良 | 性行 | 人の性質とおこない |
| | セイコウを祈る | 成功 | ことをうまくなしとげること |
| | セイコウ法で戦う | 正攻 | 正々堂々とせめること |
| | セイコウな文章 | 生硬 | 未熟でかたい感じであること |
| セイコン | セイコンが尽きる | 精根 | こん・気根 |
| | セイコン込めて作る | 精魂 | たましい・精神 |

| | | | |
|---|---|---|---|
| セイサイ | セイサイに調べる | 精細 | くわしくこまかなこと |
| | セイサイを放つ | 精(生)彩 | うつくしく力にあふれたようす |
| | セイサイ処置 | 制裁 | きまりをやぶった者に罰を与える |
| セイリョク | 反対セイリョク | 勢力 | いきおい・ちから |
| | セイリョク的に働く | 精力 | 精神と肉体の活動するちから |
| セッセイ | 不セッセイがたたる | 摂生 | 健康に気をつけること |
| | 飲酒をセッセイする | 節制 | 欲望をひかえめにすること |
| ソガイ | 地域の発展をソガイする | 阻害 | じゃまだてすること |
| | ソガイ感を抱く | 疎外 | 仲間はずれにすること |
| タイケイ | 美しいタイケイ | 体形 | かたち |
| | 肥満タイケイ | 体型 | 体格の型 |
| | 古典文学タイケイ | 大系 | おなじ類のものを広く集めること |
| | 賃金タイケイ | 体系 | 組織的に統一された全体 |
| テイジ | 免許証をテイジする | 呈示 | さし出して見せること |
| | 条件をテイジする | 提示 | ある場所にさし出して見せること |
| テキセイ | テキセイ評価 | 適正 | 適切でただしいこと |
| | 人物のテキセイを見る | 適性 | 性質にかなうこと |
| テッコウ | テッコウの技術 | 鉄工 | 鉄材を使う工作 |
| | テッコウ石 | 鉄鉱 | 鉄をふくむ鉱石 |
| | テッコウを精錬する | 鉄鋼 | 鋼鉄・はがね |
| テンカイ | 美しい風景がテンカイする | 展開 | 大きく広がること |
| | 方針がテンカイする | 転回 | 向きが変わること |
| トクチョウ | トクチョウを生かす | 特長 | 特にすぐれているところ |
| | トクチョウのある顔 | 特徴 | 他とちがって特にめだつ点 |
| ハイシュツ | 工場のハイシュツ物 | 排出 | 外へおしだすこと |
| | 学者をハイシュツする | 輩出 | すぐれた人材が世に出ること |
| ハイスイ | ハイスイ設備 | 排水 | 水を他に流しやること |
| | ハイスイ工事 | 配水 | 水をくばること |
| | 生活ハイスイ | 廃水 | 利用したあとの不用の水 |
| ハッコウ | 新法がハッコウする | 発効 | 効力が発生すること |
| | 新刊をハッコウする | 発行 | 新聞・雑誌などを世に出すこと |

| | | | |
|---|---|---|---|
| フキョウ | フキョウで職が無い | **不況** | 景気がわるいこと |
| | 皆のフキョウを買う | **不興** | 人のきげんを損じること |
| ヘイコウ | 話の内容にヘイコウする | **閉口** | こまること |
| | ヘイコウ線をたどる | **平行** | まじわらないこと |
| | ヘイコウ感覚がにぶる | **平衡** | つりあいのとれていること |
| | ヘイコウして実施する | **並(併)行** | ならんでいくこと |
| ホンイ | 人物ホンイで選ぶ | **本位** | もとの位置・基本 |
| | 不ホンイな結果 | **本意** | まことの気持ち・願い |
| マンシン | マンシンの力を出す | **満身** | からだ全体 |
| | マンシンするな | **慢心** | おごりたかぶること |
| メイブン | 大義メイブンが立つ | **名分** | 身分によって守るべき立場 |
| | メイブンを気にする | **名聞** | 世間のうわさ |
| | 彼はメイブン家だ | **名文** | すぐれた文章 |
| | メイブン化する | **明文** | あきらかにきめられた条文 |
| | 石碑のメイブン | **銘文** | 金石などに刻まれた文章文句 |
| モサク | 名画をモサクする | **模作** | まねてつくること |
| | 解決策をモサクする | **模索** | 手さぐりでさがすこと |
| ヤセイ | ヤセイ動物の保護 | **野生** | 山野で自然のままに生長する |
| | ヤセイ的な感じの人 | **野性** | 自然のままの荒々しい性質 |
| ユウギ | ユウギ場に行く | **遊技** | 娯楽としてあらそう遊び |
| | 言葉のユウギを楽しむ | **遊戯** | あそびたわむれること |
| ヨウリョウ | 薬のヨウリョウを守る | **用量** | 使用する一定の量 |
| | 冷蔵庫のヨウリョウ | **容量** | 器に入れることのできる分量 |
| | ヨウリョウを得ない | **要領** | 物ごとをうまく処理する方法 |

## 5 間違えやすい漢字

| | |
|---|---|
| アイ悼の意を表す | **哀** |
| 体がスイ弱する | **衰** |
| チュウ心から感謝する | **衷** |
| 就職をアッ旋する | **斡** |
| カン線道路を走る | **幹** |
| イ任状を書く | **委** |
| キ節がめぐる | **季** |
| イ族代表のあいさつ | **遺** |
| 海外へ派ケンされる | **遣** |

不法行イを取り締まる　為
ギ証罪に問われる　偽

イン果関係を認める　因
生活がコン窮する　困

ごイン居さん　隠
オン便に解決する　穏

彼のエイ光をたたえる　栄
エイ業許可を得る　営

エツ楽にふける　悦
会社セツ明会　説
逸ダツした行動をとる　脱

地下鉄のエン長　延
大和朝テイの大王　廷

オン師を訪れる　恩
シ春期の頃　思

後カイ先に立たず　悔
ブ辱を受ける　侮

金カイを手に入れる　塊
ミ力的な顔　魅
一球入コン　魂

カン頭の論文　巻
証ケンを受け取る　券

証人をカン問する　喚
交カン条件を出す　換

ガン科に通っている　眼
睡ミン時間が少ない　眠

キ宅時間を知らせる　帰
清ソウ員が来る　掃

光キある伝統の学校　輝
楽団の指キをする　揮

便ギを図ってもらう　宜
大売り出しのセン伝　宣

事件にギ問を抱く　疑
水蒸気のギョウ結　凝
ギ態語を用いる　擬

不思ギな現象が起こる　議
多くのギ牲者が出た　犠

キョ体で走り回る　巨
家シンを信頼する　臣

長キョ離を走る　距
要求をキョ絶する　拒

キョウ里の友と出会う　郷
平安時代の公ギョウ　卿

すべて自キョウする　供
キョウ通の趣味　共

キョウ義において　狭
海キョウを渡る　峡

キョウ異的な経済成長　驚
ケイ戒水位をこえる　警

キン量を量る　斤
他勢力を排セキする　斥

光がクッ折する　屈
無トドけで休む　届

古墳の発クツ作業　掘
外ボリを埋める　堀

ケイ式にとらわれる　形
死ケイの判決が出る　刑

送ゲイバスに乗る　迎
ギョウ角を測る　仰
行動をヨク圧する　抑

ゲン想的な音楽　幻
ヨウ児期の体験　幼

食欲がゲン退する　減
インカ文明のメツ亡　滅

コウ福な生活　幸
シン酸をなめる　辛

コウ鉄の意志をもつ　鋼
コウ物の埋蔵量　鉱

コウ紀をひきしめる　綱
モウ膜に写る像　網

両者の均コウを保つ　衡
強いショウ撃を与える　衝
人工エイ星の打ち上げ　衛

コン立を考える　献
テキ意を抱く　敵

御ザイ宅ですか　在
がんばる所ゾンです　存

サッ気を感じる　殺
セツ那の出来事　刹

シ実に基づく　史
父は官リである　吏

将来教シになりたい　師
陸軍元スイとなる　帥

シ葉末節にこだわる　枝
科学ギ術の進歩　技
歌舞キ役者　伎

シッ態を演じる　失
ヤ印をつける　矢

世界記録保ジ者　持
トク別扱いする　特
天皇陛下のジ従　侍
指示があるまでタイ機　待

シュウ得物を預かる　拾
取シャ選択する　捨

シュウ教改革　宗
神をスウ拝する　崇

新興ジュウ宅街　住
マラソンのオウ路　往

ショ中見舞ハガキ　暑
警察ショ長を務める　署
チョ作権の侵害　著

ショウ像画を描く　肖
ショウ化吸収される　消
添サク指導を受ける　削

シン海魚を調査　深
南極タン検隊　探

ビルの設計セ工　施
セン風を巻き起こす　旋

セイ界の大物だ　政
コウ守ともにすぐれる　攻

セキ柱が曲がる　脊
時代ハイ景を考える　背

資料を分セキする　析
足首を骨セツする　折

トラック輸ソウの発達　送
大臣が更テツされる　迭

ピアノ演ソウ会　奏
日々安タイに暮らす　泰

家ゾク会議を開く　族
北海道へリョ行する　旅

現ダイ的な考え　代
鬼を征バツする　伐

陣地をダッ取する　奪
フン戦及ばず敗れる　奮

寒ダンの差が大きい　暖
動きがカン慢になる　緩
他国のエン助を受ける　援

統チ権を持つ　治
人格を陶ヤする　冶

国外に放チクする　逐
任務を完スイした　遂
タイ列を組む　隊
飛行機がツイ落する　墜

特チョウのある顔　徴
ビ笑を浮かべる　微

国民にチン謝する　陳
宇治川の先ジン　陣

利益をツイ求する　追
逼パクした状態　迫

日本の領ド内　土
武シに二言はない　士

避ナン命令が出る　難
キン務体系が変わる　勤

金ニ万円なり　弐
ブ家政治の全盛　武

あの男はハク情だ　薄
毎日帳ボをつける　簿

厳しいバッ則　罰
ザイ状を読みあげる　罪

生涯のハン侶とする　伴
今年の十大事ケン　件

ヒン困生活を送る　貧
ドン欲な人間だ　貪

正社員をボ集する　募
マク内力士の紹介　幕

マ擦が起きる　摩
研マ剤をつかう　磨
病マに冒される　魔

マイ蔵金を探す　埋
料リをならう　理

源氏のマツ流　末
ミ熟児が元気に育つ　未

開モン時間は九時　門
先生に質モンする　問

ユ入が超過する　輸
車リンが回転する　輪

戦国大名のリョウ地　領
ヨ金通帳を交付する　預
月毎のハン布会　頒

リョク地帯を設ける　緑
エン故採用する　縁

リン理的な行動　倫
ロン理的な考え　論
父は中学の教ユだ　諭

## 練 習 問 題

（382ページより解答・解説）

★
**16** 文中の漢字の使い方がすべて正しいのはどれか。

1　取引の勘定を決済する。
2　社内の人事移動が行われる。
3　自動車の製造行程を見学する。
4　あの建物は偉圧感がある。
5　工事を速進して完成を早める。

★
**17** 次の文中の「ト(る)」と同じ漢字を使うのはどれか。

「会議で決をトる。」

1　写真をトる。
2　栄養をトる。
3　血液をトる。
4　休暇をトる。
5　ペンをトる。

★
**18** 次の文中の（　　）内にはいずれも「キコウ」と読む熟語が入るが，いずれにも**該当しない**のはどれか。

先日，新社屋の（　　）式が行われると同時に，会社の（　　）改革が社内報に発表された。そこには，私が（　　）した北海道（　　）文が載せられている。

1　寄稿　　2　奇行　　3　起工　　4　紀行　　5　機構

★
**19** 次の文中の「ケン」と同じ漢字を使うのはどれか。

「内容をケン討する。」

1　貴重な文ケンを手に入れる。
2　理科の実ケンを行う。
3　生命保ケンに加入した。
4　学力ケン定試験を受ける。
5　何もかもケン約する。

**20**★ 次の下線部を漢字に直すとき，いずれにも**該当しない**のはどれか。

A　来週イコウに延期する。

B　イジョウな天候が続く。

C　亡き父のイシをつぐ。

D　新しい制度にイコウする。

1　意　　2　以　　3　異　　4　遺　　5　移

**21**★ 下線部の漢字の使い方がどちらも正しいのはどれか。

1　歩を勧める。　　入会を進める。

2　危険を犯す。　　権利を侵す。

3　成功を修める。　　注文品を納める。

4　過去を省みる。　　自らを顧みる。

5　合理化を図る。　　悪事を謀る。

**22**★ 下線部の漢字の使い方が正しいのはどれか。

1　電車の中で週間誌を読む。

2　下場評ではAチームが優勝するだろう。

3　服作用に注意しながら薬を飲む。

4　事故で高額の賠償金を請求される。

5　学校の購売部でノートを買う。

**23**★ 下線部の漢字がどちらも同じであるのはどれか。

1　運転をアヤマる。―― 素直にアヤマる。

2　生地をタつ。―― 消息をタつ。

3　反乱をシズめる。―― 痛みをシズめる。

4　気オクれする。―― 時計がオクれる。

5　道をタズねる。―― 友人をタズねる。

**24**★ 下線部の漢字に該当するものが，上の段にあるのはどれか。

1　二人の性格はタイショウ｛対象／対照｝的だ。

2　カンショウ｛感傷／観賞｝的な気分になる。

3　彼にフシン {不審 / 不信} 感を持つ。

4　国の安全をホショウ {保証 / 保障} する。

5　彼との関係をセイサン {精算 / 清算} する。

**25**★　下線部の漢字の使い方が**誤っている**のはどれか。

1 {体育館の陰で話す。 / 障子に影が映る。}

2 {柔道の技をかける。 / 至難の業を成し遂げる。}

3 {苦心の跡が見られる。 / 今さら後の祭りだ。}

4 {法の基に平等である。 / 資料を元に研究する。}

5 {商品に価をつける。 / 賞賛に値する。}

**26**★　下線部の漢字の使い方が正しいのはどれか。

1　処生術にたけている。

2　最高調に達する。

3　有頂点になってしまう。

4　村の不分律を守る。

5　善後策を決定する。

**27**★　次の文中の下線部のうち，漢字の使い方が正しいのはどれか。

言葉というものは，具体的な名詞や動詞から，しだいにア抽像のイ課程を経て一般的，ウ不遍的なエ概念へと成長するものであるが，日本語はその初期の段階で，きわめて高度な中国語のオ先礼を受けた。　（森本哲郎「日本語　表と裏」）

1　ア　　2　イ　　3　ウ　　4　エ　　5　オ

**28** ★ 三字熟語の漢字がどちらも正しいのはどれか。

1　無邪気，配遇者
2　虚栄心，未青年
3　解熱剤，友好国
4　異和感，無造作
5　黙否権，包容力

**29** ★★ 次の漢字のしりとりで，Ａ・Ｂに該当する漢字として正しいのはどれか。

正[Ａ]→[Ａ]実→実[Ｂ]→[Ｂ]心

| | Ａ | Ｂ |
|---|---|---|
| 1 | 統 | 感 |
| 2 | 確 | 用 |
| 3 | 着 | 情 |
| 4 | 現 | 真 |
| 5 | 結 | 改 |

**30** ★★ 次のＡ～Ｅの文中の「ギ」には，「義・議・儀」のうちいずれかが入る。同じ漢字が入る組合せとして正しいのはどれか。

Ａ　先生の講ギをきく。
Ｂ　行ギよく並んで待つ。
Ｃ　みんなでギ論を戦わす。
Ｄ　古いギ式が行われる。
Ｅ　不思ギな現象が起きる。

1　ＡとＣ，ＢとＤ
2　ＡとＤ，ＢとＥ
3　ＡとＣ，ＤとＥ
4　ＢとＤ，ＣとＥ
5　ＢとＥ，ＣとＤ

★★
**31**　「不・無・非・未」の打消の漢字を前につけて熟語をつくるとき，「不」と「未」が入るのはどれか。

（例）不／未＞明　不明と未明

1　□／□＞知　　2　□／□＞実　　3　□／□＞難

4　□／□＞力　　5　□／□＞満

★★
**32**　下線部に該当する漢字がすべて同じであるのはどれか。

1　エイセイ中立国。　人工エイセイを打ち上げる。
　エイセイ的な店。
2　工場のキカイ。　キカイ体操をする。　絶好のキカイを得る。
3　アイショウを占う。　アイショウ歌をうたう。
　アイショウで呼ぶ。
4　コウヒョウを博す。　御コウヒョウを賜る。
　コウヒョウを述べる。
5　コウセイな判断。　コウセイ年金を払う。
　悪からコウセイする。

★★
**33**　次のA～Dの□にそれぞれ同じ漢字を入れて熟語をつくるとき，いずれにも**該当しない**のはどれか。

A　□心　　□価　　□理
B　仮□　　□明　　演□
C　発□　　□来　　□花
D　万□　　□色　　□資

1　人　　2　物　　3　真　　4　生　　5　説

★★
**34**　次のA～Dの文中の下線部に該当する漢字の組合せとして正しいのはどれか。

A　彼女の趣味は音楽カンショウである。
B　事件のカクシンに迫る証拠となりうる。
C　調査のタイショウをしぼる必要がある。
D　採択でイギを唱えるものは誰もいなかった。

| | A | B | C | D |
|---|---|---|---|---|
| 1 | 観賞 | 核心 | 対象 | 意義 |
| 2 | 観賞 | 確信 | 対照 | 意義 |
| 3 | 鑑賞 | 核心 | 対象 | 異議 |
| 4 | 鑑賞 | 核心 | 対照 | 異義 |
| 5 | 鑑賞 | 確信 | 対称 | 異議 |

★★★
**35** 次の□に漢字を入れて熟語をつくるとき，該当する漢字の組合せとして正しいのはどれか。

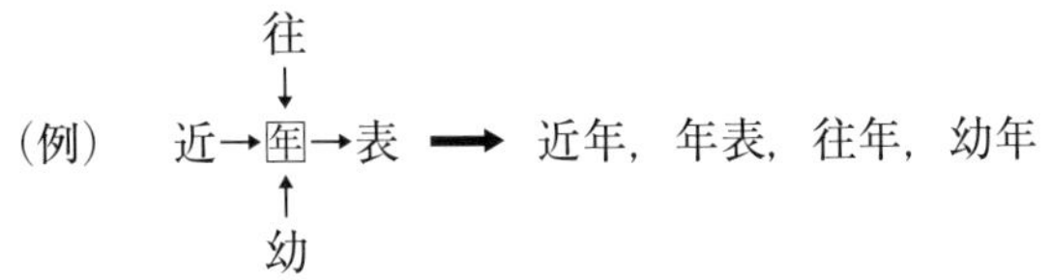


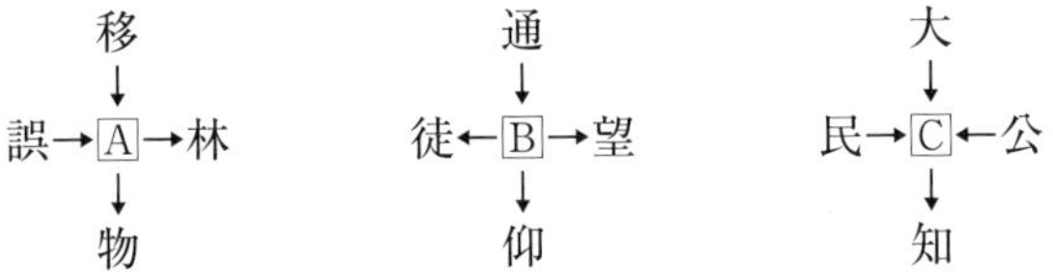


| | A | B | C |
|---|---|---|---|
| 1 | 国 | 要 | 意 |
| 2 | 国 | 信 | 衆 |
| 3 | 行 | 念 | 意 |
| 4 | 植 | 信 | 衆 |
| 5 | 植 | 要 | 事 |

★★
**36** 次のA～Fのうち，下線部の漢字の使い方が正しいもののみをすべて挙げているのはどれか。

A　関係者が一同に集まる。
B　絶対絶命の危機に陥る。
C　首位の座を獲得する。
D　収得物を警察に届ける。
E　相手の歓心を買おうとする。
F　総意工夫をこらした建物だ。

1　A，D　　2　B，C　　3　B，E
4　C，E　　5　D，F

**37** ★★ 次のA～Cの□にそれぞれ同じ漢字を入れて熟語をつくるとき，該当する漢字の組合せとして正しいのはどれか。

| | | | |
|---|---|---|---|
| A | 満□ | 記□ | 掲□ |
| B | □出 | □要 | 指□ |
| C | 決□ | 返□ | 救□ |

| | A | B | C |
|---|---|---|---|
| 1 | 裁 | 適 | 済 |
| 2 | 載 | 摘 | 債 |
| 3 | 裁 | 適 | 債 |
| 4 | 栽 | 敵 | 採 |
| 5 | 載 | 摘 | 済 |

**38** ★★ 下線部の漢字の使い方が**誤っている**のはどれか。

1　堅い木材を使った和洋折衷の家。
2　兄は遺跡の発掘調査に出発した。
3　過ちを犯したことを後悔している。
4　模擬試験の会場を監視する。
5　全幅の信頼を置く彼を会長に薦める。

**39** ★★ 次の文中の□に入る漢字を下の［漢字群］から正しく選んであるのはどれか。ただし，選択肢の漢字の順序と文中の漢字の順序とは対応していない。

科学の世界においては，常に□しい条件が□せられているが，新しい研究成果を□るためには持続的な努力とともに美的感受性が大切である。そのためにもみずみずしい好奇心や空想力をいつまでも□ち続けていたい。

（湯川秀樹「自己発見」）

［漢字群］新　持　厳　探　課　科　得　待

1　待　厳　課　得
2　持　新　得　科
3　得　課　持　厳
4　持　科　厳　探
5　科　持　探　新

**40** ★★ 次のA～Gのうち，下線部の漢字の使い方が正しいもののみをすべて挙げているのはどれか。

A　文化遺産を保護していく。
B　損害を賠償してもらう。
C　決定したことを逐次実行に移す。
D　車の衝突事故をおこす。
E　フランス文学に傾倒していく。
F　今や抱食の時代を迎える。
G　時間の概念が不足している。

1　A，D，F　　2　A，E，G　　3　B，C，E
4　B，D，E　　5　C，F，G

**41** ★★ 次のカタカナに該当する漢字の組合せとして正しいのはどれか。

A　学生コウカン｛ア　好感／イ　交換／ウ　交歓｝会を開く。

B　カイシン｛ア　会心／イ　改心／ウ　回心｝の作ができあがる。

C　万全のタイセイ｛ア　大勢／イ　態勢／ウ　体制｝でのぞむ。

D　大ヨウリョウ｛ア　容量／イ　用量／ウ　要領｝の洗濯機。

E　ヘイコウ｛ア　並行／イ　平衡／ウ　平行｝感覚がにぶる。

| | A | B | C | D | E |
|---|---|---|---|---|---|
| 1 | ア | ウ | イ | ア | ウ |
| 2 | ウ | イ | ア | イ | ア |
| 3 | イ | ウ | ア | ウ | イ |
| 4 | ウ | ア | イ | ア | イ |
| 5 | ア | ア | ウ | イ | ウ |

★★
**42** カタカナに当てた（　　）内の漢字がすべて正しいのはどれか。

1　セイジャク（静寂）な夜，イヨウ（異容）な物音がしたので，目をコ（凝）らして闇の中を見た。

2　彼のケンチョ（顕著）なコウセキ（功績）は，現状にダキョウ（妥協）することなく努力した結果である。

3　ギョウセキ（業積）を上げて，営業目標にトウタツ（到達）するよう社員に注意をカンキ（喚起）した。

4　夫婦でイッショウケンメイ（一生懸命）に働いて，資金をチクセキ（築積）し，売り場面積をカクジュウ（拡充）した。

5　ある映画監督のカイコロク（回顧録）を読み，そのシンケン（真剣）な生き方にカンメイ（感明）した。

★★
**43** 次のA～Eの□にはいずれも「コウ」と読む漢字が入るが，該当する漢字の組合せとして正しいのはどれか。

A　都心より□外に住みたい。
B　彼は強□な態度に出た。
C　科学雑誌を□入する。
D　鉄□石を採掘する。
E　精□に作られた偽物だ。

| | A | B | C | D | E |
|---|---|---|---|---|---|
| 1 | 郊 | 硬 | 購 | 鉱 | 巧 |
| 2 | 効 | 行 | 講 | 工 | 攻 |
| 3 | 郊 | 行 | 講 | 工 | 功 |
| 4 | 効 | 硬 | 購 | 鋼 | 巧 |
| 5 | 郊 | 行 | 購 | 鋼 | 功 |

★★
**44** 次の文中の下線部のうち，漢字の使い方が**誤っている**箇所は全部でいくつあるか。

われらは，さきに，日本国憲法をア確定し，民主的で文化的な国家をイ建設して，世界の平和と人類の福祉にウ貢献しようとする決意を示した。この理想の実現は，根本において教育の力にまつべきものである。われらは，個人のエ尊厳を重んじ，真理と平和をオ希及する人間の育成を期するとともに，カ普偏的にしてしかも個性ゆたかな文化のキ創造をめざす教育を普及ク撤底しなければならない。　　　　　　　　　　　　　　　　（「教育基本法」）

1　2つ　　2　3つ　　3　4つ　　4　5つ　　5　6つ

★★★

**45**　下線部に同じ漢字を用いるのはどれか。

1　ユウシュウな成績で卒業し，ユウシュウの美を飾る。

2　科学のキョウイ的発展により，核戦争のキョウイがある。

3　反対セイリョクが，セイリョク的に活動をはじめた。

4　野球部コウエン会会長のコウエンを聞く。

5　カイギに提案された意見に，彼はイギを唱えた。

★★★

**46**　下線部の漢字の使い方がどちらも正しいのはどれか。

1 ｛総辞職は必死の情勢だ。
　 ｛利益を社会に還元する。

2 ｛風邪の兆候があらわれる。
　 ｛父は朝から機嫌が悪かった。

3 ｛何となく異和感があるようだ。
　 ｛交差点では除行運転をする。

4 ｛最近彼女とは疎遠になった。
　 ｛思考錯誤の末に完成した。

5 ｛自分の意志を完徹する。
　 ｛貨弊価値が下がる一方である。

★★★

**47**　文中の漢字の使い方がすべて正しいのはどれか。

1　真相を徹底的に糾明して，規律を正していく。

2　合成繊維製造工場では，常識では考えられない事体が発生している。

3　今後は新分野の開発を積極的に推進して，利潤を追求する。

4　わが社は，50年の不段の研究と経験による優れた技術をもつ。

5　社員の執務能力を向上させて，形式的な残業を排徐する。

★★★
**48** 次のＡ～Ｈのうち，カタカナに当てた（　）内の漢字が正しいもののみをすべて挙げているのはどれか。

Ａ　生徒のソウイ（総意）を結集する。
Ｂ　多くの有権者のシジ（指示）を得る。
Ｃ　イッシ（一矢）乱れず行進する。
Ｄ　ケンアン（検案）事項について話し合う。
Ｅ　農業のシンコウ（振興）のため努力する。
Ｆ　フキュウ（普及）の名作といわれる。
Ｇ　憲法ヨウゴ（擁護）を主張する。
Ｈ　キチ（機知）のものから新しい発見をする。

1　Ａ，Ｃ，Ｈ
2　Ａ，Ｅ，Ｇ
3　Ｂ，Ｄ，Ｆ
4　Ｂ，Ｅ，Ｈ
5　Ｃ，Ｄ，Ｇ

★★★
**49** 次のＡ～Ｅのうち，下線部の漢字の使い方がどちらも正しいもののみをすべて挙げているのはどれか。

Ａ｛周知を集めて協議する。
　　荒れた土地を開墾する。
Ｂ｛遺憾の意を表す。
　　野菜の促成栽培をする。
Ｃ｛他人に責任を転化する。
　　穏便に話を進める。
Ｄ｛力の均衡を保つ。
　　彼はとても律義な人だ。
Ｅ｛害虫を駆除する。
　　店の信用を失墜する。

1　Ａ，Ｃ
2　Ａ，Ｄ
3　Ｂ，Ｄ
4　Ｂ，Ｅ
5　Ｃ，Ｅ

★★★

**50**　次のA～Eの下線部と同じ漢字を使うものを後のア～ウより選ぶとき，その組合せとして正しいのはどれか。

A　言葉の特チョウ
- ア　時間をチョウ過する。
- イ　会費をチョウ収する。
- ウ　チョウ流に流される。

B　高ショウな文学
- ア　時期ショウ早である。
- イ　事件のショウ細を調べる。
- ウ　申し出をショウ知する。

C　責任の一タン
- ア　タン架で運ばれる。
- イ　選手の美技に感タンする。
- ウ　用件をタン的に伝える。

D　敵の報フク
- ア　フク雑な心境になる。
- イ　往フクはがきを出す。
- ウ　彼はフク心の部下だ。

E　負傷者の介ホウ
- ア　異国で同ホウと会う。
- イ　内容をホウ括して述べる。
- ウ　一年のホウ負を語る。

| | A | B | C | D | E |
|---|---|---|---|---|---|
| 1 | ア | ウ | イ | ア | イ |
| 2 | ア | イ | ウ | ウ | ア |
| 3 | イ | ア | ウ | イ | ウ |
| 4 | イ | ウ | ア | ウ | イ |
| 5 | ウ | ア | イ | イ | ウ |

# 3 類義語・対義語

ことばとしては異なるが，意味が同じあるいはよく似ている語どうしを類義語という。また，互いに反対の意味をもつ語どうしを反対語，互いに意味が相対応していて一対になる語どうしを対応語という。この反対語と対応語を一つにまとめて対義語という。

出題は類義語・対義語の組合せの正誤を問うものがほとんどである。一見，簡単そうに感じるが，熟語の意味を曖昧に理解していると，正答を導けないことも多い。

## 1 類義語

### 頻出度ランクA

**安価**(アンカ) — **廉価**(レンカ)
**案外**(アンガイ) — **意外**(イガイ)
**暗示**(アンジ) — **示唆**(シサ)
**遺憾**(イカン) — **残念**(ザンネン)
**委細**(イサイ) — **詳細**(ショウサイ)
**異存**(イゾン) — **異議**(イギ)
**委託**(イタク) — **委任**(イニン)
**一新**(イッシン) — **刷新**(サッシン)
**一般**(イッパン) — **普遍**(フヘン)
**意図**(イト) — **計画**(ケイカク)
**雲泥**(ウンデイ) — **天地**(テンチ)
**永久**(エイキュウ) — **永遠**(エイエン)
**栄養**(エイヨウ) — **滋養**(ジヨウ)
**応答**(オウトウ) — **返事**(ヘンジ)
**懐古**(カイコ) — **懐旧**(カイキュウ)
**介入**(カイニュウ) — **干渉**(カンショウ)
**覚悟**(カクゴ) — **決心**(ケッシン)
**過失**(カシツ) — **失敗**(シッパイ)
**形見**(カタミ) — **遺品**(イヒン)
**我慢**(ガマン) — **忍耐**(ニンタイ)
**肝心**(カンジン) — **重要**(ジュウヨウ)
**官吏**(カンリ) — **役人**(ヤクニン)
**帰郷**(キキョウ) — **帰省**(キセイ)
**希少**(キショウ) — **稀有**(ケウ)
**機転**(キテン) — **機知**(キチ)
**寄与**(キヨ) — **貢献**(コウケン)
**共感**(キョウカン) — **同感**(ドウカン)
**許可**(キョカ) — **認可**(ニンカ)
**虚構**(キョコウ) — **架空**(カクウ)
**去就**(キョシュウ) — **進退**(シンタイ)
**屈指**(クッシ) — **有数**(ユウスウ)
**苦慮**(クリョ) — **憂慮**(ユウリョ)
**経歴**(ケイレキ) — **履歴**(リレキ)
**欠点**(ケッテン) — **短所**(タンショ)
**倹約**(ケンヤク) — **節約**(セツヤク)
**厚意**(コウイ) — **親切**(シンセツ)
**厚顔**(コウガン) — **無恥**(ムチ)
**恒例**(コウレイ) — **通例**(ツウレイ)

故人（コジン） — 死者（シシャ）
歳月（サイゲツ） — 光陰（コウイン）
挫折（ザセツ） — 失敗（シッパイ）
次第（シダイ） — 順序（ジュンジョ）
使命（シメイ） — 任務（ニンム）
邪魔（ジャマ） — 妨害（ボウガイ）
終生（シュウセイ） — 生涯（ショウガイ）
収入（シュウニュウ） — 所得（ショトク）
首肯（シュコウ） — 肯定（コウテイ）
首尾（シュビ） — 結果（ケッカ）
準備（ジュンビ） — 用意（ヨウイ）
小心（ショウシン） — 臆病（オクビョウ）
消息（ショウソク） — 音信（オンシン）
承知（ショウチ） — 承諾（ショウダク）
所詮（ショセン） — 結局（ケッキョク）
思慮（シリョ） — 分別（フンベツ）
親友（シンユウ） — 知己（チキ）
素直（スナオ） — 従順（ジュウジュン）
制圧（セイアツ） — 鎮圧（チンアツ）
性質（セイシツ） — 気質（キシツ）
施行（セコウ・シコウ） — 実施（ジッシ）
専念（センネン） — 没頭（ボットウ）
組織（ソシキ） — 機構（キコウ）
措置（ソチ） — 対処（タイショ）
大言（タイゲン） — 壮語（ソウゴ）
対等（タイトウ） — 互角（ゴカク）
体面（タイメン） — 体裁（テイサイ）
他界（タカイ） — 逝去（セイキョ）
達成（タッセイ） — 成就（ジョウジュ）
丹念（タンネン） — 入念（ニュウネン）
談判（ダンパン） — 交渉（コウショウ）
長所（チョウショ） — 美点（ビテン）
沈着（チンチャク） — 冷静（レイセイ）
適切（テキセツ） — 妥当（ダトウ）
動機（ドウキ） — 原因（ゲンイン）
踏襲（トウシュウ） — 継承（ケイショウ）
突然（トツゼン） — 不意（フイ）
任意（ニンイ） — 随意（ズイイ）
把握（ハアク） — 掌握（ショウアク）
薄情（ハクジョウ） — 冷淡（レイタン）
卑俗（ヒゾク） — 低俗（テイゾク）
必然（ヒツゼン） — 当然（トウゼン）
品行（ヒンコウ） — 素行（ソコウ）
敏捷（ビンショウ） — 機敏（キビン）
普及（フキュウ） — 流布（ルフ）
平穏（ヘイオン） — 無事（ブジ）
平素（ヘイソ） — 日常（ニチジョウ）
弁明（ベンメイ） — 釈明（シャクメイ）
方法（ホウホウ） — 手段（シュダン）
無上（ムジョウ） — 最上（サイジョウ）
名誉（メイヨ） — 栄光（エイコウ）
容赦（ヨウシャ） — 寛容（カンヨウ）
幼稚（ヨウチ） — 稚拙（チセツ）
落成（ラクセイ） — 竣工（シュンコウ）
流言（リュウゲン） — 飛語（ヒゴ）
了解（リョウカイ） — 納得（ナットク）

## 頻出度ランクB

軋轢（アツレキ） — 葛藤（カットウ）
慰謝（イシャ） — 慰労（イロウ）
一律（イチリツ） — 均等（キントウ）
一致（イッチ） — 合一（ゴウイツ）
移転（イテン） — 転居（テンキョ）
沿革（エンカク） — 変遷（ヘンセン）
応対（オウタイ） — 応接（オウセツ）
改良（カイリョウ） — 改善（カイゼン）

核心（カクシン）— 中心（チュウシン）
加勢（カセイ）— 応援（オウエン）
可否（カヒ）— 是非（ゼヒ）
敢行（カンコウ）— 強行（キョウコウ）
完全（カンゼン）— 完璧（カンペキ）
観点（カンテン）— 見地（ケンチ）
気品（キヒン）— 風格（フウカク）
希望（キボウ）— 願望（ガンボウ）
胸中（キョウチュウ）— 心中（シンチュウ）
極言（キョクゲン）— 極論（キョクロン）
規律（キリツ）— 綱紀（コウキ）
緊迫（キンパク）— 切迫（セッパク）
苦労（クロウ）— 辛苦（シンク）
激励（ゲキレイ）— 鼓舞（コブ）
傑作（ケッサク）— 名作（メイサク）
険悪（ケンアク）— 不穏（フオン）
権威（ケンイ）— 威力（イリョク）
効果（コウカ）— 効能（コウノウ）
興廃（コウハイ）— 盛衰（セイスイ）
勾配（コウバイ）— 傾斜（ケイシャ）
巧妙（コウミョウ）— 絶妙（ゼツミョウ）
互助（ゴジョ）— 共済（キョウサイ）
最期（サイゴ）— 臨終（リンジュウ）
細密（サイミツ）— 綿密（メンミツ）
散歩（サンポ）— 散策（サンサク）
思案（シアン）— 考慮（コウリョ）
使途（シト）— 用途（ヨウト）
自慢（ジマン）— 自負（ジフ）
借財（シャクザイ）— 負債（フサイ）
奢侈（シャシ）— 贅沢（ゼイタク）
周章（シュウショウ）— 狼狽（ロウバイ）
重責（ジュウセキ）— 大任（タイニン）
蒸発（ジョウハツ）— 気化（キカ）
進歩（シンポ）— 前進（ゼンシン）
衰微（スイビ）— 衰弱（スイジャク）
推量（スイリョウ）— 推測（スイソク）
税金（ゼイキン）— 租税（ソゼイ）
精読（セイドク）— 熟読（ジュクドク）
積算（セキサン）— 累計（ルイケイ）
刹那（セツナ）— 瞬間（シュンカン）
絶無（ゼツム）— 皆無（カイム）
相似（ソウジ）— 類似（ルイジ）
贈呈（ゾウテイ）— 寄贈（キソウ･キゾウ）
束縛（ソクバク）— 統制（トウセイ）
損得（ソントク）— 損益（ソンエキ）
泰然（タイゼン）— 自若（ジジャク）
団結（ダンケツ）— 結束（ケッソク）
同意（ドウイ）— 賛成（サンセイ）
中身（ナカミ）— 内容（ナイヨウ）
波及（ハキュウ）— 伝播（デンパ）
発行（ハッコウ）— 刊行（カンコウ）
漂泊（ヒョウハク）— 放浪（ホウロウ）
不安（フアン）— 心配（シンパイ）
布教（フキョウ）— 伝道（デンドウ）
弁論（ベンロン）— 演説（エンゼツ）
奔走（ホンソウ）— 尽力（ジンリョク）
妙案（ミョウアン）— 名案（メイアン）
無比（ムヒ）— 屈指（クッシ）
無病（ムビョウ）— 息災（ソクサイ）
無謀（ムボウ）— 横暴（オウボウ）
明白（メイハク）— 端的（タンテキ）
余韻（ヨイン）— 余情（ヨジョウ）
立身（リッシン）— 出世（シュッセ）
立腹（リップク）— 憤怒（フンヌ,フンド）

## ② 対義語

### 頻出度ランク*A*

愛護（アイゴ） — 虐待（ギャクタイ）
悪意（アクイ） — 善意（ゼンイ）
安心（アンシン） — 心配（シンパイ）
委細（イサイ）
詳細（ショウサイ） — 概略（ガイリャク）
遺失（イシツ） — 拾得（シュウトク）
一般（イッパン） — 特殊（トクシュ）
独自（ドクジ）
違反（イハン） — 遵守（ジュンシュ）
違法（イホウ） — 合法（ゴウホウ）
適法（テキホウ）
陰気（インキ） — 陽気（ヨウキ）
引責（インセキ） — 免責（メンセキ）
韻文（インブン） — 散文（サンブン）
永遠（エイエン） — 瞬間（シュンカン）
栄転（エイテン） — 左遷（サセン）
演繹（エンエキ） — 帰納（キノウ）
婉曲（エンキョク） — 露骨（ロコツ）
遠心（エンシン） — 求心（キュウシン）
延長（エンチョウ） — 短縮（タンシュク）
往信（オウシン） — 返信（ヘンシン）
横断（オウダン） — 縦断（ジュウダン）
穏健（オンケン） — 過激（カゲキ）
温暖（オンダン） — 寒冷（カンレイ）
解雇（カイコ） — 採用（サイヨウ）
雇用（コヨウ）
解散（カイサン） — 召集（ショウシュウ）
集合（シュウゴウ）
快諾（カイダク） — 固辞（コジ）
介入（カイニュウ） — 傍観（ボウカン）

解放（カイホウ） — 束縛（ソクバク）
拘束（コウソク）
開放（カイホウ） — 閉鎖（ヘイサ）
加害（カガイ） — 被害（ヒガイ）
拡大（カクダイ） — 縮小（シュクショウ）
可決（カケツ） — 否決（ヒケツ）
仮設（カセツ） — 常設（ジョウセツ）
華美（カビ） — 質素（シッソ）
歓喜（カンキ） — 悲哀（ヒアイ）
感情（カンジョウ） — 理性（リセイ）
閑静（カンセイ） — 喧噪（ケンソウ）
乾燥（カンソウ） — 湿潤（シツジュン）
緩慢（カンマン） — 敏速（ビンソク）
簡略（カンリャク） — 詳細（ショウサイ）
煩雑（ハンザツ）
記憶（キオク） — 忘却（ボウキャク）
既決（キケツ） — 未決（ミケツ）
起工（キコウ） — 竣工（シュンコウ）
完工（カンコウ）
起稿（キコウ） — 脱稿（ダッコウ）
起床（キショウ） — 就寝（シュウシン）
就床（シュウショウ）
既知（キチ） — 未知（ミチ）
吉報（キッポウ） — 凶報（キョウホウ）
悪報（アクホウ）
起点（キテン） — 終点（シュウテン）
希薄（キハク） — 濃厚（ノウコウ）
却下（キャッカ） — 受理（ジュリ）
急落（キュウラク） — 暴騰（ボウトウ）
急騰（キュウトウ）

強硬（キョウコウ）— 柔軟（ジュウナン） / 軟弱（ナンジャク）

許可（キョカ）— 禁止（キンシ）

虚偽（キョギ）— 真実（シンジツ）

虚構（キョコウ）— 事実（ジジツ）

拒否（キョヒ）— 承認（ショウニン） / 受諾（ジュダク）

緊張（キンチョウ）— 弛緩（シカン）

勤勉（キンベン）— 怠惰（タイダ）

義務（ギム）— 権利（ケンリ）

空疎（クウソ）— 充実（ジュウジツ）

具体（グタイ）— 抽象（チュウショウ）

屈服（クップク）— 抵抗（テイコウ）

軽視（ケイシ）— 重視（ジュウシ）

軽率（ケイソツ）— 慎重（シンチョウ）

軽薄（ケイハク）— 重厚（ジュウコウ）

軽蔑（ケイベツ）— 尊敬（ソンケイ）

契約（ケイヤク）— 解約（カイヤク）

欠点（ケッテン）— 美点（ビテン）

結末（ケツマツ）— 発端（ホッタン）

謙虚（ケンキョ）— 高慢（コウマン） / 傲慢（ゴウマン） / 横柄（オウヘイ）

原則（ゲンソク）— 例外（レイガイ）

減退（ゲンタイ）— 増進（ゾウシン）

倹約（ケンヤク）— 浪費（ロウヒ）

高貴（コウキ）— 下賤（ゲセン）

広義（コウギ）— 狭義（キョウギ）

攻撃（コウゲキ）— 防御（ボウギョ） / 守備（シュビ）

高尚（コウショウ）— 通俗（ツウゾク） / 低俗（テイゾク）

向上（コウジョウ）— 堕落（ダラク） / 低下（テイカ）

強情（ゴウジョウ）— 従順（ジュウジュン）

巧遅（コウチ）— 拙速（セッソク）

購入（コウニュウ）— 売却（バイキャク） / 販売（ハンバイ）

巧妙（コウミョウ）— 拙劣（セツレツ）

興隆（コウリュウ）— 滅亡（メツボウ） / 衰亡（スイボウ）

困難（コンナン）— 容易（ヨウイ）

歳出（サイシュツ）— 歳入（サイニュウ）

雑然（ザツゼン）— 整然（セイゼン）

散在（サンザイ）— 密集（ミッシュウ）

斬新（ザンシン） / 新鮮（シンセン）— 陳腐（チンプ）

自然（シゼン） / 野性（ヤセイ）— 人工（ジンコウ）

自薦（ジセン）— 他薦（タセン）

質疑（シツギ）— 応答（オウトウ）

実践（ジッセン）— 理論（リロン）

質素（シッソ）— 贅沢（ゼイタク）

雌伏（シフク）— 雄飛（ユウヒ）

自由（ジユウ） / 解放（カイホウ）— 束縛（ソクバク）

集合（シュウゴウ）— 離散（リサン） / 解散（カイサン）

収縮（シュウシュク）— 膨張（ボウチョウ）

収入（シュウニュウ）— 支出（シシュツ）

就任（シュウニン）— 離任（リニン） / 退任（タイニン）

主観（シュカン）— 客観（キャッカン）

熟練（ジュクレン）— 未熟（ミジュク）

需要（ジュヨウ）— 供給（キョウキュウ）

順境（ジュンキョウ）— 逆境（ギャッキョウ）

上昇（ジョウショウ）— 下降（カコウ）

饒舌（ジョウゼツ） / 多弁（タベン）— 寡黙（カモク） / 無口（ムクチ）

承諾（ショウダク）— 拒絶（キョゼツ）

| | | |
|---|---|---|
| 消滅（ショウメツ） | — | 発生（ハッセイ） |
| 自立（ジリツ） | — | 依存（イゾン） |
| 進化（シンカ） | — | 退化（タイカ） |
| 親密（シンミツ） | — | 疎遠（ソエン） |
| 成功（セイコウ） | — | 失敗（シッパイ） |
| 生産（セイサン） | — | 消費（ショウヒ） |
| 静寂（セイジャク） | — | 喧噪（ケンソウ） |
| 正道（セイドウ） | — | 邪道（ジャドウ） |
| 精読（セイドク） | — | 乱読（ランドク） |
| 整頓（セイトン） | — | 乱雑（ランザツ）<br>散乱（サンラン） |
| 絶対（ゼッタイ） | — | 相対（ソウタイ） |
| 絶滅（ゼツメツ） | — | 繁殖（ハンショク） |
| 節約（セツヤク） | — | 浪費（ロウヒ） |
| 是認（ゼニン） | — | 否認（ヒニン） |
| 創刊（ソウカン） | — | 廃刊（ハイカン） |
| 喪失（ソウシツ） | — | 獲得（カクトク）<br>取得（シュトク） |
| 早熟（ソウジュク） | — | 晩成（バンセイ） |
| 創造（ソウゾウ） | — | 模倣（モホウ） |
| 粗野（ソヤ） | — | 優雅（ユウガ） |
| 大胆（ダイタン） | — | 小心（ショウシン） |
| 妥結（ダケツ） | — | 決裂（ケツレツ） |
| 単純（タンジュン） | — | 複雑（フクザツ） |
| 中枢（チュウスウ） | — | 末梢（マッショウ） |
| 著名（チョメイ） | — | 無名（ムメイ） |
| 抵抗（テイコウ） | — | 屈服（クップク）<br>服従（フクジュウ） |
| 敵意（テキイ） | — | 好意（コウイ） |
| 得意（トクイ） | — | 失意（シツイ） |
| 特別（トクベツ） | — | 普通（フツウ） |
| 独立（ドクリツ） | — | 隷属（レイゾク）<br>従属（ジュウゾク） |

| | | |
|---|---|---|
| 鈍感（ドンカン） | — | 敏感（ビンカン） |
| 貪欲（ドンヨク）<br>強欲（ゴウヨク） | — | 無欲（ムヨク） |
| 内憂（ナイユウ） | — | 外患（ガイカン） |
| 難解（ナンカイ） | — | 平易（ヘイイ） |
| 能弁（ノウベン） | — | 訥弁（トツベン） |
| 破壊（ハカイ） | — | 建設（ケンセツ） |
| 博識（ハクシキ） | — | 寡聞（カブン）<br>無知（ムチ） |
| 莫大（バクダイ） | — | 僅少（キンショウ） |
| 暴露（バクロ） | — | 隠蔽（インペイ） |
| 繁栄（ハンエイ） | — | 衰微（スイビ） |
| 販売（ハンバイ） | — | 購買（コウバイ） |
| 必然（ヒツゼン） | — | 偶然（グウゼン） |
| 逼迫（ヒッパク） | — | 余裕（ヨユウ） |
| 肥沃（ヒヨク） | — | 不毛（フモウ） |
| 卑劣（ヒレツ） | — | 高潔（コウケツ） |
| 貧困（ヒンコン） | — | 富裕（フユウ） |
| 分散（ブンサン） | — | 集中（シュウチュウ） |
| 分析（ブンセキ） | — | 総合（ソウゴウ） |
| 分裂（ブンレツ） | — | 統一（トウイツ） |
| 平凡（ヘイボン） | — | 奇抜（キバツ）<br>非凡（ヒボン） |
| 放任（ホウニン） | — | 統制（トウセイ） |
| 保守（ホシュ） | — | 革新（カクシン） |
| 明示（メイジ） | — | 暗示（アンジ） |
| 与党（ヨトウ） | — | 野党（ヤトウ） |
| 楽観（ラッカン） | — | 悲観（ヒカン） |
| 利己（リコ） | — | 利他（リタ） |
| 冷遇（レイグウ） | — | 優遇（ユウグウ）<br>厚遇（コウグウ） |
| 老練（ロウレン） | — | 幼稚（ヨウチ） |

## 頻出度ランクB

| | | |
|---|---|---|
| 曖昧（アイマイ） | — | 明瞭（メイリョウ） |
| 悪評（アクヒョウ）<br>不評（フヒョウ） | — | 好評（コウヒョウ） |
| 安堵（アンド） | — | 危惧（キグ） |
| 安楽（アンラク） | — | 苦痛（クツウ） |
| 異説（イセツ） | — | 通説（ツウセツ）<br>定説（テイセツ） |
| 已然（イゼン） | — | 未然（ミゼン） |
| 異端（イタン） | — | 正統（セイトウ） |
| 一括（イッカツ） | — | 分割（ブンカツ） |
| 移動（イドウ） | — | 定着（テイチャク） |
| 陰険（インケン） | — | 篤実（トクジツ） |
| 隠微（インビ） | — | 顕著（ケンチョ） |
| 迂回（ウカイ） | — | 直行（チョッコウ） |
| 運動（ウンドウ） | — | 静止（セイシ） |
| 栄誉（エイヨ） | — | 恥辱（チジョク） |
| 演習（エンシュウ） | — | 実戦（ジッセン） |
| 応分（オウブン） | — | 過分（カブン） |
| 汚染（オセン） | — | 清浄（セイジョウ）<br>洗浄（センジョウ） |
| 温和（オンワ） | — | 粗暴（ソボウ） |
| 快楽（カイラク） | — | 苦痛（クツウ） |
| 架空（カクウ） | — | 実在（ジツザイ） |
| 各論（カクロン） | — | 総論（ソウロン） |
| 過度（カド） | — | 適度（テキド） |
| 感謝（カンシャ）<br>報恩（ホウオン） | — | 忘恩（ボウオン） |
| 幹線（カンセン） | — | 支線（シセン） |
| 貫徹（カンテツ） | — | 挫折（ザセツ） |
| 完備（カンビ） | — | 不備（フビ） |
| 陥没（カンボツ） | — | 隆起（リュウキ） |
| 寛容（カンヨウ）<br>寛大（カンダイ） | — | 厳格（ゲンカク）<br>狭量（キョウリョウ） |
| 奇襲（キシュウ） | — | 正攻（セイコウ） |
| 帰順（キジュン） | — | 反逆（ハンギャク） |
| 機敏（キビン）<br>敏捷（ビンショウ） | — | 鈍重（ドンジュウ） |
| 強固（キョウコ） | — | 軟弱（ナンジャク）<br>薄弱（ハクジャク） |
| 凝固（ギョウコ） | — | 融解（ユウカイ） |
| 共同（キョウドウ） | — | 単独（タンドク） |
| 共有（キョウユウ） | — | 私有（シユウ）<br>専有（センユウ） |
| 愚直（グチョク） | — | 狡猾（コウカツ） |
| 愚鈍（グドン） | — | 利発（リハツ） |
| 軽快（ケイカイ） | — | 鈍重（ドンジュウ）<br>荘重（ソウチョウ） |
| 嫌悪（ケンオ） | — | 愛好（アイコウ） |
| 顕在（ケンザイ） | — | 潜在（センザイ） |
| 兼任（ケンニン） | — | 専任（センニン） |
| 功績（コウセキ） | — | 罪過（ザイカ） |
| 広大（コウダイ） | — | 狭小（キョウショウ） |
| 興奮（コウフン） | — | 冷静（レイセイ）<br>鎮静（チンセイ） |
| 枯渇（コカツ） | — | 潤沢（ジュンタク） |
| 酷評（コクヒョウ） | — | 絶賛（ゼッサン） |
| 固定（コテイ）<br>安定（アンテイ） | — | 変動（ヘンドウ）<br>動揺（ドウヨウ）<br>浮動（フドウ） |
| 根本（コンポン） | — | 枝葉（シヨウ）<br>末梢（マッショウ） |
| 債権（サイケン） | — | 債務（サイム） |
| 栽培（サイバイ） | — | 自生（ジセイ） |
| 削減（サクゲン）<br>削除（サクジョ） | — | 追加（ツイカ）<br>添加（テンカ）<br>付加（フカ） |

散逸（サンイツ）— 収集（シュウシュウ）
散漫（サンマン）— 緻密（チミツ）
失効（シッコウ）— 発効（ハッコウ）
執拗（シツヨウ）／濃厚（ノウコウ）— 淡白（タンパク）
称賛（ショウサン）— 嘲罵（チョウバ）
諮問（シモン）— 答申（トウシン）
進撃（シンゲキ）— 退却（タイキャク）
進展（シンテン）— 停滞（テイタイ）
深謀（シンボウ）— 浅慮（センリョ）
渋面（ジュウメン）— 笑顔（エガオ）
熟視（ジュクシ）／凝視（ギョウシ）— 一瞥（イチベツ）
渋滞（ジュウタイ）／停滞（テイタイ）— 進捗（シンチョク）／進歩（シンポ）
受領（ジュリョウ）— 授与（ジュヨ）
冗漫（ジョウマン）— 簡潔（カンケツ）
序盤（ジョバン）— 終盤（シュウバン）
杜撰（ズサン）— 緻密（チミツ）
誠実（セイジツ）— 不実（フジツ）
脆弱（ゼイジャク）— 頑丈（ガンジョウ）
生息（セイソク）— 死滅（シメツ）
精密（セイミツ）— 粗雑（ソザツ）
粗悪（ソアク）— 優良（ユウリョウ）
騒然（ソウゼン）— 粛然（シュクゼン）
促進（ソクシン）— 抑制（ヨクセイ）
粗製（ソセイ）— 精製（セイセイ）
率先（ソッセン）— 追随（ツイズイ）
続行（ゾッコウ）— 中止（チュウシ）
妥協（ダキョウ）— 対立（タイリツ）
多作（タサク）— 寡作（カサク）
奪回（ダッカイ）／奪還（ダッカン）— 奪取（ダッシュ）／略奪（リャクダツ）
卓見（タッケン）— 浅見（センケン）
脱退（ダッタイ）— 加入（カニュウ）
多忙（タボウ）— 閑散（カンサン）

単一（タンイツ）— 複合（フクゴウ）
蓄積（チクセキ）— 消耗（ショウモウ）
徴収（チョウシュウ）— 納入（ノウニュウ）
挑戦（チョウセン）— 応戦（オウセン）
低落（テイラク）— 高騰（コウトウ）
定例（テイレイ）— 臨時（リンジ）／異例（イレイ）／特例（トクレイ）
独奏（ドクソウ）— 合奏（ガッソウ）
内向（ナイコウ）— 外向（ガイコウ）
内包（ナイホウ）— 外延（ガイエン）
廃棄（ハイキ）— 利用（リヨウ）
排泄（ハイセツ）— 摂取（セッシュ）
漠然（バクゼン）— 歴然（レキゼン）
破損（ハソン）— 修繕（シュウゼン）／修理（シュウリ）
挽回（バンカイ）— 失墜（シッツイ）
反逆（ハンギャク）— 恭順（キョウジュン）
秘密（ヒミツ）— 公開（コウカイ）
美麗（ビレイ）— 醜悪（シュウアク）
副業（フクギョウ）— 本業（ホンギョウ）
不足（フソク）— 超過（チョウカ）／過剰（カジョウ）／充足（ジュウソク）
不遜（フソン）— 謙遜（ケンソン）
分解（ブンカイ）— 合成（ゴウセイ）
文明（ブンメイ）— 野蛮（ヤバン）
平常（ヘイジョウ）／尋常（ジンジョウ）／通常（ツウジョウ）— 非常（ヒジョウ）
名目（メイモク）— 実質（ジッシツ）
黙秘（モクヒ）— 供述（キョウジュツ）
悠長（ユウチョウ）— 性急（セイキュウ）
落第（ラクダイ）— 及第（キュウダイ）
楽天（ラクテン）— 厭世（エンセイ）
連立（レンリツ）— 孤立（コリツ）

## 練 習 問 題

（384ページより解答・解説）

**51**★ 対義語の組合せとして正しいのはどれか。

1　消費—増加
2　許可—反抗
3　遺失—拾得
4　総合—部分
5　冷淡—温暖

**52**★ 類義語の組合せとして正しいのはどれか。

1　保守—革新
2　倹約—節約
3　感情—理性
4　終生—終日
5　経緯—継承

**53**★ 熟語の構成（意味上の組立て）が他と異なるのはどれか。

1　愛憎
2　難易
3　是非
4　虚実
5　稚拙

**54**★ 対義語の組合せとして**誤っている**のはどれか。

1　軽率—重要
2　供給—需要
3　特殊—一般
4　尊敬—軽蔑
5　抽象—具象

★★
**55** 対義語の漢字と読みがすべて正しいのはどれか。

1　安堵（あんき）　—危惧（きぐ）
2　勤勉（きんべん）—怠惰（たいまん）
3　濃厚（のうこう）—希薄（きうす）
4　傲慢（ごうまん）—謙虚（けんきょ）
5　過激（かげき）　—隠健（おんけん）

★★
**56** 次の熟語の類義語をすべて正しく挙げているのはどれか。

A　動機（ア　覚悟　イ　原因　ウ　手段）
B　残念（ア　憤慨　イ　憂患　ウ　遺憾）
C　沈着（ア　終焉　イ　冷静　ウ　落着）
D　平癒（ア　全快　イ　小康　ウ　養生）
E　不意（ア　突飛　イ　不問　ウ　突然）

| | A | B | C | D | E |
|---|---|---|---|---|---|
| 1 | ア | ア | イ | ウ | ア |
| 2 | ア | イ | ア | イ | ウ |
| 3 | イ | ウ | ウ | ア | イ |
| 4 | イ | ウ | イ | ア | ウ |
| 5 | ウ | ア | ウ | イ | ア |

★★
**57** 左側の熟語の対義語が，右側の語群の中に含まれているのはどれか。

1　自立—放任，拒絶，挫折
2　創造—崩壊，分析，自然
3　原則—虚偽，不正，例外
4　現実—希望，厭世，未来
5　形式—具体，充実，無形

★★★
**58** 次のうち，類義語の組合せとして正しいもののみをすべて挙げているのはどれか。

A　気質―風格　　B　安価―廉価　　C　徒労―無駄
D　普遍―普段　　E　他界―故人　　F　意図―計画
G　官吏―役所

1　A，D，F
2　A，E，G
3　B，C，F
4　B，D，E
5　C，F，G

★★★
**59** 対義語の組合せとしてすべて正しいのはどれか。

1　絶対―相対，遺失―拾得，陳腐―奇怪
2　保守―革新，栄転―転身，原告―被告
3　損害―利益，緊張―解放，許可―禁止
4　過激―平和，主観―客観，冷遇―厚遇
5　理論―実践，偶然―必然，承諾―拒絶

★★★
**60** それぞれの類義語，対義語の組合せがどちらも正しいのはどれか。

1　激励＝鼓舞　　寡黙↔饒舌
2　歳月＝星霜　　軽薄↔厳格
3　寄付＝寄与　　起稿↔脱稿
4　自分＝知己　　高尚↔低劣
5　栄養＝滋養　　美麗↔質素

# 4　四字熟語

漢字を組合せて一つの意味を表す熟語成句の中で，最も数が多いのが，四字熟語である。四字熟語は，漢字一字一字の意味を知っているだけでは，その熟語の持つ本来の意味はつかみにくい場合が多い。

試験に出題される場合も，まず正しく読めるか，意味はわかるか，そして日常の会話や文章の中で適切に使えるかを問う形式となっている。

なお，故事成語の四字熟語はこの単元に含めている。

## 1　四字熟語

### 頻出度ランク*A*

| | ［読み］ | ［意味］ |
|---|---|---|
| **悪戦苦闘** | アクセンクトウ | 死にものぐるいで戦うこと。 |
| **暗中模(摸)索** | アンチュウモサク | 手掛りがつかめずいろいろやってみること。 |
| **異口同音** | イクドウオン | みんなが口をそろえて同じように言うこと。人々の意見が一致すること。 |
| **以心伝心** | イシンデンシン | 黙っていても意思の通じ合うこと。 |
| **一意専心** | イチイセンシン | 他の事を考えずその一事だけに集中すること。 |
| **一言居士** | イチゲンコジ | 何事にも一言意見を言わないとすまない人のこと。 |
| **一期一会** | イチゴイチエ | 一生に一度の出会いと思って大切に振舞えという心得。 |
| **一日千秋** | イチジツセンシュウ | 一日が千年に思われるほど，待ち焦がれる気持ちが強いこと。 |
| **一網打尽** | イチモウダジン | 一度に全部のものや人を捕まえること。 |
| **一喜一憂** | イッキイチユウ | 状勢の変化に伴って喜んだり悲しんだりすること。 |
| **一挙両得** | イッキョリョウトク | 一つの事を行って同時に二つの利益を得ること。 |
| **一生懸命** | イッショウケンメイ | 物事を命がけでやること。本来は一所懸命。 |
| **一進一退** | イッシンイッタイ | 進んだり退いたりしてはかどらない。 |
| **一心同体** | イッシンドウタイ | 複数の人が心を一つにして結びつくこと。 |
| **一石二鳥** | イッセキニチョウ | 一つのことをして二つの利益を得ること。一挙両得。 |
| **一朝一夕** | イッチョウイッセキ | わずかな時間のたとえ。 |

| | | |
|---|---|---|
| 意味深長 | イミシンチョウ | 言葉の底に深い意味が隠されていること。 |
| 因果応報 | インガオウホウ | 行為の善悪に応じた報いがあること。 |
| 有為転変 | ウイテンペン | 物事が絶えず移り変わるさま。はかないこと。 |
| 右往左往 | ウオウサオウ | うろたえ混乱するさま。 |
| 有象無象 | ウゾウムゾウ | 多くのつまらない者ども。 |
| 海千山千 | ウミセンヤマセン | 様々な経験をつんでずる賢くなった人。 |
| 栄枯盛衰 | エイコセイスイ | 人の運命の栄えることと衰えること。 |
| 傍(岡)目八目 | オカメハチモク | 第三者の方が当事者より物事が明らかに判ること。 |
| 温厚篤実 | オンコウトクジツ | おだやかで情が厚いこと。 |
| 温故知新 | オンコチシン | 古い物事を研究してそこから新しい知識を得ること。 |
| 我田引水 | ガデンインスイ | 自分の都合のいいようにはからうこと。 |
| 画龍点睛 | ガリョウテンセイ | 最後の肝心な仕上げ。 |
| 換骨奪胎 | カンコツダッタイ | 古人の詩文などをまね，語句を少しかえて自作のものとすること。 |
| 勧善懲悪 | カンゼンチョウアク | 善を勧めて悪を懲らしめること。 |
| 危機一髪 | キキイッパツ | 今にも危険な状態に陥ろうとする状態。 |
| 起死回生 | キシカイセイ | 今にもだめになりそうな物事を立て直すこと。 |
| 疑心暗鬼 | ギシンアンキ | 疑う心をもつと，つまらぬことでも不安で恐ろしくなること。 |
| 喜怒哀楽 | キドアイラク | 人間の様々な感情。 |
| 空前絶後 | クウゼンゼツゴ | これまでも例がなく，これからもありえないような非常にまれなこと。 |
| 経世済民 | ケイセイサイミン | 世の中を治め民の苦しみを救うこと。 |
| 厚顔無恥 | コウガンムチ | 恥知らずであつかましいこと。 |
| 巧言令色 | コウゲンレイショク | うまくいいつくろい，顔色をよくして人の機嫌をとること。 |
| 公平無私 | コウヘイムシ | 公平で私情が入らないこと。 |
| 呉越同舟 | ゴエツドウシュウ | 仲の悪い者同士がいっしょに行動すること。 |
| 五里霧中 | ゴリムチュウ | 物事の手がかりがなく見当のつかないこと。 |
| 言語道断 | ゴンゴドウダン | 言葉では説明できないこと，もっての外。 |
| 再三再四 | サイサンサイシ | 何度も。 |
| 山紫水明 | サンシスイメイ | 山や水の景色の美しいこと。 |
| 三拝九拝 | サンパイキュウハイ | 幾度も丁重におじぎをすること。 |
| 三面六臂 | サンメンロッピ | ひとりで数人分の働きをするたとえ。八面六臂ともいう。 |
| 自画自賛 | ジガジサン | 自分の事を自分でほめること。 |
| 自給自足 | ジキュウジソク | 自分の需要を自分で供給すること。 |

| | | |
|---|---|---|
| **四苦八苦** | シクハック | 非常に苦労すること。 |
| **試行錯誤** | シコウサクゴ | 試みと失敗を繰り返して解決策を見出すこと。 |
| **自業自得** | ジゴウジトク | 自分の作った業の報いは自分が受けること。 |
| **七転八起** | シチテンハッキ (ナナコロビヤオキ) | 何度失敗しても立ち上がって奮闘すること。 |
| **七転八倒** | シチテンバットウ | 幾度も転んだり倒れたりしてもがき苦しむこと。 |
| **四分五裂** | シブンゴレツ | ちりちりばらばらに分裂すること。 |
| **自暴自棄** | ジボウジキ | やけになること。 |
| **四面楚歌** | シメンソカ | まわりがみな敵で味方が一人もいないこと。 |
| **弱肉強食** | ジャクニクキョウショク | 弱いものが強いものに滅ぼされること。 |
| **十人十色** | ジュウニントイロ | 趣味，思想などが人によって様々なこと。 |
| **主客転倒** | シュカクテントウ | 主なものと付け足しとを取り違えること。 |
| **取捨選択** | シュシャセンタク | 不用なものを捨て，必要なものだけを選ぶこと。 |
| **首尾一貫** | シュビイッカン | 初めから終わりまで同じであること，筋が通っていること。終始一貫ともいう。 |
| **枝葉末節** | シヨウマッセツ | 主要でない部分，つまらない部分。 |
| **諸行無常** | ショギョウムジョウ | この世のすべての物は絶えず移りかわって一瞬の間も同じ姿を保つことがない。 |
| **初志貫徹** | ショシカンテツ | はじめに立てた志を貫き通すこと。 |
| **支離滅裂** | シリメツレツ | バラバラで筋道がたたないさま。 |
| **思慮分別** | シリョフンベツ | いろいろと心を働かせて考えること。 |
| **心機一転** | シンキイッテン | ある動機からがらりと心持ちの変わること。 |
| **紳士協定** | シンシキョウテイ | 互いに相手を信用してきめる約束。 |
| **針小棒大** | シンショウボウダイ | 小さい事を大げさに言うこと。 |
| **森羅万象** | シンラバンショウ | 宇宙間のあらゆる物事。 |
| **晴耕雨読** | セイコウウドク | 晴天には外に出て耕作し雨天には書を読むの意で，悠悠自適の生活。 |
| **青天白日** | セイテンハクジツ | よく晴れた天気，後ろ暗い点のないこと。 |
| **責任転嫁** | セキニンテンカ | 責任を他人に負わせること。 |
| **絶体絶命** | ゼッタイゼツメイ | のがれようのない困難な立場。 |
| **千載一遇** | センザイイチグウ | 千年に一度しかないほどの好機会。 |
| **千差万別** | センサバンベツ | 種々様々。 |
| **前代未聞** | ゼンダイミモン | これまで聞いたこともないような珍しいこと。 |
| **千変万化** | センペンバンカ | 様々に変化すること。変化がきわまりないこと。 |
| **大器晩成** | タイキバンセイ | 大人物は発達は遅いが，後には必ず大成することのたとえ。 |
| **泰然自若** | タイゼンジジャク | おちついて物事に動じないこと。 |

| | | |
|---|---|---|
| 大同小異 | ダイドウショウイ | だいたい同じで少し異なること。大差ないこと。 |
| 単刀直入 | タントウチョクニュウ | 前おきなしにいきなり本論に入ること。 |
| 朝三暮四 | チョウサンボシ | 人を口先でうまくだまし，もてあそぶこと。知恵の浅いこと。 |
| 朝令暮改 | チョウレイボカイ | 法令が次々と変わって定まらないこと。 |
| 適材適所 | テキザイテキショ | 人の能力や特性を正しく評価して，ふさわしい仕事や地位につけること。 |
| 徹頭徹尾 | テットウテツビ | 始めから終わりまで，終始。 |
| 手練手管 | テレンテクダ | たくみに人をだます手段。 |
| 天衣無縫 | テンイムホウ | 詩歌などで技巧のあとがなく，しかも美しいこと。性格が無邪気で飾り気がないこと。 |
| 天地無用 | テンチムヨウ | 「上下を逆さにするな」という意の注意書き。 |
| 東奔西走 | トウホンセイソウ | あちこち忙しくかけまわること。 |
| 南船北馬 | ナンセンホクバ | あちこちを忙しく旅すること。 |
| 二束三文 | ニソクサンモン | 数が多くても値段が非常に安いこと。 |
| 日進月歩 | ニッシンゲッポ | 絶えずどんどん進歩すること。 |
| 馬耳東風 | バジトウフウ | 人の意見などを心に留めずに聞き流すこと。 |
| 八方美人 | ハッポウビジン | 誰に対しても如才なく振る舞う人。 |
| 百鬼夜行 | ヒャッキヤコウ（ヒャッキヤギョウ） | 悪人がのさばりはびこること。いろいろな化け物が夜中に列をつくって歩くこと。 |
| 不言実行 | フゲンジッコウ | あれこれと言わないで実行すること。 |
| 不偏不党 | フヘンフトウ | 中正・公平の立場をとり一方にかたよらぬこと。 |
| 付和雷同 | フワライドウ | 信念もなく他人の説にすぐ賛同すること。 |
| 粉骨砕身 | フンコツサイシン | 力の限り努力すること。 |
| 傍若無人 | ボウジャクブジン | 人前をはばからず勝手気ままに行うこと。 |
| 本末転倒 | ホンマツテントウ | 大切な事とそうでない事を取り違えること。 |
| 無我夢中 | ムガムチュウ | 我を忘れた状態。 |
| 孟母三遷 | モウボサンセン | 孟子の母が子の教育のために住居を三度移った故事から，教育には環境からの感化が大きいことのたとえ。 |
| 唯我独尊 | ユイガドクソン | 自分が最もすぐれていると思いうぬぼれること。 |
| 優柔不断 | ユウジュウフダン | ぐずぐずして決断のにぶいこと。 |
| 勇猛果敢 | ユウモウカカン | ひじょうに強くて勇ましいさま。 |
| 羊頭狗肉 | ヨウトウクニク | 見せかけはりっぱで実際の伴わないたとえ。 |
| 竜頭蛇尾 | リュウトウダビ | はじめは盛大で終わりは衰えること。 |
| 臨機応変 | リンキオウヘン | 機に臨み変に応じて適当な対処をすること。 |

## 頻出度ランクB

| | ［読み］ | ［意味］ |
|---|---|---|
| 安心立命 | アンシンリツメイ<br>（アンジンリュウメイ）<br>（アンジンリュウミョウ） | 天命を悟り心安らかで迷いがないこと。 |
| 唯唯諾諾 | イイダクダク | 事の善し悪しにかかわらず他人に追従すること。 |
| 意気軒高（昂） | イキケンコウ | 意気込みのすばらしく盛んなこと。 |
| 意気衝天 | イキショウテン | 気力があふれている状態。 |
| 意志薄弱 | イシハクジャク | 意志が弱く忍耐・決行などが出来ないこと。 |
| 一衣帯水 | イチイタイスイ | 一筋の帯のように狭い川。極めて親密な関係のたとえ。 |
| 一言半句 | イチゴンハンク | わずかの言葉。 |
| 一部始終 | イチブシジュウ | 事の始めから終わりまで。 |
| 一目瞭然 | イチモクリョウゼン | ひと目ではっきりとわかること。 |
| 一蓮托生 | イチレンタクショウ | 仲間がみな運命を共にすること。 |
| 一獲千金 | イッカクセンキン | 一度に大きな利益を得ること。 |
| 一騎当千 | イッキトウセン | 一騎で千人を相手にできるほど強いこと。 |
| 一刻千金 | イッコクセンキン | わずかな時間が千金に価すること。楽しいときや大切なときが早く過ぎ去るのを惜しむ気持ちに用いる。 |
| 一触即発 | イッショクソクハツ | ちょっとしたきっかけで大変なことがおこりそうな危険な状態。 |
| 一知半解 | イッチハンカイ | 生かじりで十分に理解していないこと。 |
| 一長一短 | イッチョウイッタン | 長所がある反面短所もあること。 |
| 雲散霧消 | ウンサンムショウ | あとかたもなく消えること。 |
| 外柔内剛 | ガイジュウナイゴウ | 外見は柔和だが内面は意志が強いこと。 |
| 快刀乱麻 | カイトウランマ | 面倒な事を見事に処理すること。 |
| 臥薪嘗胆 | ガシンショウタン | 仇をうつために苦労すること。目的を達するために努力すること。 |
| 花鳥風月 | カチョウフウゲツ | 美しい自然の風物。 |
| 隔靴搔痒 | カッカソウヨウ | 靴の上からかゆい所をかく意から，思いどおりにならずもどかしいさま。 |
| 夏炉冬扇 | カロトウセン | 夏の火鉢と冬の扇の意で，役に立たない物のたとえ。 |
| 感慨無量 | カンガイムリョウ | 計り知れないほど深く感じ入ること。 |
| 汗牛充棟 | カンギュウジュウトウ | 蔵書の非常に多いこと。 |
| 完全無欠 | カンゼンムケツ | 完全で欠けたところが全くないこと。 |

| | | |
|---|---|---|
| **起承転結** | キショウテンケツ | 漢詩の絶句における起句，承句，転句，結句の四つの句。物事の構成や順序。 |
| **九死一生** | キュウシイッショウ | 危ういところで奇跡的に助かること。 |
| **急転直下** | キュウテンチョッカ | 事態が急に変わって解決に向かうこと。 |
| **共存共栄** | キョウソンキョウエイ | ２つ以上のものがともに栄えること。 |
| **興味津津** | キョウミシンシン | 興味がたえず湧いてくるさま。 |
| **曲学阿世** | キョクガクアセイ | 真理を曲げて俗世間におもねること。 |
| **玉石混淆** | ギョクセキコンコウ | よいものとつまらぬものが入りまじること。 |
| **虚心坦懐** | キョシンタンカイ | 心にわだかまりがなく，平静な態度で臨むこと。 |
| **金科玉条** | キンカギョクジョウ | 最も大切なきまりや法律。 |
| **空理空論** | クウリクウロン | 実際には役に立たない理論。 |
| **群雄割拠** | グンユウカッキョ | 多くの英雄がほうぼうで勢力を争うこと。 |
| **鶏口牛後** | ケイコウギュウゴ | 大勢の中で下積みになるよりは少人数の仲間でもその中心人物となれという意味。 |
| **月下氷人** | ゲッカヒョウジン | 男女の縁をとりもつ人，仲人。 |
| **乾坤一擲** | ケンコンイッテキ | 運命をかけて勝負をすること，いちかばちか。 |
| **捲土重来** | ケンドチョウライ<br>(ケンドジュウライ) | 一度敗れた者が再び勢いをもり返して来ること。 |
| **行雲流水** | コウウンリュウスイ | 一つの事に執着せず，自然にまかせること。 |
| **荒唐無稽** | コウトウムケイ | 考えに根拠がなく，現実性のないこと。 |
| **公明正大** | コウメイセイダイ | 私心が入らず，正しく事が行われること。 |
| **五臓六腑** | ゴゾウロップ | はらの中，心の中。 |
| **孤立無援** | コリツムエン | ただ一人で誰の援助もないこと。 |
| **三寒四温** | サンカンシオン | 三日ほど寒く四日ほど暖かい気候が交互に繰り返す現象。 |
| **時期尚早** | ジキショウソウ | 時期がまだ早いこと。 |
| **自縄自縛** | ジジョウジバク | 自分の言行のためにかえって自分が苦しむこと。 |
| **質疑応答** | シツギオウトウ | 質問したり答えたりすること。 |
| **質実剛健** | シツジツゴウケン | 飾り気がなくまじめで，強くたくましいこと。 |
| **自問自答** | ジモンジトウ | 自分で尋ねて自分で答えること。 |
| **縦横無尽** | ジュウオウムジン | 思う存分，自由自在に物事を行うさま。 |
| **周知徹底** | シュウチテッテイ | 知らぬ者のないよう，広く行き渡らせること。 |
| **順風満帆** | ジュンプウマンパン | 物事が順調に進むこと。 |
| **盛者必衰** | ジョウシャヒッスイ<br>(ショウシャヒッスイ)<br>(ショウジャヒッスイ) | 盛んな者も必ず衰えるという意味。世の中の無常をいう。 |
| **神出鬼没** | シンシュツキボツ | 神鬼のように出没の変幻自在なこと。 |

| | | |
|---|---|---|
| **信賞必罰** | シンショウヒツバツ | 賞罰を厳正に行うこと。 |
| **人跡未踏** | ジンセキミトウ | 人がまだ足を踏み入れたことがないこと。 |
| **深謀遠慮** | シンボウエンリョ | 深く先々のことまで考えること。 |
| **生殺与奪** | セイサツヨダツ | どのようにしようと思いのままであること。 |
| **清廉潔白** | セイレンケッパク | 心が清くて後ろ暗いところがないこと。 |
| **切磋琢磨** | セッサタクマ | 学問・人格を磨いて怠らないこと。 |
| **創意工夫** | ソウイクフウ | あらたに考え出し工夫すること。 |
| **速戦即決** | ソクセンソッケツ | すみやかに勝負を決めること。 |
| **大義名分** | タイギメイブン | 人として守るべき節義と名分。 |
| **大言壮語** | タイゲンソウゴ | できそうもないことや威勢のいいことを言うこと。 |
| **多岐亡羊** | タキボウヨウ | 方針がたくさんあってどうしようか迷うこと。 |
| **中途半端** | チュウトハンパ | どっちつかずの状態。 |
| **昼夜兼行** | チュウヤケンコウ | 昼も夜も休まず事に励むこと。 |
| **直情径行** | チョクジョウケイコウ | 自分の思うことをそのまま口に出したり行動に移したりすること。 |
| **電光石火** | デンコウセッカ | きわめて急速なこと。 |
| **天真爛漫** | テンシンランマン | 心のままで飾らぬさま，無邪気なさま。 |
| **天変地異** | テンペンチイ | 自然界に起こる異変。 |
| **当意即妙** | トウイソクミョウ | 状況に応じて即座に機転をきかして対応すること。 |
| **同工異曲** | ドウコウイキョク | 見かけは違うが，内容は同じであること。 |
| **独断専行** | ドクダンセンコウ | 自分一人の判断で勝手に事をすること。 |
| **独立独歩** | ドクリツドッポ | 人に頼らず自分の信ずるとおりに実行すること。 |
| **内憂外患** | ナイユウガイカン | 内外ともに心配事があること。 |
| **難行苦行** | ナンギョウクギョウ | たいへん苦労すること。 |
| **博覧強記** | ハクランキョウキ | 広く書物を読み，よく覚えていること。 |
| **半信半疑** | ハンシンハンギ | 半ば信じ，半ば疑うこと。 |
| **万世不易** | バンセイフエキ | 永久に変わらないこと。 |
| **美辞麗句** | ビジレイク | 語句のかざりの美しいこと，巧みな文句。 |
| **百家争鳴** | ヒャッカソウメイ | 多くの学者が自由に意見を出し合って論争すること。 |
| **不即不離** | フソクフリ | 二つのもののつきもせず離れもしない状態。 |
| **不撓不屈** | フトウフクツ | 心が強く困難にくじけないこと。 |
| **平身低頭** | ヘイシンテイトウ | ひれふして頭をさげ，おそれいるさま。 |
| **変幻自在** | ヘンゲンジザイ | 変わり身のうまいこと。 |
| **片言隻語** | ヘンゲンセキゴ | ちょっとした言葉。 |
| **無為自然** | ムイシゼン | 自然のままで作為するところのないこと。 |
| **無味乾燥** | ムミカンソウ | 味わいも趣もないこと。 |
| **明鏡止水** | メイキョウシスイ | 心が静かで一点の曇りもないことのたとえ。 |

| | | |
|---|---|---|
| **明窓浄几** | メイソウジョウキ | 明るく清らかな書斎。 |
| **面従腹背** | メンジュウフクハイ | 服従するさまを見せて内心では反対していること。 |
| **有名無実** | ユウメイムジツ | 名ばかりで実質が伴わないこと。 |
| **油断大敵** | ユダンタイテキ | うっかり注意を怠ると大きな失敗を招くことのたとえ。 |
| **用意周到** | ヨウイシュウトウ | 心づかいや準備のゆきとどいていること。 |
| **離合集散** | リゴウシュウサン | 離れたり集まったりすること。 |
| **流言飛語** | リュウゲンヒゴ | 根拠のないうわさ。 |
| **粒々辛苦** | リュウリュウシンク | こつこつと苦労し努力すること。 |
| **老若男女** | ロウニャクナンニョ | 年寄りと若者，男と女，すべての人。 |
| **和洋折衷** | ワヨウセッチュウ | 日本風と西洋風とをとり合わせること。 |

## 頻出度ランクC

| | ［読み］ | ［意味］ |
|---|---|---|
| **愛別離苦** | アイベツリク | 愛するものと別れる苦しみ。 |
| **曖昧模糊** | アイマイモコ | あやふやで，はっきりしないこと。 |
| **阿鼻叫喚** | アビキョウカン | 悲惨な状態に陥り泣き叫ぶこと。 |
| **意気消沈** | イキショウチン | 元気をなくし沈みこむこと。 |
| **意気沮喪** | イキソソウ | 意気ごみがくじけること。 |
| **意気投合** | イキトウゴウ | お互いに気持ちがよく合う。 |
| **意気揚揚** | イキヨウヨウ | 得意気で元気があふれていること。 |
| **一念発起** | イチネンホッキ | 心を入れかえて，ことを成しとげようと決心すること。 |
| **一望千里** | イチボウセンリ | 広々と見晴らしがいいこと。 |
| **一陽来復** | イチヨウライフク | 冬が去り春が来ること。苦境を過ぎて運がひらけること。 |
| **一気呵成** | イッキカセイ | 仕事を一気に仕上げること。 |
| **一挙一動** | イッキョイチドウ | ひとつひとつの動作。 |
| **一心不乱** | イッシンフラン | 心を一つの事に集中して他にそらさないこと。 |
| **一世一代** | イッセイチダイ | 一生涯にただ一度であること。 |
| **一刀両断** | イットウリョウダン | 一刀で二つにたち切ること。すみやかに決断して事を処置すること。 |
| **一得一失** | イットクイッシツ | 得もあれば損もあること。 |
| **威風堂堂** | イフウドウドウ | 堂々として威厳があるさま。 |
| **因循姑息** | インジュンコソク | 古いしきたりを改めようとしないでその場しのぎに物事をすること。 |
| **隠忍自重** | インニンジチョウ | じっと我慢して軽々しく行動しないこと。 |

| | | |
|---|---|---|
| **右顧左眄** | ウコサベン | 右を見たり左を見たりして迷いためらうこと。 |
| **紆余曲折** | ウヨキョクセツ | 事情が複雑でいろいろ変化のあること。 |
| **会者定離** | エシャジョウリ | 会う者は必ず別れる運命にあること。世の無常。 |
| **円転滑脱** | エンテンカツダツ | 物事が滞らずに進むこと。人と争わずにうまく物事を処理すること。 |
| **偕老同穴** | カイロウドウケツ | 夫婦の仲がよく，固く結ばれていること。 |
| **佳人薄命** | カジンハクメイ | 美人はとかく短命であること。 |
| **冠婚葬祭** | カンコンソウサイ | 元服と婚礼と葬儀と祖先の祭。 |
| **艱難辛苦** | カンナンシンク | 困難な事にあって苦しみ悩むこと。 |
| **閑話休題** | カンワキュウダイ | むだ話はやめて話を本筋にもどすときに用いる。それはさておき。 |
| **奇奇怪怪** | キキカイカイ | 非常に奇怪なさま。 |
| **危急存亡** | キキュウソンボウ | 生き残るか滅びるかの危ない瀬戸際。 |
| **喜色満面** | キショクマンメン | 顔いっぱいに喜びを表すこと。 |
| **奇想天外** | キソウテンガイ | 全く思いもつかぬような奇抜なこと。 |
| **牛飲馬食** | ギュウインバショク | 牛や馬のように飲んだり食べたりする量の多いこと。 |
| **旧態依然** | キュウタイイゼン | 旧のままで少しも進歩のないこと。 |
| **行住坐臥** | ギョウジュウザガ | 日常の立ち居ふるまい。常住坐臥ともいう。 |
| **驚天動地** | キョウテンドウチ | ひどく世間を驚かすこと。 |
| **虚虚実実** | キョキョジツジツ | たがいに計略をつくし争うさま。 |
| **毀誉褒貶** | キヨホウヘン | そしりとほまれ，ほめることとけなすこと。 |
| **金城湯池** | キンジョウトウチ | かたい城の守り。ある勢力が強く，他の勢力が容易に入り込めないところ。 |
| **空中楼閣** | クウチュウロウカク | 根拠のないこと，架空の物事。 |
| **苦心惨憺** | クシンサンタン | いろいろと心を砕いて工夫し物事をやり遂げようとすること。 |
| **軽挙妄動** | ケイキョモウドウ | 事の善悪などを考えずにみだりに行動すること。 |
| **堅忍不抜** | ケンニンフバツ | 困難や誘惑に心を動かさず，耐え忍ぶこと。 |
| **権謀術数** | ケンボウジュッスウ | たくみに人を欺くはかりごと。 |
| **綱紀粛正** | コウキシュクセイ | 政治家・役人の不正や規律の乱れを正すこと。 |
| **広大無辺** | コウダイムヘン | 広々としてはてしないこと。 |
| **豪放磊落** | ゴウホウライラク | 心が大きくて小事にこだわらないこと。 |
| **孤軍奮闘** | コグンフントウ | ただ一人で闘うこと。 |
| **古今無双** | ココンムソウ | 昔から今までに並ぶものがないこと。 |
| **虎視眈眈** | コシタンタン | 機会をねらっているさま。 |
| **後生大事** | ゴショウダイジ | 物事をきわめて大切に保持すること。 |
| **孤城落日** | コジョウラクジツ | 勢いが衰えて心細いたとえ。 |

| | | |
|---|---|---|
| **古色蒼然** | コショクソウゼン | ひどく古びている様子。 |
| **故事来歴** | コジライレキ | 事物の由来。 |
| **誇大妄想** | コダイモウソウ | 自己の現在の状態を過大評価して盲信すること。 |
| **渾然一体** | コンゼンイッタイ | 別々のものが溶け合って一つになっていること。 |
| **才色兼備** | サイショクケンビ | 才知と容貌とがそろって優れていること。 |
| **三三五五** | サンサンゴゴ | あちこちに散在するさま，ちらほら。 |
| **三位一体** | サンミイッタイ | キリスト教で父(神)と子(キリスト)と聖霊との三つが唯一なる神の三面として現れるという考え。三者が心を合わせること。 |
| **四角四面** | シカクシメン | まじめすぎてかたくるしいこと。 |
| **自家撞着** | ジカドウチャク | 同一人の言行が矛盾していること。矛盾撞着ともいう。 |
| **色即是空** | シキソクゼクウ | 有形の万物はそれ自体本性は空であるという仏教の教え。 |
| **獅子奮迅** | シシフンジン | 全力をふるって激しい勢いで進むこと。 |
| **自然淘汰** | シゼントウタ | 適者が生存し不適当なものが死滅する現象。 |
| **時代錯誤** | ジダイサクゴ | 現代の傾向にあわない考え方や方法をとる。 |
| **四通八達** | シツウハッタツ | 道路が四方八方に通じ，交通の便利なこと。 |
| **杓子定規** | シャクシジョウギ | 形式にとらわれて融通のきかないこと。 |
| **遮二無二** | シャニムニ | 一つの事だけをがむしゃらにすること。 |
| **衆人環視** | シュウジンカンシ | 大勢の人がとりまいて見ていること。 |
| **熟読玩味** | ジュクドクガンミ | 文章の意味をよく考え読み味わうこと。 |
| **熟慮断行** | ジュクリョダンコウ | よくよく考えて思いきって実行すること。 |
| **酒池肉林** | シュチニクリン | おごりを極めた酒宴。 |
| **純真無垢** | ジュンシンムク | けがれの少しもないこと，邪心がないこと。 |
| **情状酌量** | ジョウジョウシャクリョウ | 事情をくみとって刑罰を軽減すること。 |
| **常套手段** | ジョウトウシュダン | いつもきまって使う手段。 |
| **四六時中** | シロクジチュウ | 二十四時間中，一日中。 |
| **新進気鋭** | シンシンキエイ | 新しく現れたばかりで，勢いが盛んで将来が期待されていること。 |
| **新陳代謝** | シンチンタイシャ | 古いものが去り，新しいものがこれに代わること。 |
| **人面獣心** | ジンメンジュウシン | 人間らしい心をもたず，義理人情をわきまえない者。 |
| **酔生夢死** | スイセイムシ | なすところもなく，いたずらに一生を終わること。 |
| **生生流転** | セイセイルテン | 物が絶えず生じ変化してとどまらないこと。世の中の無常をいう。 |

| | | |
|---|---|---|
| **切歯扼腕** | セッシヤクワン | 歯ぎしりをしたり腕を握り締めたりするほど残念がること。 |
| **浅学非才** | センガクヒサイ | 学識が浅く才能のないこと。 |
| **千客万来** | センキャクバンライ | 多くの客が絶え間なくやって来ること。 |
| **前後不覚** | ゼンゴフカク | 何事が起こったかもわからないほど正体を失うこと。 |
| **前人未踏(到)** | ゼンジンミトウ | 今までに誰も到達していないこと。 |
| **全知全能** | ゼンチゼンノウ | 完全無欠の知識と能力。 |
| **千編一律** | センペンイチリツ | 一本調子。 |
| **先憂後楽** | センユウコウラク | 人より先に憂え，遅れて楽しむこと。常に国家を思う情をいう。 |
| **相互扶助** | ソウゴフジョ | 互いに助け合うこと。 |
| **率先垂範** | ソッセンスイハン | 誰よりも先んじて手本を示すこと。 |
| **大(泰)山鳴動** | タイザンメイドウ | 前ぶればかりが大きく，実際の結果の小さいこと。 |
| **大胆不敵** | ダイタンフテキ | 大胆で敵を敵とも思わないこと。 |
| **大同団結** | ダイドウダンケツ | 多くの党派が小異を捨てて一つになること。 |
| **多士済済** | タシセイセイ | すぐれた人材が多くいること。 |
| **他力本願** | タリキホンガン | 事をなすのにもっぱら他に頼ること。 |
| **猪突猛進** | チョトツモウシン | 向こう見ずに突き進むこと。 |
| **沈思黙考** | チンシモッコウ | 沈黙して深く考えること。 |
| **津津浦浦** | ツツウラウラ | 全国いたる所。 |
| **内柔外剛** | ナイジュウガイゴウ | 内心は柔弱なのに外見は強そうに見えること。 |
| **難攻不落** | ナンコウフラク | 攻めがたくて容易に陥落しないこと。 |
| **二律背反** | ニリツハイハン | 同程度に正しいと思われる二つの命題が互いに矛盾して両立しないこと。 |
| **白砂青松** | ハクシャセイショウ | 白い砂と青い松とのある海岸などの風致。 |
| **拍手喝采** | ハクシュカッサイ | 手を打って大声でほめたたえること。 |
| **薄利多売** | ハクリタバイ | 利益を少なくして品物を多く売り，全体として利益があがるようにすること。 |
| **波瀾万丈** | ハランバンジョウ | 変化が激しいこと。 |
| **半死半生** | ハンシハンショウ | もう少しで死にそうな状態。 |
| **百花繚乱** | ヒャッカリョウラン | 種々の花が咲き乱れること。 |
| **品行方正** | ヒンコウホウセイ | 行いが正しくまじめであること。 |
| **風光明媚** | フウコウメイビ | 風景が清らかでうるわしいこと。 |
| **不可抗力** | フカコウリョク | 人力ではどうすることもできないこと。 |
| **不倶戴天** | フグタイテン | ともに天をいただかぬ意。うらみの深い仇敵に対して死んでも報いねばならないこと。 |
| **茫然自失** | ボウゼンジシツ | 気ぬけしたさま，あっけにとられたさま。 |

| | | |
|---|---|---|
| **豊年満作** | ホウネンマンサク | 穀物がよく実ること。 |
| **抱腹絶倒** | ホウフクゼットウ | 腹をかかえて笑うこと。 |
| **未来永劫** | ミライエイゴウ | 未来永久，いついつまでも。 |
| **無念無想** | ムネンムソウ | 一切の想念を離れること，何も考えないこと。 |
| **無量無辺** | ムリョウムヘン | はかり知れないこと，はてしないこと。 |
| **明眸皓歯** | メイボウコウシ | 澄んだ瞳と白い歯。美人の形容。 |
| **名誉毀損** | メイヨキソン | 人の名誉をきずつけること。 |
| **門外不出** | モンガイフシュツ | 書物・品物などを秘蔵して他人に貸さないこと。 |
| **夜郎自大** | ヤロウジダイ | 自分の力量を知らず，いばること。 |
| **勇往邁進** | ユウオウマイシン | 勇ましくまっしぐらに進むこと。 |
| **優勝劣敗** | ユウショウレッパイ | すぐれたものが勝ち，劣ったものが敗れること。 |
| **悠悠自適** | ユウユウジテキ | 俗事に煩わされず，心静かにのんびりと過ごすこと。 |
| **余裕綽綽** | ヨユウシャクシャク | おちつきはらったさま，焦らぬさま。 |
| **利害得失** | リガイトクシツ | 利益と損害。 |
| **理非曲直** | リヒキョクチョク | 道理に合っていることとはずれていること。 |
| **六根清浄** | ロッコンショウジョウ | 六根(目，耳，鼻，舌，身，意)からおこる欲望を断ち切って清らかになること。 |
| **和気藹藹** | ワキアイアイ | やわらぎ和やかなさま。 |

## 練習問題

（385ページより解答・解説）

**61**★ 次の四字熟語のうち，漢字が正しいのはどれか。

1　絶対絶命
2　心機一転
3　自我自賛
4　短刀直入
5　五里夢中

**62**★ 次の四字熟語のうち，漢字が**誤っている**のはどれか。

1　傍若無人
2　理路整然
3　朝礼暮改
4　暗中模索
5　内憂外患

**63**★ 次の□の中にそれぞれ漢数字を入れると四字熟語となるが，**用いない**漢数字はどれか。

A　□束□文　　B　□寒□温　　C　□分□裂
D　□石□鳥　　E　□拝□拝

1　二
2　三
3　四
4　五
5　六

**64**★ 四字熟語の漢字と読みがいずれも正しいのはどれか。

1　思考錯誤（しこうさくご）
2　順風満帆（じゅんぷうまんぽ）
3　取拾選択（しゅしゃせんたく）
4　一期一会（いちごいちえ）
5　有為転変（ゆういてんぺん）

★
**65** 次の四字熟語の□には，例のようにそれぞれ同じ漢字が入る。同じ漢字が**入らない**のはどれか。

（例）以心伝心

1 □我□中

2 有□無□

3 □材□所

4 □立□歩

5 □喜□憂

★
**66** 次の四字熟語の□には，例のように反対の意味をもつ漢字が入る。反対の意味をもつ漢字が**入らない**のはどれか。

（例）大同小異

1 □肉□食

2 栄□盛□

3 □船□馬

4 針□棒□

5 □耕□読

★
**67** 次の□の中に漢数字を入れると四字熟語となるが，その合計が一番大きくなるのはどれか。

1 □転□倒　朝□暮□

2 □分□裂　□臓□腑

3 □期□会　□苦□苦

4 □拝□拝　□位□体

5 □牛□毛　□人□色

★
**68** 四字熟語の漢字と意味がいずれも正しいのはどれか。

1 言語道断——これまでもなかった世にもまれなこと。

2 付和雷同——自分の考えもなく，むやみに人の意見に同調すること。

3 心気一転——ある動機からがらりと心持ちの変わること。

4 枝葉末節——初めから終わりまで筋が通っていること。

5 意味慎重——言葉や行動の裏に，深い意味が隠されていること。

**69** ★ 次の四字熟語のうち，**類義語でない**組合せはどれか。

1　縦横無尽――東奔西走
2　空前絶後――前代未聞
3　首尾一貫――徹頭徹尾
4　一意専心――一心不乱
5　四面楚歌――孤立無援

**70** ★ 意味と四字熟語が**合っていない**のはどれか。

1　口先がうまく，愛想のいいこと。――巧言令色
2　力の限り努力をすること。――粉骨砕身
3　心に曇りやわだかまりのないこと。――明鏡止水
4　きわめて自然で，しかも美しいこと。――泰然自若
5　時節に合わぬ役に立たないもの――夏炉冬扇

**71** ★★ 次の□の中にそれぞれ漢字を入れると四字熟語となるが，これらの□に入る4つを並べ換えると，別の四字熟語ができる。この四字熟語の意味として正しいのはどれか。

A　□事来歴　　B　面目一□　　C　三寒四□
D　全□全能

1　非常に待ち遠しく思うこと，また非常に思い慕うこと。
2　断固たる処置をとること。
3　目先の違いにこだわって同じ結果になるのに気がつかないこと。
4　昔の物事を研究，吟味してそこから新しい知識や見解を得ること。
5　もってのほかのこと，またとんでもないこと。

**72** ★★ 「目的達成のためにあらゆる苦しみに耐えて，努力すること」を意味する四字熟語はどれか。

1　起死回生
2　切磋琢磨
3　臥薪嘗胆
4　画龍点睛
5　艱難辛苦

★★
**73** 文中の四字熟語の使い方が**誤っている**のはどれか。

1 両国は一衣帯水の地にある。
2 開店のために昼夜兼行で準備した。
3 昨夜は飲み過ぎて，前後不覚になった。
4 彼は博覧強記の秀才である。
5 友人は理路整然と車を乗りこなす。

★★
**74** 次の□の中にそれぞれ漢字を入れると四字熟語となるが，**用いない**漢字はどれか。

A 口□試問　　B □場一致　　C 安□立命
D □意即妙　　E 一騎□千　　F 虚□坦懐

1 頭
2 万
3 心
4 当
5 満

★★
**75** 次の□の中にそれぞれ漢字を入れると四字熟語となるが，□に入る漢字がすべて同じになる組合せはどれか。

1 孤立□援　　厚顔□恥　　雲散□消
2 不即不□　　□合集散　　支□滅裂
3 呉越□舟　　□工異曲　　大山鳴□
4 朝三暮□　　公平無□　　山□水明
5 疑□暗鬼　　□羅万象　　人面獣□

★★
**76** 四字熟語の意味が正しいのはどれか。

1 「閑話休題」とは，つまらぬことで話を滞らせることをいう。
2 「曲学阿世」とは，真理を曲げて俗世界にへつらうことをいう。
3 「紳士協定」とは，中立の立場で一方にかたよらないことをいう。
4 「一言居士」とは，秘密を守って人に話さない人をいう。
5 「神出鬼没」とは，善が栄え，悪が滅びることをいう。

★★
**77**　次の四字熟語のうち，漢字が正しいもののみをすべて挙げているのはどれか。

ア　紆余曲折　　イ　責任転化　　ウ　興味深深
エ　玉石混淆　　オ　質実剛堅　　カ　信償必罰
キ　臨機応変　　ク　千載一偶　　ケ　前人未踏
コ　酒池肉林

1　ア，エ，キ，ケ，コ
2　ア，ウ，オ，カ，キ
3　イ，ウ，オ，ク，コ
4　イ，エ，キ，ケ，コ
5　ウ，エ，カ，ク，ケ

★★
**78**　次のA～Cの意味が示す四字熟語の組合せとして正しいのはどれか。

A　物にこだわらず，さらりと事を運ぶ態度。
B　技巧や手際は同じでも，できた作品の趣が異なる。
C　一方に片寄らず，公平中立を守ること。

| | A | B | C |
|---|---|---|---|
| 1 | 行雲流水 | 大同小異 | 不偏不党 |
| 2 | 我田引水 | 大同小異 | 不即不離 |
| 3 | 我田引水 | 創意工夫 | 不撓不屈 |
| 4 | 行雲流水 | 同工異曲 | 不偏不党 |
| 5 | 悠悠自適 | 同工異曲 | 不即不離 |

★★
**79**　次の意味に合う四字熟語を選んでいる組合せとして正しいのはどれか。

A　見かけだけが立派で，実質がともなわない。｛ア　羊頭狗肉　イ　竜頭蛇尾
B　第三者の方が物事が明らかにわかること。｛ア　内柔外剛　イ　傍目八目
C　行為の善悪に応じた報いがあること。｛ア　因果応報　イ　自縄自縛
D　人前でわがまま勝手にふるまうこと。｛ア　傍若無人　イ　主客転倒

E　人の意見や批評などを気にせず聞き流すこと。
ア　流言飛語
イ　馬耳東風

| | A | B | C | D | E |
|---|---|---|---|---|---|
| 1 | ア | ア | イ | ア | イ |
| 2 | ア | イ | ア | ア | イ |
| 3 | イ | ア | イ | イ | ア |
| 4 | イ | ア | イ | ア | イ |
| 5 | イ | イ | ア | イ | ア |

★★★
**80**　四字熟語の読みがすべて正しいのはどれか。

1　温厚篤実(おんこうあつじつ)　生殺与奪(せいさつよだつ)
片言隻語(へんげんそうご)

2　金城湯池(きんじょうとうち)　時期尚早(じきしょうそう)
唯我独尊(ゆいがどくそん)

3　千変万化(せんぺんばんか)　捲土重来(かんどちょうらい)
有職故実(ゆうしょくこじつ)

4　粒粒辛苦(りゅうりゅうかんく)　隠忍自重(いんにんじじゅう)
一蓮託生(いちれんたくしょう)

5　一日千秋(いちにちせんしゅう)　大言壮語(たいごんそうご)
八面六臂(はちめんろっぴ)

★★★
**81**　次の文中の空欄A～Cにあてはまる四字熟語の組合せとして正しいのはどれか。

先生の言葉を(　A　)とする。
(　B　)ことごとく神の支配下にある。
教育の成果は(　C　)にはあがらない。

| | A | B | C |
|---|---|---|---|
| 1 | 金科玉条 | 森羅万象 | 一朝一夕 |
| 2 | 大義名分 | 一望千里 | 一挙両得 |
| 3 | 美辞麗句 | 一望千里 | 一知半解 |
| 4 | 金科玉条 | 泰然自若 | 一知半解 |
| 5 | 美辞麗句 | 森羅万象 | 一朝一夕 |

★★★
**82** 四字熟語の読みと意味がいずれも正しいのはどれか。

1　虚心坦懐(きょしんたんかい)——何でもないことまでが疑わしくなること。
2　有象無象(ゆうぞうむぞう)——多くのつまらない者の集まり。
3　一念発起(いちねんはっき)——心を入れかえてことを成しとげようと決心すること。
4　雲散霧消(うんさんむしょう)——無実の罪の疑いが晴れること。
5　汗牛充棟(かんぎゅうじゅうとう)——蔵書の非常に多いこと。

★★★
**83** 次の□の中にそれぞれ漢字を入れると四字熟語となるが，同一の漢字が入るものが三組ある。その組合せを正しく挙げているのはどれか。

| | | | | | |
|---|---|---|---|---|---|
| A | 百鬼夜□ | B | □為自然 | C | 異□同音 |
| D | □憂後楽 | E | 孟母三□ | F | 諸□無常 |
| G | □味乾燥 | H | 鶏□牛後 | | |

1　AとF，CとE，DとG
2　AとD，BとE，FとH
3　AとF，BとG，CとH
4　BとH，DとE，FとG
5　CとF，DとG，EとH

★★★
**84** 下線部の漢字がすべて正しいのはどれか。

1　換骨脱胎　前後不確　百花争鳴
2　危機一発　晴天白日　勧善懲悪
3　用意周倒　和洋折衷　栄古盛衰
4　意気軒高　感慨無量　大胆不敵
5　一目僚然　衆知徹底　喜怒愛楽

★★★
**85** 次の四字熟語のうち，意味が正しいもののみをすべて挙げているのはどれか。

A　百鬼夜行——多くの人が悪い行いをすること。

B　捲土重来——二度同じ失敗をすること。

C　海千山千——山水の景色の美しいこと。

D　隔靴掻痒——はがゆく，もどかしいこと。

E　唯唯諾諾——人の言うまま従うこと。

F　一知半解——優れた知能が十分に発揮されないこと。

G　多岐亡羊——多方面にわたり，どうしてよいか迷うこと。

H　晴耕雨読——努力した苦労が報いられること。

1　A，C，F，H

2　A，D，E，G

3　B，D，H

4　B，E，F

5　C，G

# 5　ことわざ・故事成語・慣用句

**ことわざ**……古くから人々に言いならわされてきた言葉で，生活の知恵ともいえる教えや，戒めを含んだものが多く，人の生き方の道しるべとなったもの。

**故事成語**……主として中国の古い書物の中に出ている出来事がもとになってできた意味のある教訓的な言葉で，その文字自体が本来表す意味とは違った意味に用いられる。なお，四字熟語の故事成語は四字熟語の単元に含めている（P.348参照）。

**慣 用 句**……二つ以上の言葉が結びついていて一つのまとまった意味を表す句で，生活の中から生まれたため，からだの部分名等，身近なものが含まれている。

> ㊮：同じ内容または似た意味を持つもの
> 反：反対の意味を持つもの

## 1　ことわざ

### 頻出度ランクA

| | |
|---|---|
| **虻《あぶ》蜂とらず** | 欲張りすぎてかえって損をする。<br>㊮　**二《に》兎《と》を追う者は一兎をも得ず** |
| **生き馬の目を抜く** | 他人を出し抜いて、すばしこく利益を得ること。 |
| **石の上にも三年** | 我慢強くしんぼうすれば，必ず最後には成功する。 |
| **石橋をたたいて渡る** | 念には念をいれてことをなす。<br>㊮　**転ばぬ先のつえ** |
| **医者の不養生** | その道の人が，人に説くことを自分ではできていない。<br>㊮　**紺《こう》屋《や(こんや)》の白袴** |
| **井の中の蛙《かわず》大海《たいかい》を知らず** | 狭い見識にとらわれて大局的な判断のできないこと。 |
| **魚心《うおごころ》あれば水心あり** | 相手にその気があればこちらにも応ずる気持ちが起こる。 |
| **馬の耳に念仏** | 何事も聞きながして耳にとめないので，さっぱ |

| | |
|---|---|
| | りききめがない。 |
| | 類　猫に小判，犬に論語，豚に真珠 |
| 雲泥《うんでい》の差 | 非常な違いがあることのたとえ。 |
| | 類　月とすっぽん，提灯《ちょうちん》に釣鐘 |
| 帯に短し襷《たすき》に長し | 中途半端で役に立たないこと。 |
| 蛙の子は蛙 | 凡人の子はやはり凡人である。子どもはたいてい親に似るものだ。 |
| | 類　瓜のつるに茄子《なすび》はならぬ |
| | 反　鳶《とんび》が鷹《たか》を生む |
| 河童《かっぱ》の川流れ | その道の名人でも失敗することがある。 |
| | 類　猿も木から落ちる，弘法も筆の誤り，<br>上手の手から水が漏れる |
| 果報は寝て待て | 幸運は焦らずに，静かにその時機の来るのを待つがよい。 |
| 亀の甲《こう》より年の功《こう》 | 年長者の経験は尊重すべきである。 |
| 枯木も山の賑《にぎわ》い | つまらないものでもないよりはましである。 |
| | 反　無用の長物 |
| 三人寄れば文殊《もんじゅ》の知恵 | 凡人でも三人が集まって知恵を出しあえば必ずよい考えがまとまるものだ。 |
| 釈迦に説法 | 知り尽くしている人に不必要なことを教えること。 |
| 蛇《じゃ》の道は蛇《へび》 | 同類の者がすることはお互いによくわかる。 |
| 雀百まで踊り忘れず | いくつになっても小さい時に覚えた事は忘れない。 |
| | 類　三つ子の魂百まで |
| 船頭多くして船山に上る | 指図する人が多すぎて物事がまとまらず，とんでもない方向に進んでいく。 |
| 袖すり合うも他生《たしよう》(多生)の縁 | ちょっとしたことも，みな前世からの因縁によるものだ。 |
| 対岸の火事 | 自分には関係がないこととして，少しも苦痛や危機感を抱かないこと。 |
| 立つ鳥後を濁さず | その場を去る者は後が見苦しくないよう始末をきちんとする。 |
| | 反　あとは野となれ山となれ |
| 立板《たていた》に水 | 弁舌がすらすらとよどみない。 |
| 提灯《ちょうちん》に釣鐘 | つり合わないものや比較にならないもののたとえ。 |
| | 類　月とすっぽん，雲泥の差 |
| 月とすっぽん | 両者の相違が甚だしい。 |

| | |
|---|---|
| **月夜に提灯** | 無駄なことのたとえ。 |
| **角《つの》を矯《た》めて牛を殺す** | 少しの欠点をなおそうとして全体をだめにする。 |
| **敵は本能寺にあり** | 真の目的が別のところにある。 |
| **豆腐にかすがい** | 何の手ごたえもききめもない。 |
| | ㊮ **糠《ぬか》に釘《くぎ》，暖簾《のれん》に腕押し** |
| **鳶《とんび》が鷹《たか》を生む** | 平凡な親からすぐれた子どもが生まれる。 |
| | ㊫ **瓜のつるに茄子《なすび》はならぬ，蛙の子は蛙** |
| **捕《と》らぬ狸《たぬき》の皮算用《ざんよう》** | まだ確かでないことに期待をかけてあれこれと計画する。 |
| **団栗《どんぐり》の背比べ** | どれも平凡で，特にすぐれたものはない。 |
| | ㊮ **五十歩百歩** |
| **流れに棹をさす** | 物事が思いのままに進んでいくこと。 |
| **泣きっ面に蜂** | 悪いことの上に，さらに不幸や不運が重なる。 |
| | ㊮ **弱り目に祟《たた》り目，踏んだり蹴ったり** |
| **情けは人の為ならず** | 人に情けをかけておけば，いつかは自分のためになる。 |
| **七転び八起き** | 幾度も困難に遭いながら絶望せずに奮起する。 |
| **二《に》兎《と》を追う者は一兎をも得ず** | 同時に二つの事をしようと欲を出すと，かえって損をしてしまう。 |
| | ㊮ **虻蜂とらず** |
| | ㊫ **一石二鳥，一挙両得** |
| **糠《ぬか》に釘** | 何の手ごたえも効果もない。 |
| | ㊮ **暖簾《のれん》に腕押し，豆腐にかすがい** |
| **濡れ手で粟《あわ》** | 苦労せずに利益を得る。 |
| | ㊫ **骨折損のくたびれもうけ** |
| **猫に小判** | 貴重な物を持っていても，持主しだいでは何の役にも立たない。 |
| | ㊮ **馬の耳に念仏，豚に真珠，犬に論語** |
| **寝《ね》耳に水** | 不意の出来事に驚きあわてる。 |
| | ㊮ **青天の霹靂《へきれき》，藪《やぶ》から棒** |
| **能ある鷹は爪を隠す** | 実力のあるものはいたずらにそれを誇示することはしない。 |
| **喉元《のどもと》過ぎれば熱さを忘れる** | 苦しいことも過ぎてしまえば忘れる。 |
| **暖簾《のれん》に腕押し** | はりあいがない，手ごたえがない。 |
| | ㊮ **糠《ぬか》に釘《くぎ》，豆腐にかすがい** |
| **火の無い所に煙は立たぬ** | 噂が立つにはそれなりの根拠がある。 |
| **瓢 箪《ひょうたん》から駒《こま》が出る** | 意外なところから意外な事があらわれる，冗談が思いがけず実現してしまう。 |

| | |
|---|---|
| **仏の顔も三度** | どんなおとなしい人も度々無法なことをするとついには怒る。 |
| **蒔《ま》かぬ種は生えぬ** | 原因のないところに結果は生まれない。<br>㊝ **火のない所に煙は立たぬ** |
| **待てば海路の日和《ひより》あり** | あせらずに待てば，よい運もめぐってくる。<br>㊝ **石の上にも三年，果報は寝て待て** |
| **三つ子の魂百まで** | 幼児の時に養われた性質は老年になっても変わることはない。<br>㊝ **雀百まで踊り忘れず** |
| **六日の菖蒲《あやめ》十日の菊** | 時機を失って役に立たない。<br>㊝ **後《あと》の祭り** |
| **餅は餅屋** | 物事にはそれぞれ専門家があり，素人の及ぶところではない。 |
| **焼け石に水** | 少しも効果があがらない。 |
| **藪《やぶ》から棒** | 突然，だしぬけ。<br>㊝ **青天の霹靂《へきれき》，寝耳に水** |
| **良薬は口に苦し** | 忠言は聞くのが辛い。<br>㊝ **忠言耳に逆らう** |
| **論より証拠** | 理屈を言うより実際の証拠の方が大切である。 |
| **渡る世間に鬼はなし** | 世の中は無情な人ばかりではない。<br>㊍ **人を見たら泥棒と思え** |

## 頻出度ランクB

| | |
|---|---|
| **足下から鳥が立つ** | 身近な所で突然意外な事件が起こる。 |
| **あとは野となれ山となれ** | あとのことはどうなろうとかまわない。<br>㊍ **立つ鳥後を濁さず** |
| **雨降って地かたまる** | 悪いと思われることがかえってよい結果を生む。 |
| **案ずるより生むが易《やす》し** | はじめ心配していたことも実行してみると案外たやすくできる。 |
| **急がばまわれ** | 物事を急いでしようと思うなら，より慎重にせよ。<br>㊝ **待てば海路の日和《ひより》あり** |
| **犬も歩けば棒にあたる** | 出歩けば意外な幸福(或いは禍)に出会うことがある。 |
| **氏《うじ》より育ち** | 人は家系や血筋よりも環境や教育が大切である。 |
| **嘘も方便** | 物事をうまく処理するには，ときには嘘も手段として使われる。 |

| | |
|---|---|
| **瓜のつるに茄子《なすび》はならぬ** | 平凡な親から非凡な子は生まれない。<br>(類) **蛙の子は蛙**<br>(反) **鳶《とんび》が鷹《たか》を生む** |
| **小田原評定** | 相談が長びいて決定せぬこと。 |
| **鬼に金棒** | 強いものがさらによい条件を得て一層強くなること。 |
| **溺れる者はわらをもつかむ** | 非常に困ったときはどんな頼りないものにでも頼りすがろうとする。 |
| **火中の栗を拾う** | 他人の利益のために，無理をして危険なことをする。 |
| **聞くは一時の恥，聞かぬは一生の恥** | 知らないことを聞くのはそのとき恥ずかしい思いをするだけだが，聞かずに知らないままで過ごせば一生恥ずかしい思いをする。 |
| **怪我の功名** | 失敗したことがかえってよい結果をうむ。 |
| **先んずれば人を制す** | 相手よりも先に事を行えば，有利な立場になる。<br>(反) **せいては事を仕損ずる** |
| **背に腹はかえられぬ** | 大切な事のためには他の事を犠牲にしてもやむを得ない。 |
| **蓼《たで》食う虫も好き好き** | 人の好みは様々で一概には言えない。 |
| **短気は損気** | 短気を起こすと物事は不成功に終わること。 |
| **出る杭《くい》は打たれる** | 頭角を現す者は，他人からねたまれ邪魔をされる。 |
| **長いものには巻かれろ** | 強い相手には手向いせずに，相手の言うままに従っているのが得だ。<br>(類) **泣く子と地頭には勝てぬ** |
| **怠け者の節句働き** | 普段怠けている者に限って，みんなが休むときにひとり働く。 |
| **二階から目薬** | 思うようにならずもどかしい。回り遠くて直接効果のないこと。 |
| **二足の草鞋《わらじ》をはく** | 同じ人が両立しそうもない二つの職業を兼ねる。 |
| **猫に鰹節《かつおぶし》** | 油断や安心ができない状況。 |
| **花より団子** | 風流より実利を尊ぶ。 |
| **早起きは三文の徳** | 早起きするとなんらかの利益がある。 |
| **人の噂《うわさ》も七十五日** | 世間の評判や噂も長くは続かない。 |
| **人を呪《のろ》わば穴二つ** | 他人を呪えば，やがてはその呪いの報いが自分にはね返ってくる。 |
| **風前《ふうぜん》の灯《ともしび》** | 危機が迫って生命が危ない。 |
| **坊主憎けりゃ袈裟《けさ》まで憎い** | 人を憎むあまりその人に関係のあるものすべてが憎い。<br>(反) **あばたもえくぼ** |

| | |
|---|---|
| **仏作って魂入れず** | せっかく事を成しながら肝心なところが足りないこと。<br>類 **画龍点睛《がりょうてんせい》を欠く** |
| **真綿で首をしめる** | 遠回しにじわじわと人を責めたり，とがめたりする。 |
| **身から出た錆《さび》** | 自分が犯した過失のために自分が苦しむ。<br>類 **自業自得** |
| **昔とった杵柄《きねづか》** | 一度覚えた得意の腕前。 |
| **無用の長物** | あっても役に立たないもの。 |
| **無理が通れば道理がひっこむ** | 無理なことが世に行われれば，道理に叶ったことは行われなくなる。 |
| **柳の下にいつもどじょうは居ない** | 偶然の好運は何度もあるものではない。 |
| **藪をつついて蛇を出す** | しないでもよいことをして，かえって自分に災難がふりかかってくる。 |
| **類《るい》は友を呼ぶ** | 似た者同士は自然に集まる。 |
| **ローマは一日にして成らず** | 何事も大きな仕事をするには長い年月と努力が必要である。 |
| **論語読みの論語知らず** | 書物を読んで頭で理解していても，どのように実践すべきかまで思いが及ばない。 |
| **渡りに船** | 困ったときにちょうどその場に都合のよいことが起こる。 |

## 頻出度ランクC

| | |
|---|---|
| **悪銭身につかず** | 不正な手段や方法で得た金は，たちまち使い尽くしてしまう。 |
| **頭隠して尻隠さず** | 欠点の一部を隠しただけで全体を隠したつもりでいるおろかな様子。 |
| **あばたもえくぼ** | 好意をもつものには，その悪いところでもよく見える。<br>反 **坊主憎けりゃ袈裟《けさ》まで憎い** |
| **命あっての物種** | なにごともまず命があってこそできる。死んでは何にもならない。 |
| **言わぬが花** | 言ってしまえばそれまでで，口に出して言わない方が味がある。<br>類 **沈黙は金** |
| **雨後《うご》の竹の子** | 同じようなものが次々にたくさん出てくる。 |
| **牛に引かれて善光寺詣《まい》り** | 他の誘因によって偶然にその道に入る。 |
| **牛を馬に乗りかえる** | 劣っている方を捨ててすぐれている方に乗りかえる。 |

| | |
|---|---|
| **嘘から出たまこと** | 嘘のつもりで言った事が偶然事実になる。 |
| **鵜《う》の真似する烏《からす》** | 自分の能力を考えないで，ただ他人の真似をして失敗する。 |
| **得手《えて》に帆を揚《あ》げる** | 追風に帆をあげるように好機を逃さず利用する。 |
| **えびで鯛を釣る** | 小さいもとでで大きな利益を得る。 |
| **負うた子に教えられて浅瀬を渡る** | 時には老練家も，未熟者の教えをうける時がある。 |
| **鬼の居ぬ間に洗濯** | 遠慮しなければならない人がいないうちに，思う存分振舞う。 |
| **鬼の目にも涙** | 鬼のように無慈悲な人でも，時には人情にふれて少しばかりの慈悲の心をみせることもある。 |
| **鬼も十八番茶も出花** | 値の安い番茶でも出したては味も香りもよい。どんな女性でも年頃になれば色気も出て少しは美しくなる。すべてのものに盛りがある。 |
| **親の光は七光** | 親の余徳が子にも及ぶこと。 |
| **及ばぬ鯉の滝登り** | どんなに努力しても，いくら願ってみてもとうてい望みは達せられないことのたとえ。<br>(類) **高根《たかね》(嶺)の花** |
| **恩を仇《あだ》で返す** | 恩を受けた人に対し，ひどい仕打ちをする。<br>(類) **飼い犬に手をかまれる，**<br>**後足で砂をかける，情けが仇** |
| **学問に王道なし** | 学問を修めるのには安易な方法はない。 |
| **稼ぐに追いつく貧乏なし** | 仕事に精出してよく働けば貧乏になることはない。 |
| **壁に耳あり障子《しょうじ》に目あり** | どこで誰が聞いたり見たりしているか知れず，秘密はとかくもれやすい。 |
| **鴨が葱《ねぎ》をしょってくる** | いっそう好都合になること，おあつらえ向き。 |
| **聞いて極楽，見て地獄** | 人から聞いたのと自分で見たのとでは大いに違う。 |
| **窮鼠《きゅうそ》猫をかむ** | 絶体絶命の窮地で必死になれば，弱い者も強い者を打ち負かすことがある。 |
| **清水《きよみず》の舞台から飛び降りる** | 一生に一度というほどの決断をして実行する。 |
| **腐っても鯛** | 素質のある者は落ちぶれてもそれなりに値打ちがある。<br>(類) **ちぎれても錦，ぼろでも八丈**<br>(反) **麒麟《きりん》も老いては駑馬《どば》に劣る** |
| **苦しい時の神だのみ** | いつもは信仰していないのに，苦しい目にあうと，その時だけ神仏に祈って助けを求める。 |
| **芸は身を助く** | 身についた芸は，万一の場合に身の助けとなる。 |
| **触らぬ神にたたりなし** | それに関係しなければ災いをまねくこともない。 |

| | |
|---|---|
| **重箱の隅を楊枝《ようじ》でほじくる** | つまらないことまでいろいろ干渉する。 |
| **住めば都** | 住み慣れればどんな所でも住みよくなる。 |
| **高みの見物** | 局外にいて事の成り行きを傍観すること。 |
| **棚から牡丹餅《ぼたもち》** | 労せずして思いがけぬ幸運にめぐり合う。 |
| **他人の飯を食う** | 他人の間でもまれながらいろいろな経験を積む。 |
| **旅は道づれ世は情け** | 世の中の人は互いに助けあって仲よくやるのがよい。 |
| **沈黙は金《きん》** | 口数が多いよりも黙っている方がよい。<br>(類) **言わぬが花** |
| **鉄は熱いうちに打て** | 鍛錬の機を失うな。教育は若い時にせよ。 |
| **時は金なり** | 時間は大切であるから無駄に費やしてはならない。 |
| **所《ところ》変われば品《しな》変わる** | その土地土地によって風俗習慣が変わる。 |
| **鳥なき里の蝙蝠《こうもり》** | すぐれた人材のいない所で，つまらぬ者がいい気になってのさばっていることのたとえ。 |
| **飛んで火に入る夏の虫** | 自分から求めて危険や災難に飛び込んでいくこと。 |
| **無い袖は振れぬ** | 持っていないのだから出しようがない。 |
| **無くて七癖(あって四十八癖)** | どんなに癖のないように見える人でも多少の癖はある。 |
| **生兵法《びょうほう》は大怪我のもと** | 生かじりの知識で事を行うと，かえって大失敗する。 |
| **習うより慣れろ** | 学ぶことより体験することが大切である。 |
| **憎まれっ子世にはばかる** | 憎まれるような人間のほうがかえって世間で威勢をふるうものだ。 |
| **盗人《ぬすっと》の昼寝** | 何事をするにもそれ相当の理由がある。 |
| **濡《ぬ》れ衣《ぎぬ》を着せる** | 無実の罪をかける。 |
| **寝た子を起こす** | 一応おさまっていることを，余計なことをしてまたもつれさせる。 |
| **乗りかかった船** | いったん手を出したら途中でやめられない。 |
| **人には添うてみよ馬には乗ってみよ** | 表面だけを見て軽々しく判断せず，実際に試してみよ。 |
| **貧《ひん》すれば鈍する** | 貧乏になると，生活のことだけで頭がいっぱいになり，思考が鈍って失敗をしたり，品性が下落したりする。 |
| **笛吹けども踊らず** | いかに手を尽くしても相手がそれに応じて動き出そうとしない。 |
| **武士は食わねど高楊枝《たかようじ》** | 気位の高い人は，たとえ貧しくても泣きごとを言わずゆうゆうとしている。 |
| **下手の長談義** | 話の下手な者は要領を得ず，時間ばかりかかって人に迷惑をかける。 |

| | |
|---|---|
| 身にまさる宝なし | この世の中で自分の身ほど大切なものはない。 |
| もとの鞘《さや》に収まる | 一旦仲違いした者が再びもとの関係に戻る。 |
| 元の木阿弥《もくあみ》 | 再びもとのつまらない状態にかえる。 |
| 物言えば唇寒し秋の風 | 口は禍のもとであるから，言葉は慎しむべきである。 |
| 門前の小僧習わぬ経を読む | 普段見聞きしていると，知らぬ間にそれを習得してしまう，人は環境の影響を受けやすい。 |
| 焼け木杭《ぼっくい》に火がつく | 男女の関係で，一度縁の切れた者同士がもとの間柄に戻る。 |
| 柳に風 | 相手に逆らわず，たくみに受け流す。 |
| 柳に雪折れなし | 柔軟なものの方が強剛なものより持続性がある。 |
| よしの髄から天井覗く | 狭い考えや貧しい知識で大きな問題を判断する。 |

## 2 故事成語

### 頻出度ランク A

| | |
|---|---|
| 青は藍より出でて藍よりも青し | 弟子が師よりもすぐれた人物になる。「出藍《しゅつらん》の誉《ほま》れ」ともいう。 |
| 悪事千里を走る | 悪事は世の中にすぐに知れわたる。<br>㊎ **好事門を出でず** |
| 羹《あつもの》に懲《こ》りて膾《なます》を吹く | 前の失敗に懲りて無用な心配をする。<br>㊎ **喉元《のどもと》過ぎれば熱さを忘れる** |
| 烏合《うごう》の衆 | 規律や統一のないものの集まり。 |
| 瓜田《かでん》に履《くつ》を納《い》れず | 他人の疑いを受けるような行為は避けよ。<br>㊮ **李下《りか》に冠《かんむり》を整さず** |
| 禍福《かふく》は糾《あざな》える縄の如し | 災難と幸福とは入れかわりやってくるのが，人の世の常である。<br>㊮ **塞翁《さいおう》が馬** |
| 木に縁《よ》りて魚を求む | 方法が間違っていては成功しない。 |
| 杞憂《きゆう》 | 無用の心配，取り越し苦労。 |
| 九牛の一毛 | たくさんのものの中のごく少ない部分，とるに足りないこと。 |
| 牛耳を執る | 一堂一団の長となる。 |
| 漁夫の利 | 二者が争っている間に第三者が利益を横取りすること。 |
| 木を見て森を見ず | ほんの一部にこだわって全体を見失うこと。 |
| 蛍雪《けいせつ》の功 | 苦労して勉学に励んだ成果。 |

| | |
|---|---|
| 光陰矢の如し | 月日のたつのが早いたとえ。 |
| 巧《こう》言《げん》令《れい》色《しょく》鮮《すくな》し仁《じん》 | 言葉巧みで愛想がよい者は，かえって真心に欠ける。 |
| 虎穴《こけつ》に入らずんば虎子《こじ》を得ず | 危険を冒さなければ大利は得られない。 |
| | (反) **君子危きに近寄らず** |
| 五十歩百歩 | 大差のないたとえ。 |
| | (類) **団栗《どんぐり》の背比べ** |
| 塞翁《さいおう》が馬 | 人生の禍福は予測できない。「人間万事塞翁が馬」ともいう。 |
| | (類) **禍福は糾《あざな》える縄の如し** |
| 春秋に富む | 年が若く，大いに将来性のあること。 |
| 推敲《すいこう》 | 詩や文章などを何度も練ること。 |
| 杜撰《ずさん》 | やり方がいいかげんなこと。 |
| 青雲の志 | 立身出世しようという功名心。 |
| 他山の石 | 劣った人の言動も自分の知徳を磨く助けになる。 |
| 蛇足《だそく》 | 無用なものをつけ足す。 |
| 竹《ちく》馬の友 | 幼友達。 |
| 忠言耳に逆う | 忠告の言葉は，すなおに聞きいれられない。 |
| | (類) **良薬は口に苦し** |
| 頭角をあらわす | 才能や技能が目立って人よりもすぐれている。 |
| 登龍門 | 立身出世の関門。 |
| 虎の威を借る狐 | 他人の権力をかさに着ていばる小心者。 |
| 背水《はいすい》の陣 | もし失敗すれば滅亡する覚悟で事にあたること。 |
| 百聞は一見にしかず | 何度聞いても，実際に一度見る方が優《まさ》る。 |
| 覆水《ふくすい》盆に返らず | 一度してしまったことは取り返しがつかない。 |
| 水清ければ魚棲《す》まず | あまりに厳格清廉すぎると，かえって人に親しまれない。 |
| 水は方円の器に随《したが》う | 人は友達や環境によって良くも悪くもなるものである。 |
| | (類) **朱に交われば赤くなる** |
| 矛盾《むじゅん》 | つじつまの合わないこと。 |
| 孟母三遷《さんせん》の教え | 子供の教育によい環境を選ぶこと。 |
| 李下《りか》に冠《かんむり》を整《ただ》さず | 人から疑われるようなことは，避けたほうがよい。 |
| | (類) **瓜田《かでん》に履《くつ》を納《い》れず** |

## 頻出度ランクB

| | |
|---|---|
| **圧巻** | 本や作品の中で最も優れている。 |
| **一葉落ちて天下の秋を知る** | 一部分の状態によって全体の様子を知ること。 |
| **一将《いっしょう》功成って万骨《ばんこつ》枯る** | 一人の将軍が功名をなしたそのかげには，多くの兵の犠牲がある。 |
| **烏有《うゆう》に帰す** | 火事などですべてがなくなる。 |
| **蝸《か》牛角上の争い** | つまらぬことのために争う。 |
| **苛政《かせい》は虎よりも猛《たけ》し** | 苛酷な政治が人民に及ぼす害は，虎の害よりひどい。 |
| **画餅《がべい》に帰す** | 失敗して無駄骨を折ること。 |
| **肝胆相《かんたんあい》照らす** | 互いに隠し立てをせず，真意を打ちあけて交わる。 |
| **完璧《かんぺき》** | 欠点のないこと。 |
| **管鮑《かんぽう》の交《まじ》わり** | きわめて親密な交際。<br>(類) **水魚の交わり** |
| **君子危きに近寄らず** | 見識のある人は，無理に危険なことはしない。 |
| **君子は和して同ぜず** | 教養のある立派な人は主体性をもち，人と仲良くはしても自分を見失うようなことはない。 |
| **鶏口《けいこう》となるも牛後となるなかれ** | 大集団の最後にいるより，小集団でもよいからその頭となれ。 |
| **郷《ごう》に入っては郷に従え** | 人はその土地の風俗習慣に従うのが処世の法である。 |
| **守株《しゅしゅ》** | かたくなで融通がきかない。 |
| **焦眉《しょうび》の急** | 目の前にさし迫った危険。 |
| **水魚の交《まじ》わり** | 水と魚の関係のように極めて密接なこと。<br>(類) **管鮑《かんぽう》の交わり** |
| **栴檀《せんだん》は双葉《ふたば》より芳《かんば》し** | 大成する人は子供の頃から優れたところがある。 |
| **滄桑《そうそう》の変** | 時勢の移り変わりが激しい。 |
| **馬脚をあらわす** | 化けの皮がはがれる。<br>(類) **しっぽを出す** |
| **白眼** | 人を軽べつした目つき。<br>(反) **青眼** |
| **白眉《はくび》** | 多くの中で最も優れていること。 |
| **破天荒《はてんこう》** | 今まで例のないことをはじめて行う。<br>(類) **前代未聞** |
| **風樹《ふうじゅ》の嘆《たん》** | 親孝行しようと思うときには，すでに親は死んでいない。 |
| **刎頸《ふんけい》の交《まじ》わり** | 極めて親しい交際，友人。<br>(類) **管鮑《かんぽう》の交わり** |

| | |
|---|---|
| 墨守《ぼくしゅ》 | 堅く自説を守って屈しないこと。 |
| ほぞをかむ | 取り返しのつかないことを後悔する。 |

## 頻出度ランクC

| | |
|---|---|
| 朝《あした》に道を聞かば，夕《ゆう》べに死すとも可なり | 人間として正しく生きる道を聞くことが出来たらもう望むことはない。 |
| 当らずといえども遠からず | だいたい間違いのないこと。 |
| 過ちて改めざる，これを過ちという | 過失はだれでもあるものだが，その過失を改めないことが真の過ちである。 |
| 過ちてはすなわち改むるに憚《はばか》ることなかれ | 過失を犯したら，これを悔い改めるのにためらうな。 |
| 石が流れて木の葉が沈む | 物事が道理と逆になる。 |
| 石に漱《くちすす》ぎ流れに枕《まくら》す | 負け惜しみが強い。 |
| 石に立つ矢 | 一心に事にあたれば何事もなしとげられる。 |
| 衣食足りて礼節を知る | 生活に不自由がなくなってはじめて礼儀を知る余裕ができる。 |
| 一炊の夢 | 人間の栄華のはかないことのたとえ。<br>類 邯鄲《かんたん》の夢 |
| 殷鑑《いんかん》遠からず | 目前の失敗の跡をみて戒めとなすべきことをいう。 |
| 燕雀《えんじゃく》いずくんぞ鴻鵠《こうこく》の志を知らんや | 小人物には大人物の胸中を知ることができない。 |
| 屋上屋《おくじょうおく》を架《か》す | 無駄なことを重ねてする。<br>類 屋下に屋を架す |
| 己《おのれ》の欲《ほっ》せざる所は人に施《ほどこ》すなかれ | 自分のいやな事を他人にしてはならない。 |
| 鶴首《かくしゅ》 | 待ちこがれること。 |
| 渇《かっ》すれども盗泉の水を飲まず | どんなに苦しくても不正はしない。 |
| 眼光紙背《しはい》に徹す | 書物に書かれている文章の深い意味まで理解する。 |
| 危急《ききゅう》存亡の秋《とき》 | 危難が迫り生きるか死ぬかの瀬戸際のとき。 |
| 金蘭《きんらん》の契《ちぎ》り | 親しく固い交わり。 |
| 苦肉の策 | 自分の身を苦しめてまでも敵を欺くはかりごと，苦しまぎれに考え出した手段。 |
| 国破れて山河《さんが》在り | 戦乱の後，国家は滅びて元の姿はないが，自然の山河は昔と変わらず残っているという感慨のことば。 |
| 毛を吹いて疵《きず》を求む | 他人のちょっとした失敗や欠点を無理にさがし出し，かえって自分のやった悪事がばれる結果になる。<br>類 藪《やぶ》をつついて蛇を出す |

| | |
|---|---|
| 好事《こうじ》門を出でず | 人の善い事はとかく世間に知られないこと。<br>(反) **悪事千里を走る** |
| 後塵《こうじん》を拝す | 他人に先んじられ，遅れをとる。勢力のある者に追従する。 |
| 砂上の楼《ろう》閣 | 実現不可能なこと。 |
| 三顧《さんこ》の礼 | 人を迎えるのに十分に礼をつくす。 |
| 山中の賊《ぞく》を破るは易く，<br>心中の賊を破るは難《かた》し | 私欲は抑えがたい。 |
| 助長 | 余計なことをして元も子もなくなること。 |
| 寸鉄人《すんてつひと》を刺す | 短い言葉が人の急所をつく。 |
| 千丈の堤《つつみ》も蟻の穴より崩れる | ささいな事でも油断すると大きな災いとなる。 |
| 前門の虎，後門の狼 | 災いが連続しておそいかかること。<br>(類) **一難去ってまた一難** |
| 千里の馬は常にあれども，<br>伯楽《はくらく》は常にはあらず | 駿馬はいつもいるが，その良否を見抜く人物はいつもいるとは限らない。その真価を見出す人があって初めて本来の価値を発揮することができる。 |
| 長者の万灯《まんとう》より貧者の一灯《いっとう》 | 富者の虚栄による多くの寄進よりわずかでも貧者の真心の方が勝る。 |
| 虎の尾を踏む | 非常に危険なことをする。 |
| 泣いて馬謖《ばしょく》を斬る | 法の公正や社会の秩序を維持するために私情を捨てて厳正なる態度で臨む。 |
| 習い性《せい》となる | 習慣はやがて本来の性質のようになる。<br>(類) **習慣は第二の天性** |
| 敗軍の将《しょう》兵を語らず | 失敗した者はその事柄について意見を言う資格がない。 |
| 日暮れて道遠し | 年老いたが（期日は迫ったが）達すべき目標はまだ果たし難い。 |
| 氷炭《ひょうたん》相容《い》れず | 性質が全く違うため調和，一致しない。 |
| 枕を高くして寝る | 安心して眠る。 |
| 先ず隗《かい》より始めよ | 遠大な事をなす時は，まず手近な事から始めよ。事をおこすには，まず自分自身から着手せよ。 |
| 夜を日に継ぐ | 夜も昼も休みなく働く。 |
| 禍《わざわい》を転じて福と為す | 失敗したときに，これを巧みに活用して幸福とする。 |

## 3 慣用句

### 1 身体に関するもの

#### 頻出度ランクA

| | |
|---|---|
| **あげ足を取る** | 相手の失言や言葉じりをとらえてなじる。 |
| **足が出る** | 予算超過で赤字になる。 |
| **足が棒になる** | 足が疲れ，思うように動かなくなる。 |
| **足下を見る** | 相手の弱みにつけこみ，強い態度をとる。 |
| **足を洗う** | よくない所業をやめる。 |
| **頭が下がる** | 敬服する。 |
| **後ろ髪を引かれる** | 心残りがして振り切ることができずにいる。 |
| **腕が鳴る** | 自分の技量を発揮したくてたまらなくなる。 |
| **顔が売れる** | 有名になる。<br>(類) **顔が広い** |
| **顔から火が出る** | たいそう恥ずかしい思いをする。 |
| **顔に泥を塗る** | 体面，面目をつぶす。 |
| **肩の荷が下りる** | 責任や負担がなくなり安堵する。 |
| **肩を並べる** | 並んで歩く，対等に張り合う。 |
| **肩を持つ** | 味方になって援助する。 |
| **気が置けない** | 心を許し，うちとけて接することができる間柄。 |
| **木で鼻をくくる** | 相手に冷淡な態度をとる。 |
| **肝に銘ずる** | 深く心にとめて忘れないようにする。 |
| **口が堅い** | 秘密を守って人に話さない。 |
| **口車に乗る** | うまい言葉でだまされること。 |
| **口火を切る** | 最初に発言する。 |
| **口を割る** | 今まで隠していたことを白状する。 |
| **首が回らない** | 借金が多くて，やりくりがつかない。 |
| **首を長くする** | 心待ちにしている様子。 |
| **舌を巻く** | ひどく驚き感心して言葉も出ない様子。 |
| **手ぐすねをひく** | 準備を十分に整え，その機会の来るのを今か今かと待つ。 |
| **手塩にかける** | 自分が苦労して無事に育て上げる。 |
| **手に汗を握る** | 緊張した事態で，はらはらして見ている様子。 |
| **手に余る** | 自分では力量不足で解決できない。<br>(類) **手に負えない** |

| | |
|---|---|
| **掌《てのひら》を返す** | 露骨に態度を変える。「手の裏を返す」ともいう。 |
| **手も足も出ない** | なす術がなく困り果てている様子。 |
| **手をこまぬく** | 腕組みをする，何もしないで傍観する。 |
| **手を焼く** | 面倒が見きれずもてあます。 |
| **二の足を踏む** | 先に進むのをためらい，しりごみする。 |
| **二枚舌を使う** | 時と場所に応じて食い違うことを平気で言う。 |
| **鼻が高い** | 得意になる。 |
| **鼻にかける** | 自慢する。 |
| **歯に衣《きぬ》着せぬ** | へつらうことなく率直に言う。<br>反　**奥歯に物がはさまる** |
| **腹が黒い** | 根性，心根がよくない。 |
| **腹に据《す》えかねる** | ひどく腹が立っていて，何としても許せない気持ちになる。 |
| **腹を割る** | 本心をありのまま話す。 |
| **額に汗する** | 一生懸命に働く。 |
| **眉《まゆ》に火がつく** | 危険が身に迫る，火急なこと。 |
| **身を立てる** | 立身出世する。 |
| **耳が痛い** | 弱点を指摘されて聞くのがつらい。 |
| **耳にたこができる** | 同じことばかり言われて，もううんざりだと思う。 |
| **胸が騒ぐ** | 心が落ち着かない。 |
| **目が利《き》く** | 鑑識力が優れ，良し悪しの区別がすぐつく。<br>類　**目が高い** |
| **目から鼻へ抜ける** | 判断力が優れ，物事に素早く反応できる様子。 |
| **目から火が出る** | 頭や顔面を何かに強く打ちつけた時に受ける感じを言う言葉。 |
| **目と鼻の先** | 極めて近距離であること。<br>類　**目と鼻の間** |
| **目に余る** | あまりひどくて，黙って見逃すわけにはいかない様子。 |
| **目の色を変える** | 興奮して表情が変わる様子。 |
| **目を疑う** | 見たことが信じられない様子。 |
| **目をかける** | 見込みがあると思って，引き立ててやったりめんどうを見てやったりする。 |

## 頻出度ランクB

| | |
|---|---|
| **あごで使う** | いばった態度で人を使う。 |
| **足が奪われる** | 交通機関が事故などで止まってしまう。 |
| **足を延ばす** | 予定より遠くへ行く。 |

| | |
|---|---|
| **足を引っ張る** | 人の仕事の成功の邪魔をする。 |
| **顔が利《き》く** | 名が知られていて，何かと無理を通すことができる。 |
| **顔が立つ** | 面目が保たれる。 |
| **肩を落とす** | ひどく落胆している様子。 |
| **気を張る** | 来るべき事態に備えて心をひきしめる。 |
| **気を持たす** | それらしく言ったりふるまったりして相手に期待を抱かせる。 |
| **肝を据える** | 何かをする際に，どんな事態になってもあわてまいと覚悟を決める。 |
| **口が酸っぱくなる** | 相手に十分徹底させようとして，同じことを繰り返し言う様子。 |
| **口がすべる** | 言ってはいけないことをついうっかり話してしまう。 |
| **口が減らない** | あれこれと負け惜しみを言う様子。 |
| **口八丁手八丁** | 言うこともすることも達者で抜け目がない様子。 |
| **腰が低い** | 人に対する態度が謙虚である様子。 |
| **腰を据える** | 落ち着いて物事に接する。 |
| **小耳《こみみ》に挟《はさ》む** | 偶然にちらりと聞く。 |
| **舌の根の乾かぬうち** | あることを言ったばかりなのに，すぐそれに反するような言動をする様子。 |
| **尻に火が付く** | 物事が切迫して落ち着いていられない状態になる。 |
| **爪に火をともす** | とても節約する。 |
| **手につかない** | 他のことに心を奪われて身が入らない様子。 |
| **手を打つ** | 妥協する，対処の手段を講ずる。 |
| **手を握る** | 同盟を結ぶ。 |
| **手を広げる** | 今までと違った仕事をするなど，関係する範囲を広げる。 |
| **歯が立たない** | 相手が強すぎてとてもかなわない。 |
| **鼻につく** | 同じことに飽き飽きして不快に感じる，言葉が嫌みな感じ。 |
| **鼻をあかす** | 得意がる相手を出し抜いてあっと言わせる。 |
| **腹が太い** | 度胸がある。<br>㊫　**腹が据わる** |
| **腹をくくる** | どんな結果になってもいいように覚悟を決める。 |
| **一肌《ひとはだ》脱ぐ** | その人の立場に同情して，力になってやる。 |
| **へそを曲げる** | 機嫌を損ねて，意固地になる。 |
| **眉を曇らせる** | 心配事のため暗い表情をする。 |
| **眉をひそめる** | 心配事や他人の忌々しい言動を不快に感じたり |

| | |
|---|---|
| | して，顔をしかめる。 |
| **耳を貸す** | 相手の話をまじめに聞いてやる。 |
| **耳をそばたてる** | 注意して聞きとろうとする。 |
| **胸をなで下ろす** | 危険や心配がなくなり，安心する。 |
| **目が眩《くら》む** | 欲望にとらわれて，分別がなくなる。 |
| **目が肥える** | 良い物を多く見て識別する力が養われる。 |
| **目がない** | 非常に心奪われる様子，的確に判断したり評価したりする能力がない様子。 |
| **目くじらを立てる** | 些細なことを取り立ててとがめる。 |
| **目に入れても痛くない** | とてもかわいいと思う気持ち。 |
| **目に角《かど》を立てる** | 怒ってこわい目つきをする様子。<br>類　**目を三角にする** |
| **目に物言わせる** | 目くばせなどによって意思や感情を伝える。 |
| **目に物見せる** | 憎い相手をひどい目にあわせて，思い知らせてやる。 |
| **目の上の瘤《こぶ》** | 邪魔なもの。 |
| **目星をつける** | 大体の見当をつける。 |
| **目を奪われる** | すばらしさに我を忘れて見入る。 |
| **目を白黒させる** | 苦しがっている時やひどく驚いた時の様子。 |
| **目を光らす** | 厳しく監視する。 |
| **目を引く** | その方に人の注意を向けさせる。 |
| **目を見張る** | すばらしいものなどを見て驚く様子。 |
| **指をくわえる** | むなしく傍観する。 |

## 頻出度ランクC

| | |
|---|---|
| **あごが干《ひ》上《あ》がる** | 生計が立たなくなる。 |
| **あごを出す** | ひどく疲れる。 |
| **足が付く** | 逃げた足取りが分かる。 |
| **足を取られる** | 酔いや道の悪さのために思うように歩けない。 |
| **頭が低い** | 他人に対しへりくだった態度をとる。<br>反　**頭《ず》が高い** |
| **頭をはねる** | 人の利益の一部を勝手に自分のものとする。 |
| **頭を冷やす** | 冷静な態度になる。 |
| **腕に覚えがある** | 自分の技量に自信をもっている。 |
| **腕に縒《より》をかける** | 大いに精を出してする。<br>類　**腕をふるう** |

| | |
|---|---|
| 腕をみがく | 習練を重ねる。 |
| 噯《おくび》にも出さぬ | 心に秘めて少しも口に出さない。 |
| 肩を入れる | ひいきして力添えをする。 |
| 肩を貸す | 応援したり協力したりする。 |
| 肩をすぼめる | ひけめを感じるところがあり，意気のあがらない様子。 |
| 間髪を容《い》(入)れず | 少しも間を置かず，すかさず，即座に。 |
| 気が気でない | 心配でたまらない。 |
| 気は心 | 少しのことでも真心が込められていれば満足できる。 |
| 肝を潰《つぶ》す | たいそう驚き，うろたえる様子。 |
| 肝を冷やす | 危ない目にあってひやりとする。 |
| 口がかかる | 仕事を依頼されたり人に招かれたりする。 |
| 口に合う | 飲食物がその人の嗜好に合致する。 |
| 口に上《のぼ》る | 話題として取り上げられること。 |
| 口を合わせる | しめし合わせて同じことを言う。 |
| 口を衝《つ》いて出る | ことばがすらすらと出てくる，無意識に思いがけない言葉が出る。 |
| 首がつながる | 免職にならずにすむ。 |
| 首を突っこむ | 関心を持つ，深入りする。 |
| 腰が抜ける | 非常に驚いて立てなくなったり，気力がうせたりする様子。 |
| 歯《し》牙《が》にも掛けない | 全く問題にしない。 |
| 舌が回る | よどみなく，とうとうとしゃべる。 |
| 尻が青い | 何事につけても経験が乏しい様子。 |
| 尻が軽い | 行動が軽々しい。 |
| 尻に帆を掛ける | 急いで逃げ出す。 |
| 尻を据える | ゆっくりとそこに落ちついて何かをする。 |
| 尻を持ち込む | 本人が解決できない問題について，代わりに責任を取るようにと，その関係者に迫る。 |
| すねに傷を持つ | 身にやましい点がある。 |
| 爪の垢《あか》を煎《せん》じて飲む | 優れた人にあやかるようにする。 |
| 爪を研《と》ぐ | 準備をととのえて好機を待ちかまえる。 |
| 手があく | 暇になる。 |
| 手が込む | 技巧が綿密である様子。 |
| 手に乗る | だまされる。 |
| 手をあげる | 降参する，人をたたく。 |
| 手を砕く | いろいろと手立てをめぐらす，様々に工夫をこらす。 |

| | |
|---|---|
| **手を下《くだ》す** | 直接自分でする。 |
| **長い目で見る** | その時の状態だけで判断せず，将来に期待をかけて見守る。 |
| **歯が浮く** | 軽薄な言動を見聞きして不快になる。 |
| **鼻が利《き》く** | 秘密などを敏感に感じる。 |
| **鼻であしらう** | 相手をばかにして，いいかげんな対応をする。 |
| **鼻で笑う** | あざ笑う。 |
| **鼻を折る** | おごり高ぶっている気持ちをくじく。 |
| **腹に一物** | 心中に何か企みがある様子。 |
| **腹も身の内** | 暴飲暴食を戒める語。 |
| **腹を抱《かか》える** | 大笑いする。 |
| **腹を探る** | 人の心中を知ろうとする。 |
| **歯を食いしばる** | 肉体的また精神的苦痛などをこらえる。 |
| **眉唾《つば》もの** | 真偽の疑わしいもの。 |
| **耳打ち** | 相手の耳に口を寄せてこっそり話す。 |
| **耳が早い** | 情報をつかむのが早い。 |
| **耳につく** | 同じ事を何度もきかされて開き飽きる，声や音がいつまでも耳に残っている。 |
| **耳を揃える** | 必要な金額を揃えて用意する。 |
| **胸が痛む** | 心を悩ませる。 |
| **胸に秘める** | 自分の心に大事にしまっておく。 |
| **胸を焦がす** | 一途に思い悩む，思いこがれる。 |
| **目が届く** | 監督・注意が行き届く。 |
| **目の毒** | 見ると欲しくなるもの。 |
| **目は口ほどに物を言う** | 口に出して言わなくても，目つきでその人の気持ちが相手に伝わる。<br>(類) **目は心の鏡** |
| **目も当てられない** | あまりのひどさに見ていられない様子。 |
| **目もくれない** | 全く関心を示さない様子。 |
| **目を皿にする** | 目を大きく開き注意深く見る。 |
| **目をつぶる** | 黙って見逃す。 |
| **目をむく** | 怒って相手をにらみつける様子。 |

## 2 動物に関するもの

| | |
|---|---|
| **犬の遠吠え** | 勝負に敗れた者が負け惜しみを言う。 |
| **犬も食わぬ** | だれも相手にしない様子。 |

| | |
|---|---|
| **牛の歩み** | 進みの遅いことのたとえ。 |
| **牛のよだれ** | だらだら続くことのたとえ。 |
| **鵜《う》のみにする** | よく理解もしないで，そのまま受け入れる。 |
| **鵜の目鷹の目** | 何かを探し出そうとして，鋭い目つきであたりを見回す様子。 |
| **馬が合う** | お互いに気が合う。 |
| **おうむ返し** | 相手の言うとおりに言い返す。 |
| **鴨《かも》にする** | 勝負ごとなどで簡単に負かしてしまう。 |
| **烏《からす》の行水** | 簡単に入浴をすますこと。 |
| **狐につままれる** | さっぱり事情がわからず，ただぼんやりしてしまう。 |
| **犬猿の仲** | 仲の悪い様子。 |
| **尻馬に乗る** | 無批判に人の言動に便乗する。 |
| **雀の涙** | ほんのわずかであること。 |
| **狸《たぬき》寝入り** | 眠ったふりをする。 |
| **鶴の一声** | 権威者や有力者の一言ですぐに議論が決まること。 |
| **虎の子** | 秘蔵していて絶対に手離さないもの。 |
| **猫の手も借りたい** | 非常に忙しい様子。 |
| **猫の額** | 面積が非常に狭い様子。 |
| **猫の目のよう** | 物事が目まぐるしく変わる様子。 |
| **猫もしゃくしも** | だれもかれも，なにもかも。 |
| **猫をかぶる** | 本性を隠しておとなしそうにふるまう。 |
| **鳩に豆鉄砲** | 驚いてきょとんとしている様子。 |
| **袋のねずみ** | 逃げ場のない状態。 |
| **蛇の生《なま》殺し** | 決着をつけず不徹底な様子。 |
| **虫がいい** | 身勝手で利己的な態度をとる。 |
| **虫が知らせる** | 何となくそんな予感がしたと思う。 |
| **虫が好かない** | はっきりした理由はないが，何となく嫌いだと思う。 |
| **虫の息** | 今にも死にそうな状態。 |
| **虫の居《い》所《どころ》が悪い** | 不機嫌な様子。 |

### 3 植物に関するもの

| | |
|---|---|
| **青菜に塩** | すっかり元気をなくした様子。 |
| **梅にうぐいす** | よいとり合わせのたとえ。 |
| **瓜《うり》二つ** | そっくりであること。 |
| **高《たか》嶺《ね》の花** | 見るだけで手にとることができないもの。 |
| **梨のつぶて** | 全く音信がないこと。 |

| | |
|---|---|
| 根にもつ | 恨みに思い続ける。 |
| 根掘り葉掘り | 細かいところまでしつこく問いただす様子。 |
| 根回しをする | 物事が都合よくいくように，あらかじめ働きかけをする。 |
| 根も葉もない | なんの根拠もない。 |
| 花道を飾る | 引退する直前に功績を上げ，人に惜しまれながら辞める。 |
| 花も実もある | 名実ともに備っている。 |
| 花を持たせる | 相手を立てる。 |
| 一花咲かす | 沈滞した状態から抜け出し，華やかに活躍して地位や名声を得る。 |
| 両手に花 | よいことを二つ同時に得ること。 |

## 4 その他のもの

### 頻出度ランクA

| | |
|---|---|
| 揚《あげ》句の果て | 終わり，最後。 |
| 油を売る | 無駄話をして時間を浪費する。 |
| 息をのむ | ひどく驚いたり感動したりする。 |
| 板につく | 職業や任務がその人にふさわしくなること。 |
| 一目《いちもく》置く | 相手がすぐれていることを認め，一歩ゆずった態度をとる。 |
| 襟《えり》を正す | 気持ちを引きしめる。 |
| お門違い | 見当違い。 |
| お茶を濁す | 適当にその場をごまかす。 |
| 重荷をおろす | 重責を果たす。 |
| 音《おん》頭《ど》をとる | 先頭に立って行動する。 |
| かたずをのむ | 事の成り行きをじっと見守る。 |
| 歓心を買う | 人に気に入られようと努力する。 |
| 琴線《きんせん》に触れる | 心を動かされる。 |
| けりをつける | 結末がつく。 |
| 口角《こうかく》泡を飛ばす | はげしく議論する。 |
| 先を争う | 人より先になろうとして争いながら進む。 |
| さじを投げる | あきらめて途中でやめる。 |
| しのぎを削る | 激しく争う。 |

| | |
|---|---|
| 常軌《じょうき》を逸《いっ》する | 常識では考えられないような言動をする。 |
| 辛酸《しんさん》をなめる | 数多くの辛い経験をする。 |
| すみに置けない | 意外な才能があり侮り難い。 |
| 反《そ》りが合わない | 仲がうまくいかない様子。 |
| 駄目を押す | 間違いないと分かっていても，なお念のため確かめる。 |
| 名を得る | すぐれた業績などによって名声を得る。 |
| 名を惜しむ | 名誉を大切にしてそれを傷つけることのないようにする。 |
| 涙をのむ | つらいことをがまんする。 |
| 二の句が継げない | 相手の言にあきれたり気おくれしたりして，次に言うことばが出てこない。 |
| 拍車をかける | せきたてて進行を速める。 |
| 一筋縄《ひとすじなわ》ではいかない | 普通のやり方では思うようにならない。 |
| 火の車 | 経済状態が非常に苦しいこと。 |
| 的《まと》を絞る | 目標をある点に集中する。 |
| 満《まん》を持する | じゅうぶん用意して待ちうける。 |
| 水に流す | 過去のことをなかったことにする。 |
| 横車《よこぐるま》を押す | 道理に合わなくても無理を通す。<br>類 **横紙破り** |

## 頻出度ランクB

| | |
|---|---|
| 相づちを打つ | 相手の話に調子を合わせる。 |
| 後《あと》の祭り | 時機を逸してからあれこれ言ったりしたりしても，何の役にも立たないこと。<br>類 **六日の菖蒲十日の菊** |
| 脂《あぶら》がのる | 仕事などの調子が出る。 |
| 油をしぼる | あやまちや失敗をきびしく責めたてる。 |
| 一杯食わす | だます。 |
| 意に介さない | 気にかけない。 |
| 色を失う | 非常に驚きあわてる。 |
| うだつがあがらない | 立身できない。 |
| 裏目に出る | 予測とは反対の不利な結果となる。 |
| 悦《えつ》に入る | 心の中で喜ぶ。 |
| 大風呂敷をひろげる | ほらとしか思えないような大きなことを言う。 |
| お株を奪う | 他人の得意とするものを自分がしてのける。 |

| | |
|---|---|
| 風上《かざかみ》にも置けない | よくない人間をののしっていうことば。 |
| 片棒をかつぐ | 仲間の一人となって手助けする。多く，悪事に加わること。 |
| 脚光をあびる | 注目のまとになる。 |
| 釘《くぎ》をさす | まちがいのないように念を押す。 |
| 下駄《げた》をあずける | 相手にその処置を一任する。 |
| 下駄をはかせる | 物事を実際より大きく見せる。水増しする。 |
| 甲乙をつけがたい | どちらが優れているか判断できない。 |
| ことばを濁す | はっきり言わない。 |
| さばを読む | 数をごまかしていう。 |
| 下へも置かない | ていねいにもてなす様子。 |
| 地団駄《じだんだ》を踏む | 身もだえしながら悔しがる様子。 |
| しっぽを出す | かくしごとがばれる。 |
| しびれを切らす | 待ちくたびれて，がまんできなくなる。 |
| 雌雄《しゆう》を決する | 勝ち負けをはっきりさせる。 |
| 人後《じんご》に落ちない | 他の人に負けない自信がある様子。 |
| 図に乗る | 思いどおりになり，調子に乗る。 |
| 高飛車《たかびしゃ》に出る | 高圧的な態度をとる。 |
| 棚に上げる | 知らぬふりをして，そっとしておく。 |
| 粒がそろう | すぐれたものが集まること。 |
| 手前みそを並べる | 自慢する。 |
| 峠を越す | 物事のいちばん盛んな時が過ぎる。 |
| 途方《とほう》に暮れる | どうしてよいか分からず困りきる。 |
| 二の次にする | 後回しにする。 |
| 二の舞 | 前の人がした失敗をもう一度繰り返すこと。 |
| 音《ね》を上げる | 弱音《よわね》をはく。 |
| 羽をのばす | 自由気ままにふるまう。 |
| 羽目をはずす | 調子にのりすぎて度をこす。 |
| 一泡《ひとあわ》ふかせる | 人の意表をついて，驚きあわてさせる。 |
| 筆が立つ | 文章を書くのがうまい。 |
| ふりだしに戻す | 最初の状態にもどす。 |
| 棒に振る | 努力をむだにする。 |
| 水を差す | うまくいかないように邪魔をする。 |
| 味噌《みそ》をつける | 失敗する。 |
| 門をたたく | 自ら志願して，その先生の門人になる。 |
| 山をかける | 万一の成功を望んで見込みを立てる。<br>類　山を張る |

| | |
|---|---|
| 矢も楯《たて》もたまらず | 気がせいてじっとしていられない。 |

## 頻出度ランクC

| | |
|---|---|
| 阿吽《あうん》の呼吸 | 互いに呼吸が合う様子。 |
| 青息吐息 | 困って苦しみ嘆く様子。 |
| 味をしめる | 一度うまくいったことがあって，またこれを期待する。 |
| 呆気《あっけ》に取られる | 驚いたりあきれたりして，ぼうっとなる。 |
| 油を注ぐ | 勢いをさらにさかんにするようなきっかけを与える。 |
| 泡を食う | あまりにも突然の出来事に，非常にあわてる。 |
| 息がかかる | 有力者の保護や影響が及ぶ。 |
| 痛しかゆし | 一方よければ他方が悪く，困ること。 |
| 一も二もなく | とやかく言うことがなく，即座に同意する様子。 |
| 一笑に付す | 笑って相手にしない。 |
| 一石を投じる | 新たに問題を投げかける。 |
| 色をなす | 怒って顔色を変える。 |
| 有無を言わせない | 無理やりにこちらの思い通りのことをさせる。 |
| 尾ひれが付く | 話が誇張される。 |
| 折り紙をつける | その人物や品物が信用のできる確かなものであることを保証する。 |
| 尾を引く | あとあとまで影響が残る。 |
| 御《おん》の字 | 期待以上の好ましい状況で，十分満足できる様子。 |
| 返り咲く | 失った地位，名声をとり戻す。 |
| 影を落とす | その人の将来を暗くさせるような影響を与える。 |
| 風を切る | 勢いのよい様子。 |
| かぶとを脱《ぬ》ぐ | 降参する。 |
| 鎌をかける | 知っているような口ぶりで相手にさそいをかける。 |
| 痒《かゆ》いところに手が届く | 細かい点までよく気がつく。 |
| 管《くだ》を巻く | つまらないことをくどくどという。 |
| 雲をつかむ | とらえどころがない様子。 |
| 群《ぐん》をぬく | とび抜けて優れている。 |
| 業《ごう》を煮やす | 思うように進まず，いらいらする。 |
| 沽券《こけん》にかかわる | ある行為がその人の品位や体面を傷つけることになる。 |
| 采配《さいはい》を振る | 指揮，指図をする。 |
| 敷居《しきい》が高い | 不義理などをしてその人の家に行きにくい状態である。 |
| 白羽《しらは》の矢を立てる | 多くの中から選び出す。 |
| 白《しら》を切る | 知らないふりをする。 |

| | |
|---|---|
| 心血《しんけつ》を注ぐ | 全精神をうちこんで努力する。 |
| 袖《そで》にする | 冷淡な扱いをする。 |
| そろばんをはじく | 損得を考える。 |
| 高をくくる | たいしたことはないと見くびる。 |
| 立つ瀬がない | 立ち場を失う。 |
| 袂《たもと》を分かつ | それまで続いた親密な関係を絶つ。 |
| たらい回し | 一つのことを順々に他に回すこと。 |
| つじつまが合う | すじみちがよく通る。 |
| 伝《でん》家《か》の宝刀を抜く | 大事な場面に，取っておきの手段を使う。 |
| とぐろを巻く | 長時間一カ所にたむろしている様子。 |
| とどのつまり | 結局。 |
| 取りつく島もない | 相手が冷淡で話を進めるきっかけがつかめない様子。 |
| 波に乗る | 勢いにのる。 |
| 煮え湯を飲まされる | ひどい目に遭わされる。 |
| のしをつける | 全く不要なものなので，喜んで相手に進呈する。 |
| 幅をきかす | 思いのままに勢いをふるう。 |
| 人を食う | 人をばかにする。 |
| 火ぶたを切る | 戦いや競技などを開始すること。 |
| 火を見るよりも明らか | 道理が明白で疑う余地もない。 |
| 魔がさす | ふと悪い考えを起こす。 |
| 水をあける | 競争などで相手を大きく引き離す。 |
| 水を向ける | 相手の関心をある方向に向けさせようと誘いかける。 |
| もったいをつける | もったいぶる。 |
| 焼きがまわる | 腕前や気力が衰える。 |
| 矢の催促 | 厳しく頻繁にせき立てる。 |
| 弓を引く | 裏切り，敵側に回る。 |
| 横槍《やり》を入れる | 第三者がわきから口出しをする。 |
| らちがあかない | 物事がはかどらず，決着がつかない。 |
| 輪をかける | 一段と程度がまさる。 |

# 練習問題

(387ページより解答・解説)

**86** ★ ことわざの意味が**誤っている**のはどれか。

1　お茶を濁す———いい加減にごまかすこと。
2　ほぞをかむ———いらいらすること。
3　けりがつく———結着がつくこと。
4　しのぎを削る——激しく争うこと。
5　手塩にかける——大事に育てること。

**87** ★ 次の慣用句のうち，**類義の組合せでない**のはどれか。

1　顔が広い———顔が売れる
2　腹が太い———腹が据わる
3　目がきく———目が高い
4　手に余る———手におえない
5　口が堅い———口が減らない

**88** ★ 「人の一生は重荷を負うて遠き道を行くがごとし」という言葉の意味に最も近いのはどれか。

1　せいては事を仕損じる
2　旅は道づれ世は情け
3　先んずれば人を制す
4　案ずるより産むが易し
5　日暮れて途遠し

**89** ★ 次のことわざのうち，**類義の組合せでない**のはどれか。

1　虻蜂とらず———二兎を追うものは一兎をも得ず
2　馬の耳に念仏——忠言耳に逆らう
3　豆腐にかすがい—のれんに腕押し
4　猫に小判————犬に論語
5　弘法も筆の誤り—河童の川流れ

**★90** 慣用句の意味が正しいのはどれか。

1　口を切る———うっかり話してしまうこと。
2　目をつぶる——相手にしないこと。
3　腹をくくる——覚悟を決めること。
4　腰が低い———落ち着いて物事にあたること。
5　足が出る———遠くまで出かけること。

**★91** 下線部分の言葉の使い方が**誤っている**のはどれか。

1　彼は最近になって頭角をあらわした。
2　相手の不意をついて一泡ふかせてやろう。
3　大役を果たして肩の荷がおりた気がする。
4　期限は明日中だと先生から目星をつけられた。
5　とても僕らには歯が立たない相手だ。

**★92** 次のことわざの□のいずれにも**該当しない**漢数字はどれか。

A　仏の顔も□度　　B　鶴の□声　　C　□足の草鞋《わらじ》をはく
D　一寸の虫にも□分の魂　　E　早起きは□文の徳

1　一
2　二
3　三
4　四
5　五

**★93** 故事成語の意味が**誤っている**のはどれか。

1　株を守る———古いやり方を守り，融通のきかないこと。
2　牛耳を執る——学識や才能がいちだんと目立つこと。
3　一炊の夢———どんな栄華もはかなくむなしいこと。
4　背水の陣———決死の覚悟でものごとにあたること。
5　虎の威を借る—力のない者が他の力を借りていばること。

**94** ★　ことわざの意味が正しいのはどれか。

1　枯木も山の賑い――年老いた者でも，大勢集まれば活気づいてそれなりに楽しいこと。

2　木に縁りて魚を求む――人とは違う手段で成功をおさめること。

3　対岸の火事――助けてやりたいが，自分にはどうすることもできずもどかしいこと。

4　濡れ手で粟――苦労をせずに多くの利益を得ること。

5　真綿で首を絞める――考えがあまく，何の効果も上がらないこと。

**95** ★★　次のことわざとその意味に合う四字熟語の組合せが正しいのはどれか。

1　身から出たさび―――自業自得

2　えびで鯛を釣る―――一挙両得

3　火中の栗を拾う―――自暴自棄

4　角を矯めて牛を殺す―起死回生

5　亀の甲より年の功――海千山千

**96** ★★　次のア～エのことわざと同じまたは似た意味をもつものをA～Gからさがして正しく組み合わせてあるのはどれか。

| | | | |
|---|---|---|---|
| ア | 医者の不養生 | イ | 泣きっ面に蜂 |
| ウ | 仏作って魂入れず | エ | 苦しい時の神だのみ |

A　良薬は口に苦し

B　溺る者はわらをもつかむ

C　画龍点睛を欠く

D　聞くは一時の恥

E　情けは人の為ならず

F　紺屋の白袴

G　弱り目にたたり目

1　ア―F　　イ―A

2　ア―A　　ウ―E

3　イ―G　　ウ―C

4　イ―D　　エ―B

5　ウ―C　　エ―D

★★
**97** 次の文中の慣用句のうち，上の段の使い方が正しいのはどれか。

1　弟のいたずらは｛一目おく。／目に余る。｝

2　時間に遅れないように｛釘をさす。／折り紙をつける。｝

3　先生に指名され｛身につまされる／身がすくむ｝思いだった。

4　彼の計算の速さには｛かたずをのむ。／舌を巻く。｝

5　営業の仕事もようやく｛そりが合ってきた。／板についてきた。｝

★★
**98** A～Gの意味を示す慣用句の（　　）に入る動物名が正しいもののみをすべて挙げているのはどれか。

A　土地などの狭いこと――――――――（ 猫 ）の額
B　入浴時間の短いこと――――――――（ 雀 ）の行水
C　弱いのに陰でからいばりすること―（ 虎 ）の遠吠え
D　物事に決着をつける言葉―――――（ 鶴 ）の一声
E　大事にしまっているもの―――――（ 亀 ）の子
F　ほんのわずかであること―――――（ 鼠《ねずみ》 ）の涙
G　驚きびっくりしている様子――――（ 鳩 ）に豆鉄砲

1　A，C，E
2　A，D，G
3　B，D，F
4　B，E，G
5　C，D，F

★★
**99** 次のことわざのうち，**対義の組合せでない**のはどれか。

1　腐っても鯛――――――――麒麟《きりん》も老いては駑馬《どば》に劣る
2　渡る世間に鬼はなし――――人を見たら泥棒と思え
3　立つ鳥後を濁さず―――――あとは野となれ山となれ
4　瓜のつるに茄子《なすび》はならぬ――とびがたかを生む
5　長いものには巻かれろ―――泣く子と地頭には勝てぬ

**100** ★★ 次のA～Eの言葉と身体の一部を示す語を結びつけて慣用句をつくるとき，その組合せとして正しいのはどれか。

A　すべる，堅い，割る
B　探る，黒い，くくる
C　折る，あかす，つく
D　切る，打つ，焼く
E　引く，かける，無い

| | A | B | C | D | E |
|---|---|---|---|---|---|
| 1 | 足 | 耳 | 頭 | 肩 | 耳 |
| 2 | 口 | 腹 | 鼻 | 手 | 目 |
| 3 | 手 | 首 | 足 | 顔 | 口 |
| 4 | 足 | 腹 | 手 | 口 | 鼻 |
| 5 | 口 | 足 | 腰 | 手 | 鼻 |

**101** ★★ 会話の中での慣用句の使い方が**適切でない**のはどれか。

1　「彼女の言うことは信用できないよ。」
「また掌を返すように前言を取り消したのか。」
2　「面接試験はどうだった。」
「じわじわと真綿で首をしめられるように質問されたよ。」
3　「人はどう生きるかが問題だよな。」
「ああ，氏より育ちと言うではないか。」
4　「宝くじが当たったら，家族で海外旅行に出掛けるって決めているんだ。」
「そういうのを，捕らぬ狸の皮算用っていうんだよ。」
5　「久しぶりに学生時代の友人と会ったのか。」
「昨夜は襟を正して語りあかしたよ。」

**102** ★★ 次の故事成語の意味が**誤っている**のはどれか。

1　風樹の嘆――――親が死んでしまって孝行できない嘆き。
2　杜撰――――――書物などの誤りが多く，いい加減なこと。
3　白眉――――――年長者の教えを大切にすること。
4　塞翁が馬――――人生の吉凶は予測できないこと。
5　孟母三遷の教え――子供の教育によい環境を選ぶこと。

**★★**
**103** A～Eのことわざのうち，似た意味をもつ組合せを１つ，反対の意味をもつ組合せを１つそれぞれ挙げているのはどれか。

A　かわいい子には旅をさせよ——旅の恥はかき捨て
B　火のない所に煙はたたぬ———蒔かぬ種ははえぬ
C　好きこそ物の上手なれ————下手のよこ好き
D　帯に短したすきに長し————どんぐりの背くらべ
E　君子危きに近よらず—————虎穴に入らずんば虎子を得ず

1　A，C
2　A，D
3　B，D
4　B，E
5　C，E

**★★**
**104** 次のA～Fのうち，ことわざと意味の組合せが正しいもののみをすべて挙げているのはどれか。

A　三つ子の魂百まで——幼い時の性質は一生変わらないこと。
B　嘘も方便——事実よりも嘘のほうが説得力があること。
C　情けは人のためならず——人に親切にすることはその人のためにならないこと。
D　水清れば魚棲《す》まず——あまり潔癖すぎる人はかえって親しまれない。
E　栴檀《せんだん》は双葉より芳し——大成する人は子供の頃から優れたところがある。
F　怪我の功名——うっかりして注意を怠ると大きな失敗を招くということ。

1　A，C，E
2　A，D，E
3　B，C，F
4　B，D，E
5　C，D，F

**★★ 105** 次のA～Eの□に入る語の組合せとして正しいのはどれか。

A　魚心あれば□あり

B　□は寝て待て

C　提灯に□

D　藪をつついて□を出す

E　待てば□の日和あり

| | A | B | C | D | E |
|---|---|---|---|---|---|
| 1 | 水心 | 果報 | 釣鐘 | 蛇 | 海路 |
| 2 | 水心 | 家宝 | 釣鐘 | 虎 | 回路 |
| 3 | 水心 | 果報 | 瓢箪 | 虎 | 開路 |
| 4 | 親心 | 家宝 | 瓢箪 | 蛇 | 海路 |
| 5 | 親心 | 家法 | 瓢箪 | 虎 | 回路 |

**★★ 106** 次のA～Eの故事成語の意味を示す方を正しく選んでいる組合せはどれか。

A　水魚の交わり
- ア　似たもの同志が友達になること。
- イ　非常に親密な関係。

B　白眼視
- ア　冷淡にとりあつかうこと。
- イ　知らぬふりをすること。

C　出藍の誉れ
- ア　弟子の方が師よりまさること。
- イ　権力を一手に握ること。

D　春秋に富む
- ア　風景が清らかで美しいこと。
- イ　年が若く，未来があること。

E　杞憂
- ア　決断するのが遅いこと。
- イ　無用な心配をすること。

| | A | B | C | D | E |
|---|---|---|---|---|---|
| 1 | イ | ア | ア | イ | イ |
| 2 | イ | イ | ア | イ | ア |
| 3 | ア | ア | イ | ア | イ |
| 4 | ア | イ | ア | イ | イ |
| 5 | イ | イ | イ | ア | ア |

★★★
**107**　次のA～Cの□に入る言葉の組合せとして正しいのはどれか。

A　思うように仕事がいかないので□ような生活を続けている。

B　この件については君に□から，しっかりとやってくれよ。

C　何度も援助をたのんだが□ような態度で取り合ってくれない。

| | A | B | C |
|---|---|---|---|
| 1 | 人後に落ちない | 采配を振る | 木で鼻をくくった |
| 2 | 爪に火をともす | 下駄を預ける | 駄目を押された |
| 3 | 人後に落ちない | 水を向ける | 駄目を押された |
| 4 | 足下から鳥が立つ | 水を向ける | 駄目を押された |
| 5 | 爪に火をともす | 下駄を預ける | 木で鼻をくくった |

★★★
**108**　次の文中のことわざ，慣用句のうち，上の段の使い方が正しいのはどれか。

1 {出された食事を，彼は歯牙にもかけないで食べてしまった。
彼は中学生なので，小学生の言うことなど歯牙にもかけない。

2 {話し好きの叔母は，舌の根も乾かぬうちに電話を切った。
「うそをつかない。」と言った舌の根も乾かぬうちに，またうそをついた。

3 {会議では今後の運営方針について，口車に乗って話し合われた。
店員の口車に乗って，無駄な買物をしてしまった。

4 {彼とは気の置けない仲なので，何でも話せる。
彼女は気の置けない人なので，大切なことは話さないようにしている。

5 {彼女のような根も葉もない性格の人でも，失敗はあるらしい。
彼はいつも根も葉もないうわさ話を人にして喜んでいる。

★★★
**109** 次のA～Gのうち，故事成語と意味の組合せが正しいもののみをすべて挙げているのはどれか。

A　他山の石――他人の物はなんでもよく見えるものだ。
B　画餅―――実際に役に立たないことのたとえ。
C　青雲の志――立身出世をしたいと願う心。
D　李下に冠――かくれていた才能が人前にあらわれること。
E　曲学阿世――音楽や学問が世間に広まること。
F　巧言令色――口先がうまく，愛想のいいこと。
G　登竜門―――目標を高く掲げることのたとえ。

1　A，B，G
2　A，D，E
3　B，C，F
4　C，E，G
5　D，E，F

★★★
**110** 次のA～Eの意味が示すことわざ・故事成語の組合せとして正しいのはどれか。

A　弁舌がすらすらとよどみのない様子。
B　人は交友や環境によって，よくも悪くもなるということ。
C　一度してしまったことは取り返しがつかないということ。
D　真の目的は別のところにあるというたとえ。
E　ちょっとしたことも，みな前世からの因縁によるということ。

ア　敵は本能寺にあり
イ　立板に水
ウ　羹《あつもの》に懲りて膾《なます》を吹く
エ　覆水盆に返らず
オ　袖すり合うも他生の縁
カ　水は方円の器に随う
キ　釈迦に説法
ク　禍福は糾《あざな》える縄の如し
ケ　九牛の一毛

| | A | B | C | D | E |
|---|---|---|---|---|---|
| 1 | イ | カ | エ | ア | オ |
| 2 | イ | ク | エ | ウ | ケ |
| 3 | キ | カ | エ | ウ | オ |
| 4 | キ | ク | イ | ウ | ケ |
| 5 | キ | カ | イ | ア | ケ |

# 6　現代文法

文法問題は，いずれも正誤・識別を問うものなので，単なる知識だけでは正答はおぼつかない。知識を整理して充分に練習をつむ必要がある。出題は，「敬語」と「まぎらわしい語の識別」がほとんどである。

## 1　敬　語

敬語とは，相手や話題の中に出てくる人に敬意を表す言葉で，一般に**尊敬語**，**謙譲語**，**丁寧語**の三種類に分けられる。

**尊敬語**

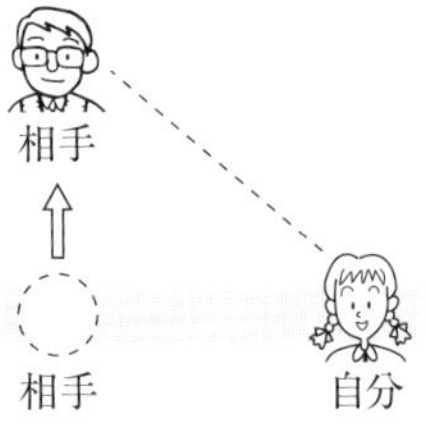


（相手を高める）

**相手や話題になっている人を直接高め，尊敬する表現。**

① 尊敬の意味をもつ特別の動詞を使う。

　例　言う→おっしゃる

② 助動詞「れる・られる」を使う。

　例　話す→話される

③ 「お(ご)～になる」の形を使う。

　例　帰る→お帰りになる

④ 敬意を含む名詞・代名詞を使う。

　例　あのかた　あなた　先生

⑤ 敬意を含む接頭語・接尾語を使う。

　例　お体　ご感想　田中様

**謙譲語**

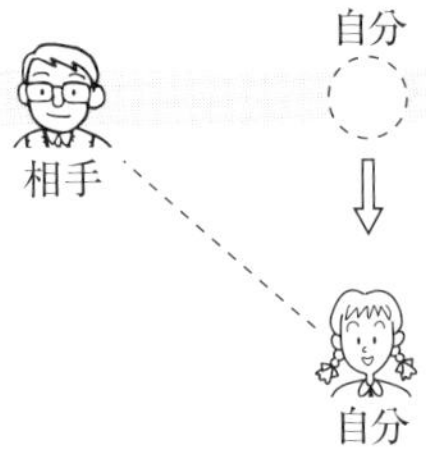


（自分を低める）

**自分や自分の身内のことを低め，間接的に相手を高める表現。**

① 謙譲の意味をもつ特別の動詞を使う。

　例　言う→申す

② 「お(ご)～する」の形を使う。

　例　持つ→お持ちする

③ 謙譲の意を含む名詞・代名詞を使う。

　例　わたくし　家内

④ 謙譲の意を含む接頭語・接尾語を使う。

　例　粗品　弊社　愚息

**丁寧語**

**話し方を丁寧にすることで，相手を尊敬する表現。**

① 丁寧の意味をもつ特別の動詞を使う。

例 ある→ございます

② 助動詞「ます・です」を使う。

例 父です 行きます

③ 接頭語の「お」「ご」を使う。

例 お天気 ご飯

●敬意を表す名詞・接頭語・接尾語の主なものを覚えておこう。

| | 尊敬語 | 謙譲語 | 丁寧語 |
|---|---|---|---|
| 名詞 | 先生 社長<br>あなた どなた<br>あのかた | 手前 家内<br>わたくし<br>せがれ | |
| 接頭語 | お宅 ご主人<br>貴君 御礼<br>令息 貴社 | 小生 粗品<br>弊社 拙宅<br>寸志 拝聴 | お天気<br>お菓子 お茶<br>ごほうび お昼 |
| 接尾語 | 鈴木様<br>高田さん<br>加藤氏 近藤殿 | 私め 私ども | |

※接頭語の「お」「ご」は，相手のものにつく場合は尊敬語，誰のものとする必要のないものにつく場合は丁寧語となる。

●尊敬語の場合は「お～になる・なさる」という表現や「れる・られる」を用いることにより敬意を表すことができ，また，謙譲語の場合は「お～する」という表現により敬意を表すことができるが，次のように特別な言い方をする動詞もあるので覚えておこう。

<table>
<tr><th>動詞</th><th>尊敬語</th><th>謙譲語</th></tr>
<tr><td>言う</td><td>おっしゃる</td><td>申す・申し上げる</td></tr>
<tr><td>行く・来る</td><td rowspan="2">いらっしゃる<br>みえる・おいでになる</td><td>参る・参上する</td></tr>
<tr><td>いる</td><td>おる</td></tr>
<tr><td>思う</td><td>—</td><td>存じる</td></tr>
<tr><td>聞く</td><td>—</td><td>うかがう・承る</td></tr>
<tr><td>着る</td><td>お召しになる・召される</td><td>—</td></tr>
<tr><td>くれる</td><td>くださる</td><td>—</td></tr>
<tr><td>やる</td><td>—</td><td>差し上げる</td></tr>
<tr><td>する</td><td>なさる・あそばす</td><td>いたす</td></tr>
<tr><td>訪ねる・訪問する</td><td>—</td><td>うかがう</td></tr>
<tr><td>食べる</td><td>召し上がる</td><td>いただく・頂戴する</td></tr>
<tr><td>見る</td><td>ご覧になる</td><td>拝見する</td></tr>
</table>

**敬語の誤り**

●敬語の間違いには，尊敬語と謙譲語を取り違えて用いる場合が多い。

〔※目上の人に対して〕

× 「どうぞ，このお菓子をいただいて下さい。」 （謙譲語）
○ 「どうぞ，このお菓子を召し上がって下さい。」 （尊敬語）

× 「こちらの書類を拝見して下さい。」 （謙譲語）
○ 「こちらの書類をご覧下さい。」 （尊敬語）

× 「こちらへお越しの際，雨は降っておられましたか。」 （尊敬語）
○ 「こちらへお越しの際，雨は降っていましたか。」 （丁寧語）

●父や母などの家族や，上司などであっても，相手に対して自分の側にいる人のことを話すときには謙譲語を用いる。

〔※目上の人に対して〕

× 「私のお父さんが，ありがとうとおっしゃっていました。」 （尊敬語）
○ 「私の父が，ありがとうと申しておりました。」 （謙譲語）

〔※取引先の会社の相手に対して〕

× 「小田課長は，ただいま，出かけていらっしゃいます。」 （尊敬語）
○ 「小田は，ただいま，出かけております。」 （謙譲語）

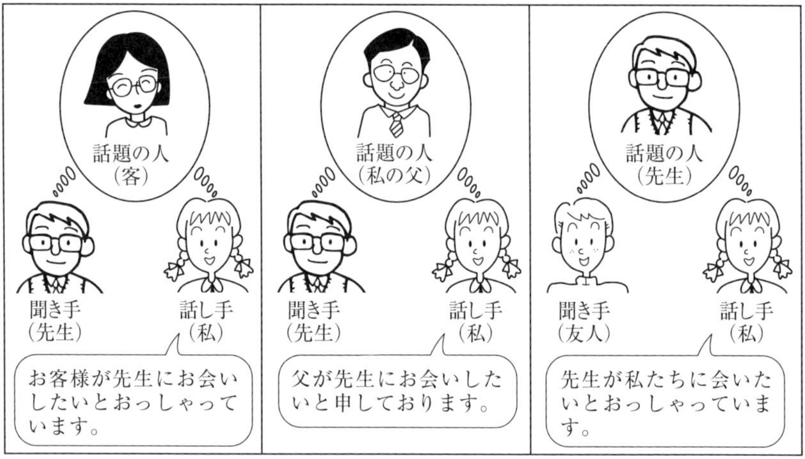

## 2 品詞の分類

単語を，意味や働き，形によって分類したものを品詞という。**自立語**（それだけで一文節をつくる単語。動詞や名詞など）と**付属語**（自立語のあとについて，はじめて文節を形づくる単語。助動詞と動詞）に二分される。

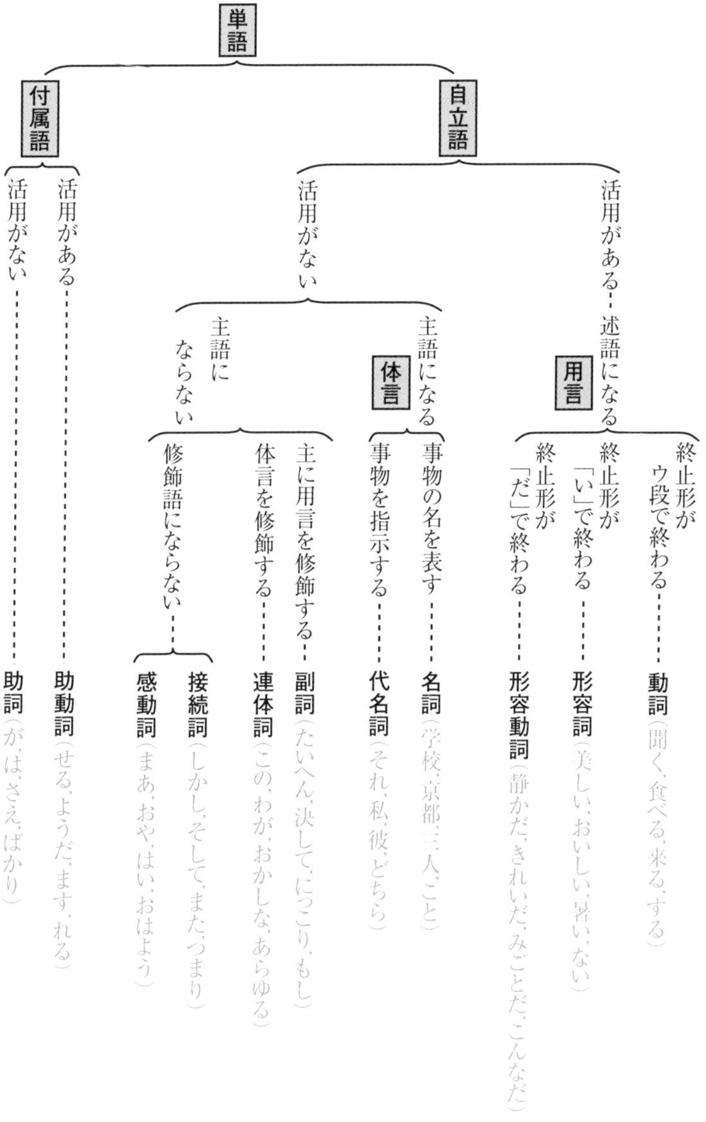

## ③ まぎらわしい語の識別

同じ単語でも，用いられ方によって意味や働きが異なるものがある。主なものについては，正確に見分けられるようにしておきたい。

● 「が」

① 格助詞　例　私が行きます。
⇒主格・体言に接続する

② 接続助詞　例　見てみたが，分からなかった。
⇒逆接・用言に接続する

③ 接続詞　例　見てみた。が，分からなかった。
⇒逆接・文頭に用いる

● 「そうだ」

① 様態の助動詞　例　今にも雨が降りそうだ。
⇒自分の判断

② 伝聞の助動詞　例　明日は雨が降るそうだ。
⇒他から聞いたこと

● 「で」

① 形容動詞の語尾　例　環境は静かでよい。
⇒「とても静かだ」となる

② 助動詞「だ」の連用形
例　彼は芸術家である。
⇒断定・「とても芸術家だ」とならない

③ 格助詞「で」　例　彼は田舎で育った。
⇒体言に接続する

④ 接続助詞　例　鳥が飛んでいる。
⇒動詞の連用形に接続して濁音になる

⑤ 接続詞　例　で，どうするの。
⇒転換・文頭に用いる

⑥ 助動詞の語尾　例　雪が降りそうで心配だ。
⇒様態・「そうで」で一語
例　予定は次のようである。
⇒たとえ・「ようで」で一語

● 「でも」

① 副助詞　例　子どもでも知っている。
⇒他を類推させる

② 接続詞　例 でも，それは困る。
⇒逆接・文頭に用いる

③ 接続助詞　例 いくら騒いでも叱られない。
⇒撥音便・イ音便に接続する

④ 格助詞＋副助詞　例 野でも山でも咲く。
⇒「も」は並立の意・体言に接続する

⑤ 接続助詞＋副助詞　例 手紙を読んでもくれない。
⇒他を類推させる・撥音便，イ音便に接続する

⑥ 助動詞＋副助詞　例 彼は読書家でもある。
⇒断定＋類推

⑦ 形容動詞＋副助詞　例 一見穏やかでも厳しい人だ。
⇒「とても穏やかだ」となる

● 「な」

① 助動詞　例 夏なのに肌寒い。
⇒断定の意・体言に接続する

② 形容動詞の一部　例 彼女はきれいな人だ。
⇒「きれいだ」となる

③ 連体詞の一部　例 おかしな天気だ。
⇒「おかしだ」とならない

④ 終助詞　例 絶対にするな。
⇒文末に添えて禁止を示す
例 しまったな。
⇒文末に添えて感動を示す

⑤ 助動詞の語尾　例 眠たそうな顔だ。
⇒様態・「そうな」で一語
例 天使のような子だ。
⇒たとえ・「ような」で一語

● 「ない」

① 打消しの助動詞　例 少しも本を読まない。
⇒「ない」が「ぬ」に置き換えられる

② 補助形容詞　例 この本はおもしろくない。
⇒「ない」が「ぬ」に置き換えられない

③ 形容詞　例 お金がない。
⇒「存在しない」の意

④ 形容詞の一部　例 人生ははかないものだ。
⇒「はかない」が形容詞

**●「の」**

① 格助詞〔主語〕 例 私の書いた手紙。

⇒「が」に置き換えられる

② 格助詞〔連体修飾〕 例 国の歴史を調べる。

⇒連体修飾語をつくる

③ 格助詞〔準体言〕 例 喜ぶのはまだ早い。

⇒「こと」「もの」の意味

④ 終助詞〔疑問〕 例 どこから来たの。

⇒文末に添えて疑問を示す

**●「れる・られる」**

① 助動詞〔受身〕 例 父にしかられる。

⇒何かされる

② 助動詞〔可能〕 例 駅まで５分で行かれる。

⇒することができる

③ 助動詞〔自発〕 例 昔のことがしのばれる。

⇒自然とそうなる

④ 助動詞〔尊敬〕 例 先生が教室に来られる。

⇒相手を敬う

⑤ 動詞の一部 例 この山なら登れる。

⇒「登れる」が可能動詞

例 風呂の水があふれる。

⇒「あふれる」が動詞

## 練　習　問　題

（390ページより解答・解説）

**111**★ 次の文中において，答えることにしていますという述語の主語は破線部ア～オのうちどれか。

日本文明のアイデンティティーとして〔ア〕世界に誇れるもの〔イ〕は何かと問われたとき，私は〔ウ〕日本が〔エ〕世界に誇れるのは森と人間が共存関係にある森の文化だと〔オ〕答えることにしています。

（安田喜憲「文明は緑を食べる」より）

1　ア
2　イ
3　ウ
4　エ
5　オ

**112**★ 次の手紙文中の（　　）に該当する語句の組合せとして，適切なのはどれか。

拝啓

桃のつぼみもふくらんで春らしくなってまいりましたが，先生はいかが（　A　）。さて，いろいろご心配をおかけいたしました就職も決まり，現在は社会人となる準備をすすめております。秋に先生に（　B　）日を楽しみにこれからもがんばります。取りあえず，書中をもってお知らせ（　C　）。

敬具

3月1日

鈴木一郎

山田太郎　先生

| | A | B | C |
|---|---|---|---|
| 1 | お過ごしですか | 会える | 申し上げます |
| 2 | お過ごしですか | お会いできる | 申し上げます |
| 3 | 過ごしておりますか | お会いできる | あそばします |
| 4 | 過ごしておりますか | 会える | 申し上げます |
| 5 | お過ごしですか | 会える | あそばします |

**113** ★

次の対話文中の下線部ア～オのうち，敬語の使い方が**誤っている**のはどれか。

先生「田中くん，明日の懇談会にはおかあさんがいらっしゃるの(ア)。」
田中「いいえ，母は明日，おばの家に行きます(イ)ので参りません(ウ)。」
先生「それでは，おとうさんが出席なさるの(エ)。」
田中「それが，急に出張が入ったので出席できないとおっしゃっていました(オ)。」

1　ア
2　イ
3　ウ
4　エ
5　オ

**114** ★

次の下線部A～Dの品詞の組合せとして正しいのはどれか。

朝早く(A)起きて窓をあけると，さわやかな(B)空気がさっと(C)部屋の中に入っ(D)てくる。

| | A | B | C | D |
|---|---|---|---|---|
| 1 | 形容詞 | 形容動詞 | 副詞 | 動詞 |
| 2 | 形容詞 | 副詞 | 形容動詞 | 連体詞 |
| 3 | 副詞 | 形容動詞 | 連体詞 | 動詞 |
| 4 | 形容動詞 | 形容詞 | 副詞 | 連体詞 |
| 5 | 形容動詞 | 形容詞 | 連体詞 | 動詞 |

**115** ★★

次の文のうち，敬語の使い方が正しいのはどれか。

1　お食事がお済みでなければ，どうぞいただいてください。
2　御自宅にうかがいたいのですが，先生の御都合はどうでしょうか。
3　私の意見に，先生たちも賛同してくれました。
4　先生の講演を以前に拝聴したことがございます。
5　父も母も，その先生のことはよくご存じです。

★★
**116**　次の例文の「れる」と用法が同じであるのはどれか。

（例）四番打者にホームランを打たれる。

1　亡くなった祖父のことが思い出される。
2　先生が言われる通りです。
3　このナイフはよく切れる。
4　そこには歩いて行かれる。
5　電車の中で足を踏まれる。

★★
**117**　次の下線部が謙譲語であるのはどれか。

1　私がごあいさつ申し上げます。
2　その後，いかがお過ごしですか。
3　私の家は名古屋にございます。
4　どちらの商品になさいますか。
5　先生がお読みくださった。

★★
**118**　次の例文の「ない」と用法が同じであるのはどれか。

（例）この問題はよくわからない。

1　彼には何の心配もない。
2　今日はテレビを見ない。
3　あの子は素直でない。
4　この本はおもしろくない。
5　寝顔がとてもあどけない。

★★
**119**　次の下線部の敬語が正しく分類されているのはどれか。

A　先生が明日いらっしゃる。
B　私がご案内いたします。
C　皆さんに協力していただきます。
D　それは私の本です。
E　母がそう申しておりました。
F　どうなさったのですか。
G　お手紙を拝見しました。
H　どうぞ召し上がれ。

| | 尊敬語 | 謙譲語 | 丁寧語 |
|---|---|---|---|
| 1 | A・B・G | C・E・H | D・F |
| 2 | A・C・E | D・G・H | B・F |
| 3 | A・F・H | C・E・G | B・D |
| 4 | B・C・G | A・E・F | D・H |
| 5 | C・F・H | A・E・G | B・D |

★★★
**120** 次の例文の「で」と用法が同じであるのはどれか。

（例）この町の環境は静かでよい。

1　私の妹は高校生である。
2　彼は仕事を喜んでやる。
3　母が元気で安心した。
4　今日はかぜで学校を休む。
5　ところで，どこに行こうか。

★★★
**121** 次の例文の「ようだ」と用法が同じであるのはどれか。

（例）甘くて砂糖のようだ。

1　東京のような都市は住みにくい。
2　兄にもよくわからないようだ。
3　彼のような人は珍しい。
4　どうやら明日は雨のようだ。
5　夜の７時だというのに明るくて昼のようだ。

★★★
**122** 次の文中の敬語の使い方がどちらも正しいのはどれか。

1　もしよろしければ私が ｛うかがっておきます。／うけたまわっておきます。｝

2　おそれいりますがもう一度 ｛おいでくださいませんか。／参っていただけませんか。｝

3　父と母がよろしくと ｛申しておりました。／おっしゃっておりました。｝

4　私は先生のところに ｛うかがうつもりです。／いらっしゃるつもりです。｝

5　母の手料理ですが ｛召し上がって下さい。／いただいて下さい。｝

★★★
**123** 次の文中の敬語表現として正しいものを選んでいる組合せはどれか。

A　私にそんなこと（ア　おっしゃられても　イ　申されても　ウ　言っても）恐縮するばかりです。

B　どうぞコーヒーを（ア　召し上がって　イ　いただいて　ウ　飲んで）下さい。

C　姪にお祝いの品を（ア　差し上げる　イ　あげる　ウ　やる）。

D　友人を誘って釣りを（ア　なさる　イ　いたす　ウ　する）つもりだ。

E　社長はあいにく（ア　出ていらっしゃい　イ　出ており　ウ　出てい）ます。

| | A | B | C | D | E |
|---|---|---|---|---|---|
| 1 | ア | イ | ウ | イ | イ |
| 2 | ア | ア | イ | ウ | イ |
| 3 | イ | ア | イ | ウ | ア |
| 4 | イ | ウ | ウ | ア | ウ |
| 5 | ウ | イ | ア | イ | ウ |

★★★
**124** 次の敬語の分類が正しいのはどれか。

| | 尊敬語 | 謙譲語 | 丁寧語 |
|---|---|---|---|
| 1 | さしあげる | おっしゃる | お茶 |
| 2 | 田中様 | 拝見する | いらっしゃる |
| 3 | おいでになる | 粗品 | うかがう |
| 4 | ご覧になる | 小生 | ございます |
| 5 | ちょうだいする | 存ずる | 行きます |

# 解 答 と 解 説

# 国　語

**1**　5　官吏（かんり）…役人のこと
正答5

**2**　1　しょうだく　2　けねん　4　はっしょう　5　さしず
正答3

**3**　4　和（なご）やか　正答4

**4**　A　帰省（きせい）　C　礼賛（らいさん）　E　顧慮（こりょ）　F　欠伸（あくび）
正答2

**5**　1　（まぎ）らわしい
2　（まど）う
4　（おとしい）れる
5　（いちじる）しい　正答3

**6**　1　いたむ　2　かける　3　はかる　4　よる　5　煩う・患う→わずらう，償う→つぐなう　正答5

**7**　1　輪廻（りんね）
2　稀有（けう），完治（かんち）
3　知己（ちき）
4　落丁（らくちょう），造詣（ぞうけい）
正答5

**8**　2　嫌悪（けんお）
3　供（そな）える
4　出納（すいとう）
5　円滑（えんかつ）　正答1

**9**　A　ちんちょう，ちょうほう，じちょう
B　ちき，じこ，こっき
C　さつじん，そうさい，せっしょう
D　すじょう，せいしつ，しょうぶん
E　げねつ，げだつ，げどく
F　しゅうねん，がしゅう，しつむ
正答4

**10**　B　ぎょうし　E　かんわ　F　せっしょう　G　ばくろ　J　らんよう
正答1

**11**　1　信憑（しんぴょう）　3　危惧（きぐ）　4　転覆（てんぷく）　5　境内（けいだい）　正答2

**12**　1　最期（さいご）　2　猛者（もさ）　4　如実（にょじつ）　5　市井（しせい）
正答3

**13**　2　不文律（ふぶんりつ）　正答2

**14**　C　侮（あなど）る，凡例（はんれい）
D　妨（さまた）げる，廉価（れんか）
E　穏便（おんびん），御利益（ごりやく）
F　被（こうむ・かぶ）る，克己心（こっきしん）　正答1

**15**　1　嫡子（ちゃくし）　2　吹聴（ふいちょう）　3　斬新（ざんしん）
5　逐次（ちくじ）　正答4

**16**　2　移動→異動　3　行程→工程
4　偉圧→威圧　5　速進→促進
正答1

**17**　「決を採る」
1　撮（る）　2　摂（る）　3　採（る）
4　取（る）　5　執（る）　正答3

**18**　順に，起工（工事をはじめること），機構（しくみ），寄稿（原稿を送ること），紀行（旅行中の見聞や感想）。
正答2

**19**　「検討」
1　（文）献　2　（実）験　3　（保）険
4　検（定）　5　倹（約）　正答4

**20**　A　以降　B　異常　C　遺志
D　移行　正答1

**21**　1　歩を進める。入会を勧める。
2　危険を冒す。

3　成功を収める。
4　過去を顧みる。自らを省みる。
正答 5

22　1　週刊誌　2　下馬評　3　副作用
5　購買部　正答 4

23　1　誤(る)―謝(る)
2　裁(つ)―絶(つ)
3　鎮(める)
4　後(れ)―遅(れる)
5　尋(ねる)―訪(ねる)　正答 3

24　1　対照　2　感傷　3　不信
4　保障　5　清算　正答 2

25　4　法の下に平等である。資料を基に研究する。　正答 4

26　1　処世術　2　最高潮　3　有頂天
4　不文律　正答 5

27　ア　抽象　イ　過程　ウ　普遍
オ　洗礼　正答 4

28　1　配偶者　2　未成年　4　違和感
5　黙秘権　正答 3

29　正確→確実→実用→用心　正答 2

30　A　(講)義　B　(行)儀　C　議(論)　D　儀(式)　E　(不思)議
正答 4

31　1　未知，無知　2　不実，無実
3　非難，無難　4　非力，無力
5　不満，未満　正答 5

32　1　永世，衛星，衛生
2　機械，器械，機会
3　相性，愛唱，愛称
4　好評，高評，講評
5　公正，厚生，更正　正答 4

33　A　真　B　説　C　生　D　物
正答 1

34　A　鑑賞（芸術作品を理解し味わうこと）
B　核心（物ごとの中心となる大切なところ）
C　対象（目標・目的となるもの）
D　異議（ちがった意見）　正答 3

35　A　誤植，植林，移植，植物
B　信徒，信望，通信，信仰
C　民衆，公衆，大衆，衆知
正答 4

36　A　一堂　B　絶体　D　拾得
F　創意　正答 4

37　A　載　B　摘　C　済
正答 5

38　2　発掘　正答 2

39　順に，厳(しい)，課(せられ)，得(る)，持(ち)　正答 3

40　A　遺産　D　衝突　F　飽食
G　概念　正答 3

41　A　交歓（うちとけ楽しみあう）
B　会心（心にかなうこと）
C　態勢（物事に対する身がまえ）
D　容量（中に入れられる量）
E　平衡（つりあいのとれていること）
正答 4

42　1　異容→異様　3　業積→業績
4　築積→蓄積　5　感明→感銘（肝銘も可）　正答 2

43　A　郊(外)　B　(強)硬　C　購(入)　D　(鉄)鉱　E　(精)巧
正答 1

44　オ　希求　カ　普遍　ク　徹底
正答 2

45　1　優秀，有終　2　驚異，脅威
3　勢力，精力　4　後援，講演
5　会議，異議　正答 5

46　1　必至　3　違和感，徐行
4　試行錯誤　5　貫徹，貨幣　正答 2

**47** 1　糾明→究明　2　事体→事態
4　不段→不断　5　排徐→排除
正答 3

**48** B　支持　C　一糸　D　懸案
F　不朽　H　既知　正答 2

**49** A　周知→衆知　C　転化→転嫁
D　均衝→均衡　正答 4

**50** A　特徴
ア　超過　イ　徴収　ウ　潮流
B　高尚
ア　尚早　イ　詳細　ウ　承知
C　一端
ア　担架　イ　感嘆　ウ　端的
D　報復
ア　複雑　イ　往復　ウ　腹心
E　介抱
ア　同胞　イ　包括　ウ　抱負
正答 3

**51** 1　「消費」は使ってなくすこと。対義語は「生産」。「増加」は数量がふえること。対義語は「減少」。
2　「許可」は願いを聞き届けること。「反抗」ははむかうこと。
3　「遺失」は失うこと。「拾得」は拾うこと。よって，対義語である。
4　「総合」はさまざまのものを一つに合わせてまとめ上げること。対義語は「分析」。「部分」は全体を小分けにした一つ一つ。
5　「冷淡」は同情や熱意を持たない態度。「温暖」は気候が暖かなこと。対義語は「寒冷」。　正答 3

**52** 1　「保守」は今までの状態を変えようとはしない態度。「革新」は制度や組織などをかえて新しいものとすること。よって，対義語である。
2　「倹約」，「節約」ともに，むだを省いて切り詰めること。よって，類義語である。
3　「感情」は気持ち，心持ち。「理性」は物事の道理を考える能力。
4　「終生」は一生を終えるまでの間。類義語は「一生」。「終日」は一日中，朝から晩まで。
5　「経緯」は物事のいきさつ。「継承」はうけつぐこと。　正答 2

**53** 1～4までは反対の意味をもつ漢字を連ねたもの。5の「稚」は「わかい・おさない」の意で，「拙」は「つたない・まずい」の意。　正答 5

**54** 1　「軽率」はかるはずみな態度のこと。対義語は「慎重」。「重要」は意義・必要性の大きいこと。　正答 1

**55** 1　安堵(あんど)— 物事がうまく行って安心すること。
2　怠惰(たいだ)— すべきことをなまけて，だらしない性質・様子。
3　希薄(きはく)— 濃度が薄いこと。
5　穏健(おんけん)— おだやかで，行き過ぎや誤りのないこと。正答 4

**56** A　「動機」はある状況のもとでその行動を決定する原因。よって，イが正しい。
B　「憤慨」はひどく腹を立てること。「憂患」はうれい，気がかり，心痛。「遺憾」は思い通りでなく残念なこと。よって，ウが正しい。
C　「沈着」は落ち着いていて大事にも動じないこと。「終焉」は命の終わり。「冷静」は落ち着いていて，その場の感情に動かされないこと。「落着」は物事のきまりがつくこと。

よって，イが正しい。

D　「平癒」は病気がなおること。「全快」は病気や傷が完全になおること。「小康」は病気の重態に陥らない状態が何とか保てていること。「養生」は病気をなおすように努めること。よって，アが正しい。

E　「不意」は思いがけないこと，だしぬけ，突然。よって，ウが正しい。「突飛」は常識からひどく外れていて，人が驚くようなさまであること。「不問」は取り立てては問いたださないこと。　正答 4

57　1　「自立」は自分の力でやってゆくこと。対義語は「依存」。

2　「創造」は人まねでなく，新しいものを自分から作り出すこと。対義語は「模倣」。

3　「原則」は一般に適用される根本的な法則。対義語は「例外」。「虚偽」はうそ偽り。

4　「現実」は現に実際こうであるという状態・事実。対義語は「理想」，「空想」。「厭世」はこの世をいやなものに思うこと。

5　「形式」は物・事となって現れているうわべの形。対義語は「内容」，「実質」。　正答 3

58　A　「気質」の類義語は「性質」。「風格」の類義語は「気品」。

D　「普遍」の類義語は「一般」。「普段」の類義語は「通常」，「日常」。

E　「他界」の類義語は「死去」，「逝去」。「故人」の類義語は「死者」。

G　「官吏」の類義語は「役人」。「役所」の類義語は「官庁」。　正答 3

59　1　「陳腐」はありふれていて，古くさくつまらないこと。対義語は「新鮮」，「斬新」，「奇抜」。

2　「栄転」は今までよりもよい地位を得て移ること。対義語は「左遷」。

3　「緊張」の対義語は「弛緩」。

4　「過激」の対義語は「穏健」。「冷遇」は冷淡な態度であしらうこと。「厚遇」はてあつくもてなすこと。

5　「承諾」は聞き入れること。「拒絶」はことわること。　正答 5

60　1　「激励」，「鼓舞」ともにはげましふるいたたせること。「寡黙」は言葉数が少ないこと。「饒舌」は口数が多いこと。

2　「星霜」は年月のこと。「軽薄」はあさはかで軽々しいさま。対義語は「重厚」。「厳格」はきびしいさま。対義語は「寛大」。

3　「寄付」の類義語は「寄金」。「寄与」は役に立つ事を行うこと。類義語は「貢献」。「起稿」は原稿を書き始めること。「脱稿」は原稿を書き終えること。

4　「自分」の類義語は「自己」，「自身」。「知己」は自分の心をよく知ってくれる人，また，単に知り合い。類義語は「親友」または「知人」。「高尚」は俗っぽくなく程度の高いこと。「低劣」は程度などが低く劣っていること。

5　「美麗」は人の目にとまるほど美しいこと。対義語は「醜悪」。「質素」の対義語は「華美」。　正答 1

61　1　対→体　3　我→画　4　短→単　5　夢→霧　正答 2

62 3 朝礼暮改→朝令暮改 正答3

63 A 二束三文 B 三寒四温
C 四分五裂 D 一石二鳥
E 三拝九拝 正答5

64 1 思考→試行 2 まんぽ→まんぱん 3 拾→捨 5 ゆうい→うい
正答4

65 1 無我夢中 2 有象無象 3 適材適所 4 独立独歩 5 一喜一憂
正答1

66 1 弱肉強食 2 栄枯盛衰 3 南船北馬 4 針小棒大 5 晴耕雨読
正答2

67 1 七転八倒，朝三暮四で，合計22。
2 四分五裂，五臓六腑で，合計20。
3 一期一会，四苦八苦で，合計14。
4 三拝九拝，三位一体で，合計16。
5 九牛一毛，十人十色で，合計30。
正答5

68 1 言葉では説明できないこと，もっての外。 3 気→機 4 主要でない部分。 5 慎重→深長
正答2

69 1 縦横無尽＝自由自在のこと。
東奔西走＝忙しくあちこち動きまわること。
2 今までに例がない，非常に稀なこと。
3 初めから終わりまで同じように。
4 一つの事に心を集中すること。
5 まわりが皆敵で一人孤立すること。 正答1

70 4 正しくは「天衣無縫」。「泰然自若」は落ち着きはらって物事に動じないさま。 正答4

71 A…故 B…新 C…温 D…知で，「温故知新」。 正答4

72 1 だめになりそうなものを再び立て直すこと。
2 学問や人格の修業向上に励むこと。
4 最後の肝心な仕上げ。
5 悩みやつらく苦しいこと。
正答3

73 1 物と物の間の近いこと。
2 昼も夜も，休まず続けて行うこと。
3 前後の区別もつかないほど正体がなくなること。
4 広く書物を読み，よく記憶していること。
5 筋道がよく通り，整っていること。
正答5

74 A…頭 B…満 C…心 D…当
E…当 F…心 正答2

75 1 孤立無援，厚顔無恥，雲散霧消。
2 不即不離，離合集散，支離滅裂。
3 呉越同舟，同工異曲，大山鳴動。
4 朝三暮四，公平無私，山紫水明。
5 疑心暗鬼，森羅万象，人面獣心。
正答2

76 1 無駄話をやめて本題に戻すこと。
3 互いに相手を信用して交わす約束。
4 何事にもひとこと意見を言わないと気のすまない人。
5 現われたり隠れたりが自在なこと。
正答2

77 イ 化→嫁 ウ 深深→津津
オ 堅→健 カ 償→賞 ク 偶→遇
正答1

78 我田引水＝自分に都合のいいよう

にすること。

悠悠自適＝俗事に煩わされず心静かにのんびりと過ごすこと。

大同小異＝少差はあっても大体同じこと。

創意工夫＝新しい方法を思い巡らして考え出すこと。

不即不離＝付かず離れずの関係。

不撓不屈＝困難にあっても屈しないこと。　正答4

79　A　竜頭蛇尾＝はじめは盛んで終わりは衰えること。

B　内柔外剛＝内心は柔弱なのに外見は強そうに見えること。

C　自縄自縛＝自分の言動で自分自身が思うようにならなくなること。

D　主客転倒＝主なものと付け足しを取り違えること。

E　流言飛語＝根拠のないうわさ。

正答2

80　1　おんこうとくじつ，へんげんせきご

3　けんどちょうらい（けんどじゅうらい），ゆうそくこじつ

4　りゅうりゅうしんく，いんにんじちょう

5　いちじつせんしゅう，たいげんそうご　正答2

81　A　金科玉条＝一番大事なきまり。大義名分＝人として守るべき節操と本分。美辞麗句＝美しく飾りたてた言葉。

B　森羅万象＝宇宙のあらゆる存在や現象。一望千里＝広々と見晴らしがいいこと。泰然自若＝おちついて物事に動じないこと。

C　一朝一夕＝短い期間。一挙両得＝一つの行為から二つの利益を得ること。一知半解＝十分に理解していないこと。　正答1

82　1　心にわだかまりがなく，平静な態度で臨むこと。

2　うぞうむぞう

3　いちねんほっき

4　一度に跡形もなく消えること。

正答5

83　A…行　B…無　C…口　D…先　E…遷　F…行　G…無　H…口

正答3

84　1　脱→奪，確→覚，花→家

2　発→髪，晴→青

3　倒→到，古→枯

5　僚→瞭，衆→周，愛→哀

正答4

85　B　一度敗れた者が再び勢いをもり返して来ること。

C　世の中の経験をつんでずる賢くなること。

F　十分に理解していないこと。

H　晴れた日には耕し，雨の日には書を読む気ままな生活。　正答2

86　2　ほぞをかむ＝後悔すること。

正答2

87　1　有名になること。

2　度胸があること。

3　鑑識力が備わっていること。

4　自分では解決できないこと。

5　口が堅い＝秘密を守って人に話さないこと。口が減らない＝口が達者であること。　正答5

88　あせることなく，ゆっくりと人生を進むことを述べている。徳川家康

の言葉として伝えられている。

正答1

89 1　欲を出して，かえって両方ともだめになること。

2　馬の耳に念仏＝何を言ってもむだなこと。類義語は「猫に小判」「豚に真珠」など。

忠言耳に逆らう＝忠告というのは聞きづらいこと。類義語は「良薬口に苦し」。

3　手ごたえのないこと。

4　なんの効果もないこと。

5　名人でも失敗することはある。

正答2

90 1　最初に発言すること。

2　黙って見逃すこと。

4　人に対する態度が謙虚であること。

5　予算超過で赤字になること。

正答3

91 1　才能が人よりすぐれて目立つこと。

2　不意をついて人を驚かせること。

3　責任がなくなり安堵すること。

4　見当をつけること。

5　とてもかなわないこと。　正答4

92 A　三　B　一　C　二　D　五　E　三　正答4

93 2　牛耳を執る＝中心人物となって支配する。　正答2

94 1　つまらないものでもある方がましであること。

2　方法を誤れば目的が達せられないこと。

3　他人にとっては一大事でも，自分には関係のないこと。

5　遠回しにじわじわと責めたり，とがめたりすること。　正答4

95 1　自分が犯した過失のために自分が苦しむこと。

2　小さいもとでで大きな利益を得ること。「一挙両得」は一つの事を行って同時に二つの利益を得ること。

3　他人の利益のために，無理をして危険なことをすること。「自暴自棄」はやけになること。

4　少しの欠点をなおそうとして全体をだめにすること。「起死回生」は今にもだめになりそうな物事を立てなおすこと。

5　年長者の経験は尊重すべきであるということ。「海千山千」は様々な経験を積んでずる賢くなった人のこと。　正答1

96 ア＝F…その道の人が，人に説くことを自分では実行しないこと。

イ＝G…悪いことの上に，さらに不幸が重なって起こること。

ウ＝C…一応はできあがっているが，最も肝心な点がおろそかにされていること。

エ＝B…困ったときは，頼りにならないものにもすがってしまうこと。

正答3

97 1　目に余る＝ひどくて見過ごせない。

2　釘をさす＝まちがいのないように念を押す。

3　身がすくむ＝緊張して体がかたくなる。

4　舌を巻く＝ひどく驚き言葉も出ない。

5　板につく＝職業などがその人に

合う。　正答2

98　B　烏《からす》　C　犬　E　虎　F　雀

正答2

99　1　腐っても鯛＝素質のある者は落ちぶれてもそれなりに値打ちがある。

騏驎も老いては駑馬に劣る＝優れた人でも，老衰するとその働きが人より劣り，愚鈍な人にも勝ちを譲るようになる。

2　渡る世間に鬼はなし＝世の中は無情な人ばかりではない。

人を見たら泥棒と思え＝人はまず疑ってかかれ。

3　立つ鳥後を濁さず＝去る者は後始末をきちんとしていく。

あとは野となれ山となれ＝あとのことはどうなろうとかまわない。

4　瓜のつるに茄子はならぬ＝平凡な親からは平凡な子しか生まれない。

とびがたかを生む＝平凡な親からすぐれた子供が生まれる。

5　対義ではなく類義の関係。強い相手には相手の言うままに従っているのが得だ。　正答5

100　A…口　B…腹　C…鼻　D…手　E…目　正答2

101　1　掌を返す＝言うことや態度が急に変わる。

2　真綿で首をしめる＝遠まわしに，じわじわと責め立てる。

3　氏より育ち＝家柄・血筋よりも，境遇・教育などのほうが人間をつくりあげるには大切だ。

4　捕らぬ狸の皮算用＝手に入れることをあてにしてあれこれ計画する。

5　襟を正す＝姿勢や態度を正して，あらたまる。ここでは「胸襟を開く＝うちとけて話す」が適切。

正答5

102　3　白眉＝多くのなかで最もすぐれていること。　正答3

103　A　かわいい子には旅をさせよ＝子供は親の元で甘やかすよりも，他人の中で苦労させよ。

旅の恥はかき捨て＝旅行中は知りあいもいないから，どんな恥をかいても平気だ。

B　火のないところに煙はたたぬ＝噂が立つにはそれなりの根拠がある。

蒔かぬ種ははえぬ＝原因のないところに結果はない。

C　好きこそ物の上手なれ＝好きだとそのことがしぜんと上手になる。

下手のよこ好き＝下手なくせに，そのことをひどく好む。

D　帯に短したすきに長し＝中途半端で役に立たないこと。

どんぐりの背くらべ＝似たりよったり。

E　君子危きに近よらず＝見識のある人は，無理に危険なことはしない。

虎穴に入らずんば虎子を得ず＝危険を冒さなければ大利は得られない。

よって，Bが似た意味をもつ組合せ，Eが反対の意味をもつ組合せとなる。　正答4

104　B　物事をうまく処理するには，ときには嘘も手段として使われる。

C　人に情けをかけておけば，いつ

か自分のためになる。

F　失敗したことが偶然よい結果をうむこと。　正答 2

**105**　A…水心（相手の出方次第でこちらにも応じ方がある。）

B…果報（幸運は焦らず待っていれば，自然とめぐってくるものだ。）

C…釣鐘（つり合わないものや比較にならないもののたとえ。）

D…蛇（しないでもよいことをして，かえって災難がふりかかる。）

E…海路（焦らず待てば，よい運もめぐってくる。）　正答 1

**106**　A　イ　B　ア　C　ア　D　イ　E　イ　正答 1

**107**　A　爪に火をともす＝大変節約する。

B　下駄を預ける＝処置を一任する。

C　木で鼻をくくる＝無愛想なこと。

人後に落ちない＝他人におとらない。

足下から鳥が立つ＝自分の近くに意外なできごとがもちあがる。

采配を振う＝指図する。

水を向ける＝相手の関心を誘う。

駄目を押す＝念のため確かめる。

正答 5

**108**　1　歯牙にもかけない＝全く問題にしない。

2　舌の根も乾かぬうち＝ものを言ったすぐあと。

3　口車に乗る＝うまい話にだまされる。

4　気の置けない＝気楽につき合える。

5　根も葉もない＝なんの根拠もない。　正答 4

**109**　A　他人のつまらぬ言行でも，自分の参考にする。

D　人に疑われるような行為。

E　学説を曲げて世間の人気を得ること。

G　立身出世の関門。　正答 3

**110**　A　イ　B　カ　C　エ　D　ア　E　オ

ウ　前の失敗に懲りて無用な心配をする。

キ　知り尽くしている人に不必要なことを教えること。

ク　幸と不幸はかわるがわるやってくるものだ。

ケ　多くの中のほんのわずかなもの。

正答 1

**111**　「何（だれ）が」にあたる文節を主語という。　正答 3

**112**　A・B…先生への尊敬表現。C…先生に対する謙譲表現。　正答 2

**113**　オ　動作の主体が身内（父）であるので，「言う」の謙譲語「申す」を用い，「…申しておりました」とするのが適切。　正答 5

**114**　A　終止形は「早い」。

B　終止形は「さわやかだ」。

C　「さっと→入って」と用言を修飾する。

D　終止形は「入る」。　正答 1

**115**　1　「いただく」は「食べる」の謙譲語である。ここでは，動作の主体は相手であるので尊敬語「召し上がる」を用い，「…どうぞ召し上がってください（お召し上がりください）」とするのが適切。

2　「御自宅（尊敬）」，「うかがいた

い（『訪ねる』の謙譲）」,「御都合（尊敬）」はすべて先生に対する敬意表現である。よって,「どうでしょうか」も尊敬の意を表す「いかがでしょうか」とするのが適切。

3　動作の主体は「先生たち」であるので,「～たち」の尊敬「～方」を用い,「先生方も御賛同くださいました（賛同してくださいました）」とするのが適切。

4　「拝聴する」は「聴く」の謙譲語であるので正しい。

5　「ご存じ」は「存じ」という体言に尊敬の接頭語「ご」がついたもので尊敬表現である。ここでは,動作の主体が身内（父と母）であるので,「知る」の謙譲語「存ずる」を用い,「…よく存じております」とするのが適切。　正答4

116　（例）　受身の助動詞

1　自発の助動詞。

2　尊敬の助動詞。

3　動詞「切れる」の活用語尾。

4　可能の助動詞。

5　受身の助動詞。　正答5

117　1　「言う」の謙譲語。

2　丁寧語。

3　丁寧語。

4　「する」の尊敬語。

5　「くれる」の尊敬語。　正答1

118　「ぬ」に置きかえてみる。置きかわれば助動詞,置きかわらなければ形容詞。

（例）…助動詞

1・3・4　形容詞

5　形容詞「あどけない」の一部。

正答2

119　A　「いる・ある・行く・来る」などの尊敬語。

B　丁寧語。

C　「もらう」の謙譲語。

D　丁寧語。

E　「言う」の謙譲語。

F　「する」の尊敬語。

G　「見る」の謙譲語。

H　「食べる」の尊敬語。

正答3

120　（例）形容動詞「静かだ」の活用語尾。

1　断定の助動詞「だ」の連用形

2　接続助詞

3　形容動詞「元気だ」の活用語尾

4　格助詞

5　接続詞「ところで」の一部

正答3

121　（例）「まるで砂糖のようだ」たとえの助動詞

1・3　例示の助動詞。

2・4　推定の助動詞。　正答5

122　1　動作の主体が私であるので,謙譲語を用いる。「うかがう」「うけたまわる」はともに「聞く」の謙譲語であるので正しい。

2　動作の主体が相手であるので,尊敬語を用いる。下段の「参る」は「行く」の謙譲語であるので不適。

3　動作の主体が身内（父と母）であるので,謙譲語を用いる。下段の「おっしゃる」は「言う」の尊敬語であるので不適。

4　動作の主体が私であるので,謙

譲語を用いる。下段の「いらっしゃる」は「行く」の尊敬語であるので不適。

5　動作の主体が相手であるので，尊敬語を用いる。下段の「いただく」は「食べる」の謙譲語であるので不適。　正答 1

123　A　動作の主体が相手であるので，アの尊敬語が適切。

B　動作の主体が相手であるので，アの尊敬語が適切。

C　姪に対してはイの軽い丁寧語が適切。

D　自分のことなのでウが適切。

E　相手に対して自分の会社の社長（身内）のことを言うのでイの謙譲語が適切。　正答 2

124　1　おっしゃる＝「言う」の尊敬語。

2　いらっしゃる＝「いる・ある・行く・来る」などの尊敬語。

3　うかがう＝「聞く・訪問する」などの謙譲語。

5　ちょうだいする＝「もらう」の謙譲語。　正答 4

# 第5編 文　学

# 1　日本文学史

日本文学史は比較的出題頻度の高い分野である。

主要な作品と作者名，またその特徴を，時代と関連づけて覚えることが必要である。また，和歌と歌人，俳句と俳人，冒頭部分と作品・作家を結びつける問題も見られるので，およその内容も知っておきたい。

## 1　上代文学（大和・奈良時代）

### ①　上代文学の流れ

**文学の誕生** → **史書・地誌の編纂《へんさん》** → **漢詩文** → **和歌**

| 文学の誕生 | 史書・地誌の編纂 | 漢詩文 | 和歌 |
|---|---|---|---|
| 口承文学 | 統一国家体制の確立 | 漢字の伝来 | 万葉仮名 |
| （祝詞《のりと》<br>宣命《せんみょう》） | （古事記<br>日本書紀<br>風土記） | （懐風藻） | （万葉集） |

### ②　史書と地誌の編纂

**「祝詞《のりと》」と「宣命《せんみょう》」**

**言霊《ことだま》信仰（言葉に不思議な霊力が宿っていると考えた信仰）による祭祀《さいし》文学（祭りの文学）である。**

**●祝詞《のりと》**

神を祭る儀式に用いられた祈りのことば。神のお告げや，人から神への語りかけのことばである。文章は，反復・列挙・対句・比喩を駆使して荘重・流麗な美しさをもつ。表記は宣命《せんみょう》書《が》き。

**●宣命《せんみょう》**

和文の詔勅《しょうちょく》（天皇のことば）。神の命を受けた天皇が臣下に述べきかせたことば。表記は宣命書き。

### 『古事記』と『日本書紀』

| | 古　事　記 | 日　本　書　紀 |
|---|---|---|
| 成立 | 712年 | 720年 |
| 編者 | 元明《げんめい》天皇の勅により**稗田《ひえだの》阿礼《あれい》**が誦習したものを**太《おおの》安万侶《やすまろ》**が撰録。 | 元正《げんしょう》天皇の勅により**舎人《とねり》親王《しんのう》**らが編集。**太安万侶**が協力。 |
| 巻数 | 3巻 | 30巻 |
| 目的 | **国内的**に思想を統一しようとする。 | **対外的**に国威を示そうとする。 |
| 内容 | **神話・伝説・歌謡**中心。**文学的**要素が強い。 | **史実**に重点をおく。**歴史的**要素が強い。**六国史《りっこくし》の最初**。 |
| 叙述 | **主観的**・具体的 | **客観的**・合理的 |
| 形式 | **紀伝体《きでんたい》**<br>（人物中心の記述法） | **編年体《へんねんたい》**<br>（年代順の記述法） |
| 文体 | 漢字の音と訓を併用した**変体漢文**。 | 純粋な**漢文体**。 |

### 『風土記《ふどき》』

元明《げんめい》天皇が，713年に，諸国の産物・地理・伝承を報告させた地誌である。現存するものは，出雲《いずも》・常陸《ひたち》・播磨《はりま》・肥前《ひぜん》・豊後《ぶんご》の5か国の風土記である。

## 3 漢詩文と和歌

### 『懐風藻』
（現存最古の漢詩集）

751年に成立。編者は淡海三船《おうみのみふね》かといわれている。64人の作品約120編を載せている。

### 『万葉集』
（現存最古の歌集）

| | | |
|---|---|---|
| 成立 | 770年前後（奈良朝末期） |
| 編者 | 最終的には**大伴家持《おおとものやかもち》**によって集大成されたといわれている。 |
| 巻数 | 20巻 |
| 歌数 | 約**4500**首 |

| | |
|---|---|
| 歌体 | **短歌**（五七五七七，約4200首）<br>**長歌**（五七五七……五七七，約260首）<br>**旋頭歌**《せどうか》（五七七五七七，約60首）<br>仏足石《ぶっそくせき》歌体（五七五七七七，１首）<br>短連歌《れんが》（五七五……七七，１首） |
| 部立《ぶだて》（分類） | **相聞**《そうもん》（恋歌・贈答歌）<br>**挽歌**《ばんか》（人の死を悲しむ歌）<br>**雑歌**《ぞうか》（相聞・挽歌以外の歌）<br>特殊なものとして**東歌**《あずまうた》（東国地方の民謡風の歌）・**防人歌**《さきもりのうた》（九州に防衛のため派遣された兵士の歌）などがある。 |
| 歌人 | 天皇・皇族から一般庶民までのあらゆる階層にわたり，地域的にも大和《やまと》を中心として陸奥から九州まで広範囲に及ぶ。 |
| 表記 | 漢字を表音文字として用いた「**万葉仮名**《まんようがな》」で表記。 |
| 歌風 | 現実的・写実的・素朴《そぼく》・率直・雄健・荘重《そうちょう》で男性的（**ますらをぶり**）。五七調。序詞・枕詞が多い。 |

**『万葉集』の歌風の変遷**

| 時期 | 時代 | 特色 | 代表歌人 |
|---|---|---|---|
| 第１期（発生期） | 壬申の乱前後までの動乱の時代（620～670年代） | 集団的口誦的な歌謡。口承性や素朴さをもった歌風。 | 舒明《じょめい》天皇<br>**有間皇子**《ありまのみこ》<br>**額田王**《ぬかたのおおきみ》 |
| 第２期（確立期） | 律令国家の確立・安定期（670～710年代） | 表現形式の整備。長歌の完成。宮廷歌人の出現。 | **柿本人麻呂**《かきのもとのひとまろ》<br>志貴皇子《しきのみこ》<br>**持統**《じとう》**天皇** |
| 第３期（円熟期） | 律令政治が揺らぎはじめる時代（710～730年代） | 叙景歌・叙情歌・伝説歌・思想歌など個性的で多様な作風。 | **山部赤人**《やまべのあかひと》<br>**山上憶良**《やまのうえのおくら》<br>**大伴旅人**《おおとものたびと》 |
| 第４期（退廃期） | 天平文化の爛熟期（730～760年代） | 優美繊細で洗練された歌風。力強さや素朴さが失われる。 | **大伴家持**《おおとものやかもち》<br>笠郎女《かさのいらつめ》 |

**三大和歌集**

『万葉集』『古今和歌集』『新古今和歌集』を**三大和歌集**という。

# 2　中古文学（平安時代）

## 1　中古文学の流れ

| （上代） | | （平安初期） | | （平安中期） | | | | （平安後期） |
|---|---|---|---|---|---|---|---|---|
| 大陸文化<br>漢字の伝来 | → | 漢詩文<br>の隆盛 | 遣唐使<br>の廃止 → | 国風化<br>仮名の発達 | → | 和歌再興<br>女流文学隆盛<br>物語文学発達<br>漢詩文の衰退 | → | 和歌隆盛<br>説話の流行<br>庶民文学の萌芽 |

## 2　漢詩文の隆盛

**勅撰漢詩集**

● **『凌雲《りょううん》(新)集』**(814年)

嵯峨《さが》天皇の勅命により小野岑守《おののみねもり》らが編纂。わが国最初の勅撰漢詩集。

● **『文華秀麗《ぶんかしゅうれい》集』**(818年)

嵯峨天皇の勅命により藤原冬嗣《ふゆつぐ》らが編纂。

● **『経国《けいこく》集』**(827年)

淳和《じゅんな》天皇の勅命により良岑安世《よしみねのやすよ》らが編纂。

## 3　和歌の隆盛

**『古今和歌集』**

（最初の勅撰和歌集）

| | |
|---|---|
| 成立 | 905年 |
| 撰者 | **醍醐《だいご》天皇の勅命**により，**紀貫之《きのつらゆき》・紀友則《きのとものり》・凡河《おおしこ》内躬恒《うちのみつね》・壬生忠岑《みぶのただみね》**の４人で撰集。 |
| 巻数 | 20巻 |
| 歌数 | 約1,100首 |
| 歌体 | ほとんどが**短歌**。長歌，旋頭歌を少数含む。 |

| | |
|---|---|
| 部立<br>(分類) | 春・夏・秋・冬・賀・離別・羇旅《きりょ》・物名《もののな》・恋・哀傷・雑・雑体・大歌所御歌《おおうたどころのみうた》。<br>**仮名序**(紀貫之)と真名序(紀淑望《よしもち》)。 |
| 時代 | 第１期……詠み人知らず時代<br>第２期……六歌仙時代（平安初期）<br>第３期……撰者時代（平安中期） |
| 格調<br>歌風 | **七五調**, **三句切れ**が多い。**理知的**・技巧的・遊戯的・**観念的**・女性的(**たをやめぶり**)。**繊細優美**。 |

僧正遍昭《そうじょうへんじょう》・在原業平《ありわらのなりひら》・小野小町《おののこまち》・文屋康秀《ふんやのやすひで》・喜撰《きせん》法師・大伴黒主《おおとものくろぬし》の６人を**六歌仙**という。

**勅撰和歌集**
（八代集）

| 書　名 | 勅　命 | 撰　者 | 成立年 |
|---|---|---|---|
| 1　**古今和歌集** | 醍醐《だいご》天皇 | **紀貫之**ら４人 | 905年 |
| 2　**後撰和歌集** | 村上《むらかみ》天皇 | 源順《したごう》ら５人 | 951年 |
| 3　**拾遺和歌集** | 花山《かざん》院 | 花山院か？ | 1005年 |
| 4　**後拾遺和歌集** | 白河《しらかわ》天皇 | 藤原通俊《みちとし》 | 1086年 |
| 5　**金葉和歌集** | 白河院 | 源俊頼《としより》 | 1127年 |
| 6　**詞花和歌集** | 崇徳《すとく》院 | 藤原顕輔《あきすけ》 | 1151年 |
| 7　**千載和歌集** | 後白河《ごしらかわ》院 | **藤原俊成** | 1187年 |
| 8　**新古今和歌集** | 後鳥羽《ごとば》院 | **藤原定家**ら６人 | 1205年 |

上の「八代集」のうち，１～３を「**三代集**」という。

**私家集**

宣旨院宣によって撰ばれた勅撰和歌集，撰者が私的に集めた私撰和歌集など多数の歌人の歌を集める撰集に対して，特定個人の歌を集めた歌集のこと。

- 『**和泉式部集**』和泉式部（平安時代）
- 『**山家集**』西行（平安時代末頃）
- 『**金槐《きんかい》和歌集**』源実朝《さねとも》（鎌倉時代）

**歌謡**

平安初期――**神楽歌**《かぐら》（神前に奏する舞楽の歌）
　　　　　└**催馬楽**《さいばら》（貴族の遊宴歌謡）
平安中期――**朗詠**《ろうえい》（漢詩・和歌のすぐれたものに節《ふし》をつけて歌うもの）**『和漢朗詠集』**（藤原公任《きんとう》撰）
平安末期――**今様**《いまよう》（七五調四句の流行歌謡）
　　　　　**『梁塵秘抄』**《りょうじんひしょう》（後白河《ごしらかわ》院撰）

## 4 物語文学

9 世紀から10世紀にかけて，和歌文学の隆盛とほぼ同じころ，物語文学や日記文学が成立した。

**物語文学の流れ**

**伝奇物語**
竹取物語 → 宇津保物語 → 落窪物語 ─┐
**歌物語**
伊勢物語 → 大和物語 → 平中《へいちゅう》物語 ─┴→ **作り物語** **源氏物語**

源氏物語 →（狭衣物語／夜の寝覚／浜松中納言物語）→ とりかへばや物語 → 中世の擬《ぎ》古《こ》物語へ
源氏物語 ……→ 堤中納言物語

**伝奇物語**

● **『竹取物語』**
平安初期の成立。「物語のいできはじめの祖《おや》」と『源氏物語』にいわれている伝奇物語として**最古の作品**。かぐや姫が主人公。

● **『宇津保物語』**《うつほ》
10世紀末の成立。前半は伝奇的な琴の秘曲伝授の話。後半は写実的傾向の貴宮《あてみや》を中心とする求婚譚《たん》。

● **『落窪物語』**《おちくぼ》
10世紀末の成立。継子《ままこ》いじめの話。継母《ままはは》にいじめられて育った姫君が幸福な結婚をするまでの復讐譚《ふくしゅうたん》。

**歌物語**

● **『伊勢物語』**
平安初期の成立。在原業平《ありわらのなりひら》をモデルとし，彼の歌を中心とした**最古の歌物語**。短編125段から成り，各段の多くは「**昔，をとこありけり**」で始まる。

●『**大和《やまと》物語**』

10世紀末の成立。前半の歌物語と後半の民間伝説を描く170余段から成る。多数の人物が主人公。

●『**平中《へいちゅう》物語**』

10世紀末の成立。平貞文《さだぶみ》をめぐる多くの女性との恋愛譚。30余段。

●『**源氏物語**』

11世紀初め頃の成立。作者は**紫式部**（一条天皇の中宮彰子《しょうし》の女房）。54帖《じょう》から成る。第１部33帖（主人公である光源氏の誕生から青春の恋愛遍歴を経て栄華をきわめるまで），第２部８帖（光源氏が栄光から人生の悲哀・苦悩・絶望を味わい出家を志すまで），第３部13帖（光源氏の子である薫《かおる》が恋愛と宗教の対立に苦悩する悲恋物語）の３部構成をとっている。最後の10帖は「宇治《うじ》十帖」ともいう。

「**もののあはれ**」を基調とし，帝四代，74年間，登場人物約490名に及ぶ**雄大な構想**と写実的な精神・鋭い批判意識などによって書かれた**長編恋愛物語**であり，**王朝文学の最高峰**である。また，世界最古の長編小説でもある。複雑な人間模様を活写し，**性格・心理描写**にすぐれている。文章は，流麗繊細な和文体。

**歴史物語**

●『**栄花《えいが》物語**』（栄華物語）

11世紀末の成立。作者不詳。**藤原道長の栄華**を中心に，平安中期約140年間を物語る。**編年体**（年代順の記述）。

●『**大鏡**』

成立・作者不詳。850～1025年までの176年にわたり**道長の栄華**権勢を中心に政治の表裏を**批判精神**で描く。**紀伝体**（人物中心）。

●『**今鏡**』

1170年成立。作者不詳。『大鏡』を受け，1025～1170年の146年間を物語る。**紀伝体**。

『大鏡』『今鏡』と中世に書かれた『水鏡』『増鏡』とをあわせて“**四鏡**”という。

**説話文学**

- 『日本霊《りょう》異《い》記《き》』

作者は**景戒《けいかい》**。仏教に関する因果応報説話が中心。漢文体。

- 『今昔《こんじゃく》物語集』

わが国**最大の説話集**。天竺《てんじく》(インド)，震旦《しんたん》(中国)，本朝(日本)の3部から成る。各説話とも「**今ハ昔**」に始まり「……**トナム語リ伝ヘタルトヤ**」で結ぶ。和漢混交文体。

## 5 日記文学・随筆文学

**日記文学**

- 『土佐日記』

935年成立。作者は**紀貫之**。土佐から都までの旅日記。わが国**最初の仮名書き日記**。

- 『蜻蛉《かげろう》日記』

10世紀末の成立。作者は**藤原道綱の母**。自叙伝的で精細な心理描写がみられる。日本初の女流日記。

- 『和泉式部《いずみしきぶ》日記』

11世紀初めの成立。作者は**和泉式部**。敦道《あつみち》親王との恋愛関係を歌物語風に記述。自分を第3人称で表現。

- 『紫式部日記』

11世紀初めの成立。作者は**紫式部**。中宮彰子《しょうし》に仕えていた頃の宮廷生活の記録。

- 『更級日記』

11世紀中頃の成立。作者は**菅原孝標女《すがわらのたかすえのむすめ》**。筆者13歳から52歳に至るまでの回顧。浪漫的傾向が強い。

- 『讃岐典侍《さぬきのすけ》日記』

12世紀初めの成立。作者は**藤原長子《ながこ》**。堀河帝の崩御から翌年にかけての宮廷生活の記録。死を直視した作品。

**随筆文学**

- 『枕草子』(わが国**最初の随筆文学**)

1000年頃の成立。作者は**清少納言**。一条天皇の中宮定《てい》子《し》に仕えていた頃の宮廷生活における経験や見聞などを中心にした随筆で，約300段が収められている。明るい機知を含んだ「**をかし**」の精神に基づき，簡潔な文章によって，知的・感覚的な表現がなされている。

# 3　中世文学（鎌倉・室町時代）

## 1　中世文学の流れ

**中世の韻文**

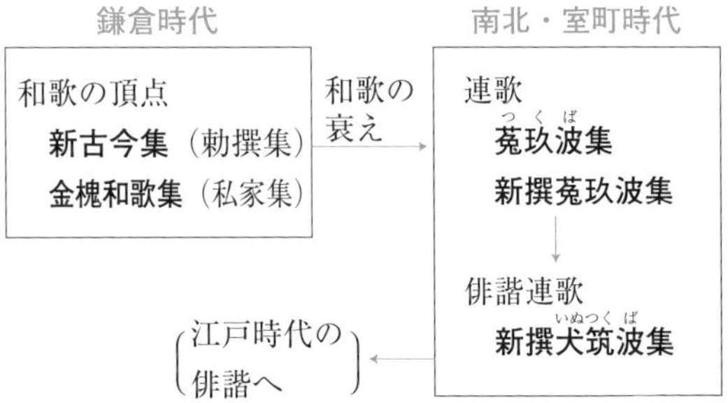


**中世の散文**

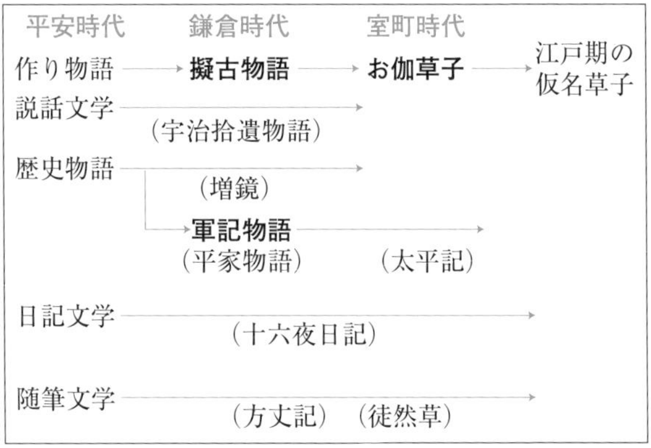


## 2　和歌・連歌

**『新古今和歌集』**
（８番目の勅撰集）

| | |
|---|---|
| 成立 | 1205年 |
| 撰者 | **後鳥羽上皇**の院宣《いんぜん》により，**藤原定家**・**藤原家隆《いえたか》**・藤原有家《ありいえ》・**藤原（飛鳥井《あすかい》）雅経《まさつね》**・源通具《みちとも》・寂連《じゃくれん》の６人で撰集。 |
| 巻数 | 20巻 |

| | |
|---|---|
| 歌数 | 約1980首（**すべて短歌**） |
| 部立 | 四季および賀・哀傷・離別・羇旅《きりょ》・恋・雑，神祇《じんぎ》・釈教《しゃっきょう》 |
| 時代 | 当代の歌人を重視し，独自のカラーを出す。 |
| 格調<br>歌風 | **初句・三句切れ**が多い（七五調）。**体言止《たいげんど》め**，**本歌取り**の歌が多い。題詠が中心。**絵画的・象徴的**・感覚的・夢幻的。幽玄体を進めた**有心《うしん》体**。 |

**『金槐《きんかい》和歌集』**
（私家集）

1213年以前の成立。作者は**源実朝《さねとも》**（鎌倉幕府３代将軍）。実朝22歳までの歌716首。新古今調，やがて万葉調の力強い歌を残し，正岡子規，斎藤茂吉らに高く評価された。

**連歌**

- **『菟玖波《つくば》集』**——**二条良基《よしもと》**・救済《ぐさい》撰。連歌最初の準勅撰集。
- **『新撰菟玖波集』**——**飯尾宗祇《いいおそうぎ》**撰。連歌の大成。
- **『新撰犬筑波集《しんせんいぬつくば》』**——**山崎宗鑑《そうかん》**編。俳諧連歌集。
- **『筑波問答《つくばもんどう》』**——**二条良基**。連歌論の初め。
- 『ささめごと』——**心敬《しんけい》**。連歌論書。連歌の幽玄を説く。

## 3 物語文学

**擬古物語**

- **『松浦宮物語』**——1270年以前の成立。
- **『石清水物語』**——1271年頃までに成立。
- **『住吉物語』**——1270年以前の成立。

**『御伽草子《おとぎぞうし》』**
（通俗的短編小説）

祝儀物《しゅうぎもの》……『一寸法師』『文正草子《ぶんしょうぞうし》』
霊験《れいげん》物……『鉢かづき』
英雄物……『酒呑童子《しゅてんどうじ》』『弁慶《べんけい》物語』
笑話《しょうわ》物……『福富草子《ふくとみぞうし》』

**説話文学**

- **『宇治拾遺《うじしゅうい》物語』**

  13世紀初めの成立。作者未詳。『今昔物語』の系統をひく世俗説話集。
- **『十訓抄《じっきんしょう》』**

  1252年成立。作者未詳。説話を十か条に分類。教訓的傾向が強い。

● **『古今著聞集《ここんちょもんじゅう》』**

1254年成立。作者は**橘《たちばなの》成季《なりすえ》**。古今の説話を集め，それを30編に分類。

● **『発心集《ほっしんしゅう》』**

1215年以前の成立。**鴨長明《かものちょうめい》**が『方丈記』執筆後に書いたといわれる仏教説話集。発心談，往生《おうじょう》談，遁世談《とんせいだん》など多彩。

● **『沙石集《しゃせきしゅう》』**

1283年成立。作者は**無住《むじゅう》**。仏教のための教訓雑話集。

### 歴史物語

● **『水鏡《みずかがみ》』**

平安末期～鎌倉初期の成立。作者未詳。神武天皇から仁明天皇までの54代の歴史を**編年体**で記述。

● **『増鏡《ますかがみ》』**

南北朝の成立。作者未詳。後鳥羽天皇から後醍醐天皇までの15代の歴史を**編年体**で記述。武家の横暴を憤り，皇室の衰微を嘆き，朝廷と武家との争乱を詳しく述べる。

### 史論

● **『愚管抄《ぐかんしょう》』**

1220年成立。作者は**慈円《じえん》**。初の史論。歴史論評，歴史哲学ともいえる内容。

● **『神皇正統記《じんのうしょうとうき》』**

1339年成立。作者は**北畠親房《きたばたけちかふさ》**。国体の本質と南朝の正統を述べている。

### 評論

● **『無名草子《むみょうぞうし》』**

1196～1202年成立。作者は**藤原俊成《としなり》**とも，**俊成女《としなりのむすめ》**とも。『源氏物語』を最高の作品とし，擬古物語群を批判する。

### 軍記物語

● **『将門記《しょうもんき》』**

940年成立。平将門《たいらのまさかど》の乱(939～940年)を描く。

● **『保元物語』**

鎌倉時代前期の成立。保元の乱(1156年)を描く。

● **『平治物語』**

鎌倉時代前期の成立。平治の乱(1159年)を描く。

● 『**平家物語**』

鎌倉時代前期の成立。平家一門の栄達と滅亡の過程を描き，それにまつわる女性たちの哀れな逸話などを添える。全編に**無常観思想**が流れている。**和漢混交《こんこう》文**。**平曲《へいきょく》**として琵琶法師によって語られ，民衆にも親しまれてきた。

● 『**太平記**』

14世紀後期の成立。南北朝動乱を描く。『平家物語』に比べ記録的であり，**儒教的武士精神**に貫かれている。小島法師の作といわれる。

● 『**義経記《ぎけいき》**』

源義経《よしつね》の波瀾の多い生涯を描く。

● 『**曽我物語**』

曽我兄弟の敵討《かたきうち》を記したもの。

## 4 日記・紀行・随筆

日記

● 『**十六夜《いざよい》日記**』

1280年頃の成立。作者は**阿仏尼《あぶつに》**。阿仏尼が，実子の領地問題の訴訟のために，1277年に鎌倉に下った時の**旅日記**。強い母性愛が描かれている。

随筆

● 『**方丈記《ほうじょうき》**』

1212年成立。作者は**鴨長明《かものちょうめい》**。人生の変転無常を嘆き，方丈の庵《いおり》を結んだ隠者の生活を記している。和漢混交文。一貫した仏教的人生観がみられる。

● 『**徒然草《つれづれぐさ》**』

1331年頃の成立と考えられる。作者は**兼好《けんこう》法師**。四季の自然観照，処世訓，芸能談，故実の考証や説話体による奇聞，逸話など。多面的な価値観，冷徹な人生批評がみられる。内容により，和文・和漢混交文を用いる。

## 5 能・謡曲・狂言

**能楽**

南北朝末，足利将軍の庇護《ひご》の下，観阿弥・世阿弥親子が，猿楽をより芸術的に高尚なものとし，大成した。**幽玄美**を理想とする。

● **『風姿《ふうし》花伝《かでん》』**（**『花伝書』**ともいう）

世阿弥によって書かれた能楽論。能の根本を説く。

**謡曲《ようきょく》**

能楽の詞章(台本)。古典を題材とし古来の名文を多く採用し，文学的にも注目される。『羽衣』『高砂』などが代表的。

**狂言**

猿楽の滑稽な部分を受け継いだもの。即興的な科白《せりふ》劇。能と能の間に演じられた。

# 4 近世文学（江戸時代）

## 1 近世文学の流れ

| | | | |
|---|---|---|---|
| **前期** | **上方文学** | 1期（慶長～寛文） | **貞門俳諧《ていもんはいかい》・談林俳諧《だんりんはいかい》**<br>**仮名草子《かなぞうし》** |
| | | 2期（延宝～享保） | **蕉風《しょうふう》俳諧・浮世草子《うきよぞうし》**<br>**浄瑠璃** |
| **後期** | **江戸文学** | 3期（元文～天明） | **狂歌・川柳・草双紙《くさぞうし》**<br>**洒落本《しゃれぼん》・前期読本《よみほん》** |
| | | 4期（寛政～慶応） | **後期読本・人情本**<br>**滑稽本・国学・歌舞伎** |

## 2 俳　諧

**俳諧の流れ**

（室町）

**俳諧連歌**　山崎宗鑑『新撰犬筑波集』

（江戸初期）

〔俳　　諧〕連歌から独立

**貞門派**　**松永《まつなが》貞徳《ていとく》『御傘《ごさん》』**『新増犬筑波集《しんぞういぬつくばしゅう》』

**談林派**　**西山宗因《にしやまそういん》**『談林十百韻《だんりんとっぴゃくいん》』
井原西鶴……矢数俳諧

小西来山《らいざん》

上島鬼貫《うえじまおにつら》・山口素堂《そどう》・池西言水《ごんすい》

（中期）

**蕉　風**　**松尾芭蕉『奥の細道』『笈《おい》の小文《こぶみ》』**

天明俳諧　**与謝蕪村《よさぶそん》『新花摘《しんはなつみ》』**

（後期）

横井也有《よこいやゆう》『鶉衣《うづらごろも》』

化政期　**小林一茶『おらが春』**

（明治）

〔俳　　句〕**正岡子規**

**芭蕉（蕉風）の俳諧**

**(1) 俳諧七部集《しちぶしゅう》**

『冬の日』『春の日』『曠野《あらの》』『ひさご』

**『猿蓑《さるみの》』**『炭俵《すみだわら》』『続猿蓑』

**(2) 芭蕉の紀行文**

**『野ざらし紀行』『笈《おい》の小文《こぶみ》』**

『更科《さらしな》紀行』**『奥の細道』**

**(3) 俳諧理念**

**わび・さび**・しをり・細み・軽み・不易流行

**蕉風俳論書**

- **『去来抄《きょらいしょう》』——向井去来《むかいきょらい》**
- **『三冊子《さんぞうし》』——服部土芳《とほう》**

## 3 国学・狂歌・川柳

**国学**

古典研究を通して古代文化を探る。

●**契沖《けいちゅう》**　**『万葉代匠《だいしょう》記』**（『万葉集』の注釈書）

●**賀茂真淵《かものまぶち》**　**『万葉考』**（『万葉集』の注釈書〈ますらをぶり〉を主張）

●**本居宣長《もとおりのりなが》**　**『古事記伝』**（『古事記』の注釈書）
**『源氏物語玉《たま》の小櫛《おぐし》』**（〈もののあはれ〉論を説く）

**近世の随筆**

●**新井白石《あらいはくせき》**　**『折たく柴の記』**（自叙伝）

●**松平定信《さだのぶ》**　**『花月草紙《かげつそうし》』**（自然や社会に関する随筆で擬古文の代表作）

●**本居宣長**　**『玉勝間《たまかつま》』**（学問や人生に関する随筆）

**狂歌**

伝統和歌にあきたらない町人が和歌の形式をとりながらも滑稽を主とし俗語を用いて自由にうたったもの。

『万載《まんざい》狂歌集』（四方赤良《よものあから》・朱楽菅江《あけらかんこう》撰）

**川柳**

俳諧の世界を滑稽化した庶民文学。

●**柄井川柳《からいせんりゅう》**（川柳の宗匠）**『誹風柳多留《はいふうやなぎだる》』**（呉陵軒可有《ごりょうけんあるべし》編）

## 4 小　説

**近世の小説の流れ**

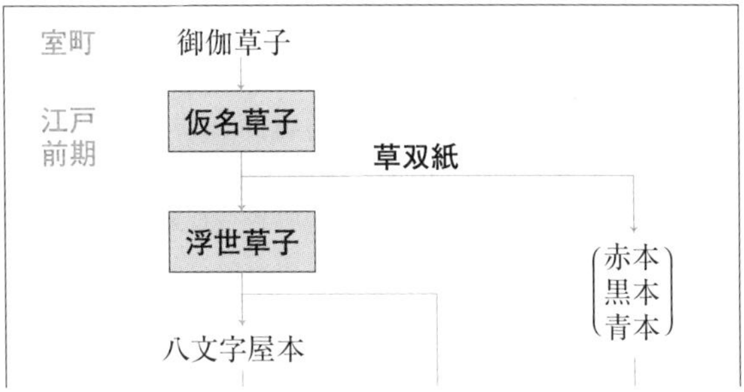

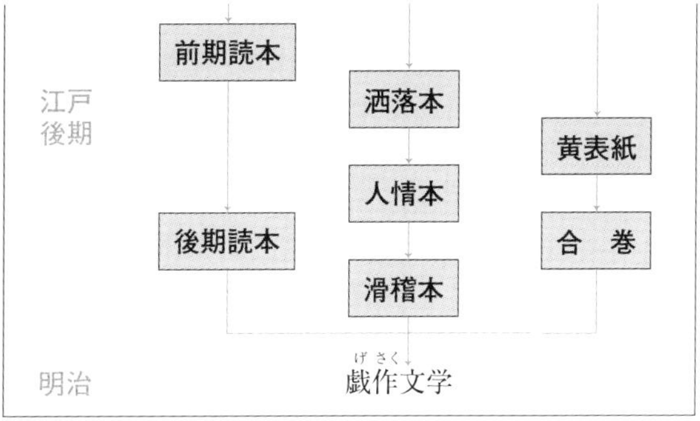


### 仮名草子

庶民の教訓・娯楽のためのかな文小説。

- 『竹斎《ちくさい》』――やぶ医者竹斎が京から江戸へ下る道中記。
- 『醒睡笑《せいすいしょう》』――笑話物。
- 『御伽婢子《おとぎぼうこ》』――浅井了意。怪談物。
- 『伊曽保《いそほ》物語』――イソップ物語の翻訳。

### 浮世草子

井原西鶴の作品に始まる一連の民衆小説。上方を中心に流布した。

**井原西鶴の代表作品**

| | |
|---|---|
| **好色物** | **『好色一代男』**（世之介の愛欲遍歴）<br>**『好色五人女』**（5人の女の恋愛事件）<br>『好色一代女』（淪落《りんらく》してゆく女の生活） |
| **武家物** | 『武道伝来記』（32の敵討《かたきうち》の話）<br>『武家義理物語』（義理に生きる武士の話） |
| **町人物** | **『日本永代蔵《にっぽんえいたいぐら》』**（金にまつわる町人の姿）<br>**『世間胸算用《せけんむねさんよう》』**（大晦日《おおみそか》の庶民の悲喜劇） |
| **説話物** | 『西鶴諸国咄《しょこくばなし》』（諸国の珍談・怪談）<br>**『本朝二十不孝』**（町人らの不徳行為） |

**八文字屋本《はちもんじやぼん》**……京都八文字屋で出版された浮世草子。

- **『世間息子気質《せけんむすこかたぎ》』**――**江島其磧《えじまきせき》**。家々の息子の気風。

### 草双紙《くさぞうし》

絵を中心とする次の３種の小説の総称。

(1)　**赤本・黒本・青本**……表紙の色による呼称。幼稚な子供用の絵本。

(2)　**黄表紙**……大人向け絵入り風刺小説。

- 『**金々先生栄華夢《きんきんせんせいえいがのゆめ》**』――**恋川春町《こいかわはるまち》**。金兵衛《きんべえ》の一炊《いっすい》の夢。
- 『**江戸《えど》生《うまれ》艶気樺焼《うわきのかばやき》**』――**山東京伝《さんとうきょうでん》**。半可通《はんかつう》の失敗談。

(3)　**合巻《ごうかん》**……黄表紙の合冊の絵入り長編小説。

- 『**修《にせ》紫《むらさき》田舎《いなか》源氏《げんじ》**』――**柳亭種彦《りゅうていたねひこ》**。源氏物語を室町時代に移して翻案したお家騒動の物語。

### 読本《よみほん》

絵中心の草双紙に対して文章主体の小説。

**前期読本**……江戸中期に上方で流行。大人向けの伝奇・怪異小説。

- 『**雨月《うげつ》物語**』――**上田秋成**。古今の怪異小説９編。
- 『**春雨《はるさめ》物語**』――**上田秋成**。

**後期読本**……文化文政期に江戸を中心に流行。勧善懲悪《かんぜんちょうあく》・因果応報《いんがおうほう》の世界を描く。

- 『**椿説弓張月《ちんせつゆみはりづき》**』――**滝沢馬琴**。源為朝《ためとも》が琉球《りゅうきゅう》で活躍。
- 『**南総里見八犬伝《なんそうさとみはっけんでん》**』――**滝沢馬琴**。里見家の興亡を仁・義・礼・智などの玉を持つ八犬士の活躍で描く。

### 洒落本《しゃれぼん》

浮世草子の好色物の流れをくむ遊里小説。

- 『**通言総籬《つうげんそうまがき》**』――**山東京伝**。遊里の風習・言語を描写。

### 人情本

江戸庶民の男女の色事を描く通俗小説。

- 『**春色梅児誉美《しゅんしょくうめごよみ》**』――**為永春水《ためながしゅんすい》**。美男丹次郎と３人の女の恋のもつれを花柳界を中心に描く。

### 滑稽本《こっけいぼん》

風刺や滑稽を主とした笑話小説。

- 『**東海道中膝栗毛《ひざくりげ》**』――**十返舎一九《じっぺんしゃいっく》**。江戸の町人・弥《や》次郎兵衛《じろべえ》と喜多八《きたはち》の奇行・失敗の道中記。
- 『**浮世風呂**』――**式亭三馬**。銭湯《せんとう》を舞台の世相《せそう》描写。
- 『**浮世床**』――**式亭三馬**。床屋《とこや》を舞台の世相描写。

## 5 戯　曲

**浄瑠璃**

語り物であった浄瑠璃が，三味線，操り人形と結びつき，劇的要素をもつ人形浄瑠璃となった。**近松門左衛門**と**竹本義太夫**《ぎだゆう》のコンビによって，古浄瑠璃から本格的な新浄瑠璃となる。

●**近松門左衛門の代表作品**

| | |
|---|---|
| **時代物** | **『出《しゅっ》世《せ》景清《かげきよ》』『国性爺《こくせんや》合戦《かっせん》』** |
| **世話物** | **『曽根崎《そねざき》心中《しんじゅう》』『冥途《めいど》の飛脚《ひきゃく》』<br>『心中天《しんじゅうてん》の網島《あみじま》』『女殺油《おんなごろしあぶら》地獄《じごく》』** |

●**竹田出雲《いずも》**　**『仮名手本《かなでほん》忠臣蔵《ちゅうしんぐら》』**『義経千本桜《よしつねせんぼんざくら》』

**歌舞伎**

元禄期に坂田藤十郎《とうじゅうろう》・市川団十郎《だんじゅうろう》の名優が出現し，隆盛。文化・文政期に**鶴屋南北**《つるやなんぼく》，**河竹黙阿弥**《かわたけもくあみ》が様式美・伝統美を集大成し，一大芸術を完成した。

●**鶴屋南北**　**『東海道四谷《よつや》怪談』**

●**河竹黙阿弥**　『三人吉三《さんにんきちざ》廓初買《くるわのはつがい》』

# 5　近代文学（明治・大正・昭和時代）

## 1 啓蒙期（明治初期）

**戯作《げさく》文学**

江戸後期の流れをくみ，世相や風俗を風刺・滑稽化して描いた。

●**仮名垣魯文**《かながきろぶん》　**『西洋道中膝栗毛《ひざくりげ》』**（明３）**『安愚楽鍋《あぐらなべ》』**（明４）

**啓蒙文学**

新しい思想や知識を取り入れ，西洋化を促した。

●**福沢諭吉**　**『学問ノスヽメ』**（明５）

**翻訳文学**

西洋文学の翻訳で，西洋事情や風俗・習慣などを広めた。

●**丹羽純一郎**・訳　『花柳春話』（明11）

**政治小説**

自由民権思想の鼓吹や国家意識の高揚をめざした。
- **矢野龍渓**《やのりゅうけい》　**『経国美談』**《けいこくびだん》（明17）
- **東海散士**《とうかいさんし》　**『佳人之奇遇』**《かじんのきぐう》（明18）
- **末広鉄腸**《すえひろてつちょう》　**『雪中梅』**《せつちゅうばい》（明19）

## ② 写実主義（明治10年代後半）

明治10年代後半になると，勧善懲悪や功利主義を排し，小説を芸術の一ジャンルとして明確に規定しようとする意識が生まれてきた。また，言文一致体の果たした文学的意義は大きい。

**坪内逍遙**《つぼうちしょうよう》**と二葉亭四迷**《ふたばていしめい》

| | 坪内逍遙 | 二葉亭四迷 |
|---|---|---|
| 文学論 | **『小説神髄**《しんずい》**』**（明18） | **『小説総論』**（明19） |
| 小　説 | **『当世書生気質**《とうせいしょせいかたぎ》**』**（明18）当時の学生の世態・人情を描いているが，戯作調を脱しきれない。 | **『浮雲**《うきぐも》**』**（明20～22）近代的自我に目覚めた知識人，内海文三《うつみぶんぞう》の内面描写がみごと。 |
| 翻　訳 | 英文学，**シェークスピア**の作品。 | ロシア文学，**ツルゲーネフ**の**『あひびき』**『めぐりあひ』 |
| その他 | 戯曲**『桐一葉**《きりひとは》**』**『沓手鳥孤城落月《ほとときすこじょうのらくげつ》』 | **言文一致運動** |

## ③ 擬古典主義（明治20年代）

明治20年代になると欧化熱が冷め，国粋主義的風潮が復活，文学においても西鶴や近松などの元禄文学を見直す古典回帰が尾崎紅葉と幸田露伴を中心に展開された。この時代を「**紅露**《こうろ》**時代**」と呼ぶ。

**硯友社**《けんゆうしゃ》

わが国初の文学結社（明18）。機関誌**『我楽多文庫**《がらくたぶんこ》**』**。**尾崎紅葉・山田美妙**が中心。

●尾崎紅葉《こうよう》　『二人比丘尼色懺悔《ににんびくにいろざんげ》』（明22）
『多情多恨《たじょうたこん》』（明29。言文一致体）
『金色夜叉《こんじきやしゃ》』（明30～35。雅俗折衷体《がぞくせっちゅうたい》）

●山田美妙《びみょう》　『夏木立《なつこだち》』（明21。言文一致体）
『武蔵野』（明20）『蝴蝶《こちょう》』（明22）

硯友社の同人
- 尾崎紅葉
  - 泉鏡花《きょうか》（観念小説・浪漫主義）
  - 徳田秋声《しゅうせい》（自然主義）
  - 小栗風葉《おぐりふうよう》（写実小説）
- 山田美妙
- 石橋思案《しあん》
- 広津柳浪《ひろつりゅうろう》（深刻小説）
- 巖谷小波《いわやさざなみ》（児童文学）
- 川上眉山《びざん》（観念小説）

**言文一致運動**

| | | |
|---|---|---|
| **二葉亭四迷** | だ調 | 『浮雲』 |
| **尾崎　紅葉** | である調 | 『多情多恨』 |
| **山田　美妙** | です調 | 『夏木立』 |

●幸田露伴《こうだろはん》

情緒豊かな女性描写を得意とした紅葉に対し，気骨ある男性を描く**理想主義的**作風。『**風流仏《ふうりゅうぶつ》**』（明22）『**五重塔**』（明24）

## 4　浪漫主義（明治20年代～30年代）

明治20年代初頭から30年代にかけて，西欧思想の影響を受けて近代的自我の目覚めを求める浪漫主義の運動が盛んになった。

●森鷗外

初期は浪漫的な雅文体の小説を書く。

『**舞姫**』（明23）――近代知識人の自我の覚醒と苦悩を描く。

**雑誌「文学界」**
（明26～31）

**北村透谷《とうこく》**（評論『内部生命論』）が中心となり，**島崎藤村**（詩集『若菜集』『落梅集』など）・平田禿木《とくぼく》・馬場孤《こ》蝶《ちょう》・上田敏《びん》らが同人として活躍。初期浪漫主義の中心となった。

●**樋口一葉**

明治を代表する女流作家。25歳の若さで死去。雅俗折衷文体。『**たけくらべ**』（明28）『**にごりえ**』（明28）『十三夜』（明28）

●**高山樗牛《ちょぎゅう》**

初期は熱情的な浪漫主義。『滝口入道《たきぐちにゅうどう》』（明27）

**観念小説**

作者の抱いているある観念を作品中に明白に出した小説。

●**泉鏡花《いずみきょうか》**　『夜行巡査』（明28）『外科室』（明28）

●**川上眉山《びざん》**　『書記官』（明28）

**深刻小説**

人生の深刻・悲惨な方面を描いた。

●**広津柳浪**　『変目伝《へめでん》』（明28）『黒蜥蜴《くろとかげ》』（明28）

**後期浪漫主義**

●**徳冨蘆花《とくとみろか》**　『**不如帰《ほととぎす》**』（明31）——家庭小説

『**自然と人生**』（明33）——随筆

●**泉鏡花《いずみきょうか》**　『**高野聖《こうやひじり》**』（明33）『**歌行燈《うたあんどん》**』（明43）

●**国木田独歩《くにきだどっぽ》**　『源《げん》おぢ』（明30）『**武蔵野**』（明31）

後に自然主義的傾向を示す。

## 5 自然主義（明治30年代後半）

明治30年代後半，フランスで起こった自然主義の影響を受けて，人間のあるがままの姿を客観的に描く傾向があらわれた。『蒲団』に代表される，作者自身を描き現実を暴露する作風(私小説)と『破戒』に代表される，虚構の「私」による本質移転に大別される。

●**島崎藤村**　『**破戒《はかい》**』（明39）

『**春**』（明41）『**家**』（明43～44）

『**新生《しんせい》**』（大７～８）『**夜明け前**』（昭４）

●**田山花袋《かたい》**　『**蒲団《ふとん》**』（明40）『生』『妻』『縁』

『**田舎《いなか》教師**』（明42）

●**徳田秋声《しゅうせい》**　『新世帯《あらじょたい》』（明41）『**黴《かび》**』（明44）

『**あらくれ**』（大４）『縮図』（明16）——未完

●**正宗白鳥《まさむねはくちょう》**　『**何処《どこ》へ**』（明41）『泥人形』

●**岩野泡鳴《ほうめい》**　『耽溺《たんでき》』（明42）

## 6 反自然主義（明治40年代〜大正）

明治40年代，文壇の主流を占めた自然主義の影響を受けながらも，独自に文学の可能性を追求し，大正期には文芸思潮の中心を成すに至った。

### 余裕派（高踏派）

自然主義とは距離を保ちながら豊富な教養に裏づけられた質の高い創作活動を展開した。

**●夏目漱石**

**イギリス留学**。東京大学講師から朝日新聞社に入社。個人主義的態度。エゴイズムの追求。

**『吾輩は猫である』**（明38）——社会・人間の風刺

**『坊っちゃん』**（明39）——ユーモア小説

**『草枕』**（明39）——**非人情**の世界

『野分《のわき》』『虞美人草《ぐびじんそう》』『坑夫《こうふ》』『夢十夜』

**『三四郎』『それから』『門』**（前期３部作）

**『彼岸過迄《ひがんすぎまで》』『行人』『こゝろ』**（後期３部作）

**『道草』**（大４）**『明暗』**（大５）——未完

**●森鷗外**

**ドイツ留学**。**軍医**として生涯を送る。初期は浪漫主義。翻訳・評論・戯曲・小説など多岐にわたる活動。傍観者的態度。孤高の精神。

初期　**『於母影《おもかげ》』**（明22）——訳詩集
　　　**『舞姫《まいひめ》』**（明23）——浪漫的小説
　　　**『即興詩人《そっきょうしじん》』**——翻訳小説

中期　**〈現代小説〉**『ヰタ・セクスアリス』（明42）
　　　**『青年』**（明43）**『雁《がん》』**（明44）

後期　**〈歴史小説〉『阿部一族《あべいちぞく》』**（大２）**『山椒大夫《さんしょうだゆう》』**（大４）
　　　**『高瀬舟《たかせぶね》』『寒山拾得《かんざんじっとく》』**（大５）
　　　**〈史　　伝〉『渋江抽斎《しぶえちゅうさい》』**（大５）

### 耽美派《たんび》

醜悪な現実をさらけ出す自然主義に対抗して，「美」の創造を目的とする作家たちが登場した。官能的，享楽的な作品傾向を特色とした。雑誌**『スバル』『三田文学』『新思潮』**がその母体となった。

●**永井荷風《ながいかふう》**　『**あめりか物語**』（明41）『**ふらんす物語**』
『すみだ川』『**腕くらべ**』『**濹東綺譚《ぼくとうきたん》**』（昭12）

●**谷崎潤一郎《たにざきじゅんいちろう》**　『**刺青《しせい》**』（明43）『**痴人《ちじん》の愛**』（大13）
『蓼喰《たでく》ふ虫《むし》』『**春琴抄《しゅんきんしょう》**』（昭８）
『**細雪《ささめゆき》**』（昭18～22）

●**佐藤春夫**　『**田園《でんえん》の憂鬱《ゆううつ》**』（大７）『都会の憂鬱』

### 白樺派《しらかばは》

トルストイの影響が強い。個我の高揚を主張し，人道主義・理想主義的立場をとる。雑誌『**白樺**』において展開された。

●**武者小路実篤《むしゃのこうじさねあつ》**　『**お目出《めで》たき人**』（明44）『幸福者』
『**友情**』（大8）
宮崎県に理想郷「**新しき村**」を建設（大７）。

●**志賀直哉**　『網走《あばしり》まで』（明43）『清兵衛《せいべえ》と瓢箪《ひょうたん》』
『**城《き》の崎《さき》にて**』（大６）――心境小説
『小僧の神様』『**和解**』
『**暗夜行路《あんやこうろ》**』（大10～昭12）――長編小説

●**有島武郎《たけお》**　『**カインの末裔《まつえい》**』（大６）『**或《あ》る女**』
『**生《う》まれ出《い》づる悩み**』（大７）
『**惜《おし》みなく愛は奪ふ**』（大６）――評論

●**里見《さとみ》　弴《とん》**　『**多情仏心《たじょうぶっしん》**』（大11）

### 新現実主義

人間の醜悪で卑小な部分をつき放して観察し，明晰な知性によって現実をとらえ直そうとした。理知による解釈を加え，繊細な技巧によって描写した。

#### 1　新思潮派（理知的技巧派）

●**芥川龍之介**『**鼻**』（大５）――夏目漱石が激賞した。
『**羅生門《らしょうもん》**』『芋粥《いもがゆ》』『**地獄変《じごくへん》**』『**戯作三昧《げさくざんまい》**』
『**枯野抄《かれのしょう》**』（大７）
『**河童《かっぱ》**』『歯車』『或阿呆《あるあほう》の一生』（昭２）

●**菊池　寛**　『**忠直卿行状記《ただなおきょうぎょうじょうき》**』『恩讐《おんしゅう》の彼方《かなた》に』
『**父帰る**』（大６）――戯曲

●**久米正雄**　『破船』（大11）

●**山本有三**　『波』『**女の一生**』『**真実一路《いちろ》**』（昭10～11）
『**路傍《ろぼう》の石**』

2 人生派・奇蹟派（私小説作家）

●広津和郎《ひろつかずお》　『神経病時代』（大６）
●葛西善蔵《かさいぜんぞう》　『哀しき父』（大１）『子をつれて』
●宇野浩二　『蔵の中』（大８）『子を貸し屋』（大12）

## 7 プロレタリア文学（大正末期～昭和初期）

大正末期から昭和初期にかけて，マルクス主義的立場をとり，革命のための文学をめざそうとする運動がおこった。社会改革を目的としたため，当局の弾圧を受けて衰退していった。

**文戦派**

雑誌『文芸戦線』（大13）による作家たち
●葉山嘉樹《はやまよしき》　『海に生くる人々』（大15）
『セメント樽《たる》の中の手紙』（大15）
●平林《ひらばやし》たい子　『施療室《せりょうしつ》にて』（昭２）

**戦旗派**

雑誌『戦旗』（昭３）による作家たち
●小林多喜二《たきじ》『蟹工船《かにこうせん》』（昭４）『党生活者』
●徳永《とくなが》　直《すなお》　『太陽のない街《まち》』（昭４）

## 8 芸術派（大正末期～昭和初期）

大正末期から昭和初期にかけて，純文学の系統に新しく出現した３つの思潮を総称して芸術派と呼ぶ。

**新感覚派**

プロレタリア文学に対抗して，文学の芸術性を高めることに重きを置き，知的に再構成された感覚によって新しい現実を描こうとした。雑誌「文芸時代」において展開された。

●横光利一《よこみつりいち》　『日輪《にちりん》』（大12）『蠅《はえ》』『機械』『紋章《もんしょう》』（昭９）『旅愁《りょしゅう》』
●川端康成《かわばたやすなり》　『伊豆《いず》の踊子《おどりこ》』（大15）『雪国《ゆきぐに》』（昭12）
『千羽鶴』『山の音』（昭24）
※ノーベル文学賞受賞（昭43）

**新興芸術派**

●井伏鱒二《いぶせますじ》　『山椒魚《さんしょううお》』（大12）『黒い雨』（昭40～41）
●梶井基次郎《かじいもとじろう》『檸檬《れもん》』（大14）『城のある町にて』

**新心理主義**

●堀《ほり》　辰雄《たつお》　『聖家族《せいかぞく》』（昭５）『美しい村』（昭８）
　『風立ちぬ』（昭11）『菜穂子《なほこ》』（昭16）
●伊藤　整《せい》　『幽鬼《ゆうき》の街』（昭12）『鳴海仙吉』
　『若い詩人の肖像』
　『小説の方法』（昭23）――評論

## 9 戦時下の文学（昭和10年代）

昭和10年前後は，文芸復興と呼ばれるほどに文学が隆盛したが，戦争の拡大により文学活動は戦争文学一本にしぼられ，一転して文学の空白時代が訪れる。

**転向文学**

弾圧によるプロレタリア文学からの転向。
●島木健作《しまぎけんさく》　『生活の探求』『赤蛙《あかがえる》』
●中野重治《なかのしげはる》　『村の家』『歌のわかれ』
●村山知義《むらやまともよし》　『白夜《びゃくや》』

**既成作家の活躍**

●永井荷風　『濹東綺譚《ぼくとうきたん》』（昭12）
●島崎藤村　『夜明け前』（昭４～10）
●志賀直哉　『暗夜行路《あんやこうろ》』（大10～昭12）
●徳田秋声　『仮装人物《かそうじんぶつ》』（昭10）『縮図《しゅくず》』（昭16）

**文学界派**

●小林秀雄　『様々《さまざま》なる意匠《いしょう》』『私小説論』（評論）

**日本浪漫派**

保田与重郎《やすだよじゅうろう》・亀井勝一郎ら。

**新人作家の登場**

●石川達三《たつぞう》　『蒼氓《そうぼう》』（昭10）『人間の壁』（昭32）
●高見《たかみ》　順《じゅん》　『故旧《こきゅう》忘れ得《う》べき』
●中島　敦《あつし》　『山月記《さんげつき》』（昭17）『李陵《りりょう》』（昭18）
●石坂洋次郎《ようじろう》『若い人』（昭12）
●林芙美子《ふみこ》　『放浪記《ほうろうき》』『浮雲《うきぐも》』

**戦争文学**

●火野葦平《ひのあしへい》　『麦と兵隊』（昭13）『土と兵隊』

## ⑩ 戦後の文学（昭和20年代）

昭和20年の戦争終結によって言論の自由が復活すると，既成作家や中堅作家が盛んに活動をはじめ，文学界に光をよみがえらせた。

**既成作家**

●谷崎潤一郎『細雪』
●川端康成　『山の音』
●伊藤　整　『鳴海仙吉』

**新戯作《げさく》派（無頼《ぶらい》派）**

●太宰《だざい》　治《おさむ》　『晩年』（昭11）『富嶽百景《ふがくひゃっけい》』（昭14）
『斜陽《しゃよう》』（昭22）『人間失格』（昭23）
●坂口安吾《さかぐちあんご》　『白痴《はくち》』『堕落《だらく》論』――評論
●織田作之助《おださくのすけ》『世相《せそう》』『夫婦善哉《めおとぜんざい》』
●石川　淳《じゅん》　『普賢《ふげん》』『焼跡《やけあと》のイエス』

**新日本文学会**

旧プロレタリア文学の再現。
●宮本百合子《ゆりこ》『播州平野《ばんしゅうへいや》』『道標《どうひょう》』『伸子《のぶこ》』
●中野重治　『むらぎも』『梨《なし》の花』『甲乙丙丁《こうおつへいてい》』
●徳永　直《すなお》　『妻よねむれ』

**第一次戦後派**

●野間　宏《ひろし》　『暗い絵』（昭21）『真空地帯《しんくうちたい》』（昭27）
●椎名麟三《しいなりんぞう》　『永遠なる序章』
●三島由紀夫《ゆきお》『仮面《かめん》の告白《こくはく》』『潮騒《しおさい》』『金閣寺』『豊饒《ほうじょう》の海』
●大岡昇平《おおおかしょうへい》　『俘虜記《ふりょき》』『野火《のび》』
●梅崎春生《うめざきはるお》　『桜島』
●武田泰淳《たけだたいじゅん》　『蝮《まむし》のすゑ』『富士』
●中村真一郎《しんいちろう》『死の影の下に』

**第二次戦後派**

●安部公房《あべこうぼう》　『壁』『砂の女』

**第三の新人**

昭和30年前後に登場した作家。
●安岡章太郎《やすおかしょうたろう》　『ガラスの靴』『海辺《かいへん》の光景』『悪い仲間』
●吉行淳之介《よしゆきじゅんのすけ》　『驟雨《しゅうう》』『暗室』
●遠藤周作《しゅうさく》　『白い人』『海と毒薬《どくやく》』『沈黙《ちんもく》』

## 11 現代の文学（昭和30年以後）

高度経済成長期に入り，現代社会や政治に強い関心を示す社会派の作家の活動が目立つようになる。

**大衆文学の隆盛**

●石原慎太郎『太陽の季節』
●大江健三郎『死者の奢《おご》り』『飼育《しいく》』『われらの時代』
※ノーベル文学賞受賞（平６）
●開高　健《けん》『パニック』『裸の王様』『輝ける闇』
●井上　靖《やすし》『闘牛《とうぎゅう》』『氷壁《ひょうへき》』『天平の甍《いらか》』『敦煌《とんこう》』『あすなろ物語』
●北《きた》　杜夫《もりお》『夜と霧の隅《すみ》で』『楡家《にれけ》の人々』
●高橋和巳《かずみ》『悲《ひ》の器《うつわ》』『邪宗門《じゃしゅうもん》』
●曽野綾子《そのあやこ》『遠来の客たち』
●幸田《こうだ》　文《あや》『流れる』
●有吉佐和子《ありよしさわこ》『地唄』『紀ノ川』『恍惚《こうこつ》の人』
●三浦哲郎《てつお》『忍ぶ川』
●田辺聖子《せいこ》『感傷旅行《センチメンタルジャーニー》』
●柴田　翔《しょう》『されどわれらが日々――』
●水上《みずかみ》　勉《つとむ》『雁《がん》の寺』『越前竹人形』『飢餓《きが》海峡』
●辻　邦生《くにお》『廻廊にて』『嵯峨野明月記』
●野坂昭如《のさかあきゆき》『アメリカひじき』『火垂《ほた》るの墓』
●松本清張《せいちょう》『点と線』『或る『小倉日記』伝』
●中上健次『岬』『軽蔑』
●宮本　輝《てる》『蛍川』『泥の河』『優駿』
●宮尾登美子『一絃の琴』『櫂《かい》』『寒椿』
●向田《むこうだ》邦子『花の名前』『かわうそ』『あ・うん』
●連城《れんじょう》三紀彦『恋文』『戻り川心中』
●佐多稲子『キャラメル工場から』『夏の栞《しおり》』
●竹山道雄『ビルマの竪琴《たてごと》』
●深沢七郎『楢山節考《ならやまぶしこう》』
●宇野千代『おはん』
●円地《えんち》文子『女坂』
●大庭みな子『三匹の蟹』
●丸谷才一《まるやさいいち》『年の残り』『たった一人の反乱』
●森　敦『月山《がっさん》』

●壇　一雄　『火宅《かたく》の人』
●中沢けい　『水平線上にて』

## 12 近代の詩

**新体詩**

西洋の詩の翻訳と創作詩。
●外山正一《とやままさかず》ら　訳詩集『新体詩抄』（明15）
●森　鷗外ら　訳詩集『於母影《おもかげ》』（明22）

**浪漫詩**
（明治20～30年代）

●島崎藤村　『若菜集《わかなしゅう》』（明30）『落梅集《らくばいしゅう》』（明34）
●土井晩翠《つちいばんすい》　『天地有情《てんちうじょう》』（明32）

**象徴詩**
（明治30～40年代）

●上田　敏　訳詩集『海潮音《かいちょうおん》』（明38）――フランス象徴詩
●薄田泣菫《すすきだきゅうきん》　『白羊宮《はくようきゅう》』（明39）
●蒲原有明《かんばらありあけ》　『独絃哀歌《どくげんあいか》』（明36）『春鳥集《しゅんちょうしゅう》』（明38）
●三木露風《みきろふう》　『廃園』『白き手の猟人』

**耽美派**
（明治40年代）

●北原白秋《はくしゅう》　『邪宗門《じゃしゅうもん》』（明42）『思ひ出』（明44）
官能と異国情緒を絢爛《けんらん》なことばで歌う。
●木下杢太郎《もくたろう》　『食後の唄《うた》』

**口語自由詩**
（大正時代）

●高村光太郎《こうたろう》　『道程《どうてい》』（大３）『智恵子抄《ちえこしょう》』
白樺派の人道主義的な詩風。
●萩原朔太郎《はぎわらさくたろう》　『月に吠《ほ》える』（大６）『青猫《あおねこ》』『氷島《ひょうとう》』
口語自由詩を完成。近代詩を確立。
●室生犀星《むろうさいせい》　『抒情小曲集《じょじょうしょうきょくしゅう》』『愛の詩集』
●佐藤春夫　『殉情詩集《じゅんじょうししゅう》』
●宮沢賢治《みやざわけんじ》　『春と修羅《しゅら》』
童話『銀河鉄道の夜』『風の又三郎』
●千家元麿《せんけもとまろ》　『自分は見た』
●山村暮鳥《やまむらぼちょう》　『風は草木にささやいた』

**プロレタリア詩**
（昭和初期）

●中野重治《しげはる》・窪川鶴次郎《くぼかわつるじろう》

| | |
|---|---|
| **超現実主義《シュールリアリズム》**<br>＜モダニズム＞<br>（昭和初期） | ●**西脇順三郎**　『Ambarvalia《あむばるわりあ》』<br>●**北川冬彦**　『**戦争**』 |
| **四季派**<br>（昭和10年代） | 詩誌「**四季**」同人。<br>●**三好達治《みよしたつじ》**　『**測量船《そくりょうせん》**』（昭５）『艸千里《くさせんり》』<br>●**中原 中也《なかはらちゅうや》**　『**山羊《やぎ》の歌**』『**在《あ》りし日の歌**』<br>●**立原道造《たちはらみちぞう》**　『**萱草《わすれぐさ》に寄す**』<br>●**伊東静雄**　『わがひとに与ふる哀歌』 |
| **歴程派**<br>（昭和10年代） | 詩誌「**歴程**」同人。<br>●**草野心平《くさのしんぺい》**　『富士山』『定本蛙』<br>●**金子光晴《かねこみつはる》**　『鮫《さめ》』『落下傘』<br>●**村野四郎**　『体操詩集』 |
| **戦後詩** | ●**黒田三郎**　『ひとりの女に』<br>●**谷川 俊太郎《たにかわしゅんたろう》**『二十億光年の孤独』<br>●**石垣りん**　『私の前にある鍋とお釜と燃える火と』<br>●**茨木《いばらぎ》のり子**『自分の感受性くらい』 |

## ⑬ 近代の短歌

### 近代の歌人系譜

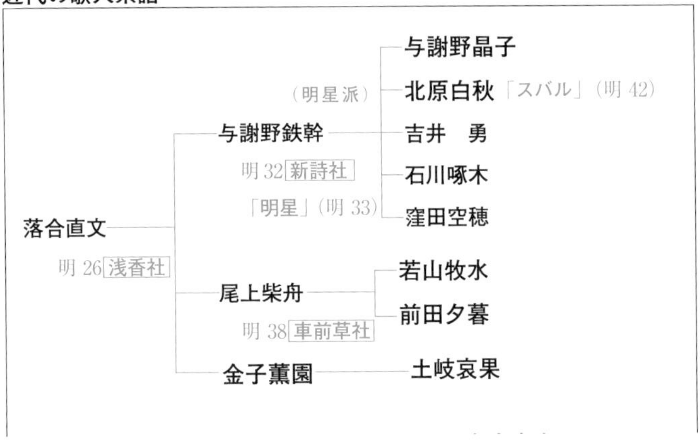

正岡子規 ── 伊藤左千夫 ── 島木赤彦
明32 根岸短歌会　　「アララギ」（明41） ── 斎藤茂吉
── 釈　迢空
── 土屋文明
── 長塚　節

佐々木信綱 ── 木下利玄
明31 竹柏会 「心の花」（明31）

**明星派**
（雑誌「明星」明33）

●**与謝野鉄幹《てっかん》**　「新詩社」の結成，「**明星**」の創刊。
●**与謝野晶子《あきこ》**　『**みだれ髪**』（明34）

**アララギ派**
（雑誌「アララギ」明41）

●**正岡子規《しき》**　『**歌よみに与ふる書**』（明31）――評論
万葉調の**写生**の説を主唱。
●**伊藤左千夫《さちお》**　叫びの説。小説『野菊の墓』
●**長塚　節《たかし》**　冴《さ》えの説。『**鍼《はり》の如く**』小説『土』
●**島木赤彦**　鍛練道《たんれんどう》。『太虚《たいきょ》集』『柿蔭《しいん》集』
●**斎藤茂吉**　実相観入。『**赤光《しゃっこう》**』（大２）『あらたま』（大10）

**自然主義の影響**

●**若山牧水《ぼくすい》**　『別離』
●**前田夕暮《ゆうぐれ》**　『収穫』
●**石川啄木《たくぼく》**　『**一握《いちあく》の砂**』『**悲しき玩具《がんぐ》**』
三行書き。生活派の短歌。

**耽美派**
（雑誌「スバル」明42）

●**北原白秋《はくしゅう》**　『**桐の花**』（明42）『雲母《きらら》集』
●**吉井　勇《いさむ》**　『酒ほがひ』

**大正期の短歌**

アララギ派全盛。
●**土屋《つちや》文明《ぶんめい》**　『ふゆくさ』
●**釈迢空《しゃくちょうくう》**　『海やまのあひだ』

**昭和期の短歌**

北原白秋がアララギ派に反対して浪漫派の復興を図る。
●**宮柊二《みやしゅうじ》**　『群鶏《ぐんけい》』『日本挽歌』

**戦後の短歌**

●**近藤芳美《よしみ》**　『早春歌』
●**寺山修司《しゅうじ》**　『空には本』『田園に死す』
●**俵《たわら》　万智《まち》**　『サラダ記念日』『チョコレート革命』

## ⑭ 近代の俳句

### 近代の俳人系譜

- 正岡子規
  - 内藤鳴雪
  - 夏目漱石
  - 高浜虚子（ホトトギス派）
    - 村上鬼城
    - 飯田蛇笏
    - 日野草城
    - 中村草田男
    - 水原秋桜子
      - 石田波郷
      - 加藤楸邨
    - 中村汀女
    - 山口誓子
    - 川端茅舎
  - 河東碧梧桐（新傾向派）
    - 荻原井泉水
      - 尾崎放哉
      - 種田山頭火
    - 中塚一碧楼
    - 大須賀乙字

### 主要俳人

●**正岡子規《しき》**　**写生**の説を提唱。写生文の創始者。
**『獺祭書屋俳話《だっさいしょおくはいわ》』『病牀六尺《びょうしょうろくしゃく》』**
俳句雑誌「**ホトトギス**」（明31）創刊。

●**高浜虚子《きょし》**　子規の写生説の堅持継承。**花鳥諷詠**を主張。

●**河東碧梧桐《かわひがしへきごとう》**　子規没後，虚子と対立。**新傾向俳句**を提唱。無季自由律を唱え，俳句を短歌と称した。

●**村上鬼城《きじょう》**　**境涯の句**。現代の小林一茶と称せられた。

●**飯田蛇笏《だこつ》**　格調高く，古典的で荘重。

●**水原秋桜子《しゅうおうし》**　**新興俳句運動**の口火を切る。
「**馬酔木《あしび》**」（昭３）創刊。『**葛飾《かつしか》**』（昭５）

●**山口誓子《せいし》**　「馬酔木」同人。新興俳句運動の中心人物の１人。**根源俳句**を唱道。『**凍港**』（昭７）

●**川端茅舎《ぼうしゃ》**　虚子の「花鳥諷詠」の礼賛者。「**茅舎浄土**」と称された。

●**中村汀女《ていじょ》**　日常生活の哀歓を叙情的に写生。「風花」（昭22）創刊。

●**中村草田男《くさたお》**　**難解派・人間探求派**。メルヘンの俳人。
『**万緑《ばんりょく》**』（昭16）

●**加藤楸邨《しゅうそん》**　**難解派・人間探求派**。重厚な人間諷詠。『**寒雷**』（昭15）

- **石田波郷《はきょう》**　**難解派・人間探求派**。孤独と寂寥の哀切な作風。『鶴の眼』
- **荻原井泉水《せいせんすい》**　**自由律派**。季題無用論を唱え，形式にとらわれない自然のリズムを尊重した。
- **尾崎放哉《ほうさい》**　**自由律派**。独自の心境を透明な虚無感の中にうたった。
- **種田山頭火《さんとうか》**　**自由律派**。禅僧として放浪の旅に出て，漂泊生活を題材に句作した。

## 15　近代の演劇

**新史劇**

- **坪内逍遙**　『桐一《きりひと》葉《は》』

**新派**

自由民権運動の一翼として啓蒙を目的に書かれた作品が，世相や風俗を写実的に描く方向に発展したもの。「旧派」の歌舞伎に対していう。

**新劇運動**

西洋演劇の影響を受けて始まる。

- **「文芸協会」**
  坪内逍遙，**島村抱月《ほうげつ》**らが中心で発足。シェークスピアの『ハムレット』やイプセンの『人形の家』などの翻訳劇を上演。
- **「芸術座」**
  文芸協会から分裂して，**島村抱月**，**松井須磨子《すまこ》**らが結成。
- **「自由劇場」**
  **小山内《おさない》薫《かおる》**，市川左団次が創設。
- **「築地《つきじ》小劇場」**
  **小山内薫**，土方《ひじかた》与志《よし》が中心になって創立。新劇運動は飛躍的に発展し，これまでの役者中心の芸から演出重視に変化した。

**大正期の主な戯曲**

- **菊池寛**　**『父帰る』**
- **山本有三**　『嬰児《えいじ》殺し』

**プロレタリア演劇**

軍事体制下で解体。

**芸術派**

友田恭助《きょうすけ》，田村秋子が「**築地座**」を創立。「**文学座**」に引き継がれて現在まで活動を続けている。

**前進座**

歌舞伎界の古い体質に不満を持つ俳優たちが，河原崎《かわらざき》長十郎を中心に創立。

**戦前の主な戯曲**

●**岸田国士《くにお》**　『紙風船』
●**田中千禾夫《ちかお》**　『おふくろ』
●**久保　栄《さかえ》**　『火山灰地』

**演劇界の動向**

新劇がチェーホフの『桜の園』で復活。歌舞伎，前進座，新派，文学座は行動を拡大。
新しいグループの結成——俳優座，民芸，四季

**戦後の主な戯曲**

●**木下順二**　**『夕鶴』**
●**三島由紀夫**　**『鹿鳴館《ろくめいかん》』**

# 6　主要作品

## 1　古典文学

| 作品名 | 作者名 | 冒　頭　文 |
|---|---|---|
| **竹取物語** | （不詳） | 今は昔，竹取の翁といふものありけり。野山にまじりて竹を取りつつ，よろづの事に使ひけり。 |
| **伊勢物語** | （不詳） | 昔，男《をとこ》，初冠《うひかうぶり》して，奈良の京春日《かすが》の里に，しるよしして，狩《かり》に往《い》にけり。その里に，いとなまめいたる女はらから住みけり。 |
| **古今和歌集**（仮名序） | 紀貫之 | やまと歌は人の心を種として，よろずの言の葉とぞなれりける。 |
| **土佐日記** | 紀貫之 | 男もすなる日記といふものを，女もしてみむとてするなり。 |

| 作品名 | 作者名 | 冒　頭　文 |
| --- | --- | --- |
| **枕草子** | 清少納言 | 春はあけぼの。やうやう白くなりゆく，山ぎはすこしあかりて，紫だちたる雲のほそくたなびきたる。 |
| **源氏物語** | 紫式部 | いづれの御時にか，女御更衣あまたさぶらひ給ひける中に，いとやむごとなききはにはあらぬが，すぐれて時めき給ふありけり。 |
| **大鏡** | （不詳） | さいつころ雲林院の菩提講にまうでて侍りしかば，例人よりはこよなう年老い，うたてげなるおきな二人，おうなといきあひて，おなじところにゐぬめり。 |
| **更級日記** | 菅原孝標女 | 東路の道のはてよりも，なほ奥つ方に生ひ出でたる人，いか許かはあやしかりけむを，……。 |
| **方丈記** | 鴨長明 | ゆく河の流れは絶えずして，しかも，もとの水にあらず。淀みに浮かぶうたかたは，かつ消えかつ結びて，久しくとどまりたる例なし。 |
| **平家物語** | （不詳） | 祇園精舎の鐘の声，諸行無常の響きあり。沙羅双樹の花の色，盛者必衰のことわりをあらはす。 |
| **徒然草** | 兼好法師<br>（吉田兼好） | つれづれなるままに日暮らし，硯に向かひて心にうつりゆくよしなし事を，そこはかとなく書きつくれば，あやしうこそものぐるほしけれ。 |
| **奥の細道** | 松尾芭蕉 | 月日は百代の過客にして，行きかふ年もまた旅人なり。舟の上に生涯を浮かべ，馬の口をとらへて老いを迎ふるものは日々旅にして旅を栖とす。 |

## 2 近代の小説

| 作品名 | 作者名 | 冒頭文 ※(　)内はあらすじ |
|---|---|---|
| 舞姫 | 森鷗外 | 石灰をば早や積み果てつ。中等室の卓のほとりはいと静かにて……。<br>(＝太田豊太郎とドイツの踊り子エリスとの悲恋を描く。) |
| 高瀬舟 | 森鷗外 | 高瀬舟は京都の高瀬川を上下する小舟である。徳川時代に京都の罪人が遠島を申し渡され……。<br>(＝島流しにされた罪人喜助の話。安楽死の問題を提示している。) |
| たけくらべ | 樋口一葉 | 廻《まは》れば大門の見返り柳いと長けれど，お歯ぐろ溝《どぶ》に灯火《ともしび》うつる三階の騒ぎも手に取る如く，明け暮れなしの車の行き来にはかり知られぬ全盛をうらなひて，大音寺前と名は仏くさけれど……。<br>(＝信如と美登利の淡い恋を詩情豊かに描く。) |
| 吾輩は猫である | 夏目漱石 | 吾輩は猫である。名前はまだない。どこで生まれたかとんと見当がつかぬ。<br>(＝猫の目を通して人間社会を風刺している。) |
| 坊ちゃん | 夏目漱石 | 親譲りの無鉄砲で子供の時から損ばかりしている。<br>(＝四国に赴任した無鉄砲な青年教師の物語。) |
| 草枕 | 夏目漱石 | 山路を登りながら，こう考えた。智に働けば角が立つ。情に棹《さお》させば流される。意地を通せば窮屈だ。兎《と》角《かく》に人の世は住みにくい。<br>(＝旅を続ける青年画家が「非人情」の美を追究する物語。) |
| こころ | 夏目漱石 | 私はその人を常に先生と呼んでいた。だからここでもただ先生と書くだけで本名は打ち明けない。<br>(＝友情と恋愛との狭間で自殺した「先生」の苦悩。) |

| 作品名 | 作者名 | 冒　頭　文　※(　　)内はあらすじ |
|---|---|---|
| 破戒 | 島崎藤村 | 蓮華寺では下宿を兼ねた。瀬川丑松が急に転宿を思い立って，借りることにした部屋というのは，その庫裏つづきにある二階の角の……。<br>（＝瀬川丑松の，社会的偏見と自我との葛藤。） |
| 夜明け前 | 島崎藤村 | 木曽路はすべて山の中である。あるところは岨づたいに行く崖の道であり，あるところは数十間の深さに臨む木曽川の岸であり，……。<br>（＝明治維新前後に生きた青山半蔵の半生。） |
| 城の崎にて | 志賀直哉 | 山の手線の電車に跳飛ばされて怪我をした，その後養生に，一人で但馬の城崎温泉へ出掛けた。<br>（＝事故後の静養中に，生き物の死を通して生命を見つめる。） |
| 暗夜行路 | 志賀直哉 | 私が自分に祖父のある事を知ったのは，私の母が産後の病気で死に，その後二月程経って不意に祖父が私の前に現れて来た，その時であった。<br>（＝出生の秘密を知った時任謙作の苦悩。） |
| 羅生門 | 芥川龍之介 | ある日の暮れ方の事である。一人の下人が，羅生門の下で雨やみを待っていた。<br>（＝死人の髪を抜く老婆を見て，自分の悪事を正当化する下人の話。） |
| 鼻 | 芥川龍之介 | 禅智内供の鼻と云えば，池の尾で知らない者はない。長さは五六寸あって上脣の上から顋の下まで下っている。<br>（＝自分の長い鼻を短くしようとする苦心を描いて，人間の自尊心のもろさと傍観者の利己主義とをえぐり出した。） |
| 蜘蛛の糸 | 芥川龍之介 | ある日の事でございます。御釈迦様は極楽の蓮池のふちを，独りでぶらぶら御歩きになっていらっしゃいました。<br>（＝利己主義によって地獄から救われ損ねた犍陀多の話。） |

| 作品名 | 作者名 | 冒　頭　文 ※(　　)内はあらすじ |
|---|---|---|
| **斜陽** | 太宰治 | 朝,食堂でスウプを一さじすっと吸ってお母さまが,「あ。」と幽かな叫び声をお挙げになった。<br>(＝戦後の没落貴族の家を背景に，社会に対する絶望と自己崩壊の様とを描いている。) |
| **人間失格** | 太宰治 | 恥の多い生涯を送って来ました。自分には，人間の生活というものが，見当つかないのです。<br>(＝他人と交流のできない葉造は道化で他と結びつこうとする。) |
| **伊豆の踊子** | 川端康成 | 道がつづら折りになって，いよいよ天城峠に近づいたと思うころ，雨脚が杉の密林を白く染めながら，すさまじい早さで麓から私を追って来た。<br>(＝旅の道中での主人公と踊り子とのほのかな恋心を描く。) |
| **雪国** | 川端康成 | 国境の長いトンネルを抜けると雪国であった。夜の底が白くなった。信号所に汽車が止まった。<br>(＝島村と芸者駒子との温泉場での愛を描く。) |
| **山椒魚** | 井伏鱒二 | 山椒魚は悲しんだ。彼は彼の棲家である岩屋から外へ出てみようとしたのであるが，頭が出口につかえて外に出ることができなかったのである。<br>(＝岩屋から出られなくなった山椒魚の狼狽ぶりや悲哀をユーモラスに描く。) |
| **しろばんば** | 井上靖 | その頃，と言っても大正四，五年のことで，いまから四十数年前のことだが，夕方になると，決まって村の子供たちは口々にしろばんば，しろばんばとさけびながら……。<br>(＝洪作少年とおぬい婆さんの心の交流を通した成長記。) |

## ③ 近代の詩

| 作品名 | 作者名 | 冒　頭　部　分 |
|---|---|---|
| **小諸なる古城のほとり**<br>『落梅集』より | 島崎藤村 | 小諸《こもろ》なる古城のほとり<br>雲白く遊子《ゆうし》悲しむ |
| **初恋**　『若菜集』より | 島崎藤村 | まだあげ初《そ》めし前髪の<br>林檎《りんご》のもとに見えしとき |
| **山のあなた**<br>『海潮音』より | カール・ブッセ<br>（上田敏　訳） | 山のあなたの空遠く<br>幸い住むと人の言ふ |
| **落葉**　『海潮音』より | ポール・ヴェルレーヌ<br>（上田敏　訳） | 秋の日の　ヴィオロンの　ためいきの<br>身にしみて　ひたぶるに　うらがなし |
| **落葉松**　『水墨集』より | 北原白秋 | からまつの林を過ぎて，<br>からまつをしみじみと見き。 |
| **道程**　『道程』より | 高村光太郎 | 僕の前に道はない<br>僕の後ろに道はできる |
| **竹**　『月に吠える』より | 萩原朔太郎 | 光る地面に竹が生え，<br>青竹が生え， |
| **小景異情**<br>『抒情小曲集』より | 室生犀星 | ふるさとは遠きにありて思ふもの<br>そして悲しくうたふもの |
| **永訣の朝**<br>『春と修羅』より | 宮沢賢治 | けふのうちに<br>とほくへいってしまふ<br>わたくしのいもうとよ |
| **雪**　『測量船』より | 三好達治 | 太郎を眠らせ，太郎の屋根に雪ふりつむ。<br>次郎を眠らせ，次郎の屋根に雪ふりつむ。 |
| **汚れつちまつた悲しみに**<br>『山羊の歌』より | 中原中也 | 汚れつちまつた悲しみに<br>今日も小雪の降りかかる |
| **かなしみ**<br>『二十億光年の孤独』より | 谷川俊太郎 | あの青い空の波が聞えるあたりに<br>何かとんでもないおとし物を<br>僕はしてきてしまったらしい |

## 4 和歌・近代短歌

### 和歌

〈万葉集〉

あかねさす紫野行き標野《しめの》行き野守《のもり》は見ずや君が袖振る
熟田津《にきたつ》に船乗りせむと月待てば潮《しほ》もかなひぬ今は漕ぎ出でな　額田王

石ばしる垂水《たるみ》の上のさ蕨《わらび》の萌え出づる春になりにけるかも　志貴皇子

あしひきの山鳥の尾のしだり尾のながながし夜をひとりかも寝む
東《ひむかし》の野に炎《かぎろひ》の立つ見えてかへり見すれば月傾《かたぶ》きぬ　柿本人麻呂

田児の浦ゆうち出でて見れば真白にぞ不尽《ふじ》の高嶺に雪は降りける
若の浦に潮満ち来れば潟《かた》を無み葦辺《あしべ》をさして鶴鳴き渡る　山部赤人

銀《しろがね》も金《くがね》も玉も何せむに勝《まさ》れる宝子に及《し》かめやも　山上憶良

験《しるし》なき物を思はずは一坏《つき》の濁れる酒を飲むべくあるらし　大伴旅人

〈古今和歌集〉

世の中に絶えて桜のなかりせば春の心はのどけからまし　在原業平

ひさかたの光のどけき春の日にしづ心なく花の散るらむ　紀友則

人はいさ心も知らずふるさとは花ぞ昔の香に匂《にほ》ひける　紀貫之

うたた寝に恋しき人を見てしより夢てふ物は頼みそめてき
花の色は移りにけりないたづらにわが身世にふるながめせし間に　小野小町

天《あま》の原ふりさけ見れば春日《かすが》なる三笠《みかさ》の山に出《い》でし月かも　安倍仲麻呂

〈新古今和歌集〉

さびしさはその色としもなかりけりまき立つ山の秋の夕暮れ　寂蓮法師

心なき身にもあはれはしられけり鴫《しぎ》立つ沢の秋の夕暮れ　西行法師

見渡せば花ももみぢもなかりけり浦の苫屋《とまや》の秋の夕暮れ　藤原定家

玉の緒よ絶えなば絶えねながらへば忍ぶることの弱りもぞする　式子内親王

### 近代短歌

くれなゐの二尺伸びたる薔薇《ばら》の芽の針やはらかに春雨の降る
瓶《かめ》にさす藤の花ぶさみじかければたたみの上にとどかざりけり　正岡子規

海恋し潮《しお》の遠鳴りかぞへては少女となりし父母の家
清水《きよみず》へ祇園《ぎおん》をよぎる桜月夜《づきよ》こよひ逢ふ人みなうつくしき　　与謝野晶子

たはむれに母を背負ひてそのあまり軽きに泣きて三歩あゆまず
不来方《こずかた》のお城の草に寝ころびて空に吸われし十五の心
ふるさとの訛《なまり》なつかし停車場の人ごみの中にそを聴きにゆく
東海の小島の磯の白砂にわれ泣きぬれて蟹《かに》とたはむる
はたらけどはたらけど猶《なお》わが生活《くらし》楽にならざりぢっと手を見る　　石川啄木

馬追虫《うまおい》の髭《ひげ》のそよろに来る秋はまなこを閉ぢて想ひみるべし　　長塚節

春の鳥な鳴きそ鳴きそあかあかと外《と》の面《も》の草に日の入る夕べ　　北原白秋

みちのくの母のいのちを一目見ん一目見んとぞただにいそげる
のど赤き玄鳥《つばくらめ》ふたつ屋梁《はり》にゐて足乳根《たらちね》の母は死にたまふなり　　斎藤茂吉

白鳥は哀しからずや空の青海のあをにも染まずただよふ
幾山河《いくやまかわ》越えさり行かば寂しさの終《は》てなむ国ぞ今日も旅ゆく　　若山牧水

## 5 俳句

| 俳句 | 俳人 | 季節 | 季語 |
|---|---|---|---|
| 古池や蛙《かわず》飛びこむ水の音 | 松尾芭蕉 | 春 | 蛙 |
| 山路《やまじ》来て何やらゆかしすみれ草 | 松尾芭蕉 | 春 | すみれ |
| 草の戸も住み替る代《よ》ぞ雛《ひな》の家 | 松尾芭蕉 | 春 | 雛 |
| 閑かさや岩にしみ入る蝉《せみ》の声 | 松尾芭蕉 | 夏 | 蝉 |
| 五月雨《さみだれ》をあつめて早し最上川 | 松尾芭蕉 | 夏 | 五月雨 |
| 名月や池をめぐりて夜もすがら | 松尾芭蕉 | 秋 | 名月 |
| 荒海や佐渡に横たふ天の川 | 松尾芭蕉 | 秋 | 天の川 |
| 旅に病んで夢は枯野をかけめぐる | 松尾芭蕉 | 冬 | 枯野 |
| 菜の花や月は東に日は西に | 与謝蕪村 | 春 | 菜の花 |

| 俳　句 | 俳人 | 季節 | 季語 |
|---|---|---|---|
| 春の海ひねもすのたりのたりかな | 与謝蕪村 | 春 | 春 |
| 牡丹《ぼたん》散つて打ちかさなりぬ二三片 | 与謝蕪村 | 夏 | 牡丹 |
| 月天心貧しき町を通りけり | 与謝蕪村 | 秋 | 月 |
| さみだれや大河を前に家二軒 | 与謝蕪村 | 夏 | さみだれ |
| 是《これ》がまあつひの栖《すみか》か雪五尺 | 小林一茶 | 冬 | 雪 |
| 目出度《めでた》さもちう位也《くらゐなり》おらが春 | 小林一茶 | 春 | 春 |
| 我と来て遊べや親のない雀 | 小林一茶 | 春 | 雀 |
| 雀の子そこのけそこのけお馬が通る | 小林一茶 | 春 | 雀の子 |
| やれ打つな蝿《はえ》が手を摺《す》り足をする | 小林一茶 | 夏 | 蝿 |
| 柿くへば鐘が鳴るなり法隆寺 | 正岡子規 | 秋 | 柿 |
| いくたびも雪の深さを尋ねけり | 正岡子規 | 冬 | 雪 |
| 雪残る頂一つ国境 | 正岡子規 | 春 | 雪残る |
| 桐一葉日当たりながら落ちにけり | 高浜虚子 | 秋 | 桐一葉 |
| 流れゆく大根の葉の早さかな | 高浜虚子 | 冬 | 大根 |
| 遠山に日の当たりたる枯野かな | 高浜虚子 | 冬 | 枯野 |
| 赤い椿白い椿と落ちにけり | 河東碧梧桐 | 春 | 椿 |
| 海に出て木枯《こがらし》帰るところなし | 山口誓子 | 冬 | 木枯 |
| 万緑《ばんりょく》の中や吾子《あこ》の歯生えそむる | 中村草田男 | 夏 | 万緑 |
| 咳《せき》をしても一人 | 尾崎放哉 | — | — |
| こんなよい月を一人で見て寝る | 尾崎放哉 | — | — |
| 棹《さお》さして月のただ中 | 荻原井泉水 | — | — |
| 分け入っても分け入っても青い山 | 種田山頭火 | — | — |

# 練習問題

(456ページより解答・解説)

★
**1** A～Fのうち，勅撰和歌集のみをすべて挙げているのはどれか。

A『万葉集』　B『古今和歌集』　C『後撰和歌集』
D『山家集』　E『千載和歌集』　F『金槐和歌集』

1　A，B，C
2　A，D，F
3　B，C，E
4　B，D，E
5　D，E，F

★
**2** 作品，作者，成立時期の組合せがすべて正しいのはどれか。

1　『蜻蛉日記』――藤原道綱母――平安時代
2　『土佐日記』――紀貫之――鎌倉時代
3　『玉勝間』――和泉式部――平安時代
4　『更級日記』――阿仏尼――室町時代
5　『曽根崎心中』――井原西鶴――江戸時代

★
**3** A～Hのうち，平安時代に成立したもののみをすべて挙げているのはどれか。

A『平家物語』　B『源氏物語』　C『風姿花伝』
D『浮世風呂』　E『雨月物語』　F『今昔物語』
G『大鏡』　H『十六夜日記』

1　A，B，E
2　A，C，H
3　B，F，G
4　C，D，F
5　D，E，H

★

**4**　次の文中の（　　）に該当する語句の組合せとして，正しいのはどれか。

『（　A　）』は最初の勅撰和歌集として醍醐天皇の勅命により撰集された。撰者は（　B　）ら４人があたり，二十巻から成る約千百種の和歌を収めている。歌風は繊細優美で七・五調のなだらかな調子で，歌人には（　B　）以外に（　C　）などがいる。

| | A | B | C |
|---|---|---|---|
| 1 | 新古今和歌集 | 大伴家持 | 小野小町 |
| 2 | 古今和歌集 | 藤原定家 | 西行 |
| 3 | 万葉集 | 藤原俊成 | 柿本人麻呂 |
| 4 | 古今和歌集 | 紀貫之 | 在原業平 |
| 5 | 新古今和歌集 | 紀友則 | 藤原家隆 |

★

**5**　鎌倉時代の文学に関する記述として，正しいのはどれか。

1　物語の祖《おや》といわれ，最古の伝奇物語である『竹取物語』は，以後の物語文学を生み出す一つの重要な土台となった。

2　『源氏物語玉の小櫛』は，『源氏物語』の本質が〈もののあはれ〉であることを論じた評論である。

3　川柳は俳諧から独立して成立したもので庶民の遊びとして流行した。

4　仮名文で書かれた歴史物語が新たに発生し，『大鏡』はその代表的作品の一つである。

5　合戦，戦闘を主題とする軍記物語の代表作である『平家物語』は，平家の興亡を劇的に物語っている。

★

**6**　A～Eのうち，江戸時代の文学に関する記述のみをすべて挙げているのはどれか。

A　歴史物語として『栄花物語』が編纂された。

B　井原西鶴が登場し，『好色一代男』をはじめとする数々の浮世草子を発表した。

C　『伊勢物語』『平家物語』『大和物語』などの歌物語が作られた。

D　連歌から俳諧が生まれ，松尾芭蕉，与謝蕪村など，すぐれた俳人が世に出た。

E　『愚管抄』『神皇正統記』のように目的意識の明らかな史論書が出現した。

1　A，C
2　A，E
3　B，D
4　B，E
5　C，D

★7　成立時期(時代)が同じ作品のみを組合せているのはどれか。

1　『方丈記』『落窪物語』『今昔物語』
2　『徒然草』『宇治拾遺物語』『金槐和歌集』
3　『万葉集』『懐風藻』『枕草子』
4　『新古今和歌集』『太平記』『古事記伝』
5　『奥の細道』『世間胸算用』『発心集』

★8　近代の文学者に関する記述として，正しいのはどれか。

1　田山花袋は，『蒲団』によって文壇に自然主義旋風を巻き起こした。
2　島崎藤村は，『破戒』によって文壇に浪漫主義文学を確立させた。
3　二葉亭四迷は，『小説神髄』によって写実主義を主張した。
4　与謝野鉄幹は，詩歌評論雑誌「アララギ」を主宰した浪漫主義詩人・歌人である。
5　武者小路実篤は，白樺派に属し，『生まれ出づる悩み』を発表した。

★9　作家と作品の組合せが**誤っている**のはどれか。

1　谷崎潤一郎――――『春琴抄』『細雪』
2　森鷗外――――――『阿部一族』『舞姫』
3　永井荷風―――――『ふらんす物語』『濹東綺譚』
4　菊池寛――――――『父帰る』『恩讐の彼方に』
5　山本有三―――――『城の崎にて』『暗夜行路』

**10** ★

文学作品の冒頭部分とその作者名を組合せたＡ～Ｅのうち，正しいもののみをすべて挙げているのはどれか。

Ａ　月日は百代の過客にして，往きかふ年もまた旅人なり。
　　　　　　　　　　　　　　　　　　　　　　――松尾芭蕉

Ｂ　ゆく河の流れは絶えずして，しかも，もとの水にあらず。
　　　　　　　　　　　　　　　　　　　　　　――兼好法師

Ｃ　やまと歌は人の心を種として，よろずの言の葉とぞなれりける。
　　　　　　　　　　　　　　　　　　　　　　――紫式部

Ｄ　男もすなる日記といふものを，女もしてみむとてするなり。
　　　　　　　　　　　　　　　　　　　　　　――菅原孝標女

Ｅ　春はあけぼの。やうやう白くなりゆく，山ぎはすこしあかりて，紫だちたる雲のほそくたなびきたる。　――清少納言

1　Ａ，Ｃ
2　Ａ，Ｅ
3　Ｂ，Ｃ
4　Ｂ，Ｄ
5　Ｄ，Ｅ

**11** ★★

近代の作家に関する記述として，正しいのはどれか。

1　森鷗外は，イギリス留学を終えると，『三四郎』『それから』『門』の三部作を発表した。

2　二葉亭四迷は，小説の近代化を推進し，言文一致体で『五重の塔』を書いた。

3　川端康成は，人道主義を掲げる白樺派の作家で，代表作に『雪国』がある。

4　有島武郎の『父帰る』は，家を捨て20年後に帰った父に対する家族の心理を描いている。

5　小林多喜二の『蟹工船』は，プロレタリア文学の最高水準を示した作品である。

**12** ★★

文学作品に関する記述として，正しいのはどれか。

1　『十六夜日記』は，阿仏尼が，わが子のため亡夫の遺産相続をめぐる訴訟に鎌倉に下った時の旅日記である。

2　『新古今和歌集』は六番目の勅撰集として，後鳥羽院の院宣により元久２年（1205年）に成立し，20巻からなる。

3　『今鏡』は，鎌倉時代初期に書かれた歴史物語で，後一条天皇から高倉天皇までの歴史を編年体で記している。

4　『歎異抄』は，浄土真宗の開祖親鸞が，自らの教えを広めるために著した法話で，悪人正機説が説かれている。

5　『更級日記』は，藤原道綱母の作で，40年にわたる女の一生を回想的に描いたものである。

★★
**13**　歌人とその詠んだ歌の組合せが正しいのはどれか。

1　柿本人麻呂――東の野に炎の立つ見えてかへり見すれば月傾きぬ

2　額田王――――花の色は移りにけりないたづらにわが身世にふるながめせし間に

3　安倍仲麻呂――銀も金も玉も何せむに勝れる宝子に及かめやも

4　小野小町―――あかねさす紫野行き標野行き野守は見ずや君が袖振る

5　大伴旅人―――天の原ふりさけ見れば春日なる三笠の山に出でし月かも

★★
**14**　作品の解説とその作品名を組合せたA～Dのうち，正しいもののみをすべて挙げているのはどれか。

A　越後湯沢の芸者駒子の哀歓を描いた作品。近代における日本的叙情文学の典型の一つと賞される。――『細雪』

B　実直で世才に乏しい官吏内海文三の苦悩と敗北の姿を中心に，清新な言文一致体で風刺的，批判的に描いている。近代写実文学の先駆となる。――『五重塔』

C　東京の下町に住む，無邪気でおてんばな少女美登利と，おとなしい寺の息子信如との間に芽ばえた淡い恋物語。思春期を迎える少年少女群を詩情豊かに描いている。――『たけくらべ』

D　官命でベルリンに留学した太田豊太郎と踊り子エリスとの悲恋を描いた作品。典雅な古典的文体の中に題材の清新さと異国情緒とが巧みに溶け込んでいる。――『舞姫』

1　A，B　　2　A，C　　3　B，C

4　B，D　　5　C，D

★★
**15** 江戸時代の文学に関する記述として，**誤っている**のはどれか。

1　人形浄瑠璃が生まれ，近松門左衛門が活躍した。

2　戯作文学や擬古物語が栄えた。

3　自然と人生との一如を念願した蕉風の俳諧が生まれた。

4　朱子学が官学に定められて漢学が栄えたが，その反動として本居宣長らにより国学が栄えた。

5　人間性の解放を念願し，町人文学が誕生した。

★★
**16** 次の文中の彼として，正しいのはどれか。

彼は，明治35年，ゾラの影響を受けて『地獄の花』を発表し，自然主義文学の先駆的役割を果たした。またアメリカ，フランスでの海外生活の所産として，エキゾチックな叙情に富む作品を書き，やがて耽美的・頽廃的傾向の文学にすぐれた手腕を発揮するようになった。

1　徳田秋声

2　永井荷風

3　島崎藤村

4　田山花袋

5　谷崎潤一郎

★★
**17** 作品の解説と作品名の組合せが正しいのはどれか。

1　当時の一夫多妻制の中で，夫の愛を求める誇り高い精神が，次第に裏切られ，傷つけられていく様子を，陰影に富んだ内面描写によって描いている。――『雨月物語』

2　神代から後村上天皇までの天皇の治績を記し，南朝の正当性を強く主張している。その独自の史観は後代に大きな影響を与えた。――『神皇正統記』

3　一年の終わりである大晦日に悪戦苦闘する中下層の町人の悲喜劇をリアルに描いている。――『日本永代蔵』

4　中国の『水滸伝』の雄大な構想に拠りながら，勧善懲悪・因果応報の思想を駆使している。――『山月記』

5　『白峯』『菊花の約』などの9編の怪異説話から成っている。流麗な雅文体の文章，構成の緊密さ，人間性の深い洞察など，怪奇小説の最高傑作といわれる。――『今昔物語』

★★
**18** 文学作品に関する記述として，正しいのはどれか。

1　『曽根崎心中』は，近松門左衛門作の浮世草子で，元禄16年（1703年）に成立した。現世町人の社会的な悲劇を流麗な文章で綴っている。

2　『多情多恨』は，幸田露伴が明治29年に発表した小説で，ここではより深い心理描写が見られ，〈である〉調に成功し，言文一致の文体を完成している。

3　『奥の細道』は，松尾芭蕉の代表的な紀行文の一つである。芭蕉は，発句を独立させて，作品としての文学的価値を高め，俳諧における〈不易流行〉の論を確立した。

4　『枕草子』は，平安時代末期に清少納言によって書かれた随筆であり，作者の知的な態度が〈もののあはれ〉の文学理念に表れている。

5　歌集『みだれ髪』を明治34年に刊行した与謝野晶子は，この作品で奔放な青春の情熱と官能の美を歌いあげ，浪漫的歌風を築き，アララギ派の歌風に大きな影響を与えた。

★★
**19** 作家と作品の組合せが正しいのはどれか。

1　国木田独歩――『武蔵野』『田舎教師』
2　尾崎紅葉―――『金色夜叉』『不如帰』
3　樋口一葉―――『たけくらべ』『あひびき』
4　徳冨蘆花―――『雁』『当世書生気質』
5　泉鏡花――――『高野聖』『夜行巡査』

★★
**20** 次の文中の（　　）に該当する語句の組合せとして，正しいのはどれか。

芥川龍之介は，久米正雄，（　A　）らとともに雑誌『（　B　）』を発刊し，そこに載せた『（　C　）』が夏目漱石に認められた。彼の初期の作品には，内外の古典や伝説に素材を得たものが多い。彼はいわゆる（　D　）を代表する作家として，当時文壇の主流となっていた自然主義に対して，現実や人間に独自の解釈を加えた作風で新しい文学をめざした。

| | A | B | C | D |
|---|---|---|---|---|
| 1 | 菊池　寛 | 新思潮 | 鼻 | 理知派 |
| 2 | 横光利一 | 文学界 | 羅生門 | 新感覚派 |
| 3 | 横光利一 | 新思潮 | 羅生門 | 理知派 |
| 4 | 菊池　寛 | 文学界 | 鼻 | 新感覚派 |
| 5 | 横光利一 | 文学界 | 蜘蛛の糸 | 理知派 |

★★
**21**　次の文中の（　　）に該当する語句の組合せとして，正しいのはどれか。

（　A　）は浪漫的叙情詩人として出発した。『若菜集』は近代詩のあけぼのを告げる詩集である。後に散文に転じた（　A　）は，（　B　）の礎石となった『（　C　）』を発表して社会と個人の相剋を描いた。続いて，『春』『家』など自伝的作品を発表し，生活体験から生まれた歴史小説の大作『（　D　）』を完成した。

| | A | B | C | D |
|---|---|---|---|---|
| 1 | 北原白秋 | 浪漫主義 | 邪宗門 | 思ひ出 |
| 2 | 夏目漱石 | 余裕派 | 坊ちゃん | 吾輩は猫である |
| 3 | 正岡子規 | 写実主義 | 病牀六尺 | 墨汁一滴 |
| 4 | 島崎藤村 | 自然主義 | 破戒 | 夜明け前 |
| 5 | 永井荷風 | 耽美派 | 腕くらべ | あめりか物語 |

★★
**22**　詩の一節とその作者の組合せが正しいのはどれか。

1　小諸なる古城のほとり／雲白く遊子悲しむ――萩原朔太郎
2　からまつの林を過ぎて，／からまつをしみじみと見き。
――室生犀星
3　僕の前に道はない／僕の後ろに道はできる――高村光太郎
4　ふるさとは遠きにありて思ふもの／そして悲しくうたふもの
――島崎藤村
5　光る地面に竹が生え，／青竹が生え，――北原白秋

★★
**23** 作家と作品の組合せが正しいのはどれか。

1　井上靖——『氷壁』『俘虜記』
2　大江健三郎——『死者の奢り』『飼育』
3　野坂昭如——『金閣寺』『火垂るの墓』
4　遠藤周作——『海と毒薬』『太陽の季節』
5　安部公房——『砂の女』『斜陽』

★★
**24** 次の文中の下線部Ａ～Ｄの正誤を正しく組合せているのはどれか。

戦後の混乱の中で，文壇の復興は目を見張るものがあった。戦争中，発表を禁じられていたA川端康成の『細雪』がようやく日の目を見，B太宰治の『千羽鶴』，C三島由紀夫の『仮面の告白』などの作品も注目を浴びた。また長い不遇の時代を過ごしてきた旧プロレタリア文学者たちも，民主主義文学を唱えて盛んに活動し，なかでもD宮本百合子は，『播州平野』『道標』を発表するなど，めざましい活躍を示した。

| | A | B | C | D |
|---|---|---|---|---|
| 1 | 正 | 正 | 正 | 誤 |
| 2 | 正 | 誤 | 誤 | 正 |
| 3 | 正 | 正 | 誤 | 誤 |
| 4 | 誤 | 誤 | 正 | 正 |
| 5 | 誤 | 正 | 正 | 誤 |

★★
**25** 文学作品の冒頭部分Ａ～Ｃと作家名を正しく組合せているのはどれか。

Ａ　親譲りの無鉄砲で子供の時から損ばかりしている。
Ｂ　禅智内供の鼻と云えば，池の尾で知らない者はない。
Ｃ　高瀬舟は京都の高瀬川を上下する小舟である。

| | A | B | C |
|---|---|---|---|
| 1 | 井上靖 | 武者小路実篤 | 谷崎潤一郎 |
| 2 | 井上靖 | 芥川龍之介 | 森鷗外 |
| 3 | 井上靖 | 芥川龍之介 | 谷崎潤一郎 |
| 4 | 夏目漱石 | 芥川龍之介 | 森鷗外 |
| 5 | 夏目漱石 | 武者小路実篤 | 谷崎潤一郎 |

★★
**26** 近代短歌とその歌人との組合せが正しいのはどれか。

1　くれなゐの二尺伸びたる薔薇の芽の針やはらかに春雨の降る
——正岡子規

2　清水へ祇園をよぎる桜月夜こよひ逢ふ人みなうつくしき
——石川啄木

3　たはむれに母を背負いてそのあまり軽きに泣きて三歩あゆまず
——若山牧水

4　みちのくの母のいのちを一目見ん一目見んとぞただにいそげる
——与謝野晶子

5　白鳥は哀しからずや空の青海のあをにも染まずただよふ
——北原白秋

★★★
**27** 古典文学・芸能に関する記述として，**誤っている**のはどれか。

1　奈良時代初期から平安時代初期にかけて官撰された六部の正式の歴史書を合わせて六国史と呼ぶ。

2　好色物とは，江戸時代に上方を中心に盛んだった現実主義的な小説，浮世草子の一種であり，男女の色恋を主題とするものである。

3　四鏡『大鏡』『今鏡』『水鏡』『増鏡』は，すべて編年体によって書かれた歴史物語である。

4　鎌倉時代に成立した『新古今集』には，〈幽玄・有心〉の世界を表現するために本歌取りの技法が用いられている。

5　歌舞伎は，慶長のはじめ，出雲大社の巫女阿国によって演じられた女性だけの念仏踊りの〈かぶき踊り〉にはじまるといわれる。

★★★
**28** 詩集，詩人，その思潮による分類の組合せがすべて正しいのはどれか。

1　『月に吠える』——宮沢賢治———耽美派
2　『海潮音』————北原白秋———浪漫詩
3　『邪宗門』————室生犀星———プロレタリア詩
4　『測量船』————高村光太郎——象徴詩
5　『山羊の歌』———中原中也———四季派

★★★
**29** A～Cの歌とそれが含まれている歌集の組合せとして，正しいのはどれか。

A　心なき身にもあはれはしられけり鴫立つ沢の秋の夕暮れ
B　世の中に絶えて桜のなかりせば春の心はのどけからまし
C　田児の浦ゆうち出でて見れば真白にそ不尽の高嶺に雪は降りける

| | A | B | C |
|---|---|---|---|
| 1 | 『万葉集』 | 『古今和歌集』 | 『新古今和歌集』 |
| 2 | 『万葉集』 | 『新古今和歌集』 | 『古今和歌集』 |
| 3 | 『古今和歌集』 | 『新古今和歌集』 | 『万葉集』 |
| 4 | 『古今和歌集』 | 『万葉集』 | 『新古今和歌集』 |
| 5 | 『新古今和歌集』 | 『古今和歌集』 | 『万葉集』 |

★★★
**30** 俳句，季節，俳人を組合せたA～Eのうち，正しいもののみをすべて挙げているのはどれか。

A　五月雨をあつめて早し最上川————夏——松尾芭蕉
B　雪残る頂一つ国境——————————冬——与謝蕪村
C　牡丹散つて打ちかさなりぬ二三片——春——小林一茶
D　流れゆく大根の葉の早さかな————冬——高浜虚子
E　我と来て遊べや親のない雀—————秋——正岡子規

1　A
2　B
3　C
4　A，D
5　B，E

# 2　外国文学史

外国文学に関する出題は，作家と作品名とを結びつける問題のほか，日本文学への影響を問われるものも多い。

## 1　イギリス文学

**シェークスピア**

劇作家・詩人。四大悲劇と呼ばれる『**ハムレット**』『**オセロ**』『**マクベス**』『**リア王**』のほか，喜劇『**真夏の夜の夢**』『**ヴェニスの商人**』，史劇『リチャード三世』『ヘンリー四世』『ジュリアス・シーザー』『アントニオとクレオパトラ』など多数の作品を生み出した。

**ディケンズ**

小説家。優れた性格描写とユーモラスな表現が特徴。当時の功利主義的社会を批判し，人間性の回復を促すような作品を書いた。『**クリスマス・キャロル**』『二都物語』

**サマセット・モーム**

小説家・劇作家。人間の不可解さや無意味さといった皮肉な人生観が作品の根底に流れている。画家ゴーガンをモデルにした『**月と六ペンス**』，ほかに『人間の絆』『お菓子とビール』などがある。

**その他の作家と作品**

- バーナード・ショー　『人と超人』
- スウィフト　『ガリバー旅行記』
- スティーブンソン　『宝島』『ジキル博士とハイド氏』
- デフォー　『ロビンソン・クルーソー』
- オースチン　『自負と偏見』『分別と多感』
- シャーロット・ブロンテ　『ジェーン・エア』
- エミリー・ブロンテ　『嵐ヶ丘』

## 2 フランス文学

**スタンダール**

小説家。19世紀近代小説の祖となった彼だが，その真価は生前には理解されなかった。政治風刺小説の傑作といわれる『**赤と黒**』『**パルムの僧院**』は，恋愛心理にも深い洞察がみられる。

**バルザック**

小説家。写実主義の祖。19世紀フランス社会の大胆な典型化で普遍的人間像を造形した。『**ゴリオ爺さん**』『谷間のゆり』『従妹ベット』など，“**人間喜劇**”と総称される膨大な作品がある。

**ペール・デュマ**

劇作家・小説家。豊かな想像力で情熱的な作品を生み出した。『**三銃士**』『モンテ・クリスト伯』

**ゾラ**

小説家。ヨーロッパ自然主義の中心的存在で，日本の自然主義に大きな影響を与えた。『**居酒屋**』『ナナ』

**モーパッサン**

小説家。フランス自然主義の第一人者。日本の自然主義に大きな影響を与えた。日常生活を素材とした短編が多い。『脂肪の塊』『**女の一生**』

**ジード**

小説家・評論家。強烈な良心に徹し，人間性の自由の限界を追究した。清教徒的克己主義と人間性の自由を求める心の葛藤が彼の文学の根底にある。『**狭き門**』『贋金《にせがね》づくり』

**サン・テグジュペリ**

小説家。人間性の豊かさや可能性を行動の中に追究した行動文学の開拓者。童話『**星の王子さま**』小説『夜間飛行』

**カミュ**

小説家・劇作家・評論家。人間社会の矛盾と生の根源的不条理を描いた。『**異邦人**』『**ペスト**』

**その他の作家と作品**

- フローベル　『**ボヴァリー夫人**』
- ボードレール　『**悪の華**』
- ユーゴー　『**レ・ミゼラブル**』
- ロマン・ロラン　『**ジャン・クリストフ**』『**魅せられたる魂**』
- マルタン・デュガール　『**チボー家の人々**』
- サルトル　『**嘔吐**』『**自由への道**』
- モリエール　『**人間嫌い**』

## 3 ドイツ文学

**ゲーテ**

詩人・小説家・科学者・政治家。自らの悲恋を題材にした『**若きウェルテルの悩み**』で名声を博した。代表作『**ファウスト**』は古典主義の完成作で，ロマン主義への点火の役目を果たした。

**トーマス・マン**

小説家・評論家。独自のリアリズムを確立した。ヒトラーのファシズム打倒のために戦闘的ヒューマニズムを説きアメリカに亡命。新しい世代の民主主義を擁護した。『**魔の山**』『トニオ・クレーゲル』

**ヘッセ**

詩人・小説家。牧師だった両親の影響で神学校に入学したが挫折。その体験が『**車輪の下**』に描かれている。『**郷愁**』は自然とともにある魂の記録。

**その他の作家と作品**

- シラー　『**ウィルヘルム・テル**』
- ハイネ　『**歌の本**』
- リルケ　『**マルテの手紙**』
- カフカ　『**変身**』

## ④ ロシア文学

**ツルゲーネフ**

小説家。自然や人間愛描写にすぐれた作品で，農奴制を批判して社会に問題を投げかけた。二葉亭四迷の『あひびき』は，彼の『**猟人日記**』の一部を翻訳したものである。ほかに『父と子』『**初恋**』がある。

**ドストエフスキー**

小説家。ロシアのリアリズムを代表する巨匠で，近代文学に新しい道を開いた。人間の内面的，心理的矛盾を追究した。『**罪と罰**』『**カラマーゾフの兄弟**』

**トルストイ**

小説家。ロシアの大地に深い愛情を寄せ，愛と無抵抗主義の求道者生活を実践した。日本の白樺派に大きな影響を与えた。『**戦争と平和**』『**アンナ・カレーニナ**』『**復活**』

**チェーホフ**

小説家・劇作家。社会問題を風刺した短編の名手。ロシア近代劇の道を開いた。戯曲『**三人姉妹**』『伯父ワーニャ』『**桜の園**』

**ゴーリキー**

小説家・劇作家。社会主義リアリズムの基礎を築いた。戯曲『**どん底**』小説『母』

**ショーロホフ**

小説家。『**静かなるドン**』はロシア革命の歴史とその闘争の激しさを史実に基づいて描いた歴史的叙事詩。ほかに『開かれた処女地』。

**ソルジェニツィン**

小説家。根拠のない政治的告発により強制収容所に収容された経験を描いた『イワン・デニーソヴィチの一日』『収容所群島』がある。

**その他の作家と作品**

- ゴーゴリ　『**検察官**』
- パステルナーク　『ドクトル・ジバゴ』
- プーシキン　『**大尉の娘**』

## 5 中国文学

**陶潜《とうせん》**

官吏の職を自ら辞し，自然を友とした。自然を讃えた『**帰去来辞**』は唐代の詩人に影響を与えた。

**李白《りはく》**

**詩仙**と呼ばれる。七言絶句の完成者。酒と旅を愛し，自由奔放な生き方が表れたおおらかな詩風は，清逸・高妙と評される。

**杜甫《とほ》**

**詩聖**と呼ばれる。矛盾に満ちた社会の実相をリアリスティックに観照した。その詩風は雄渾・沈痛。「国破れて山河在り」の『**春望《しゅんぼう》**』が有名。

**王維《おうい》**

**詩仏**と呼ばれる。盛唐を代表する自然詩人であり，詩風は淡白で格調高い。画家，書家としても知られている。

**白居易《はくきょい》**

白楽天とも呼ばれる。詩風は平易流暢で民衆に広く愛唱された。『枕草子』『源氏物語』など日本の平安文学に大きな影響を与えた。玄宗皇帝と揚貴妃を題材とした『**長恨《ちょうごん》歌《か》**』が有名。

盛唐の李白・杜甫・王維に，中唐の白居易を加えて，“**唐の四大詩人**”という。

**魯迅《ろじん》**

小説家・社会批評家・文学史家。辛亥革命(1911年)後，文学を民衆に解放することを主張。儒教を批判した反封建的文学精神は，中国に新しい方向性を示した。『**狂人日記**』『**阿Q正伝**』『**故郷**』

**その他の作家と作品**

- **屈原《くつげん》ら**　『**楚辞《そじ》**』
- **司馬遷《しばせん》**　『**史記《しき》**』

## 6 アメリカ文学

**オー・ヘンリー**

小説家。短編の名手。庶民の哀歓とユーモアを巧みな構成で綴っている。『**賢者の贈り物**』『**最後の一葉**』

**パール・バック**

小説家。中国に育ち，東西文明の問題を作品の主題とした。『**大地**』

**ヘミングウェイ**

小説家。人間の意志と情熱で運命に対峙する野性的世界を描いた。『**日はまた昇る**』『**武器よさらば**』『**誰《た》がために鐘は鳴る**』『**老人と海**』

**スタインベック**

小説家。生命に対する深い愛情とそれを抑圧する現実への怒りが作品の根底にある。『**怒りの葡萄《ぶどう》**』『**エデンの東**』

**その他の作家と作品**

- **メルヴィル**　『**白鯨**』
- **マーガレット・ミッチェル**　『**風と共に去りぬ**』
- **マーク・トウェイン**　『**ハックルベリー・フィンの冒険**』『**トム・ソーヤの冒険**』
- **ポー**　『**黒猫**』『**アッシャー家の没落**』

## 7 その他の国の文学

- **イプセン**　ノルウェー。『**人形の家**』
- **アンデルセン**　デンマーク。『**即興詩人**』
- **セルバンテス**　スペイン。『**ドン・キホーテ**』
- **ダンテ**　イタリア。『**神曲**』
- **ボッカチオ**　イタリア。『**デカメロン**』
- **メーテルリンク**　ベルギー。『**青い鳥**』

## 練 習 問 題

（459ページより解答・解説）

★
**31** 作家と作品の組合せが正しいのはどれか。

1 カフカ――――――『変身』『カラマーゾフの兄弟』
2 ゴーリキー―――『どん底』『母』
3 カミュ――――――『嘔吐』『異邦人』
4 ツルゲーネフ――『狂人日記』『初恋』
5 スタインベック―『エデンの東』『青い鳥』

★
**32** 作家と作品と国名の組合せが正しいのはどれか。

1 魯迅――――――『大地』――――――――中国
2 スウィフト――『ガリバー旅行記』――アメリカ
3 モーパッサン―『女の一生』――――――イギリス
4 トルストイ――『三人姉妹』――――――ロシア
5 バルザック――『ゴリオ爺さん』―――フランス

★
**33** 次の文中の彼として，正しいのはどれか。

生家の没落のため小学校以上の教育を受けていない彼は，劇団に入り俳優をするかたわら，脚本の執筆を始めた。四大悲劇のほか，喜劇，史劇など数多くの作品を残し，400年以上経た現在でも世界各地で演じられている。彼はまた，すぐれた詩人でもあった。

1 ゲーテ
2 チェーホフ
3 シェークスピア
4 サン・テグジュペリ
5 バーナード・ショー

★★
**34** 次のあらすじで説明される作品名とその作家名の組合せが正しいのはどれか。

飢えた子のために一片のパンを盗み，19年間投獄されたジャン・バルジャンは，社会に対して激しい憎悪を抱く。しかし，ミリエル司教に諭され，不幸な人々を救うことに人生を捧げる。

| | 作品名 | 作家名 |
|---|---|---|
| 1 | 『桜の園』 | チェーホフ |
| 2 | 『狭き門』 | ジード |
| 3 | 『嵐ヶ丘』 | エミリー・ブロンテ |
| 4 | 『モンテ・クリスト伯』 | ペール・デュマ |
| 5 | 『レ・ミゼラブル』 | ユゴー |

★★
**35** 同じ国の作家による作品のみを組合せているのはどれか。

1 『誰がために鐘は鳴る』『怒りの葡萄』『最後の一葉』

2 『静かなるドン』『人形の家』『戦争と平和』

3 『ジャン・クリストフ』『ドン・キホーテ』『居酒屋』

4 『クリスマス・キャロル』『ハムレット』『パルムの僧院』

5 『車輪の下』『ファウスト』『老人と海』

★★
**36** 文学作品に関する記述として，**誤っている**のはどれか。

1 サマセット・モームの『月と六ペンス』は，画家ゴーガンをモデルにしたといわれている。主人公は，芸術のために妻子を捨ててタヒチ島に渡り，現地で大壁画を完成させるがこれを燃やしてしまう。

2 ショーロホフの『静かなるドン』は，第一次世界大戦からロシア革命にかけての動乱の時代を背景に，コサックの生活と階級闘争を描いた。

3 ヘミングウェイの『老人と海』は，老漁夫がたった一人で出漁し，巨大なカジキマグロと4日間の死闘の末これを捕える。しかし，帰る途中サメに襲われ，魚は骨だけになってしまう。

4 スタンダールの『赤と黒』は，第一次世界大戦下における若い世代の苦悩を描き，思想的・政治的動向とその間で揺れる世代の抗争を浮き彫りにしている。

5 ヘッセの『車輪の下』は，ヘッセの自伝的要素が強い作品。主人公ハンスは神学校に入学するが，あまりにも繊細な魂の持ち主であるため，現実の重圧に耐えきれず自滅してしまう。

# 解 答 と 解 説

# 文　学

**1**　勅撰和歌集のうち，１～８番目までを八代集という。八代集は『古今集』『後撰集』『拾遺集』『後拾遺集』『金葉集』『詞花集』『千載集』『新古今集』である。

A　『万葉集』は日本最古の撰集で，撰者は大伴家持といわれる。

D　『山家集』は西行の私家集。

F　『金槐和歌集』は源実朝の私家集。

正答 3

**2**　**2**　鎌倉時代→平安時代

**3**　和泉式部→本居宣長
平安時代→江戸時代

**4**　阿仏尼→菅原孝標女
室町時代→平安時代

**5**　井原西鶴→近松門左衛門

正答 1

**3**　A　鎌倉時代に成立した軍記物語。

C　室町時代に世阿弥が書いた能楽書。

D　江戸時代に式亭三馬が書いた滑稽本。

E　江戸時代に上田秋成が書いた前期読本。

H　鎌倉時代に阿仏尼が書いた旅日記。　正答 3

**4**　日本における現存の最古の和歌集は『万葉集』であるが，天皇の勅命によって撰集された歌集として最初のものは『古今和歌集』である。『万葉集』『古今和歌集』『新古今和歌集』は，奈良，平安，鎌倉のそれぞれの時代を代表する三大和歌集である。撰者は，紀貫之，紀友則，凡河内躬恒，壬生忠岑の４人である。　正答 4

**5**　**1**　『竹取物語』は平安前期の作品である。

**2**　『源氏物語玉の小櫛』は本居宣長の作で，江戸時代の成立。

**3**　川柳の成立は江戸時代中期である。

**4**　歴史物語の発生は平安時代末期であり，『大鏡』は平安末期の作品である。　正答 5

**6**　A　平安時代。

C　『平家物語』は軍記物語で鎌倉時代の作品である。『伊勢物語』『大和物語』は歌物語で平安時代の作品である。

E　鎌倉時代。　正答 3

**7**　**1**　『方丈記』は鎌倉時代。ほかは平安時代。

**2**　すべて鎌倉時代。

**3**　『枕草子』は平安時代。ほかは奈良時代。

**4**　『新古今和歌集』は鎌倉時代，『太平記』は室町時代，『古事記伝』は江戸時代。

**5**　『発心集』は鎌倉時代。ほかは江戸時代。　正答 2

**8**　**2**　浪漫主義ではなく自然主義。

**3**　『小説神髄』は坪内逍遙の作品。二葉亭四迷も同じ写実主義の作家で，『浮雲』『あひびき』が代表作。

**4**　「アララギ」ではなく「明星」。「アララギ」は伊藤左千夫が創刊主宰。

**5**　『生まれ出づる悩み』は，同じ白

樺派の有島武郎の作品。武者小路実篤の代表作は，『お目出たき人』『友情』など。 正答 1

9　5　二作品とも志賀直哉の作品。山本有三の代表作は，『路傍の石』『女の一生』『真実一路』『波』など。

正答 5

10　A　正しい。『奥の細道』で松尾芭蕉。

B　『方丈記』で鴨長明。兼好法師は「つれづれなるままに日暮らし，……」で始まる『徒然草』の作者。

C　『古今和歌集』で撰者は紀貫之ら。紫式部は「いづれの御時にか，……」で始まる『源氏物語』の作者。

D　『土佐日記』で紀貫之。菅原孝標女は「東路の道のはてよりも，……」で始まる『更級日記』の作者。

E　正しい。『枕草子』で清少納言。

正答 2

11　1　夏目漱石の説明。森鷗外はドイツに留学し，『舞姫』などを著した。

2　『五重塔』は幸田露伴の作品。二葉亭四迷の言文一致体で書かれた作品は『浮雲』である。

3　川端康成は新感覚派。白樺派の作家には，武者小路実篤，有島武郎，志賀直哉などがいる。

4　『父帰る』は菊池寛の作品。有島武郎の代表作は『惜みなく愛は奪ふ』『生まれ出づる悩み』など。

正答 5

12　2　『新古今和歌集』は八番目の勅撰和歌集である。

3　『今鏡』の成立は，平安時代末期であり，紀伝体で記されたものである。

4　『歎異抄』は，弟子の唯円が師親鸞の死後その教えに対する異説や誤解のはびこるのを嘆いて編んだものである。

5　『更級日記』の作者は菅原孝標女《むすめ》である。 正答 1

13　1　正しい。『万葉集』所収。

2　小野小町の歌で『古今和歌集』所収。

3　山上憶良の歌で『万葉集』所収。

4　額田王の歌で『万葉集』所収。

5　安倍仲麻呂の歌で『古今和歌集』所収。 正答 1

14　A　川端康成の『雪国』。『細雪』は谷崎潤一郎の小説で，大阪船場生まれの美しい四人姉妹の生活と運命とを描いたもので，伝統的な日本美を現代に生かした風俗絵巻のような作品である。

B　二葉亭四迷の『浮雲』。『五重塔』は幸田露伴の小説で，江戸っ子職人十兵衛が，万難を排して五重塔を完成させるという，芸術至上主義思想を具体化した作品。

C　正しい。樋口一葉の作品。

D　正しい。森鷗外の作品。

正答 5

15　2　擬古物語は，平安時代風の恋愛を主とし，鎌倉時代に書かれた物語で『とりかへばや物語』『住吉物語』『石清水物語』『松浦宮物語』『苔の衣』などがある。 正答 2

16　永井荷風についての説明である。『あめりか物語』『ふらんす物語』『すみだ川』『腕くらべ』『濹東綺譚』

などの作品がある。　　　　正答 2

17　1『蜻蛉日記』（藤原道綱母，平安時代）。

2　正しい。（北畠親房，南北朝時代）。

3　『世間胸算用』（井原西鶴，江戸時代）。『日本永代蔵』（井原西鶴，江戸時代）は，主に知恵や才覚によって長者となる町人の姿を立志伝風に描いた作品。

4　『南総里見八犬伝』（滝沢馬琴，江戸時代）。『山月記』（中島敦，昭和時代）は，中国の唐代の伝奇『人虎伝』から素材を採った作品で，知識人の自意識の痛みをテーマとしている。

5　『雨月物語』（上田秋成，江戸時代）。『今昔物語』（編者不明，平安時代）は，1000余りもの日本，中国，インドの仏教説話・世俗説話を一大集成した作品。　　　　正答 2

18　1　『曽根崎心中』は浮世草子ではなく，世話物と呼ばれる浄瑠璃である。

2　『多情多恨』の作者は，尾崎紅葉である。

4　『枕草子』の作品に表れている文学理念は〈をかし〉である。〈もののあはれ〉の情趣を文学の本質として示した作品は，紫式部の『源氏物語』である。

5　与謝野晶子の歌風が影響を与えたのは明星派の短歌である。明星派とは，与謝野鉄幹・晶子夫妻を中心とした新詩社の歌風に対する呼称である。　　　　正答 3

19　1　『田舎教師』は田山花袋の作品。

2　『不如帰』は徳冨蘆花の作品。

3　『あひびき』は二葉亭四迷の作品。

4　『雁』は森鷗外，『当世書生気質』は坪内逍遙の作品。徳冨蘆花の代表作は『不如帰』『自然と人生』など。

正答 5

20　A　菊池寛。ほかに山本有三も新思潮派の同人。

B　新思潮。「文学界」は北村透谷が中心となって，島崎藤村，上田敏らが活躍した。

C　『鼻』。すべて芥川龍之介の作品だが，夏目漱石に激賞されたのは『鼻』である。

D　理知派。新現実主義，新思潮派とも呼ばれる。新感覚派には川端康成，横光利一などがいる。　　　　正答 1

21　島崎藤村は，詩人としては浪漫派，小説家としては自然主義を代表している。『破戒』は，主人公瀬川丑松が被差別部落出身であることを告白して社会の偏見と戦うという内容。また，『夜明け前』は，激しく揺れ動いた維新前後の時代を背景とした，中山道の要衝である馬籠宿の庄屋，青山半蔵の物語。　　　　正答 4

22　1　島崎藤村。『落梅集』所収。

2　北原白秋。『水墨集』所収。

3　高村光太郎。『道程』所収。

4　室生犀星。『抒情小曲集』所収。

5　萩原朔太郎。『月に吠える』所収。

正答 3

23　1　『俘虜記』は大岡昇平の作品。

3　『金閣寺』は三島由紀夫の作品。

4　『太陽の季節』は石原慎太郎の作品。

5　『斜陽』は太宰治の作品。

正答2

24　A　誤り。谷崎潤一郎が正しい。

B　誤り。川端康成が正しい。

C　正しい。

D　正しい。　正答4

25　A　夏目漱石の『坊ちゃん』。四国に赴任した無鉄砲な青年教師の物語。

B　芥川龍之介の『鼻』。禅智内供が自分の長い鼻を短くしようとする苦心を描いたもの。

C　森鷗外の『高瀬舟』。島流しにされた罪人喜助の物語。　正答4

26　1　正しい。『竹乃里歌』所収。

2　与謝野晶子。『みだれ髪』所収。

3　石川啄木。『一握の砂』所収。

4　斎藤茂吉。『赤光』所収。

5　若山牧水。『海の声』所収。

正答1

27　3　四鏡のうち『大鏡』と『今鏡』は紀伝体で，『水鏡』と『増鏡』は編年体で書かれている。紀伝体とは各個人の伝記を中心に記述する方法である。編年体は歴史を年次を追って記述する方法である。　正答3

28　1　『月に吠える』は萩原朔太郎の詩集。口語自由詩と象徴詩とを結合した詩人。芸術派，反民衆詩派などと呼ばれる。宮沢賢治の詩集には，『春と修羅』などがある。

2　『海潮音』は上田敏の訳詩集。象徴詩。

3　『邪宗門』は北原白秋の詩集。耽美派。室生犀星の詩集には，『愛の詩集』『抒情小曲集』などがある。

4　『測量船』は三好達治の詩集。四季派。高村光太郎の詩集には，『道程』『智恵子抄』などがある。

5　正しい。中原中也の詩集は，他に『在りし日の歌』などがある。

正答5

29　A　『新古今和歌集』所収。西行の作で，三夕の歌（「秋の夕暮れ」で終わる）の一つである。

B　『古今和歌集』所収。六歌仙の一人である在原業平の作。

C　『万葉集』所収。山部赤人の作。

正答5

30　A　正しい。松尾芭蕉の句。季語は「五月雨」で夏。『奥の細道』所収。

B　正岡子規の句。季語は「雪残る」で春。

C　与謝蕪村の句。季語は「牡丹」で夏。『あけ烏』所収。

D　正しい。高浜虚子の句。季語は「大根」で冬。

E　小林一茶の句。季語は「雀」で春。『おらが春』所収。　正答4

31　1　『カラマーゾフの兄弟』はドフトエフスキーの作品。ほかに，『死刑宣言』『審判』など。

3　『嘔吐』はサルトルの作品。ほかに，『ペスト』『転落』など。

4　『狂人日記』は魯迅の作品。ほかに，『猟人日記』『父と子』『処女地』など。

5　『青い鳥』はメーテルリンクの作品。ほかに，『怒りの葡萄』『はつかねずみと人間』など。　正答2

32　1　『大地』はアメリカの作家，パール・バックの作品。魯迅の作品には『阿Q正伝』『狂人日記』『故郷』などがある。

2　スウィフトはイギリスの作家。

3　モーパッサンはフランスの作家。

4　『三人姉妹』はロシアの作家，チェーホフの作品。トルストイの作品には『戦争と平和』『アンナ・カレーニナ』『復活』などがある。

正答 5

33　シェークスピアはイギリスの詩人・劇作家。四大悲劇とは『ハムレット』『マクベス』『オセロ』『リア王』を指す。喜劇に『真夏の夜の夢』『じゃじゃ馬ならし』，史劇に『ヘンリー四世』『ヘンリー五世』『リチャード三世』などがある。 正答 3

34　1　『桜の園』は，過ぎ去っていく繁栄への哀愁，新たな時代へのあこがれを描いた作品。

2　『狭き門』は，信仰一途の天上の愛と地上の恋の板ばさみになって，純粋に苦悩するアリサの悲劇の心理過程を描いた作品。

3　『嵐ヶ丘』は，ヒースクリフの不遇な生い立ちと裏切られた恋，復讐への執念を，二家族二世代にわたり描いた作品。

4　『モンテ・クリスト伯』は，無実の罪で牢獄に閉じ込められたダンテスが，脱出後巨万の富を得，着々と復讐を進めていくという話。

正答 5

35　1　『誰がために鐘はなる』ヘミングウェイ（アメリカ），『怒りの葡萄』スタインベック（アメリカ），『最後の一葉』オー・ヘンリー（アメリカ）。

2　『静かなるドン』ショーロホフ（ロシア），『人形の家』イプセン（ノルウェー），『戦争と平和』トルストイ（ロシア）。

3　『ジャン・クリストフ』ロマン・ロラン（フランス），『ドン・キホーテ』セルバンテス（スペイン），『居酒屋』ゾラ（フランス）。

4　『クリスマス・キャロル』ディケンズ（イギリス），『ハムレット』シェークスピア（イギリス），『パルムの僧院』スタンダール（フランス）。

5　『車輪の下』ヘッセ（ドイツ），『ファウスト』ゲーテ（ドイツ），『老人と海』ヘミングウェイ（アメリカ）。 正答 1

36　4　フランスの作家マルタン・デュガールの『チボー家の人々』の説明である。全8巻から成る大作で，マルタン・デュガールはこの作品でノーベル文学賞を受賞している。

スタンダールの『赤と黒』は，野心的な貧しい青年ジュリアン・ソレルが天賦の才能を発揮して権力に近づくが，運命にもてあそばれて破滅する。ブルジョワジーに対するスタンダールの激しい嫌悪が根底に流れている。 正答 4

# 第6編　芸　術

# 1　日本美術史

日本美術史は，日本史の一部であり，したがって公務員試験でも美術あるいは文化の問題が日本史として出題されることがあるので，要注意。ここでは日本美術の流れを中心に，重要項目を整理しておこう。

## 1　原始・古代

**縄文時代**

- **縄文土器**…縄模様があり，厚みがある。
- **土偶**…呪術的行事に使用されたと考えられている。

**弥生時代**

- **弥生土器**…ろくろを使用して作られた。幾何学模様が多くなる。
- **銅鐸**…簡単な人や動物の形が線描で描かれている。

**古墳時代**

- **埴輪**…人や動物などの形がある。
- **伊勢神宮正殿**…平に入口がある神明造。
- **出雲大社本殿**…妻に入口がある大社造。

## 2　飛鳥時代

### ① 飛鳥文化

6世紀の中頃から仏教がしだいに広まり，最初の仏教文化がおこった。7世紀前半の推古天皇の時代を中心とする文化を飛鳥文化と呼ぶ。中国の南北朝時代やギリシア・ペルシア・中央アジア・朝鮮の文化の影響がみられる。

**建築**

- **法隆寺《ほうりゅうじ》**（斑鳩寺《いかるがでら》）

　金堂《こんどう》・五重塔は世界最古の木造建築として有名である。卍崩《まんじくず》しの勾欄，人字形割束《ひとじがたわりづか》，雲斗《くもと》，雲形肘木《くもがたひじき》の手法は南北朝文化の影響，柱の中央にふくらみをもたせたエンタシスはギリシア文化の影響である。

**彫刻・工芸**

**●法隆寺金堂釈迦三尊像**〈金銅像〉

聖徳太子の死後，**鞍作鳥《くらつくりのとり》**（止利仏師《とりぶっし》）が作成したと伝えられる。北魏様式を取り入れた飛鳥仏の典型である。

**●法隆寺夢殿救世観音《くぜかんのん》像**〈木像〉

聖徳太子の等身像といわれている。明治初期，アメリカ人フェノロサの調査で解明された。

**●法隆寺百済《くだら》観音像**〈木像〉

細長く丸味を帯びた体軀が特徴的である。楠《くすのき》の一木《いちぼく》造《づくり》である。

**●中宮寺半跏思惟《ちゅうぐうじはんかしゆい》像**〈木像〉

顔立ちの優美さ，体軀の柔らかさは南朝様式の特色を示している。

**●広隆寺《こうりゅうじ》半跏思惟像**〈木像〉

赤松の一木造である。簡潔な仕上げで，しなやかな指の表現が特徴的。

**●玉虫厨子《たまむしのずし》**

法隆寺に伝わる厨子で，玉虫の羽で飾られていたのでこう呼ばれる。宮殿部扉と須弥座《しゅみざ》側面には，経文から題材をとった絵が描かれている。

**●天寿国繡帳《てんじゅこくしゅうちょう》**

聖徳太子の死後，后の橘大郎女《たちばなのおおいらつめ》が発願し，太子が天寿国に往生した様子が描かれている。中宮寺に断片が残されている。日本最古の刺繡である。

## 2 白鳳文化

天武・持統朝を中心とする7世紀後半には，律令国家が形成される時代の動きを反映して，若々しい活気に満ちた文化がおこった。この頃の，貴族中心の文化を白鳳文化と呼ぶ。初唐文化の影響を強く受けている。

**建築**

**●薬師寺東塔《やくしじとうとう》**

各層に裳階《もこし》をつけた三重塔で，六重塔のようにみえる。「凍れる音楽」といわれる律動美を示している。

**彫刻**

**●興福寺《こうふくじ》仏頭**〈金銅像〉

興福寺東金堂《とうこんどう》の本尊台座の下から発見されたが，もとは山田寺の薬師如来像の頭部である。童顔の明るい白鳳彫刻の典型である。

**●薬師寺金堂薬師三尊像**〈金銅像〉

中央に薬師如来像，脇侍《わきじ》が日光《にっこう》菩薩像と月光《がっこう》菩薩像である。台座の鬼《き》形《ぎょう》や唐草文様には西アジアの影響がみられる。

**●薬師寺東院堂《とういんどう》聖《しょう》観音像**〈金銅像〉

直立した端正な容姿であり，飛鳥仏の外面性から天平仏の内面性への過渡期の特徴をもつ。

**絵画**

**●法隆寺金堂壁画**

薬師・釈迦・阿弥陀・弥勒《みろく》の浄土を4つの大壁に描き，8つの小壁には日光・月光・観音・勢至《せいし》などの菩薩像が描かれていた。1949年焼損。インドのアジャンタ石窟壁画や中国の敦煌石窟壁画の流れをくむ。

**●高松塚古墳壁画**

円墳の内部壁面に四神や男女群像などが極彩色で描かれている。

# 3　奈良時代

## 1　天平文化

奈良時代には，中央集権の政治の発達により，貴族層や宮廷・寺院を中心に，貴族的で仏教的色彩の濃い文化が発達した。この時代の文化を天平文化と呼ぶ。唐文化やインド・ペルシアなどの文化の影響を受けている。

**建築**

**●東大寺法華堂《ほっけどう》**（三月堂）

**寄棟《よせむね》造《づくり》**の正堂が創建時のもので，礼堂《らいどう》は鎌倉時代のものである。

**●正倉院宝庫**

**校倉《あぜくら》造《づくり》**といわれる，三角材を横に組み上げた外壁が特徴である。主な収蔵品は，聖武天皇の遺愛品や大仏開眼会《かいげんえ》に用いられた品など数千点である。

**唐招提寺金堂**《とうしょうだいじ》

寄棟造で前面1間を開放し，柱列の美しさを強調している。堂々として雄大な建築である。

**法隆寺夢殿**

聖徳太子の斑鳩宮《いかるがのみや》跡に建てられた八角堂である。

彫刻

**東大寺法華堂不空羂索《ふくうけんじゃく》観音像**〈脱乾漆像〉

三目八臂《さんもくはっぴ》の堂々とした姿で，充実した体軀の肉付けに対して，のびやかな8本の腕が特徴的である。頭上には宝冠を戴いている。

**東大寺法華堂日光・月光菩薩像**〈塑像〉

不空羂索観音の脇侍で，日光（向かって右）は法衣，月光（向かって左）は唐服をつけている。均整のとれた姿と端正な顔だちをしている。

**東大寺法華堂執金剛神《しっこんごうしん》像**〈塑像〉

金剛杵《こんごうしょ》を持ち仏敵を叱咤する姿を表している。力強く迫力ある作風。

**東大寺戒壇院《かいだんいん》四天王《してんのう》像**〈塑像〉

東に持国天《じこくてん》，西に広目天《こうもくてん》，南に増長天《ぞうちょうてん》，北に多聞天《たもんてん》が配されている。動きのある姿が写実的に表現されている。

**唐招提寺鑑真《がんじん》和上《わじょう》像**〈脱乾漆像〉

弟子僧によって作られたと伝えられる像で，静かに瞑目して禅定に入る姿を表している。

**興福寺八部衆像**〈脱乾漆像〉

西金堂本尊の釈迦如来像の従者として安置されている。中でも**阿修羅像**が有名である。

塑像と乾漆像

塑像は，木を芯にして荒縄を巻きつけ，その上に荒土をつけて形を作り，表面を整え，彩色して完成する。

乾漆像には脱乾漆像と木心乾漆像があり，前者は粘土で大体の形を作った上に麻布を漆で塗り固め，土を抜いて木枠を入れたもので，後者は木で原形を作り，麻布と漆で整形したものである。

**絵画**

**●薬師寺吉祥天画像**

美しく着飾った唐装の貴婦人の姿で描かれている女性仏像画である。

**●正倉院鳥毛立女屏風《とりげだちおんなのびょうぶ》**

6枚あり，いずれも樹下に唐風の美人が描かれている。髪や衣服の部分に鳥の羽毛が貼ってあったことからこの名がある。

**●聖徳太子の画像**

日本の肖像画の先駆けとして注目される。

**工芸**

**●螺鈿紫檀五絃琵琶《らでんしたんごげんびわ》**（正倉院宝物）

貝をちりばめ，ラクダに乗った楽人や熱帯樹などの異国風の図柄が描かれている。世界唯一の五絃の琵琶である。

**●白瑠璃碗《はくるりわん》**（正倉院宝物）

ササン朝ペルシア風のガラス器である。

# 4　平安時代

## 1　弘仁・貞観文化

平安初期には，密教がさかんになり，寺院建築や美術にも大きな影響を及ぼした。平安遷都から9世紀末頃までのこの時期に栄えた文化を弘仁・貞観文化と呼ぶ。

**建築**

**●室生寺《むろうじ》金堂**

塔とともにこの時代の唯一の遺構である。屋根は檜皮《ひわだ》葺《ぶき》（現在は柿葺《こけらぶき》）で，柱の組み方なども簡素な構造である。

**彫刻**

**●室生寺弥勒堂釈迦如来像**〈木像〉

**一木造《いちぼくづくり》**，**翻波式《ほんぱしき》**というこの時代の彫刻の特色があらわれている像である。

**●元興寺《がんごうじ》薬師如来像**〈木像〉

檜の一木造で，量感に富み，衣にも厚みをもたせている。

**●神護寺《じんごじ》薬師如来像**〈木像〉

一木造で，肩幅が広く全体に厚みがある。翻波式衣文の特色をもつこの時期の代表的作品である。

●**観心寺《かんしんじ》如意輪《にょいりん》観音像**〈木像〉

豊満な体軀と華麗な彩色で，女性的・神秘的な雰囲気をもつ。

**一木造**

木像で，首と胴体とが１本の木で造られているもののことをいう。

**翻波式**

平安初期の木像彫刻の衣のしわの表現様式で，衣のひだを波が翻《ひるがえ》るように平行状に刻んだもののこと。

**絵画**

●**神護寺両界曼荼羅《りょうかいまんだら》**（高雄曼荼羅）

仏の世界を壇の形式で示したもので，金剛界曼荼羅と胎蔵界曼荼羅との２種類がある。

●**園城寺《おんじょうじ》不動明王像**（黄不動）

正面を向き直立する像で，黄色に彩色されている。

## ② 国風文化

10世紀になると，遣唐使の廃止や唐の滅亡によって，大陸文化の影響がうすれ，優美でこまやかな情緒に富む貴族文化がおこった。これを国風文化と呼ぶ。

**建築**

●**平等院鳳凰堂**

藤原頼通の宇治の別荘を，阿弥陀堂にしたものである。当時の貴族の住宅様式である**寝殿造**にも共通した優華さをもつ。

**彫刻**

●**平等院鳳凰堂阿弥陀如来像**〈木像〉

**定朝《じょうちょう》**の唯一の遺作といわれる。彼は多くの弟子を率いて分業で仏像をつくる**寄木造《よせぎづくり》**の手法を完成した。

●**法界寺《ほうかいじ》阿弥陀如来像**〈木像〉

定朝様式の代表的なもので，円満・温雅な和様の阿弥陀像である。

## 3 平安末期の文化

武士の政界進出に伴い，文化の面でも大きな変化があらわれ，地方にも都の貴族文化の影響が及ぶようになった。

**建築**

**中尊寺金色堂《ちゅうそんじこんじきどう》**

藤原清衡が陸奥平泉に建立した阿弥陀堂で，外部は漆を塗り金箔を押し，内部は螺鈿・蒔絵《まきえ》などが施されている。

**富貴寺大堂《ふきじおおどう》**

九州における最古の建築物である。簡素な阿弥陀堂である。

**絵画**

**源氏物語絵巻**

『源氏物語』を絵巻物にしたもので，引目鉤鼻《ひきめかぎばな》・吹抜《ふきぬき》屋台《やたい》（屋根を描かず室内を見やすくする）が特色である。

**伴大納言《ばん(ともの)だいなごん》絵巻**

大納言伴善男《とものよしお》が左大臣源信《みなもとのまこと》を陥れようとした応天門の変を描いた絵巻物である。3巻より成る。

**信貴山縁起《しぎさんえんぎ》絵巻**

大和の信貴山の毘沙門天信仰の霊験縁起談を描いた絵巻物である。3巻より成り，それぞれが独立した物語となっている。

**鳥獣戯画**

鳥羽僧正覚猷《とばそうじょうかくゆう》らの作といわれる。当時の貴族社会や仏教界を，動物を擬人化して風刺した。

**平家納経**

平清盛らが平家の繁栄を祈願して，法華経などを書写させ厳島神社に奉納したもので，表紙や見返しに美しい装飾がされている。

**扇面古写経《せんめんこしゃきょう》**

扇面形の料紙に経典を書写したもので，下絵には経文とは無関係に，大和絵で当時の民衆の生活が描かれている。

# 5　鎌倉時代

## ①　鎌倉文化

武士が政治・経済のあらゆる面で進出をみせた鎌倉時代には，芸術の面でも新しい傾向が強くなった。公家文化を基に武士の生活の中からおこった文化が加味された。また，宋の文化の影響を受けているものもみられる。

### 建築

**●東大寺南大門《なんだいもん》**

**大仏様**（天竺様）の代表的建築である。外見は雄大豪壮だが構造は簡単である。南宋の建築様式を取り入れている。

**●円覚寺舎利殿《えんがくじしゃりでん》**

**禅宗様**（唐《から》様）の代表的建築である。木割《きわり》が細く軒反《のきぞり》が強く屋根は急勾配で，桟唐戸《さんからど》・花頭窓《かとうまど》などに特色がある。

**●石山寺多宝塔**

和様の多宝塔としては最も古く有名である。

### 彫刻

**●東大寺南大門金剛力士像**〈木像〉

**運慶・快慶**らの合作による，寄木造の作品である。鎌倉彫刻の特徴である写実性を十分に出し，力強く豪放な姿が表現されている。

**●東大寺僧形八幡像**〈木像〉

快慶の作である。写実的で，美しい色彩が施されている。

**●興福寺北円堂無著《むちゃく》・世親《せしん》像**〈木像〉

運慶の作である。高僧の姿をいきいきと，高い精神をもって表現している。

**●空也上人像**〈木像〉

康勝《こうしょう》（運慶の第４子）の作である。念仏を唱えて京を歩きまわった姿を表現している。

### 絵画

**●北野天神縁起絵巻**

藤原信実《のぶざね》筆と伝えられる。菅原道真の生涯と北野社の創立の由来を描いた，鎌倉初期の絵巻物である。

**春日権現験記《かすがごんげんげんき》**

高階隆兼《たかしなたかかね》筆。春日明神の様々な霊験を集めた，鎌倉後期の絵巻物である。

**蒙古《もうこ》襲来絵巻**

元寇のときに奮戦した肥後国の御家人竹崎季長《たけざきすえなが》の活躍を描いた絵巻物で，鎌倉後期に成立した。

**源頼朝像**

実際の人物に似せ忠実に写生する似絵《にせえ》の代表的作品である。藤原隆信筆。

# 6　室町時代

## 1　北山文化

14世紀から15世紀初頭にかけて，足利義満による南北朝合体・幕政の確立を背景に，公家文化と武家文化とが融合した文化がおこった。

### 建築

**鹿苑寺《ろくおんじ》金閣**

足利義満が北山山荘に建立した舎利殿であり，３層の楼閣《ろうかく》建築である。初層・中層が伝統的な寝殿造風，上層は禅宗寺院にみられる禅宗様となっている

### 庭園

**西芳寺《さいほうじ》庭園**

14世紀半ば頃に作られたもので，廻遊式の部分と石組みを中心とした部分からなる。庭全体が苔で覆われ，苔寺の通称をもつ。

### 絵画

**瓢鮎図《ひょうねんず》**

**如拙《じょせつ》**の筆による。１人の男がひょうたんでなまずをつかまえようとする禅問答（公案）の１つを表している。遠景や樹木の描き方など，すでに山水画の構成がみられる。

## 2 東山文化

15世紀後半，足利義政が応仁の乱を避け，東山山荘をかまえたが，この頃の文化には北山文化とは異なった独自の特徴があり，一般に東山文化と呼ばれる。禅宗の影響を受けた，枯淡・幽玄の雰囲気をもつ。

### 建築

**慈照寺《じしょうじ》銀閣**

足利義政が東山山荘に建てた2層の観音殿である。上層は禅宗様であり，下層は腰高障子《こしだかしょうじ》を入れた**書院造**風である。

**慈照寺東求堂同仁斎《とうぐどうどうじんさい》**

3尺の違い棚，1間の付書院《つけしょいん》（つくりつけの机），明《あかり》障子《しょうじ》などの書院造の特徴がみられる。

### 庭園

**竜安寺石庭《りょうあんじせきてい》**

代表的な**枯山水**《かれさんすい(かれせんずい)》として有名である。狭い長方形の庭に白砂を敷き，大小15個の石を配置している。虎の子渡しとも呼ばれる。15世紀末に作られた。

**大徳寺大仙院庭園**

多数の石組と白砂で作られた枯山水である。深山幽谷から水がほとばしり落ちるさまを表している。

### 絵画

**四季山水図巻**

**雪舟**の山水画で，四季の変化とその中での人間の営みを描いたものである。「山水長巻」とも呼ばれる。

**秋冬山水図**

雪舟の山水画で，秋冬の2幅で対になっている。宋・元から伝えられた水墨画に倣っている。

**大仙院花鳥図**

**狩野元信**の作品で，漢画に大和絵の画風をとり入れている。

# 7　安土・桃山時代

## 1　桃山文化

16世紀末から17世紀初頭にかけて，新興の大名や豪商の気風を反映した，豪壮で雄大な文化がおこった。異国文化の影響や，都市の民衆文化ともあいまって新しい傾向が生まれた。

### 建築

**●姫路城**

平山城《ひらやまじろ》で，本丸中央の大天守に３つの小天守が連なる。白鷺城とも呼ばれる。

**●西本願寺飛雲閣**

３層の楼閣で，聚楽第《じゅらくてい(だい)》の遺構といわれている。様々な屋根をもち，調和がとれ，軽快さがある。

### 絵画

**●唐獅子《からじし》図屏風**

**狩野永徳**の作品である。雌雄の唐獅子を描いた金碧《きんぺき》障屏《しょうへい》画で，この時代の豪放な風潮をよく示している。

**●洛中洛外図屏風**

狩野永徳の作品である。京都内外の名所や，市民の生活などが描かれている。

**●智積院《ちしゃくいん》襖《ふすま》絵**

**長谷川等伯《とうはく》**らが描いた，桜の間・楓《かえで》の間など６室にわたる金碧障壁画である。いずれも大きな木に四季の花をそえており，豪壮・華麗な作風である。

**●松林《しょうりん》図屏風**

**長谷川等伯**の作品である。もやにけむる松林を描いた水墨画である。

**●花《か》下《か》遊楽《ゆうらく》図《ず》屏風**

狩野長信の作品である。桜の花のもとで，風流踊りに興じる人物などが描かれている。当時の貴人の風俗をよく示している。

狩野派

狩野正信に始まり，室町時代後半から江戸時代を通じて御用絵師として栄えた。障壁画を多く残した。

# 8 江戸時代

## 1 江戸初期の文化

江戸時代初期の文化は，桃山文化のなごりを伝えつつ展開した。とくに寛永期（1624～43年）を中心とする文化のことを寛永文化と呼ぶこともある。

**建築**

- **日光東照宮**
  霊廟建築・**権現《ごんげん》造《づくり》**の代表的建築である。豪華で華麗な装飾彫刻が施されている。
- **桂《かつら》離宮《りきゅう》**
  書院造に茶室様式を取り入れた**数奇屋《すきや》造《づくり》**の建築である。廻遊式の庭園を備えている。
- **修学院《しゅがくいん》離宮《りきゅう》**
  後水尾天皇の山荘で，上《かみ》・中・下《しも》の3つの御茶屋からなり，庭園は桂離宮と並ぶ江戸時代の名園である。

**絵画**

- **風神雷神図屏風**
  **俵屋《たわらや》宗達《そうたつ》**の代表作で，天鼓《てんこ》をめぐらせた雷神，風袋《ふうたい》を両手に持つ風神が，金地の画面にユーモラスに描かれている。元禄期の**琳派《りんぱ》**の先駆となった。
- **大徳寺方丈襖絵**
  **狩野探幽《たんゆう》**の作品で，山水図・花鳥図・竜虎図などがある。探幽は幕府の御用絵師となった。

**工芸**

- **舟橋蒔絵《ふなはしまきえ》硯箱《すずりばこ》**
  **本阿弥《ほんあみ》光悦《こうえつ》**の作品である。舟と波は金蒔絵，橋は鉛，文字は銀を用いている。
- **色絵《いろえ》花鳥文《かちょうもん》深鉢**
  **酒井田《さかいだ》柿右衛門《かきえもん》**の作品である。釉《うわぐすり》の上に模様をつける上絵付《うわえつけ》の技法を編み出した。

## 2 元禄文化

17世紀後半から18世紀の初頭にかけて，経済力を背景に台頭してきた町人により，上方を中心に文化が発展した。桃山文化・江戸初期の文化の流れをくんだ華麗さをもつ。

**絵画**

- **洛中洛外図巻**
  幕府の御用絵師となり江戸に大和絵を広め住吉派を確立した**住吉具慶**《すみよしぐけい》の作品で，京都とその郊外の名所が描かれている。
- **紅白梅図**《こうはくばいず》**屏風**
  琳派の第一人者である**尾形光琳**《おがたこうりん》の代表作である。中央に装飾的な水流が，左右に紅白梅が絶妙なバランスで描かれている。
- **燕子花**《かきつばた》**図屏風**
  尾形光琳の作品である。燕子花の花の群の大小・疎密・高低のみで画面を構成している。
- **見返り美人図**
  浮世絵を確立した**菱川師宣**《ひしかわもろのぶ》の肉筆画である。ふり返った女性の姿が平面的に描かれている。

**工芸**

- **八橋蒔絵**《やつはしまきえ》**硯**《すずり》**箱**
  尾形光琳の作品である。蒔絵と螺鈿で燕子花を表現している。
- **色絵吉野山図**《いろえよしのやまず》**茶壺**
  色絵の技法を大成し，京焼の祖といわれる**野々村仁清**《ののむらにんせい》の代表作である。
- **絵替土器**《えがわりどき》**皿**《ざら》
  光琳の弟である**尾形乾山**《けんざん》の作品である。

## 3 化政文化

19世紀前半頃には，江戸に文化の中心が移り，繊細で洗練された文化が発展した。

## 浮世絵

● **弾琴《だんきん》美人**

多色摺版画である錦絵を創始した**鈴木春信**の代表作である。細身の美人が打掛を着て琴を弾いている姿を描いている。

● **婦女人相十品《ふじょにんそうじっぴん》**

美人大首《おおくび》絵の手法を開拓した**喜多川歌麿**の作品である。中でも『ポッピンを吹く女』が有名である。

● **市川鰕蔵《えびぞう》**

大首絵の手法で多くの役者絵や相撲《すもう》絵を描いた**東洲《とうしゅう》斎写楽《さいしゃらく》**の作品である。

● **富嶽《ふがく》三十六景**

**葛飾北斎**の風景版画である。富士山をいろいろに描き分けた46枚の図で，中でも『凱風快晴』『神奈川沖浪裏』は傑作である。

● **東海道五十三次**

**歌川（安藤）広重**の，東海道の街道の風景・風俗や宿場町を描いた版画で，中でも『庄野』が有名である。

## 文人画

● **十便十宜《じゅうべんじゅうぎ》図**

清の文人である李笠翁《りりゅうおう》の詩に基づいて，『十便図』を**池大雅《いけのたいが》**が，『十宜図』を**与謝蕪村**が描いた。

● **鷹見泉石《たかみせんせき》像**

**渡辺崋山**の代表作であり，陰影を施した洋画的な筆運びで写実的に描かれている。

## 写生画

● **雪松《ゆきまつ》図屏風**

西洋画の遠近法をとり入れ，立体感のある写生画を確立した**円山応挙《まるやまおうきょ》**の代表作である。

● **柳鷺群禽図《りゅうろぐんきんず》屏風**

四条派の祖である**呉春《ごしゅん》**（松村月溪）の代表作である。写生画に余情性を大きく加えた作風である。

## 西洋画

● **不忍池《しのばずのいけ》図**

日本で銅版画を創始した**司馬江漢《こうかん》**の作品である。凸レンズを通して見た図になっている。

# 9　明治時代以降

西洋美術が急激に移入され，日本の伝統文化と交じりながら，すべてにわたって大きな影響がみられる。建築では，西洋建築の輸入が行われ，以後レンガ，石，コンクリート，鉄などを使った洋風の建築が増えていく。

また，絵画では，日本画と洋画が発達した時代である。

## 1　明治期の文化

●**フェノロサ**　アメリカ人。日本美術の独自性を認めその啓豪と復興に努力し，岡倉天心とともに東京美術学校設立に参画した。帰米後はボストン美術館東洋美術部主管として日本美術の紹介に尽力した。

●**岡倉天心《てんしん》**　フェノロサとともに日本美術の復興に尽力し，東京美術学校の初代校長になった。**日本美術院創立**。『茶の本』などを英文で刊行し，独特のアジア観に立脚する文明批評を内外に広めた。

**日本画**

●**狩野芳崖《ほうがい》**　『**悲母観音《ひぼかんのん》**』漢画の手法に洋画の手法を取り入れた。

●**橋本雅邦《がほう》**　『**竜虎《りゅうこ》図**』狩野派の技法を生かしながら新しい色彩を生み出した。

●**菱田春草《しゅんそう》**　『**黒き猫**』『**落葉《らくよう》**』

●**横山大観《たいかん》**　『**無我《むが》**』『**生々流転《せいせいるてん》**』（『生々流転』は大正時代の作品）日本美術院を再興して院展を盛んにし，近代絵画としての新しい様式を開拓した。

**西洋画**

●**高橋由一《ゆいち》**　『**鮭《さけ》**』

●**浅井　忠《ちゅう》**　『**収穫**』『**春畝《しゅんぽ》**』

●**黒田清輝《せいき》**　『**湖畔《こはん》**』『**読書**』明るい画風を広めた。

●**青木　繁《しげる》**　『**海の幸**』

彫刻

- 藤島武二《たけじ》　『天平の面影《おもかげ》』
- 高村光雲《こううん》　『老猿《ろうえん》』
- 荻原守衛《もりえ》　『女』『坑夫』ロダンの影響を受けた作風。

## 2 大正期の文化

日本画

- 下村観山《かんざん》　『木の間の秋』『弱法師』
- 竹久夢二《たけひさゆめじ》　『黒船屋』美人画で一世を風靡した。

西洋画

- 梅原竜三郎《りゅうざぶろう》　『紫禁城《しきんじょう》』『長安街』強い色彩を用い，自由奔放で東洋風の豪華な画面を作り上げた。二科会を設立。
- 岸田劉生《りゅうせい》　『麗子微笑《れいこびしょう》』娘の麗子を描き続けた。
- 安井曽太郎《そうたろう》　『金蓉《きんよう》』

彫刻

- 高村光太郎　『手』『鯰《なまず》』
- 平櫛田中《ひらくしでんちゅう》　『転生《てんしょう》』『五浦《いづら》釣人』

## 3 昭和期の文化

絵画

- 東山魁夷《かいい》　『残照《ざんしょう》』『夜明けの潮』『唐招提寺御影堂障壁画《とうしょうだいじみかげどうしょうへきが》』
- 平山郁夫　仏教的主題を得意とし，その延長としてシルクロード等を取材する一方，世界の文化遺産の保護運動にも加わる。

彫刻

- 岡本太郎　『壁画レリーフ』『太陽の塔』1967年の日本万国博のテーマ展示プロデューサー。

版画

- 棟方志功《むなかたしこう》　『大和し美し』『釈迦十大弟子』存在感のある女性美，仏教的境地を描いた。

# 練 習 問 題

（526ページより解答・解説）

★
**1** 作者と作品の組合せが正しいのはどれか。

1 円山応挙――見返り美人図
2 狩野永徳――紅白梅図屛風
3 尾形光琳――唐獅子図屛風
4 横山大観――麗子微笑
5 高橋由一――鮭

★
**2** 作者とその説明文の組合せが正しいのはどれか。

1 歌川広重―――個性的な表現で役者絵に特にすぐれた作品がある。
2 鈴木春信―――いかにも剣豪らしい作風の『枯木鳴鵙図』などがある。
3 葛飾北斎―――叙情的な風景画を描き代表作に『東海道五十三次』がある。
4 東洲斎写楽――遠近法を取り入れた風景画『富嶽三十六景』などがある。
5 喜多川歌麿――美人画の第一人者。江戸下町の女性の美しさを表現した。

★
**3** 次の文の（　　）に該当する建築物として，正しいのはどれか。

11世紀の建築遺構としては天喜元年(1053年)に完成した(　　)が最も著名である。これは藤原頼通が別荘であったものを寺としたもので，池を中心にし，美しい庭園を囲むその構成は，阿弥陀浄土を現世に映し出すもので，建築における和様の完成を見せている。

1 平等院鳳凰堂　　2 鹿苑寺金閣　　3 室生寺
4 西芳寺　　5 竜安寺

★★
**4** 時代とすべての作品の組合せが正しいのはどれか。

1 飛鳥時代――『法隆寺金堂釈迦三尊像』『中宮寺半跏思惟像』『東大寺南大門金剛力士像』
2 奈良時代――『東大寺法華堂日光・月光菩薩像』『唐招提寺鑑真和上像』『興福寺阿修羅像』

3　平安時代――『鳥獣戯画』『信貴山縁起絵巻』
　　　　　　　　『洛中洛外図屛風』
4　鎌倉時代――『中尊寺金色堂』『円覚寺舎利殿』『石山寺多宝塔』
5　室町時代――『四季山水図巻』『風神雷神図屛風』『瓢鮎図』

★★
**5**　建築物とその説明文の組合せが正しいのはどれか。

1　法隆寺――――金堂や五重塔などは世界最古の木造建築である。また，金堂や歩廊の柱の形には，エジプト文化の影響がみられる。
2　正倉院宝庫――奈良時代に建てられた書院造の雄大な建築。聖武天皇の遺愛品が収められている。
3　薬師寺東塔――三重塔であるが，各層の下に裳階がつき六重塔に見える。「凍れる音楽」といわれる律動美を示している。
4　慈照寺銀閣――北山山荘に建立された舎利殿。3層の楼閣建築で，初層・中層は寝殿造風，上層は禅宗様となっている。
5　桂離宮――――書院造に草庵風の茶室をとり入れた権現造の建物である。池の周囲と中島に，松琴亭など4つの茶屋がある。

★★
**6**　次の文の説明に適する画家として，正しいのはどれか。

文展（日展の前身）に飽き足らなかった当時の新傾向の画家たちによる「二科会」を設立し，若い頃，ともに学んだ安井曽太郎や坂本繁二郎とともにその後の洋画界を代表する画家として活躍した。

浅井忠やルノワールに師事して洋画を学び，日本古来の大和絵や琳派等の画風も取り入れて，大胆で華麗な力強い画風を築いた。代表作に『紫禁城』などがある。

1　藤島武二
2　黒田清輝
3　下村観山
4　梅原竜三郎
5　東山魁夷

# 2　西洋美術史

西洋美術史で出題頻度が高いのは，ルネサンスと18〜20世紀の絵画などである。また最近は，現代の絵画や彫刻に関する出題もみられる。それぞれの特徴や代表作などを整理して覚えることが大切である。

## 1　原始時代

人類の長い未開時代を原始時代，あるいは先史時代という。まだ文字が発明される前だが，宗教と深い関係をもちながら，美術がめざめる。

### ① 旧石器美術（紀元前20,000年頃〜10,000年頃）

**洞窟芸術**
（旧石器時代最大の美術）

●**ラスコー洞窟の壁画**（フランス。紀元前15,000年頃）
●**アルタミラ洞窟の壁画**（スペイン。紀元前12,000年頃）
いずれも狩猟民族らしい，動物に対する鋭い観察があり芸術的にみても高度。

**石のヴィーナス**

石の小さな彫像。いずれも女性像で，乳房と腰の部分が異常なほど強調され，多産・豊饒の恵みを祈念するために作られたと思われる。

### ② 新石器美術（紀元前9,000年頃〜3,000年頃）

人類が穀物を栽培し，家畜を飼うようになって定住を始めた時代。土器の製作とならんで，巨石文化が現れる。(ヨーロッパ，アジア，アフリカ)

**巨石文化**
（巨石建造物）

●**ドルメン**——俗に石机といわれている。
●**ストーン・サークル**——巨石を環状に立て並べる。
●**メンヒル**——大小の石柱を立て並べる。
いずれも宗教的な礼拝場，記念碑，墓場などであったと思われる。

# 2 古　代

## 1 エジプト美術

エジプトの美術の原動力は，宗教であった。永遠の生命を信じた古代エジプト人たちは魂としての死後の世界を信じ，魂の生活の場所として墓（ピラミッド）を作り，内部に生前と同じ生活を実現させるようにと努力した。それが，ミイラ作りであり，内部の絵画であり彫刻であった。これらは墓の中に閉じ込められた状態であり，当時でも人の眼にふれることがなかった。

**建築**

●**ピラミッド**

古王国時代の王の墓。巨大な石造物。ギゼーの三大ピラミッドがある。

**絵画**

ピラミッドの内部に描かれ，死者の生前の様子を描く。またこの絵には正面性の法則があり，顔は横，眼は正面というように描かれていた。

**彫刻**

●**スフィンクス**

人頭獅子身像で，王宮・神殿・墳墓の守護神。最古のものはギゼーの大スフィンクスで，長さ73.5m，高さ20m，顔幅 4 m。

## 2 メソポタミア美術

シュメール人は，エジプト人のように来世思想はもたず，不老不死をのぞむ現実的な生き方をした。神は来世も現世も人間を支配し，王は神に仕え神に代わって政治を行った。

**建築**

●**ジッグラト**

シュメール時代の都市の神殿にある山形の聖塔。「高い峰」の意味。階段状のピラミッドが多い。「**バベルの塔**」が最も有名。

**彫刻**

立体彫刻(石造)や浮き彫り，宝石彫刻などが行われた。

●**有翼人面雄牛像**（紀元前 8 世紀，アッシリア）

## 3 クレタ・ミケーネ美術

海上貿易で栄えたエーゲ海美術。（エジプト・メソポタミアは農業社会）

| | |
|---|---|
| **建築** | **●クノッソス宮殿**<br>クレタ文明の最盛期に，クレタ島北岸のクノッソスに建造された壮大な宮殿。壁や天井を飾る壁面は，スケッチ風で色鮮やか。運動感をもち，優雅で贅沢。建築は，神殿としてではなく，支配者の住む宮殿としての性格が強い。<br>**●ミケーネ城獅子門**<br>ミケーネの町の周りに城壁を作り，その門の上に一対の石の獅子像を置いた。紀元前1250年頃の建造。 |
| **彫刻・絵画** | 精巧な陶器（陶器類には海藻，たこの足または抽象的な渦巻曲線のデザインが多い）・金属製品が作られ，図案・技巧が非常に発達し（ミケーネ時代），絵画文字なども使用され，華麗な作品を数多く残している。 |

## 4 ギリシア美術

ヨーロッパ最初の美術。エジプト・エーゲ海文明の影響を受けながらも，初めて「合理」「人間」を打ち出す。豊富な大理石を用いた神殿建築と彫刻に注目できる。

またギリシア美術は，エジプトの美術が閉鎖的なのに対して開放的な性格をもち，彫刻には理想主義的な面が多く現れ，神々は高尚な精神の体現者であるより，肉体の表現を中心として表されるようになっていた。またこれらの彫刻は，神殿や劇場に飾られ，公共の場でその機能を発揮させていた。

| | |
|---|---|
| **美術上の区分** | ① **アルカイック時代**　紀元前800～450年（若さと明朗）<br>② **クラシック（古典）時代**　紀元前450～330年（模範的な美と荘重さ）<br>③ **ヘレニズム時代**　紀元前330～30年（優美さと動作・感情の表現） |

**建築**

**パルテノン神殿**

アテネのアクロポリス上の神殿。屋根は切妻，柱はドーリア式。紀元前432年頃に完成。

**ギリシア建築の３様式**

ギリシアの建築は典雅・壮麗で，調和均整の美を備えている。ギリシア式建築の特色は建物を支える円柱にあり，それには次の３様式がある。

**①ドーリア式**

最も初期の様式。柱は直ちに床の上に立ち，柱の礎石がない。柱頭に飾りがない。柱身は太くて短い。見た目に簡素・荘厳・安定の感じを与える。

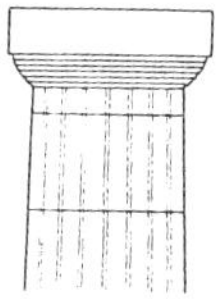

**②イオニア式**

床には礎石を置き，その上に柱を立てた。柱頭に渦巻様の装飾がある。柱身はドーリア式よりも細く，柱身の「ふくらみ（**エンタシス**）」が一層はっきりしている。軽快・優美。

**③コリント式**

最後の様式。礎石の上に柱を立て，柱身は細く長く，優美な「ふくらみ」を見せている。柱頭にはアカンサスの葉を彫刻した豊麗な飾物がある。壮麗・繊細で技巧的。（次のローマ時代によく用いられた様式）

エンタシス

柱身に「ふくらみ」をもたせた円柱のこと。ギリシア円柱の特色で，**日本の法隆寺の柱**にこの影響と思われる「ふくらみ」がある。

**彫刻**

**アテナ女神像**

破風を飾った浮き彫りで，気高いリズムの構成が美しく，ギリシア最盛期（古典時代）の作風をあますところなく示す。作者は**フェイディアス**（当時最大の芸術家。パルテノン神殿建立の総監督）とされている。

**●サモトラケのニケ**

勝利の女神像。２m余の大理石像。(紀元前190年頃)ヘレニズム初期の傑作。

**●ミロのヴィーナス**

高さ２m余で八頭身の美の女神。優雅な裸体女性像。(紀元前140年頃)

**●ラオコーン**

神官ラオコーンが神罰により二人の息子とともに蛇に苦しめられている様子が，激しい動作や表情で表現されている。大理石。ヘレニズムの特徴をよく伝えた代表作。(紀元前150年頃)

## 5 ローマ美術

ローマ美術は，ギリシアの理想主義に対して実用面でその芸術的成果をもたらした。それは，ローマの公共広場や水道橋の大アーチを設計したり，円天井や円屋根などの建築構造などにみられる。それらはやがてローマの都市を作りあげることになった。

**建築**

石材を中心に，れんがやコンクリート（小石やれんが破片をモルタルで膠着）を使って造った。

**●コロッセウム**（円形競技場）

外観は４層で中はすり鉢形。長軸188m，短軸156m。壁体はコンクリート。紀元前80年に完成。

**●凱旋門**

主体は白大理石で，一部に色大理石が使用されているアーチ式の構造をもつ。ローマ市内に7つ残されている。312年建造のコンスタンティヌス帝の凱旋門が最も有名。

**●公衆浴場**

浴場を主体とした娯楽センター。217年建造のカラカラ帝の浴場が最も有名。

**●水道橋**

れんが造りの長大な水路で，横に並んだアーチの列に支えられて空中高く走り延々と続く様は，現在も南ヨーロッパ特有の美しい風景となっている。

# 3 中 世

中世は，イタリアで4世紀から14世紀まで，西ヨーロッパは16世紀まで，ロシアやバルカン半島では17世紀まで続き，それは全ヨーロッパにまたがるものだった。そしてこの長い期間は，あらゆる面で**キリスト教美術**であったといえる。キリスト教の信仰は，美術のあらゆる分野に反映した。いいかえれば美術がキリスト教を伝える手段として表現された時代でもあった。したがって，自由な個性的な表現は許されなかった時代ともいえる。

この時代の美術は，いつも教会建築が中心であり，ビザンツのモザイクも，ロマネスクのフレスコ画も，彫刻もゴシックのステンドグラスも建築に従属し協調して聖書の世界を表現した。

## 1 バシリカ式（4～8世紀・南欧）

**建築**

**●バシリカ式の教会**

ローマ時代の公会堂や裁判所であるバシリカを教会建築に応用したもので，外壁は長方形，屋根は平らなのが特徴。**サンタ＝マリア＝マジョーレ聖堂（イタリア　ローマ）**

## 2 ビザンツ式（4～15世紀・東欧）

東方の初期キリスト教美術を母体とし，そこへ，ヘレニズム美術の伝統，古代アジアやササン朝ペルシャの美術からの影響が加わってできた**東方特有**のキリスト教美術であった。宮廷の儀式的な側面にかなう荘厳な様式，物質的・肉体的なものより精神的・霊的なものを求める理知的な傾向，鮮やかな色彩や金地を贅沢に使う装飾性を特徴としている。

**建築**

**●セント＝ソフィア聖堂**

6世紀にキリスト教寺院として建立(現在,回教寺院)。現イスタンブル（トルコ）にある。バシリカ形式の方形に雄大な**円屋根**（ドーム）を架し，内部に**豪華なモザイク装飾**を施す。イタリアの**サン＝マルコ聖堂**などとともにビザンツ式の代表的建築。

## 3 ロマネスク式（11〜12世紀・西欧）

ヨーロッパがビザンティンの影響から脱却し，そしてヨーロッパの美術の源泉とも言える国際様式（**ロマネスク式**）を創造するに至った時代であった。建築においては**半円アーチ**が基本構造になり，窓は小さく，内部は暗い。鈍重だが力強い石組みの構造になった。

**建築**

●**ピサ大聖堂**

ガリレオ＝ガリレイの実験によって有名になった斜塔のあるこの大聖堂はイタリアの代表的ロマネスク建築。

●**ヴェズレー教会堂**（フランス）

## 4 ゴシック式（13〜14世紀・西欧）

当時のローマ地方から見て，「野蛮なゴート人が作った」という意味から，ゴシックと呼んだ。ゴシックの芸術は，ロマネスクの芸術が特に修道院を母体として発展してきたのに対して，この経済力と政治力をもった新しい都市の市民階級によって発展した。

ゴシック式の教会は，**とがった塔**，**とがったアーチ**，壁の少ない上昇感をもった柱が天への憧れを示す。大きな窓にはキリストや聖者を型どった**ステンドグラス**がはめられ，５色の光を通して見る寺院内部は，荘厳な美しさをもつ。

**建築**

●**パリのノートル＝ダム大聖堂**

パリの代表的なゴシック建築。

●**ランス大聖堂・シャルトル大聖堂**

いずれもフランスの代表的ゴシック建築。

●**ケルン大聖堂**

ドイツ最大のゴシック建築。13世紀に起工し，完成は19世紀に至る。

**絵画**

多彩な色のガラスを鉛で接合して絵や模様をつくる**ステンドグラス**が発達。教会の窓にはめこまれ，非常な美的効果を発揮した。シャルトル大聖堂にはステンドグラスの傑作が多数残されている。

# 4　ルネサンス

ルネサンスとは，14世紀頃から16世紀頃にかけてイタリアを中心におこった精神・文化運動である。これは「再生」「復活」を意味する。

中世都市の繁栄により市民階級は，財力と共に知的にも向上し，今までの教会からの精神的な束縛や封建的な社会秩序から解放されて，中世に衰えていた**ギリシア，ローマの古典文化や人間中心主義の復興をめざす運動**として広がっていった。人間の権威と人間性の尊重を主張し，人文的な学問を重んじたのでヒューマニズム（人文主義）と呼ばれた。

## 1　初期ルネサンス美術（1400～1450年頃）

**建築**

●**ブルネレスキ**（1377～1446）

フィレンツェの**サンタ＝マリア大聖堂**の円蓋を設計。初期ルネサンス建築の開拓者。

**彫刻**

●**ドナテルロ**（1386頃～1466）

15世紀イタリア最大の彫刻家。大理石像『**ダヴィデ**』

**絵画**

●**ジョット**（1266頃～1337）

中世にはみられない人間の顔をした宗教画を残し，ルネサンス絵画の祖といわれている。

●**フラ＝アンジェリコ**（1387～1455）

フィレンツェのサン＝マルコ修道院の壁画『**受胎告知**』の作者。彼は中世的信仰を華やかな色彩と細密な手法で表現した。

●**マザッチョ**（1401～1428頃）

近代絵画の創始者。遠近法の確立。ルネサンス画家の手本。カルミネ聖堂の壁画『**楽園追放**』『**貢の銭**』

●**ボッティチェリ**（1444頃～1510）

肉感的・優雅繊細な画風は近代画に大きな影響を与えた。女体美を多く描いた。『**ヴィーナスの誕生**』『**春**』

**●ヴァン＝アイク兄弟**

（フーベルト1370〜1426，ヤン1390〜1441）

近世絵画の様式を決定したフランドル（南ネーデルラント）の画家。油彩技法による最初の複合祭壇画**『ヘントの祭壇画』**は，兄フーベルトが着手し，弟ヤンが完成させた。

## 2 盛期ルネサンス美術（1450〜1550年頃）

**建築**

**●ブラマンテ**（1444〜1514）

ルネサンス期最大の建築家。**サン＝ピエトロ大聖堂**改築の最初の設計者。

**サン＝ピエトロ大聖堂**

がっしりとして力強い石造り建築でドームにも新しい工夫がこらされた。ルネサンスの代表的建築。ブラマンテの原案を彼の死後にラファエロ，ミケランジェロが修正して完成した。世界で最も美しい円屋根といわれる。バチカン市国にあり，カトリックの総本山として有名。

**彫刻**

**●ミケランジェロ**（1475〜1564）

偉大な彫刻家・画家・建築家。彫刻に入神の技を示した。代表作に**『ピエタ』『ダヴィデ』『モーセ』**などの大理石像，絵画ではシスティナ礼拝堂の天井画**『アダムの創造』**や祭壇画**『最後の審判』**などがある。

**絵画**

**●レオナルド＝ダ＝ヴィンチ**（1452〜1519）

絵画だけでなく，彫刻・建築・音楽・数学・解剖学・植物学・土木など，あらゆる分野で才能を発揮した万能型の天才。絵画では**『モナ＝リザ』『最後の晩餐《ばんさん》』**などが有名。

**●ラファエロ**（1483〜1520）

彼はフィレンツェに出てレオナルドの明暗法やミケランジェロの造形性を学び，それらを巧みに統合した。それが多数の純粋な聖母画となって実を結んだ。**『小椅子の聖母』『アテネの学堂』**

●**ピーテル＝ブリューゲル**（1528〜1569）

フランドル最大の画家。農民を多く描いたので“農民のブリューゲル”と呼ばれる。**『結婚祝い』『農民の踊り』**

●**デューラー**（1471〜1528）

ドイツ最大の画家。深い精神的内容と鋭い写実とにより，ドイツ・ルネサンスを代表。**『四人の使徒』**

●**エル＝グレコ**（1541〜1614）

スペインの画家。鮮やかな色彩と独自の神秘的な画風で宗教画・肖像画を描いた。バロック美術に分類されることもある。**『オルガス伯の埋葬』『聖母昇天』**

# 5　バロックとロココ

## 1　バロック美術（17世紀）

バロックとは「歪んだ真珠」を意味するポルトガル語から出たことばといわれ，17世紀の**激しい動き・流動感・不調和な芸術様式**をさす。ルネサンス美術の調和と秩序と均衡による完成された美と対照的である。

**建築**

ヴェルサイユ宮殿「鏡の間」

ルイ13世が着手し，ルイ14世が1682年に完成した宮殿を代表する大宴会場。一方にガラス戸，他方に鏡を対峙させ，天井に豪華な装飾を施したバロック式の傑作。

**絵画**

●**ベラスケス**（1599〜1660）

スペインの代表的宮廷画家。あらゆる種類の絵を描いたが，きびしい個性描写の王侯の肖像画が有名。**『ラス・メニーナス（侍女たち）』『ブレダの開城』**

●**ムリリョ**（1617〜1682）

スペインの画家。暖かい色彩と柔らかい光の調和による画風が特徴。庶民階級の少年少女をいきいきと表した。

●**ルーベンス**（1577〜1640）

フランドルの画家。バロック絵画の巨匠，完成者。華麗で迫力ある構成，豊富な色彩で独自の境地を開拓。**『三美神』『マリー＝ド＝メディシスの生涯』**

●**ヴァン＝ダイク**（1599～1641）

　フランドルの画家。チャールズ１世の宮廷画家となり、多くの肖像画を描く。

●**レンブラント**（1606～1669）

　オランダの画家。肖像画家として名声を博す。近代油絵技法を完成。『光の画家』とも呼ばれる。『**夜警**』『**トゥルプ博士の解剖講義**』

## ② ロココ美術（18世紀）

ロココとは，バロック庭園の人工洞窟に付された貝殻などを並べた装飾の名称ロカイユに由来。濃厚・複雑な渦巻・花飾・簇葉・唐草などの曲線模様に淡彩と金色とを併用。フランスのルイ15世時代に盛んになった美術様式。**繊細・優雅な装飾性**を特徴とする。

**建築**

アマリエンブルク館「鏡の間」

　ミュンヘン郊外にある。低い円蓋天井，銀色木彫りの装飾模様で飾られたアーチ形の窓・戸口・鏡などロココ式の傑作。

**絵画**

●**ワトー**（1684～1721）

　フランスの画家。ロココ美術の創始者の一人。豊かな色彩，繊細で華やかな詩情を表現。『**田園の楽興**《がっきょう》』『**シテール島への船出**』

●**シャルダン**（1699～1779）

　フランスの画家。フランドル派の影響を受け，温雅な色調で静物や穏やかな庶民の生活を描いた。『**静物**』『**食前の祈り**』

●**ブーシェ**（1703～1770）

　フランスの画家。ルイ15世の宮廷画家。優美で貴族的な画風が特徴。『**ポンパドゥール夫人**』

●**フラゴナール**（1732～1806）

　フランスの画家。繊細・優雅な装飾性の強い画風が特徴。『**ぶらんこ**』

●**ゴヤ**（1746～1828）

スペインの宮廷画家。肖像画・風俗画・宗教画および幻想的な画を描き，銅版画にも長じた。ロココ的であり，かつ19世紀，20世紀的。**『裸体のマハ』『着衣のマハ』『5月3日の処刑』**

# 6 19世紀

## 1 彫　刻

●**ロダン**（1840～1917）

フランスの彫刻家。「近代彫刻の父」とも呼ばれる。ミケランジェロ以来，失われていた彫刻の本質を19世紀後半に復活させ，近代彫刻への道を切り開いた。徹底した写実により厚みのある量感をとらえることに力を注いだ。**『青銅時代』『考える人』『カレーの市民たち』『地獄の門』**

## 2 絵　画

19世紀の絵画は，フランス・パリを中心に，多彩な「主義」が出現した。従来の宗教または宮廷に奉仕するための美術から，作者の個性や主義を主張するものに変わった。

**古典主義**

ギリシア・ローマの古典美術を模範とし，荘厳さを表現しようとした。

●**ダヴィド**（1748～1825）

フランスの画家。堅実な筆致で，古典主義絵画の大御所であり，ナポレオンの信頼も厚かった。**『ナポレオンの戴冠式』『ホラティウス兄弟の誓い』**

●**アングル**（1780～1867）

フランスの画家。ダヴィドの弟子。的確な素描に基づく端正な形式美を追求。ロマン主義のドラクロワと対立。**『グランド・オダリスク』『泉』**

## ロマン主義

古典主義への反動として，色彩を効果的に使い，いきいきとした感動を表現。神話や歴史より現実をとらえる。

●**ジェリコー**（1791～1824）

フランスの画家。ロマン主義の創始者。大胆な手法と色彩を用いる。『**メデューズ号の筏**』（1819年）は，メデューズ号が西太平洋で遭難した事件を題材とした作品であり，この絵がロマン主義の宣言となった。

●**ドラクロワ**（1798～1863）

フランスの画家。劇的な事件を取材した構図に，自由な生命の律動と豊かな色彩感を盛る。ロマン主義絵画の完成者・指導者。『**民衆を導く自由の女神**』『**シオの虐殺**』

## 自然主義

古典主義の理想化とロマン主義の誇張を捨てて，素朴な自然の姿を表現しようとし，農村や自然の風景を主題とする。

●**ミレー**（1814～1875）

フランスの画家。パリ郊外の**バルビゾン**に住み，農民の友としてその生活を描いた。『**落穂《おちぼ》拾い**』『**晩鐘《ばんしょう》**』『**種をまく人**』

●**コロー**（1796～1875）

フランスの画家。**バルビゾン派**。銀灰色の夢幻的な風景画で知られる。また鮮明な色彩の風景画と人物画で再評価された。『**モントフォンテーヌの思い出**』『**真珠の女**』

## 写実主義

19世紀中頃にフランスを中心におこった。自然や現実の人間生活をありのままに客観的に描こうとした。

●**ドーミエ**（1808～1879）

フランスの画家。風刺画や貧しい市民生活を描き，石版画も多く残した。『**三等列車**』

●**クールベ**（1819～1877）

フランスの画家。写実主義最大の巨匠。『**石割り**』『**オルナンの埋葬**』

## 印象派

屋外での写生を重んじ，外光の中にある明快な色彩を表そうとした。色彩感と感覚の尊重に特徴があり，自然の風景や人間の動きに画題を求めた。日本の浮世絵の影響がみられるものもある。

● **マネ**（1832～1883）

フランスの画家。印象派の最初の開拓者。大胆な筆触と明るく豊かな色彩。**『草上の昼食』『オランピア』『笛を吹く少年』**

● **モネ**（1840～1926）

フランスの画家。印象派という名はモネの**『印象―日の出』**と題した絵から生まれた。戸外での写生に重点をおく。**『睡蓮《すいれん》』『積みわら』**

● **ドガ**（1834～1917）

フランスの画家。好んで踊り子・競馬などを描く。パステル画も多い。**『舞台の踊り子』『花束を持つ踊り子』**

● **ルノワール**（1841～1919）

フランスの画家。印象派に参加し，後にそれから離れ独自の表現をみつけた。風景よりも人体を重んじ，人体を含む古典的構図や肖像を華麗な色彩で描いた。**『髪をすく少女』『クリッシー広場』『浴女』『ムーラン＝ド＝ラ＝ガレット』**

**新印象派**
（点描派）

印象派の色彩を科学的に追求し，さらに明るい絵を描こうとした。

● **スーラ**（1859～1891）

フランスの画家。点描主義を創始。緊密で静的な画面構成。**『グランド＝ジャット島の日曜日の午後』**

● **シニャック**（1863～1935）

フランスの画家。水辺の風景画にすぐれる。**『港』**

**後期印象派**

印象派から発展したもので，視覚尊重からさらに自然の根源的形態を描こうとした。

● **セザンヌ**（1839～1906）

フランスの画家。フォーヴィスム・キュビスムなどの先駆者。画面内の形や色の造型的価値を探求した。「自然は，球・円錐・円筒から成り立っている」といったセザンヌの言葉は有名である。**『静物』『サント＝ヴィクトワル山』『水浴』『カルタ遊びをする人たち』『赤いチョッキの少年』**

●**ゴーガン**（1848～1903）

フランスの画家。株式仲買人の職と妻子を捨て単身タヒチ島に移住した。サマセット＝モームの『月と六ペンス』は彼をモデルにした小説である。独自の単純化した色彩と形態を特徴とし，鮮明な原色と単純なフォルムがフォーヴィスムにつながっていく。**『タヒチの女たち』**

●**ゴッホ**（1853～1890）

オランダの画家。日本の**浮世絵**に強い衝撃を受け，修業時代には暗い色調で農民たちの質朴な生活を描いたが，1888年からのパリ滞在で印象派，新印象派を知り，視覚と技法を一新して明るい画風で純色を使い始めた。ゴーガンとのアルルでの共同生活は，耳切り事件により2か月で終止符を打った。精神病に苦しみながらも激情的な筆致と強烈な色彩で，フォーヴィスムに大きな影響を与えた。**『ひまわり』『アルルのはね橋』『自画像』**

**その他の画家**

●**ロートレック**（1864～1901）

フランスの画家。ミュージックホールやカフェの人々と風俗を赤裸々に，しかし愛情を込めて描いた。素描の達人として，**ポスターの先駆者**として知られる。**「ムーラン＝ルージュ」**

# 7 20 世 紀

## 1 絵　画

**フォーヴィスム**
（野獣派）

ゴッホ，ゴーガンの影響から20世紀初頭（1905年）にパリにおこった。単純化されたフォルムと鮮明な原色による大胆な描写が特徴である。

●**マティス**（1869～1954）

フランスの画家。最も純粋な意味での色彩画家である。平面的，装飾的な画面を覆う鮮やかな色彩のハーモニーは，生命の悦びを大らかにうたいあげている。油彩画のほか，壁画，版画，切り絵，書物の挿し絵など多方面の作品を残している。**『窓』『赤の食卓』**

●**ルオー**（1871～1958）

フランスの画家。ステンドグラス職人育ち。道化や娼婦などを深い宗教的視点から描く。『**ジャンヌ＝ダルク**』『**郊外のキリスト**』『**戦争と悲惨**』

**キュビスム**

（立体派）

フォーヴィスムの活動の最中にまったく別の方向の絵画革命が生まれてきた。それは，フォーヴィスムの色彩に対してセザンヌのみつけた空間構成やスーラなどの追求した理知的な画面構成を表現のねらいとしたキュビスム運動であった。1910年前後にパリ画壇に登場した。

●**ピカソ**（1881～1973）

スペインの画家。フランスに定住。「**青の時代**」「**バラ色の時代**」の古典調から，キュビスム・シュルレアリスムなどと常に作風を変え，非凡な天分により常に斬新な境地を開拓。版画・彫刻・陶器も手がけた。『**女**』『**三人の楽師**』『**ゲルニカ**』『**赤い椅子に眠っている女**』『**アヴィニョンの娘たち**』

●**ブラック**（1882～1963）

フランスの画家。ピカソとともにキュビスムの創始者であり，指導的地位にあった。『**静物**』『**緑の敷物**』

**表現主義**

色彩の強調と形態の誇張を特徴とする。

●**クレー**（1879～1940）

スイス生まれの画家。心の動くままに表現する独特の抒情的な抽象画を描く。『**セネシオ**』『**死と炎**』

**未来派**

調和・統一・伝統を無視。躍動的な力および運動の感覚をおこさせるものを直ちに表現の内容として描写することを主張。イタリアの詩人**マリネッティ**（1876～1944）が主唱（1909）。

**シュルレアリスム**

（超現実主義）

夢や無意識の世界を絵の中に表現しようとした。

●**ミロ**（1893～1983）

スペインの画家。単純で力強いフォルムと鮮烈な色彩が特徴。また，女性や鳥，月などを抽象化した記号として用いた。『**刈入れ人**』『**子供の遊び**』

●**ダリ**（1904～1989）

スペイン生まれの画家。フロイトの精神分析学に熱中し，夢幻の情景を精密な筆致で描いた。**『記憶の固執』『内乱の予感』**

●**キリコ**（1888～1978）

ギリシア生まれのイタリアの画家。「**形而上絵画**」と呼ばれる特異な風景画や静物画を発表した。五感でとらえられる現実を超えた，ものごとの本質を表現した。**『街角の神秘と憂うつ』**

**抽象絵画**

抽象形態の構成秩序によって美しい画面を創造した。

●**カンディンスキー**（1866～1944）

ロシアの画家。モスクワ大学で経済学と法学を修めた後，ミュンヘンで画家になる。表現主義の「**青騎士**」を結成して，ドイツ表現主義の中核的存在となった。**『印象Ⅲ（コンサート）』『コンポジションⅣ』**

●**モンドリアン**（1872～1944）

オランダの画家。キュビスムの影響を受けて抽象画に転じた。極端にきりつめた色彩，水平と垂直による厳しい画面構成は，美術ばかりでなく，建築，デザインの分野にも大きな影響を与えた。**『ブロードウェイ＝ブギ＝ウギ』『ビクトリー＝ブキ＝ウギ』**

**素朴派**

幼児のような無垢なイメージを個性的にデフォルメして描く。

●**アンリ＝ルソー**（1844～1910）

フランスの画家。税関吏のかたわら絵を描いた。子供のような純心さに明確な描写で身のまわりの素朴な環境を描き出した。また，幻想的な世界を描いた作品も多い。**『私自身：肖像―風景』『眠るジプシー女』**

**その他の画家**

●**ムンク**（1863～1944）

ノルウェーの画家。不安や孤独など20世紀の人間社会の不安定感を予見的に描く。死，愛，性など抽象的・哲学的なテーマを表現した。**『叫び』『思春期』**

●**ボナール**（1867～1947）

フランスの画家。人物のいる室内や庭の情景などを親しみをこめて柔らかい色調で描いた。初めは象徴性や装飾性を追求するナビ派に属していたが，次第に印象派風になっていった。『**浴槽の裸婦**』

**エコールド・パリ**

1920年代半ば頃からパリに移り住んだ一群の主に異邦人の画家たちをさす。放浪の生活のなかで抒情性の強い哀愁感漂う作品を生み出していった。日本の**藤田嗣治**もその一人であった。

●**ユトリロ**（1883～1955）

フランスの画家。モンマルトルの建物や，街路，教会の詩情をとらえた風景画が多い。重厚な絵肌とモノトーンに近い色彩が特徴。『**コタン小路**』『**ドゥイユの教会**』『**モンスニ街**』

●**モディリアーニ**（1884～1920）

イタリアの画家。作品のほとんどが人物画で，長い首をもった憂愁に満ちた表情に特徴がある。『**黄色いセーター**』『**おさげ髪の少女**』

●**シャガール**（1887～1985）

ロシア生まれの画家。後にフランスに帰化。想像力によって作り上げた世界を美しい色彩で描いた。「色彩は愛だ」と説き，言葉のイメージが絵に結実した。宗教を主題にした作品も多い。『**私と村**』『**戦争**』

**戦後の画家**

●**ロスコ**（1903～1970）

ロシアに生まれ，幼くしてアメリカに渡った。カラーフィールドペインティングという輪郭のあいまいな方形が画面を構成する独特の様式を生み出した。色彩の微妙なバランスと光の広がりが特徴。『**赤の上のオーリーと赤**』

●**リキテンスタイン**（1923～1997）

アメリカのポップアートを代表する画家。漫画の一コマを拡大して印刷の網点まで再現するという手法を展開した。後年，マチス，ピカソといった美術史上の画像イメージを単純な色彩と画面構成によって再構築し，20世紀における絵画の可能性を追求した。『**絶望して**』

●**ウォーホル**（1928～1987）
アメリカの画家。漫画や有名人の写真など大衆社会のマス・メディアのイメージを使った反芸術的な作品を発表し，ポップアートの伝説的な存在となった。ロックグループのプロデュース，映画製作，雑誌の創刊など多岐にわたって活動した。**『マリリン＝モンロー』**

## 2 彫　刻

**戦前の彫刻家**

●**ブールデル**（1861～1929）
フランスの彫刻家。冷厳な構築性をもち，男性的力強さの表現にすぐれていた。**『弓を引くヘラクレス』『アルザスの聖母子』**

●**マイヨール**（1861～1944）
フランスの彫刻家。流美でギリシア的で，もっぱら女性像をモチーフとして，健康で調和のとれた作品を多く残した。**『地中海』『イル＝ド＝フランス』**

**戦後の彫刻家**

●**シーガル**（1924～2000）
アメリカの彫刻家。家具，道路標識，ベンチなどと人体像を組合せ，現代生活の一部をインスタレーションとして表現した。何気ない生活の一瞬にひそむ人間の孤独や死の様相が浮かび上がってくる。**『夜のタイムズ＝スクエア』『大量虐殺』**

●**クリスト**（1935～2020）
**ジャンヌ＝クロード**（1935～2009）
ブルガリア生まれで，後にアメリカ国籍取得。作品はすべて夫婦の共同制作。パリのビスコンティ通りを240個のドラム缶で閉鎖した**『鉄のカーテン』**以降，プロジェクトの規模は拡大。政治的，地理的，文化的な状況をまき込んでいった。ほかに**『ランニング＝フェンス』『アンブレラ』『梱包されたライヒスターク』**

## 練　習　問　題

（526ページより解答・解説）

★
**7**　建造物と建てられた時代または様式の組合せが正しいのはどれか。

1　パルテノン神殿 ――――――――ローマ時代
2　パリのノートル＝ダム大聖堂 ――ビザンツ式
3　ピサ大聖堂 ―――――――――ロマネスク式
4　コロッセウム ――――――――バロック式
5　セント＝ソフィア聖堂 ―――――ゴシック式

★
**8**　画家，様式，作品の組合せがすべて正しいのはどれか。

1　ルノワール ―――――印象派 ―――――――『晩鐘』
2　レンブラント ―――ロココ式 ――――――『夜警』
3　マネ ―――――――キュビスム ―――――『笛を吹く少年』
4　アンリ＝ルソー ――古典主義 ―――――――『叫び』
5　ダリ ―――――――シュルレアリスム ――『記憶の固執』

★
**9**　ルネサンスに関する記述として，正しいのはどれか。

1　ルネサンスとは，フランスを中心におこった運動で，再生・復活を意味する。

2　サン＝ピエトロ大聖堂は，ミケランジェロが設計し，ブラマンテが完成させた。

3　ラファエロは，ミケランジェロの造形性やレオナルド＝ダ＝ヴィンチの明暗法を学び，『小椅子の聖母』『アテネの学堂』などを描いた。

4　レオナルド＝ダ＝ヴィンチは，絵画だけでなくあらゆる分野で才能を発揮した天才で，絵画では『最後の審判』『モナ＝リザ』が有名である。

5　アンジェリコは，メディチ家の愛顧を受け，『ヴィーナスの誕生』『春』などの作品に代表されるような女性像を多く描いた。

★
**10**　西洋美術史上に出現した様式A，Bとその名称，代表的な芸術家または建築物を正しく組合せているのはどれか。

A　この時代の様式の名称は，ルイ15世時代に盛んに用いられた貝殻形の装飾モチーフから生まれた。その特徴は，軽快，洒脱な表現が支配的で，絵のほかに，工芸品にこの趣味のあふれるものがある。

B　13世紀の中頃からルネサンス前までの様式であり，フランス，ドイツを中心に西ヨーロッパに広がった美術様式であった。この時代には大聖堂が数多く建設され，王侯も市民も聖職者も信仰のため財産や技術を提供した。その結果，天にそびえる塔や尖塔ができあがった。

| | A | B |
|---|---|---|
| 1 | ロココ式――ワトー | ゴシック式――ケルン大聖堂 |
| 2 | ロココ式――ヴァン＝ダイク | ロマネスク式――凱旋門 |
| 3 | バロック式――エル＝グレコ | ゴシック式――ヴェルサイユ宮殿 |
| 4 | バロック式――ルーベンス | ロマネスク式――シャルトル大聖堂 |
| 5 | バロック式――ブーシェ | ゴシック式――サン＝マルコ聖堂 |

★★ **11**　次の文中の（　　）に該当する語句の組合せとして，正しいのはどれか。

19世紀前半に現れた（　A　）らは，パリ近郊のフォンテーヌブローの森近くに住み，森や動物の群などのありふれた風景を描き（　B　）派と呼ばれた。このなかでも（　C　）は，森ではなく農夫の生活を描き，彼はそこに生活の真実を見出し，この真実を追求した。

| | A | B | C |
|---|---|---|---|
| 1 | コロー | ロマン | スーラー |
| 2 | コロー | バルビゾン | ミレー |
| 3 | ジェリコー | ロマン | スーラー |
| 4 | ジェリコー | バルビゾン | ミレー |
| 5 | ジェリコー | ロマン | ミレー |

★★ **12**　18～20世紀の西洋美術に関する記述として，正しいのはどれか。

1　18世紀末～19世紀初頭におこった表現主義は，古典主義に対抗する立場をとった情熱的，幻想的な画風が特徴であり，『民衆を導く自由の女神』を描いたドラクロワらに代表される。

2　19世紀におこった自然主義は，ありのままの素朴な自然の姿を描こうとしたもので，『睡蓮』を描いたモネらに代表される。

3　19世紀後半におこった印象派は，自然の光を受けて変化する色彩の印象を視覚に忠実に記録しようとしたもので，『舞台の踊り子』を描いたモディリアーニらに代表される。

4　20世紀初頭におこったシュルレアリスムは，単純化されたフォルムと鮮明な原色による大胆な描写が特徴であり，『郊外のキリスト』を描いたルオーらに代表される。

5　エコールド・パリとは，第一次世界大戦後のパリに集まった画家たちの総称で，『コタン小路』を描いたユトリロはその一人である。

★★★
**13**　次の説明Ａ～Ｅに該当する画家と作品を正しく組合せているのはどれか。

Ａ　スペイン人だが，生涯の大半をフランスで過ごした。20歳代前半の「青の時代」に始まって「バラ色の時代」「キュビスムの時代」「新古典主義の時代」「幻想の時代」へと目まぐるしい遍歴を重ね，多くの傑作を残した。

Ｂ　18～19世紀にかけてスペインの動乱の時代を生きた宮廷画家。卓抜した技量で500点の肖像画を残した。自分の世界観と自我の表現のために苦闘した最初の画家である。

Ｃ　オランダ人だが，パリで印象派や日本の浮世絵の影響を受けた。35歳の時，明るい太陽にあこがれてアルルに住み，ゴーガンと共同生活を始めたが耳切り事件を起こし，精神病院への入退院を繰り返した。

Ｄ　後世の画家に与えた影響の大きさから「現代絵画の父」と呼ばれる。明るく豊かな色彩と，厳しく秩序ある画面構成とを調和させた。彼の「自然は，球・円錐・円筒から成り立っている」という言葉は有名である。

Ｅ　「エコール・ド・パリの巨匠」「超現実主義の先駆者」と呼ばれる。想像の世界を美しい色彩で描いた。ロシア系ユダヤ人という出自から聖書の探求に向かい，宗教を主題にした作品も多い。

1　Ａ——ピカソ————『ゲルニカ』『石割り』
2　Ｂ——ボナール———『着衣のマハ』『裸のマハ』
3　Ｃ——ゴッホ————『窓』『赤の食卓』
4　Ｄ——セザンヌ———『水浴』『サント＝ヴィクトワル山』
5　Ｅ——キリコ————『私と村』『戦争』

# 3 音　　楽

音楽に関する出題は多くはないが，出題される場合，音楽の基礎知識，西洋音楽史，民族音楽など内容は多岐にわたっている。

音楽用語は，強弱，速度，演奏法など種類ごとにみていくと覚え易い。また，舞曲の種類やオーケストラの楽器の配置も覚えておきたい。頻出度の高い西洋音楽史は，バロック音楽→古典派→ロマン派の流れをつかみ，各様式と作曲家・代表作を覚えることが重要である。

## 1 楽　　典

### 1 主要音楽用語

**強弱に関するもの**

| 記号 | 読み方 | 意　味 |
|---|---|---|
| ***pp*** | ピアニッシモ | ごく弱く |
| ***p*** | ピアノ | 弱く |
| ***mp*** | メゾ・ピアノ | やや弱く |
| ***mf*** | メゾ・フォルテ | やや強く |
| ***f*** | フォルテ | 強く |
| ***ff*** | フォルティッシモ | ごく強く |
| < | クレシェンド | だんだん強く |
| > | デクレシェンド | だんだん弱く |
| ***dim.*** | ディミヌエンド | だんだん弱く |

**速度に関するもの**

| 標語・記号 | 読み方 | 意　味 |
|---|---|---|
| Adagio | アダージョ | ゆるやかに |
| Andante | アンダンテ | ほどよくゆっくり |
| Moderato | モデラート | 中ぐらいの速さで |
| Allegretto | アレグレット | やや速く |
| Allegro | アレグロ | 速く |
| ritardando | リタルダンド | だんだん遅く |
| a tempo | ア・テンポ | もとの速さで |
| ♩＝120 | | 1分間に♩を120打つ速さ |

## 音符と休符

♩ = 1，𝄽 = 1のときの長さの割合

| 音符 | 読み方 | 長　さ | | 休符 | 読み方 |
|---|---|---|---|---|---|
| 𝅝 | 全音符 | 4 | | 𝄻 | 全休符 |
| 𝅗𝅥 | 2分音符 | 2 | | 𝄼 | 2分休符 |
| ♩ | 4分音符 | 1 | | 𝄽 | 4分休符 |
| ♪ | 8分音符 | $\frac{1}{2}$ | | 𝄾 | 8分休符 |
| 𝅘𝅥𝅯 | 16分音符 | $\frac{1}{4}$ | | 𝄿 | 16分休符 |
| 𝅗𝅥. | 付点2分音符 | 3 | (𝅗𝅥+♩) | 𝄼. | 付点2分休符 |
| ♩. | 付点4分音符 | $1\frac{1}{2}$ | (♩+♪) | 𝄽. | 付点4分休符 |
| ♪. | 付点8分音符 | $\frac{3}{4}$ | (♪+𝅘𝅥𝅯) | 𝄾. | 付点8分休符 |

注：全音符，全休符は1小節伸ばしたり，休む場合にも用いる。

## 演奏上の記号

| 記号 | 読み方 | 意　味 |
|---|---|---|
| ♯ | シャープ | 半音上げる |
| ♭ | フラット | 半音下げる |
| ♮ | ナチュラル | もとの高さで |
| 𝅘𝅥𝅼 | スタッカート | その音を短く切って |
| 𝅘𝅥𝅽 | テヌート | その音の長さを十分に保って |
| 𝅘𝅥𝅻 | アクセント | その音を特に強く |
| 𝄐 | フェルマータ | その音符（休符）をほどよく伸ばす |
| ♩‿♩ | タイ | 同じ高さの2つの音符をつなぐ |
| ♩⌒♩ | スラー | 違う高さの2つ以上の音符をなめらかに |

注：♯，♭，♮を**臨時記号**という。

## 反復記号

| 記号 | 読み方 | 意　味 |
|---|---|---|
| 𝄆　𝄇 | 反復記号 | 反復記号の間を反復する |
| *D. C.* | ダ・カーポ | はじめにもどる |
| *D. S.* | ダル・セーニョ | 𝄋《セーニョ》にもどる |
| *Fine* | フィーネ | 終わり |
| 𝄌 | ヴィーデ | 𝄌から𝄌へとぶ |
| *Coda* | コーダ | 結び |
| 𝄂 | 終止線 | 曲の最後 |

## 反復記号と演奏順序

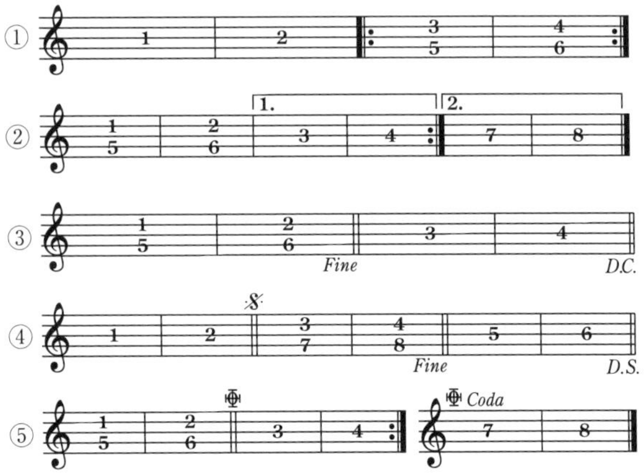


（数字は演奏順序を示す）

## 調号と和音

各調の音階を構成するのに必要な♯または♭を**調号**という。この調号の数によって調性が決まる。

**主音**とは音階の第一音で，調はこの音名で呼ばれる。

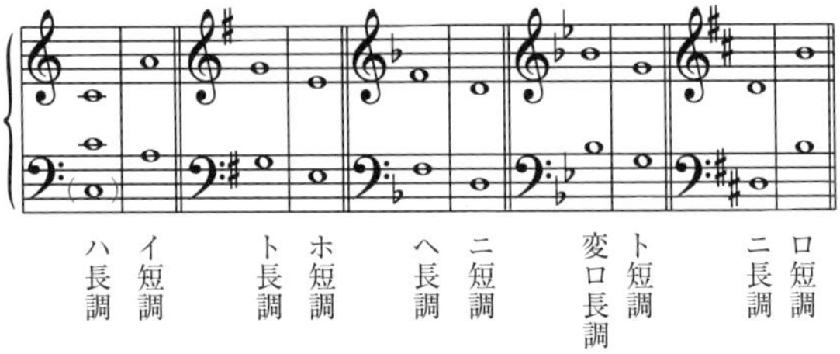


## 和音

ある音を基（根音）にして，３度上の音（第三音）と５度上の音（第五音）を重ねてできた和音を**三和音**という。さらに三和音上に根音から数えて第七音を積んだ和音を**七の和音**という。

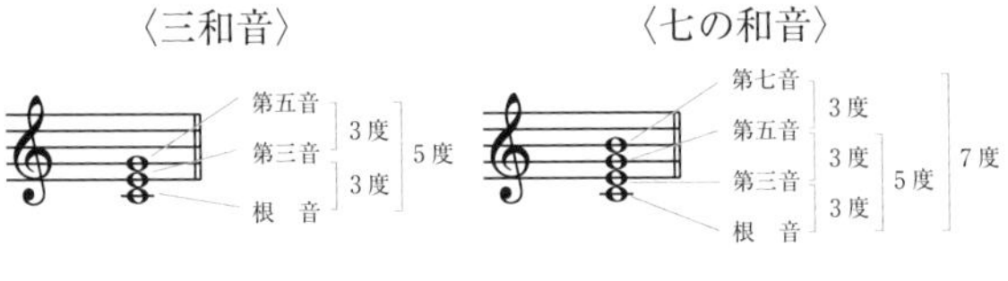


三和音のうち，音階の主音，第四音（下属音），第五音（属音）を根音にした三和音を**主要三和音**といい，それぞれの和音記号はⅠ，Ⅳ，Ⅴである。また，第五音を根音にした七の和音を**属７の和音**（和音記号は$V_7$）という。

ハ長調

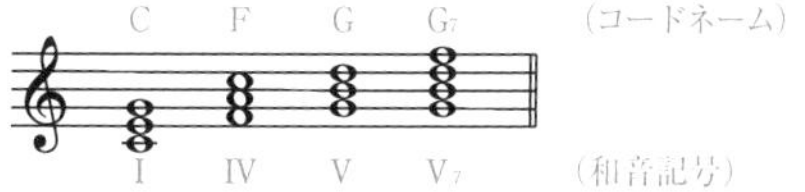


ト長調

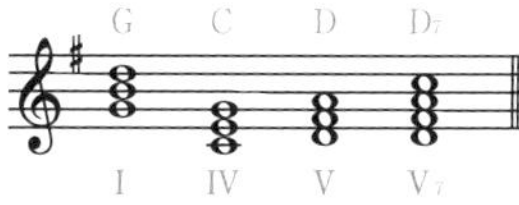


ヘ長調

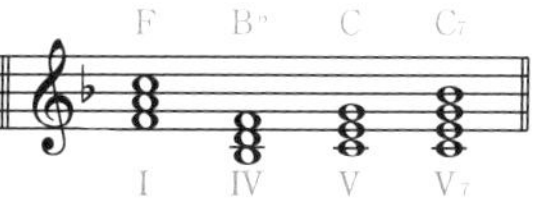


ニ長調

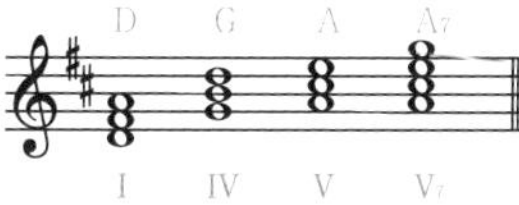


変ロ長調

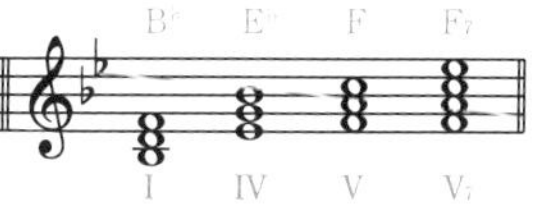


## 2 楽式と楽曲

すべての楽曲は一定の形式で作られている。2小節から成る動機を2個複合して，ややまとまりのある小楽節（4小節）が構成される。さらに小楽節を2個複合して，まとまりのある大楽節（8小節）が構成される。

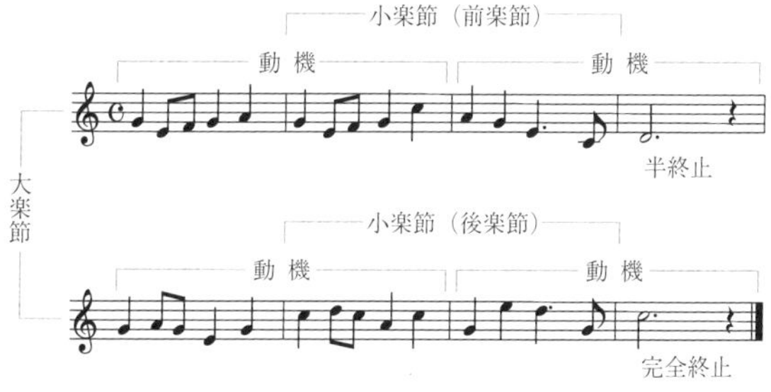


**唱歌形式**

**一部形式**

a－a′ 『こげよマイケル』

a－b 『赤とんぼ』

**二部形式**

a－a′－b－a′ 『荒城の月』『浜辺の歌』

a－a′－b－b′ 『サンタルチア』『菩《ぼ》提《だい》樹』

**三部形式**

a－b－a 『キラキラ星』『砂山』（中山晋平）

## 器楽形式

**●複合三部形式**

三つの部分から成り，各部分が二部形式または三部形式の構造をもつ形式。

| A ――――― | B ――――― | A |
|---|---|---|
| （二部形式） | （二部形式） | （二部形式） |
| （三部形式） | （三部形式） | （三部形式） |

交響曲第５番『運命』第３楽章（ベートーヴェン）

**●ロンド形式**

ロンドとはぐるぐるまわるの意でほかのいくつかの旋律をはさんで主題のＡが何度も現れる形式。

Ａ－Ｂ－Ａ－Ｃ－Ａ－Ｂ－Ａ

ピアノ曲『飛翔』（シューマン）

**●フーガ形式**

主題と応答を一定の規則に従いながら対位的な技法で発展させる形式。

『小フーガ　ト短調』（Ｊ.Ｓ.バッハ）

**●変奏曲形式**

一つの主題を調，拍子，速度，リズムなどを変化させてまとめた形式。

ピアノ・ソナタＫ331第１楽章（モーツァルト）

**●ソナタ形式**

提示部，展開部，再現部から成る非常に複雑な複合三部形式。古典派，ロマン派の最も重要な音楽形式。ハイドンが完成させ，さらにベートーヴェンが発展させた。

ピアノ・ソナタ『熱情』第１楽章（ベートーヴェン）

## 楽曲の種類

**●奏鳴曲（ソナタ）**

ソナタ形式の楽章をもった独奏楽器のための楽曲。

**●交響曲（シンフォニー）**

ソナタ形式の楽章をもつオーケストラ(管弦楽)のための楽曲。ふつう４楽章から成る。

**●協奏曲（コンチェルト）**

ソナタ形式の楽章をもつ独奏楽器とオーケストラのための楽曲。ふつう３楽章から成る。

**●舞曲**

① ワルツ

オーストリアにおこった3拍子の華麗な曲。

② メヌエット

フランスにおこった3拍子の上品な曲。

③ ポロネーズ

ポーランドにおこった3拍子の素朴な曲。

④ サラバンド

スペインにおこった3拍子の優雅な曲。

⑤ ボレロ

スペインにおこった3拍子のゆるやかな曲。

⑥ マズルカ

ポーランドにおこった3拍子の粗野で熱烈悲壮な曲。

⑦ ガボット

フランスにおこった2拍子の愛らしい曲。

⑧ タンゴ

アルゼンチンにおこった2拍子の明るい曲。

**●組曲**

独立したいくつかの曲を組合せ，まとまりのある一つの曲にした楽曲。舞曲だけを組合せた古典組曲と舞曲に限らず様々な楽曲を組合せた近代組曲がある。

**●序曲**

オペラや組曲の前に演奏されるオーケストラのための楽曲。独立した演奏会用の序曲もある。

## 3 器　楽

**楽器の種類**

**●鍵盤楽器**

ピアノ，オルガン，アコーディオン

**●弦楽器**

① 擦弦楽器（弓で弦をこすって音を出す）

ヴァイオリン，ヴィオラ，チェロ，コントラバス

② 撥弦楽器（指や撥《ばち》などで弦をはじいて音を出す）

ハープ，ギター，マンドリン，ウクレレ，琴，三味線

●管楽器

① 木管楽器

ピッコロ，フルート，オーボエ，イングリッシュホルン，クラリネット，サクソフォーン

② 金管楽器

トランペット，ホルン，トロンボーン，チューバ

●打楽器

① 音程のあるもの

ティンパニ，木琴，鉄琴

② 音程のないもの

大太鼓，小太鼓，シンバル，トライアングル，カスタネット

**演奏形態**

●独奏（ソロ）

1人である楽器を演奏すること。ヴァイオリン独奏など。

●重奏（アンサンブル）

2人以上が別々のあるいは同じ楽器で，別々の旋律を演奏すること。二重奏（デュエット），三重奏（トリオ），四重奏（クワルテット），五重奏（クインテット）などがある。

① ピアノ三重奏（ピアノ，ヴァイオリン，チェロ）

② 弦楽四重奏（第1ヴァイオリン，第2ヴァイオリン，ヴィオラ，チェロ）

③ 木管五重奏（フルート，オーボエ，クラリネット，ファゴット，ホルン）

●合奏

何種類もの楽器で，いくつかのパートを演奏すること。

① 弦楽合奏

弦楽器だけで演奏され，第1ヴァイオリン，第2ヴァイオリン，ヴィオラ，チェロで，時にコントラバスも用いられる。

② 吹奏楽（ブラスバンド）

管楽器と打楽器による演奏。

③ 管弦楽（オーケストラ）

管楽器，弦楽器，打楽器を中心に編成され，時に

はピアノ，パイプオルガンなども用いられる大編成の合奏。

〈演 奏 の 配 置〉

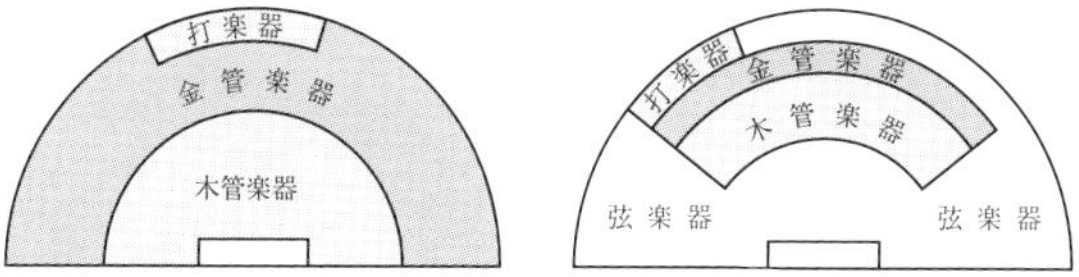


吹奏楽　　管弦楽

## 4 声　楽

**声の種類**

●**女声**
- **ソプラノ**———高い声で，華やかで澄みきった優美な感じ。
- **メゾ・ソプラノ**—中位の高さの声で，潤いのある幅が広い感じ。
- **アルト**————低い声で，落ち着いた渋みのある豊かな感じ。

●**男声**
- **テノール**———高い声で，若々しく明るく華やかな感じ。
- **バリトン**———中間の声で，力強さがあり張りや幅がある感じ。
- **バス**—————低い声で，太くて渋い落ち着きのある感じ。

**演奏の形態**

●**独唱（ソロ）**————１人で歌う。
●**斉唱（ユニゾン）**———２人以上で同じ旋律を歌う。
●**重唱（アンサンブル）**—１人ずつ別の旋律を受けもって歌い合わせる。オペラではきわめて重要な形。
●**輪唱（カノン）**————何組かに分かれ同じ旋律を一定間隔おいて歌う。
●**合唱（コーラス）**———２声部以上でできている曲を，各声部を２人以上で歌う。

# 2 音楽史

## ① 日本音楽史

**原始時代**
（～4世紀）

『古事記』『日本書紀』などから，簡単な構造の笛・琴・鼓などの楽器を伴奏にした歌謡が中心であり，この歌謡は雅楽の神楽歌・久米《くめ》歌やアイヌの歌などから推察できる。

**大和・飛鳥・奈良時代**
（5～8世紀）

百済から伎楽《ぎがく》が伝わったのをはじめ，三韓楽，唐《とう》楽，林《りん》邑《ゆう》楽などが伝来した。仏教音楽の声明《しょうみょう》が伝わったのもこの頃である。

**平安時代**
（9～12世紀）

現在にまで伝えられている雅楽は，この時期に成立し，貴族や宮廷の楽人によって演奏された。

**雅楽**は次の3種に分けられる。

① 神楽・久米歌・東遊《あずまあそび》などの在来音楽
② 管弦・舞《ぶ》楽など外来音楽を日本化したもの
③ 催馬楽《さいばら》・朗詠のようにこの時期，創作された器楽伴奏の声楽曲

このほかに，**今様**も歌われた。また，声明では「天台声明」「真言声明」が生まれ，その内容も外来のものに対し日本語による和讃が作られた。

雅楽『越天楽』

**鎌倉・室町・安土桃山時代**
（13～16世紀）

武士が勢力をもち，貴族社会に愛好された雅楽は衰え始め，反対に民族的な音楽が盛んになった。

**平曲**（平家琵琶）は，琵琶の伴奏で平家物語を語り，声明の要素を軸にしている。

**能楽**は，音楽，演劇，舞，美術が総合された芸術である。農民の儀式から発達した田楽と中国から伝来した猿楽を母体にもち，**観阿弥**，**世阿弥**によって大成された。

**三味線**は室町末期に伝来している。

能『船弁慶』観世信光
　『風姿花伝』観世信光

### 江戸時代
(17～19世紀)

鎖国により外国との交流がとだえた反面，日本的な音楽が著しく発達した。そして，この時期三味線音楽は全盛期を迎える。

**三味線**は，浄瑠璃，長唄，地歌，端唄，小唄などに用いられ，**浄瑠璃**は人形劇と結びついて，大阪では義太夫節が現れて，今日の文楽人形浄瑠璃の基になった。京都では，一中節，江戸では河東《かとう》節がおこり，一中節から分かれた豊後節は，後に常磐津節，富本節，清元節，新内節など派生し，新内節を除く３流は**歌舞伎**と結びついて発達した。

三味線音楽以外では箏曲，尺八音楽がある。

**箏曲**は八橋検校《やつはしけんぎょう》が室町末期にできた築紫流箏曲を基にして始め，後に生田流，山田流が生まれた。

**尺八音楽**は，江戸時代に入って仏教の一派普化宗から広まり，その僧を虚無僧と称した。

幕末には箏，三味線に胡弓または尺八を加えた三曲が始められ，明治以後普及した。

長唄『勧進帳』四世　杵屋六三郎<br>
　　『吾妻八景《あづまはっけい》』四世　杵屋六三郎<br>
義太夫節『木遣の段』鶴沢重次郎<br>
箏曲『六段の調』八橋検校<br>
　　『みだれ』八橋検校

### 明治時代から現代
(19世紀～)

西洋音楽の輸入によって，伝統音楽も大きな影響を受けた。

**箏曲**では宮城道雄らが「新日本音楽」の運動をおこし，**長唄**では吉住小三郎,杵屋六四郎が演奏会用の曲を創作し，杵屋佐吉は三味線主奏楽を始めた。

第二次世界大戦以降は，伝統音楽の保存，研究，現代邦楽の創造に対する意識が高まり，新しい日本音楽が生まれ育っている。

- **岡野貞一**(1878～1941)『春が来た』『春の小川』『もみじ』『ふるさと』『おぼろ月夜』
- **滝　廉太郎**(1879～1903)『荒城の月』『花』『お正月』
- **山田耕筰**(1886～1965)『からたちの花』『赤とんぼ』『この道』
- **中田　章**(1886～1931)『早春賦』

- **中山晋平**（1887〜1952）『砂山』『カチューシャの唄』
- **成田為三**（1893〜1945）『浜辺の歌』『カナリア』
- **宮城道雄**（1894〜1956）『春の海』
- **平井康三郎**（1910〜2002）『平城山《ならやま》』『ゆりかご』
- **中田喜直**（1923〜2000）『夏の思い出』
『小さい秋見つけた』
- **團　伊玖磨**（1924〜2001）『花の街』，歌劇『夕鶴』
- **武満　徹**（1930〜1996）『エクリプス』
『ノヴェンバー・ステップス』

## 2 西洋音楽史

**キリスト教音楽**
（200〜1300年頃）

単旋律の宗教音楽や世俗音楽が栄え，単旋律聖歌の中では，グレゴリウスⅠ世が体系づけた『**グレゴリオ聖歌**』が，最も重要なものである。

**多声音楽**
（800〜1600年頃）

ルネサンス文化の最も栄えた時代で，音楽においては，フランドル楽派の作曲技法が，ヨーロッパ全土で用いられるほどに発展した。

**バロック音楽**
（1600〜1750年頃）

バロック精神は，イタリアからおこり，全ヨーロッパに広がり諸芸術の分野に浸透していったが，音楽分野では，器楽曲や劇音楽が盛んに上演され，規模の大きい作品が生まれ，華やかな性格をもつようになった。

- **パーセル**（英）（1659頃〜1695）
この時代におけるイギリスオペラ最大の作曲家である。オペラ『**ディドーとエネアス**』『**アーサー王**』
- **ヴィヴァルディ**（伊）（1678〜1741）
弦楽器のための作品が多くバッハ，ヘンデルなどに影響を与えた。協奏曲集『**調和の霊感**』『**四季**』
- **バッハ**（独）（1685〜1750）
バロック音楽の総合者ともいえ，「**音楽の父**」と呼ばれる。教会音楽と器楽の分野で活躍した。『**マタイ受難曲**』『**ブランデンブルク協奏曲**』

●**ヘンデル**（独→英）（1685〜1759）

オペラ，オラトリオの分野で大作を書き，「**音楽の母**」とも呼ばれる。オラトリオ『**メサイア**』，管弦楽組曲『**水上の音楽**』

## 古典派
(1750〜1820年)

バロック音楽の後を受け，西ヨーロッパを中心に広く各地に展開していった様式。感情の抑制された客観的な表出を特徴とし，上品で洗練された芸術である。すっきりした形式構造が認められるようになり，**ソナタ形式**は，代表的なものである。

●**ハイドン**（オーストリア）（1732〜1809）

「**交響曲の父**」と呼ばれ，100曲余りの交響曲を作曲し，古典派音楽の基礎を確立した。交響曲第94番『**驚愕**《がく》』，オラトリオ『**天地創造**』

●**モーツァルト**（オーストリア）（1756〜1791）

幼い頃から楽才を示し，その神童ぶりは音楽史上でも名高い。すぐれた作品を多数残し，古典派の様式を確立した。オペラ『**フィガロの結婚**』『**魔笛**』，セレナード『**アイネ・クライネ・ナハトムジーク**』

●**ベートーヴェン**（独）（1770〜1827）

古典派の音楽を頂点に導くとともに，次の時代の作曲家達に多大の影響を与えた。28歳頃から難聴が始まり，晩年には聴覚を失った。古典的均整を重んじつつ，自らの理想と情熱を表現することを求め傑作を残した。交響曲第３番『**英雄**』第５番『**運命**』第６番『**田園**』第９番『**合唱付き**』，ピアノソナタ『**月光**』『**熱情**』

## ロマン派
(1820〜1900年)

ロマン主義は，古典主義の対概念としてとらえられるもので，18世紀末から19世紀を通じ20世紀初頭にまで及んでいる。根本基調は，非合理主義，自由主義，内面性の重視，感情の尊重，想像の解放であり，理想主義，唯美主義の傾向を示す。

●**ウェーバー**（独）（1786〜1826）

ドイツのロマン主義音楽の先駆的役割を果たし，オペラに関しては，輝かしい功績を残している。オペラ『**魔**

**弾の射手**』，ピアノ曲『**舞踏への勧誘**』

●**ロッシーニ**（伊）（1792～1868）

古典的作風とロマン主義の内面をもち，喜歌劇に天分を発揮している。オペラ『**セビリアの理髪師**』『**ウィリアム・テル**』

●**シューベルト**（オーストリア）（1797～1828）

『**歌曲の王**』と呼ばれ，その作品数は600曲以上におよぶ。交響曲『**未完成**』，歌曲『**子守歌**』『**野ばら**』『**魔王**』，歌曲集『**冬の旅**』

●**メンデルスゾーン**（独）（1809～1847）

内面の表現と構成美とのバランスを好んだ作風を示し，また，バッハやヘンデルの受難曲を復活上演したことは，彼の偉業といえる。劇付随音楽『**真夏の夜の夢**』，**ヴァイオリン協奏曲ホ短調**

●**ショパン**（ポーランド）（1810～1849）

「**ピアノの詩人**」と呼ばれ，ピアノという楽器の可能性を極めた。ポーランド各地の民謡を自分の音楽の骨格とし叙情的な美しい曲を残した。ピアノ曲『**英雄ポロネーズ**』『**小犬のワルツ**』

●**シューマン**（独）（1810～1856）

評論家としても著名であり，ドイツロマン主義の精髄を代表する芸術を生み出した。ピアノ曲集『**謝肉祭**』『**子どもの情景**』，歌曲集『**詩人の恋**』

●**リスト**（ハンガリー）（1811～1886）

ピアノの名演奏家であり，超絶技巧を開拓した。ジプシー音楽にも関心を示し，ロマン的感性との結びつきにより，魅力あふれる音楽世界を生み出した。ピアノ曲『**ハンガリー狂詩曲**』『**愛の夢**』

●**ワーグナー**（独）（1813～1883）

「**歌劇の王**」と呼ばれ，ドイツオペラを世界的優位に立たせた。また，音楽・劇・文学を結びつけた総合芸術としての楽劇を創始した。オペラ『**タンホイザー**』『**ローエングリン**』，楽劇『**トリスタンとイゾルデ**』『**ニーベルングの指環**』

●**ヨハン＝シュトラウス**（オーストリア）（1825～1899）

「**ワルツの王**」と呼ばれ，洗練された豊かな感覚をもつ管弦楽曲を多数作曲した。ウィンナ・ワルツは特に有名である。ワルツ**『美しく青きドナウ』『ウィーンの森の物語』**

●**ブラームス**（独）（1833〜1897）

入念な構想力により重厚な新古典的作風を築いた。**交響曲第１番**，ピアノ曲**『ハンガリー舞曲』**

●**フォスター**（米）（1826〜1864）

開拓時代の素朴な感情や黒人の旋律をとり入れた美しい歌曲を作り，「**アメリカ民謡の父**」と呼ばれた。歌曲**『オールド・ブラック・ジョー』『故郷の人々』『草競馬』『おおスザンナ』『ケンタッキーの我が家』**

●**サン・サーンス**（仏）（1835〜1921）

フランス国民音楽創造の旗頭になり，繊細で優雅な音楽を生み出した。組曲**『動物の謝肉祭』**

●**ビゼー**（仏）（1838〜1875）

劇音楽にすぐれた作品を生み，フランスの国民オペラを確立した。オペラ**『カルメン』**，組曲**『アルルの女』**

●**チャイコフスキー**（露）（1840〜1893）

独特のドラマティックな内容と洗練された叙情性をもつ作品を生み，交響曲とバレエ音楽において大きな功績を残した。交響曲第６番**『悲愴』**，バレエ音楽**『白鳥の湖』『くるみ割り人形』**

●**マーラー**（オーストリア）（1860〜1911）

後期ロマン派から近代への過渡期に位置する作曲家で，雄大な構想をもつ規模の大きな作品を残している。交響曲第１番**『巨人』**，**『大地の歌』**

●**リヒャルト＝シュトラウス**（独）（1864〜1949）

後期ロマン派最後の大家といわれ，オペラ，歌曲，交響詩の分野ですぐれた作品を残した。交響詩**『英雄の生涯』『ツァラトゥストラはこう語った』**

**国民楽派**

19世紀半ばから20世紀初頭にかけ，従来のヨーロッパ音楽の主流を成していた，イタリア，ドイツ，オーストリア，フランス以外の諸民族の地域におこった国民主義音楽の芸術をもつ作曲家たちで，民族概念が明確で，音楽創造に直接反映した。

●**スメタナ**（チェコ）（1824〜1884）

郷土色と農民の生活感情を織り交ぜたボヘミア特有の音楽を創った。連作交響詩『**我が祖国**』

●**ボロディン**（露）（1833〜1887）

ロシア国民楽派の一人として西ヨーロッパで最も早く認められた作曲家であるが，作品は，濃厚なオリエンタリズムを示す。交響詩『**中央アジアの草原にて**』

●**ムソルグスキー**（露）（1839〜1881）

ロシア国民楽派の中でも特に個性の強い作品を残した。ボロディン，キュイ，バラキレフ，リムスキー＝コルサコフ，ムソルグスキーを**ロシア5人組**と呼ぶ。交響詩『**はげ山の一夜**』，組曲『**展覧会の絵**』

●**ドヴォルザーク**（チェコ）（1841〜1904）

チェコ的，スラヴ的な傑作を残した。交響曲第9番『**新世界より**』

●**グリーグ**（ノルウェー）（1843〜1907）

ノルウェー民族主義の強い推進者であった。組曲『**ペール＝ギュント**』

●**シベリウス**（フィンランド）（1865〜1957）

北欧の民族音楽の大成者として，民族色豊かな交響的作品をはじめとする器楽曲を残した。交響詩『**フィンランディア**』

**印象派**

19世紀最後の10年間に発達した新様式で，雰囲気的な印象を表現しようとするものであったが，ロマン的要素ももっていた。

●**ドビュッシー**（仏）（1862〜1918）

ほとんどの作品が描写的標題をもち，色彩感覚を音で表現し，著名な作品を多数残した。交響詩『**海**』，ピアノ組曲『**子供の領分**』

●**ラヴェル**（仏）（1875〜1937）

印象主義手法と独自の特徴を融合させ，個性的な作品を残した。管弦楽曲『**スペイン狂詩曲**』『**ボレロ**』，ピアノ曲『**水の戯れ**』

**現代**

実に多くの諸影響が混合し，表現法は自由で，柔軟な多様性を示す。

●**シェーンベルク**（オーストリア）(1874～1951)

現代音楽の方向を基礎づけ，指導的役割を果たした。合唱曲『**グレの歌**』，弦楽六重奏曲『**清められた夜**』

●**バルトーク**（ハンガリー）(1881～1945)

ハンガリー民謡を蒐集し，集大成して，進歩的な作品を残している。『**弦楽器と打楽器とチェレスタのための音楽**』，ピアノ曲集『**ミクロコスモス**』

●**ストラヴィンスキー**（露→米）(1882～1971)

20世紀音楽に大きな衝撃を与えた大作曲家で，バレエ音楽で有名である。バレエ音楽『**火の鳥**』『**春の祭典**』

●**プロコフィエフ**（露）(1891～1953)

古典的，革新的，動力的，叙情的など作風は多様性を示し，ロシア音楽伝統の正統的継承者，発展者である。交響的物語『**ピーターと狼**』

●**ガーシュイン**（米）(1898～1937)

シンフォニック・ジャズといわれる作品を残した。管弦楽曲『**ラプソディ＝イン＝ブルー**』『**パリのアメリカ人**』，オペラ『**ポギーとベス**』

●**ハチャトゥリアン**（露）(1903～1978)

ソビエト社会の現実問題に正しく立脚した内容を多彩な民族的語法で表現している。バレエ音楽『**ガイーヌ**』

●**ショスタコーヴィチ**（露）(1906～1975)

高く評価される偉大な創造力をもち，知性と感性のみごとな調和を達成した作品を創り上げた。交響曲『**鼻**』『**マクベス夫人**』，オラトリオ『**森の歌**』

## 3 民族音楽

**ジャズ**

アメリカ南部の黒人音楽と，白人のヨーロッパ音楽との融合によって，19世紀末から20世紀初頭にニューオーリンズで生まれたポピュラー音楽。快活な即興演奏が特徴。今日では，伝統的なものから前衛的なものまで多種多様である。

**タンゴ**

19世紀末にアルゼンチンのブエノスアイレスでおこった舞踏音楽。4分の2拍子または8分の4拍子をとる。主役楽器はアコーディオンの一種である**バンドネオン**。

**サンバ**

19世紀末にブラジルのリオデジャネイロでおこった黒人系住民の代表的な舞踏音楽。集団で輪になって踊ったり，行列行進しながら踊ったりする，テンポの速い陽気な音楽。演奏する打楽器が多彩である。

**フォルクローレ**

南米アンデス地方のインディオの伝統音楽を起源とする素朴で哀調を帯びた旋律。ケーナ，チャランゴなどの楽器が使われる。

**カントリー**

アメリカのポピュラー音楽で田園生活を歌い上げる内容が多く，映画の西部劇と結びつき，西部民謡調の曲もみられる。バンジョー，ヴァイオリン，ギターなどで演奏される。

**フォーク**

20世紀後半に一世を風靡したロックンロールの反動として，アコースティックギターを中心とした音楽がアメリカでおこった。民族音楽を都会的にアレンジしたのが特徴。自分で作詞作曲して歌うという新しい傾向が生まれた。

**ロック**

フォークの自作自演とロックンロールが結びついて，新しい価値観や生き方を表現しようという動きが現れ，**ビートルズ**(英)をバネとして世界中に広がった。

**その他**

**ボサノバ**（ブラジル），**ルンバ**（キューバ），**マンボ**（キューバ），**ガムラン**（インドネシア），**ヨーデル**（スイス）などがある。

# 練　習　問　題

(528ページより解答・解説)

**14** 次の曲に関する記述として，**誤っている**のはどれか。

1　この曲はト短調である。

2　この曲の形式は二部形式である。

3　この曲の演奏形態は二部合唱である。

4　この曲の作曲者は，『荒城の月』『箱根八里』などの作品でも知られている。

5　*mf*は*f*よりも弱い。

**15** 作曲家とその説明，作品の組合せが**誤っている**のはどれか。

1　ワーグナー――――――――歌劇の王―――『タンホイザー』

2　リスト―――――――――――音の魔術師――『ハンガリー狂詩曲』

3　ショパン――――――――――ピアノの詩人―『英雄ポロネーズ』

4　シューベルト―――――――歌曲の王―――『魔王』

5　ヨハン＝シュトラウス―ワルツの王――『小犬のワルツ』

**16** 次のＡ～Ｃの記述に該当する作曲家を正しく組合せているのはどれか。

Ａ　オーストリアのザルツブルグでヴァイオリニストの子として生まれ，幼少より神童ぶりを発揮した。5歳で小曲を作曲，8歳で交響曲を作曲したといわれ，35歳の若さで亡くなるまで1000曲近い作品を残した。

B　ドイツのボンに生まれ，幼少より父の厳格な音楽教育と自己の努力によって「楽聖」とまでいわれる偉大な音楽家になった。古典派音楽を発展・完成させ，次のロマン派音楽への扉を開いた。

C　オーストリアのローラウで車大工の子として生まれた。幼少よりすぐれた才能を示し，ウィーン少年合唱団を退団してからも独学で勉強を続け，ソナタやソナタ形式を形式的に整え，交響曲，協奏曲，室内楽曲など数多くの古典派の名曲を残した。「交響曲の父」と呼ばれている。

| | A | B | C |
|---|---|---|---|
| 1 | バッハ | シューベルト | ベートーヴェン |
| 2 | モーツァルト | ベートーヴェン | ハイドン |
| 3 | ハイドン | シューベルト | ベートーヴェン |
| 4 | モーツァルト | バッハ | ヘンデル |
| 5 | ハイドン | ベートーヴェン | ヘンデル |

★★
**17**　次のA～Cの演奏順序に適する楽譜ア～エを正しく組合せているのはどれか。

A　①－②－③－④－⑤－⑥－③－④

B　①－②－③－④－①－②－③－⑤－⑥

C　①－②－③－④－③－④－⑤－⑥

ア
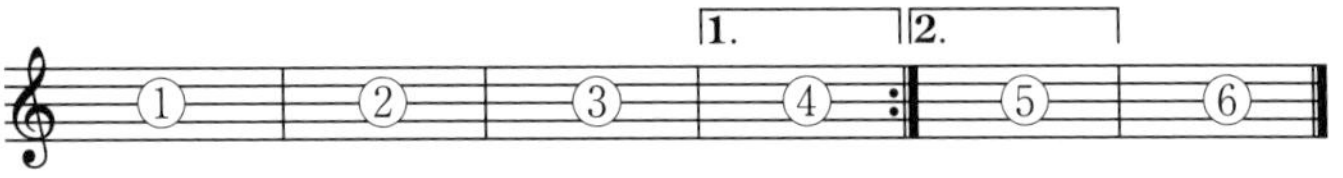


イ
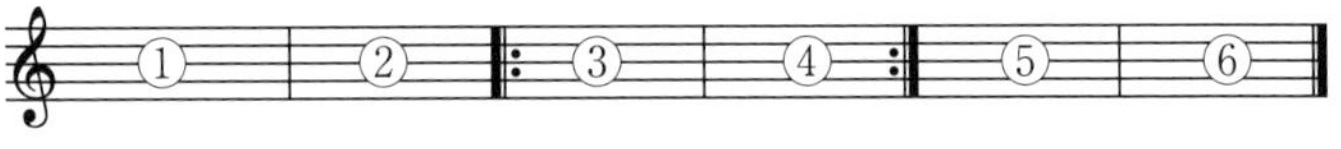


ウ

エ
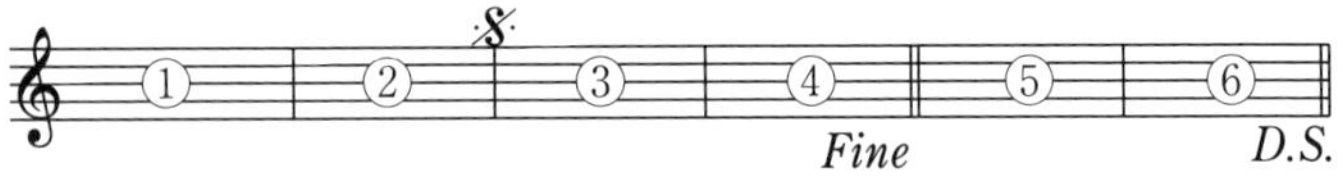

| | A | B | C |
|---|---|---|---|
| 1 | イ | エ | ア |
| 2 | イ | エ | ウ |
| 3 | ウ | ア | エ |
| 4 | エ | ア | イ |
| 5 | エ | ウ | イ |

★★
**18** 楽典に関する記述として，正しいのはどれか。

1　弦楽四重奏とは，ヴァイオリン，ヴィオラ，チェロ，コントラバスで演奏される。
2　Allegroは「ほどよくゆっくり」の意の速度標語である。
3　2拍子の曲は，強拍と弱拍を交互に繰り返す拍子なので行進曲として使われることが多い。
4　アルトとは男声の高い声で，明るく華やかな感じである。
5　トロンボーンは木管楽器である。

★★
**19** A～Iのうち，国民楽派に関するもののみをすべて挙げているのはどれか。

A　曲の形を重んじた音楽がつくられた。
B　民謡をもとにした芸術的な音楽がつくられた。
C　音階，調，和音などにあまりとらわれない音楽がつくられた。
D　文学，美術，そのほかの芸術の影響を受けた音楽がつくられた。
E　各国独自の音楽が発達した。
F　マーラー作曲『大地の歌』
G　スメタナ作曲『我が祖国』
H　ドビュッシー作曲『子供の領分』
I　ストラヴィンスキー作曲『火の鳥』

1　A，D，I
2　B，D，F
3　B，E，G
4　C，E，H
5　C，G，I

★★
**20** 世界の民族音楽に関する記述として，正しいのはどれか。

1 フォルクローレは南アンデス地方のインディオの伝統音楽で，ケーナを使うことが多い。

2 ファドはアルゼンチンのブエノスアイレスでおこった舞踊曲で，伴奏にはバンドネオンを用いる。

3 ルンバはブラジルのリオデジャネイロでおこり，黒人系住民によって広められた音楽である。

4 タンゴはフランスでおこった舞踊曲で，4分の2拍子をとる軽快な音楽である。

5 フォークはアメリカでおこった都会風の民族音楽で，エレキギターを使うのが特徴である。

★★★
**21** 次のA～Dの記述に該当する楽式または楽曲を正しく組合せているのはどれか。

A 同じ主題が何度も出てくる曲の形式。

B ややゆっくりした3拍子の優雅な感じの舞曲。フランスでおこった。

C ソナタ形式の管弦楽のための楽曲。

D 歌劇などが上演されるとき開幕までに演奏される曲。

| | A | B | C | D |
|---|---|---|---|---|
| 1 | フーガ形式 | メヌエット | 交響曲 | 前奏曲 |
| 2 | フーガ形式 | ワルツ | 協奏曲 | 前奏曲 |
| 3 | ロンド形式 | ワルツ | 交響曲 | 序曲 |
| 4 | ロンド形式 | メヌエット | 交響曲 | 序曲 |
| 5 | ロンド形式 | ワルツ | 協奏曲 | 前奏曲 |

★★★
**22** 国名とその音楽に関する説明の組合せが**誤っている**のはどれか。

1 フランス――民衆は音楽を大変愛し，その独特の音楽は19世紀後半，国民楽派の音楽家を生んだ。

2 日本――――特殊な五音音階の旋律をもち，単旋律の音楽が声楽中心に栄えた。

3 イタリア――西洋諸国の中で音楽的に最も古くから発達し，その音楽は明るくてリズミカルである。歌劇の発達が著しい。

4　ドイツ――古典派やロマン派の音楽家を輩出し，世界の音楽の先進国となり，その後も多くのすぐれた音楽家を生み出している。

5　アメリカ――20世紀初頭から音楽的に急に発達をとげた新進国で，その音楽は現在では質量ともに世界一を誇っている。

★★★
**23**　次のA～Cの記述に該当する日本の古典芸術を正しく組合せているのはどれか。

A　歌舞伎の舞踊と深く関係し，三味線，能管，大鼓《つづみ》，小鼓《つづみ》，太鼓の編成で演奏される。

B　起源は猿楽に始まり，後に武士の音楽となった。観世流，金春流などの流派がある。

C　中国から伝わった音楽で，宮中，神社，寺院で儀式用の音楽として用いられる。

| | A | B | C |
|---|---|---|---|
| 1 | 雅楽 | 能楽 | 声明 |
| 2 | 長唄 | 能楽 | 雅楽 |
| 3 | 長唄 | 田楽 | 能楽 |
| 4 | 地唄 | 田楽 | 声明 |
| 5 | 地唄 | 長唄 | 雅楽 |

# 解答と解説

# 芸　術

1　1　『見返り美人図』は菱川師宣の作品。円山応挙の代表作は『雪松図屛風』。

2，3　『紅白梅図屛風』が尾形光琳，『唐獅子図屛風』が狩野永徳の作品。

4　『麗子微笑』は岸田劉生の作品。横山大観の代表作は『無我』『生々流転』。　正答 5

2　1　東洲斎写楽の説明。

2　宮本武蔵(二天)の説明。

3　歌川広重の説明。

4　葛飾北斎の説明。　正答 5

3　　正答 1

4　1　『東大寺南大門金剛力士像』は運慶・快慶らの合作で鎌倉時代。

3　『洛中洛外図屛風』は狩野永徳の作で桃山時代。

4　『中尊寺金色堂』は藤原清衡が建立した阿弥陀堂で平安時代末期。

5　『風神雷神図』は俵屋宗達の作で江戸時代初期。　正答 2

5　1　エジプトではなくギリシア。ギリシアのパルテノン神殿に用いられているエンタシスとよばれる技法(柱の中央にふくらみをもたせる)が用いられている。

2　書院造ではなく校倉造。校倉造とは柱を使用せず，断面が三角形の木材を井桁に積み上げて壁を構成したもの。

4　説明文は鹿苑寺金閣のもの。銀閣は，東山山荘に建立された観音殿。２層の楼閣建築で，上層は禅宗様，下層は書院造風となっている。

5　権現造ではなく数奇屋造。日光東照宮が権現造である。　正答 3

6　1　西洋画家。代表作は『天平の面影』。

2　西洋画家。白馬会を創立して明るい画風をひろめ，明治洋画壇一転の機をつくった。代表作は『湖畔』『読書』。

3　日本画家。日本美術院の創立に参加し，横山大観や菱田春草らとともに院展の精鋭として知られた。代表作は『木の間の秋』。

5　日本画家。写実に基づきながらも詩情豊かな装飾的風景画を描いた。代表作は『残照』。　正答 4

7　1　ギリシア時代。紀元前432年頃。

2　ゴシック式。13世紀初頭。

3　イタリアの代表的ロマネスク建築。12世紀初頭。

4　ローマ時代の円形競技場。紀元前80年。

5　ビサンツ式。６世紀。　正答 3

8　1　『晩鐘』はミレーの作品。ルノワールの代表作は『髪をすく少女』『浴女』。

2　ロココ式ではなくバロック式。

3　キュビスムではなく印象派。

4　古典主義ではなく素朴派。また『叫び』はムンクの作品。アンリ＝ルソーの作品は『私自身：肖像—風景』『眠るジプシー女』。　正答 5

9　1　ルネサンスはイタリアを中心におこった。ギリシア，ローマの古典文化や人間中心主義の復活をめざした。

2　サン＝ピエトロ大聖堂は，ブラマンテが設計して，ミケランジェロとラファエロが完成させた。

4　レオナルド＝ダ＝ヴィンチの作品は『最後の晩餐』である。『最後の審判』はミケランジェロの作品。

5　アンジェリコではなくボッティチェリの説明。アンジェリコもルネサンス初期に活躍した画家で，代表作はフィレンツェのサン＝マルコ美術館にある『受胎告知』。　正答3

10　A　ロココ式の説明。絵画ではワトー，フラゴナール，ブーシェらに代表される。

B　ゴシック式の説明。パリのノートル＝ダム大聖堂，ケルン大聖堂，ランス大聖堂，シャルトル大聖堂に代表される。また，ステンドグラスが発達した時代でもあった。

・ロマネスク式…11～12世紀。建築では半円アーチが基本構造。

・バロック式…17世紀。「歪んだ真珠」が語源。激しい動き・流動感・不調和な芸術様式。

2　ヴァン＝ダイク――バロック絵画
凱旋門――ローマ時代

3　エル＝グレコ――ルネサンス～バロック絵画
ヴェルサイユ宮殿――バロック建築

4　ルーベンス――バロック絵画
シャルトル大聖堂――ゴシック建築

5　ブーシェ――ロココ絵画
サン＝マルコ聖堂――ビザンツ建築

正答1

11　フォンテーヌブローの森にあるバルビゾン村に移り住んだ風景画家たちのことをバルビゾン派という。バルビゾン派の画家には，コロー，ルッソー，ドービニー，ミレーらがいる。野外での制作を試みた彼らは外光派でもあり，また印象派の先駆的存在でもあった。ミレーは，農民の姿を宗教的感情を込めて叙情的にそして誠実に描き続けた。『落穂拾い』『種をまく人』が有名。

ジェリコーはロマン主義の画家。スーラーは新印象派の画家。　正答2

12　1　表現主義ではなくロマン主義の説明。表現主義は20世紀初頭におこった色彩の強調と形態の強調を特徴とする。

2　モネは印象派。ミレー，コローらが自然主義の画家。

3　モディリアーニではなくドガ。モディリアーニはエコールド・パリの画家。

4　シュルレアリスムではなくフォーヴィスムの説明。シュルレアリスムは夢や無意識の世界を表現しようとしたもの。　正答5

13　1　『石割り』は写実主義のクールベの作品。

2　Bはゴヤの説明。ボナールはフランスの画家で，日本美術にも影響された平面的な装飾性を探究した。日常の親しみのある雰囲気に浸された，人物のいる室内や庭の情景，そして静物を豊かな色彩で描き続けた。『浴槽の裸婦』が有名。

3　『窓』『赤の食卓』はフォヴィスムのマティスの作品。ゴッホの作品は『ひまわり』『アルルのはね橋』など。

5　Eはシャガールの説明。キリコはギリシア生まれのイタリアの画家で，事象の背後にあるものを暗示，探究する「形而上絵画」を始めた。初期シュルレアリスムの開拓者。

正答 4

14　この曲は，滝廉太郎作曲，武島羽衣作詞による『花』である。「春のうららの隅田川……」で始まる有名な曲である。

1　ト短調ではなくト長調の曲である。♯が1つより，ト長調またはホ短調が考えられる。この曲はソで終わり，明るい曲調なのでト長調。

2　A（a―a′）B（b―a′′）の二部形式なので正しい。

3　2つのパートに分かれて歌う二部合唱なので正しい。

4　作曲者は滝廉太郎なので正しい。

5　*mf* はメゾ・フォルテ(やや強く)，*f* はフォルテ(強く)の強弱記号なので正しい。

正答 1

15　5　『小犬のワルツ』はショパンの作品。ヨハン＝シュトラウスは『美しく青きドナウ』『ウィーンの森の物語』『皇帝円舞曲』など多くのワルツ曲を残した。

正答 5

16　A　モーツァルトの説明。オペラ『フィガロの結婚』『魔笛』などのすぐれた作品を残し，古典派の様式を完成させた。

B　ベートーヴェンの説明。交響曲第3番『英雄』第5番『運命』などが特に有名である。

C　ハイドンの説明。交響曲第94番『驚愕』，オラトリオ『天地創造』などの作品で知られる。管弦楽法やソナタ形式，交響曲などの基礎を確立した。

正答 2

17　各記号の意味は以下の通り。

| | |
|---|---|
|  | 反復記号の間を反復する |
| *D. C.* | はじめにもどる |
| *D. S.* | 𝄋にもどる |
| *Fine* | 終わり |
|  | 終止線 |

ウの演奏順序は，①－②－③－④－⑤－⑥－①－②－③である。

正答 4

18　1　弦楽四重奏は，第1ヴァイオリン，第2ヴァイオリン，ヴィオラ，チェロで演奏される。

2　Allegro は「速く」の意。「ほどよくゆっくり」は Andante である。

4　アルトは女声の低い声で，落ち着いた渋みのある豊かな感じの声である。テノールが男声の高い声で，明るく華やかな感じの声である。

5　トロンボーンは金管楽器である。

正答 3

19　Aは古典派，Cは近・現代，Dはロマン派の説明。Fのマーラー（オーストリア）は後期ロマン派，Hのドビュッシー（フランス）は印象派で近・現代，Iのストラヴィンスキー（ロシア）も近・現代である。国民楽派の作曲家として，ほかにボロディン，ムソルグスキー，ドヴォルザーク，シベリウスなどがいる。

正答 3

20　2　タンゴの説明。ファドはポルトガルの民族音楽。

3　サンバの説明。ルンバはキューバ

が起源の舞踊曲。

4　ガボットの説明。タンゴはアルゼンチンのブエノスアイレスでおこった。

5　フォークはエレキギターではなく，アコースティックギターで演奏される。

正答 1

21　A　ロンド形式の説明。フーガ形式とは1つの主題が，まず第1声部に現れ，それを追いかけるように他声部に次々と対位法的に現れるもの。

B　メヌエットの説明。ワルツはオーストリアにおこった3拍子の華やかな舞曲。

C　交響曲（シンフォニー）の説明。協奏曲（コンチェルト）はソナタ形式の楽章をもった独奏楽器とオーケストラのための楽曲。ふつう3楽章から成る。

D　序曲の説明。前奏曲は宗教的・世俗的音楽の導入の役割を果たす楽曲だった。後に独立した演奏会用作品もつくられるようになった。

正答 4

22　1　ロシアの説明。フランス出身の作曲家には，ロマン派のサン＝サーンス，ビゼー，印象派のドビュッシー，ラヴェルなどがいる。

正答 1

23　A　長唄は歌舞伎の伴奏音楽として発達した。『勧進帳』『吾妻八景』などが有名。地唄は上方で行われる三味線音楽の総称。

B　能楽は，室町時代に観阿弥，世阿弥によって完成された。『高砂』『安宅』などが有名。田楽は，田の神の祭りなど曲芸や歌舞，喜劇などを行う風習から発達した郷土芸能。

C　雅楽は儀式などに用いられ，管弦，神楽歌，催馬楽などの種類がある。『越天楽』が有名。声明は，仏教の儀式に用いられる声楽である。

正答 2

オープンセサミシリーズ　国家公務員・地方初級
③文章理解・国語・文学・芸術

発　行　2023年12月1日　第1版第1刷

編　集　東京アカデミー
発行人　佐川　泰宏
発行所　株式会社ティーエーネットワーク
〒450-6306 名古屋市中村区名駅1-1-1
ＪＰタワー名古屋 6F
電話：052-586-7805㈹
FAX：052-563-2109
発売元　東京アカデミー七賢出版株式会社
〒171-0021 東京都豊島区西池袋1-11-1
メトロポリタンプラザビル13F
電話：03-6852-0803
FAX：03-6852-0180



ISBN978-4-86455-653-8